《“疑难问题解决”丛书》编委会

"疑难问题解决"丛书

中小学音乐教师专业发展新策略

主　编　黄伟平
副主编　单森权

宁波出版社
Ningbo Publishing House

图书在版编目(CIP)数据

中小学音乐教师专业发展新策略 / 黄伟平主编.
—宁波 : 宁波出版社, 2013.11
（“疑难问题解决”丛书 / 沈剑光主编）
ISBN 978-7-5526-1216-5

Ⅰ.①中… Ⅱ.①黄… Ⅲ.①音乐课—教学研究—中小学 Ⅳ.①G633.951.2

中国版本图书馆 CIP 数据核字(2013)第 244607 号

中小学音乐教师专业发展新策略

丛书主编　沈剑光
本书主编　黄伟平
本书副主编　单森权
出版发行　宁波出版社
地址邮编　宁波市甬江大道 1 号宁波书城 8 号楼 6 楼　315040
选题策划　吴　波
责任编辑　李本君　王晓君
网　　址　http://www.nbcbs.com
印　　刷　浙江开源印务有限公司
开　　本　787 毫米 × 1092 毫米　1/16
印　　张　20.75
字　　数　370 千
版　　次　2013 年 11 月第 1 版
印　　次　2013 年 11 月第 1 次印刷
标准书号　ISBN 978-7-5526-1216-5
定　　价　36.00 元

总 序

教学是教师职业的基本活动。随着课程改革的不断深入,广大教师对教学的认识不断深入,对基础教育课程改革的实践探索不断创新,对课程改革理论与实践问题的解决,也已经走出传统的研究范式。

宁波市教育局教研室以"问题解决"为抓手的教学研究形式,着眼教师专业发展,追求轻负高效,引导教师关注课堂教学,鼓励教师参与问题解决的实践与研究。在"问题解决"的过程中,教师的"问题意识"得到强化,"问题解决"的思路和形式不断创新,教学研究的形式与内容结构有了很大的变化。教师们以研究者的心态置身于教学情境,以研究者的眼光审视已有的教学理论与现实问题,积极捕捉解决问题的机会,思考解决问题的策略,展现智慧,实现自身发展。

在"问题解决"的过程中,广大教师不断思考与实践,在设计、创造、实施新的教学方案中,不断改进、优化自己的教学行为,积累了许多好的经验和做法,取得了明显的效果。《"疑难问题解决"丛书》第三辑,是在前几年所编第一辑、第二辑的基础上,对课改的各种基本问题的进一步的梳理、提炼和总结,它真实地记录、描述了教师的困惑和思考,汇集了解决问题的思路、过程与方法。

本书具有以下特点:

真实性。

本书所呈现的"疑难问题"以及"疑难问题解决"的过程,都曾经在教学中真实地发生过,是教师在真实情景中发现和经历的。比如,如何减轻学生的学业负担,做到轻负高效;如何选择教学内容和学习方式,让学生乐学会学;如何实施教学评价,体现教师的指导引领作用……本书比较详细地记录了这些问题的解决过程, 具有在相似的情景中再现的可能性,因而也具有参考性具有可操作性,可模仿、可借鉴,有着进一步研究的价值和空间。

针对性。

编入本书“疑难问题解决”的典型案例，是宁波市义务段各个学科自下而上，在广泛征求基层教师意见的基础上，各门学科对来自全市各个县(市)区的问题的汇集与提炼；参与撰写的人员中，既有教研员、特级教师、名教师，也有青年教师，学科骨干，他们都呈现了对教学问题的思考与实践。各门学科，各个地区、各个层次的老师都能根据自己的需要，有针对性地在本套丛书中找到问题解决的方法和途径。

可读性。

本套丛书内容丰富，具体、直观、形象地记录了义务段各学科的教师对“疑难问题”的思考和解决过程。全书以通俗易懂的语言，深入浅出地描述了如何把对教育教学理论的思考回置到教学实践中，自觉解决教学实践中的问题，改善教学行为的种种经历，充分展现了各学科教师的教学探索，彰显了具有实践特色的教学智慧，值得参考和借鉴。

希望本套丛书能为广大教师实践新课程、提高专业水平提供一定帮助，也希望广大教师不断拓展自己的学习领域和学术视野，不断改善教学行为，促进发展，迎接挑战。

以此为序。

沈剑光

2013年5月

前 言

1966 年联合国教科文组织和国际劳工组织《关于教师地位的建议》指出:“教育工作应视为一种专业。这种专业要求教师经过严格且持续不断地研究,才能获得并维持专业知识和专业技能,从而提供公共服务;教育工作还要求教师对其教导之学生的教育和福祉具有个人的和共同的责任感。”

我国 1994 年 1 月 1 日开始实施的《中华人民共和国教师法》规定“教师是履行教育教学职责的专业人员”,首次从法律上确认了教师的专业地位。

1996 年联合国教科文组织在日内瓦召开的第 45 届国际教育大会通过了九项建议,其中第七项建议是“专业化:作为一种改善教师地位和工作条件的策略”。

1998 年在北京师范大学召开的“面向 21 世纪师范教育国际研讨会”明确了“当前师范教育改革的核心是教师专业化问题”。

从这些政策和法规的先后颁布中,我们不难发现,教师专业化发展已成为国际教育改革中的重要一环,教师专业化职业地位确立的同时,也对教师的专业素养提出了更新、更高的要求。

随着社会的发展和人才培养的需要,学校音乐教育的地位也被提升到了前所未有的高度,与此同时,音乐教师的专业化发展也从来没有像今天这样受到空前的关注。但是,音乐教育的现状与人们的期望似乎还存在着巨大的反差。这其中,固然有教育行政部门对音乐教育的重视不够;有学校领导为搞应试教育而对音乐教育的种种有意或无奈的忽略;有学生为突出中考、高考学科而视音乐课为难得的“放松课”等外部原因,导致音乐教育从过去的无到现今可有可无的类似“饭后甜点”的位置,加之音乐教师自身对音乐教育的片面理解和专业化程度的缺失,造成音乐教育不尽如人意的现状。

改变眼下中小学音乐教育不尽如人意的现状的办法,一方面要提高音乐教师的任职要求和音乐教育标准,另一方面则要加强对音乐教师的专业化规划和培训。结合中小学音乐学科特点,就当前中小学音乐教师的专业发展问题,探索音乐教师专业发展之路。

一、中小学音乐教师的专业性定位

中小学音乐教师的工作应被视为一种专业,它是一种要求音乐教师经过严格而持续不断的学习研究,才能获得并保持专业知识和技能的社会服务方式;它还要求对其管理下的中小学生的教育具有个人和公共的责任感。

二、中小学音乐教师应该具备的专业素养

理想的音乐教师应该是音乐艺术与教育艺术相结合的专家,既具有丰富的教育、教学经验,又具有良好的音乐基本技能、丰富的音乐知识,在教学品格、教学技能、教学观念、教学方式、教学手段、教学心等诸多方面具有独特的素质。一般来说,一位优秀的音乐教师应该具备以下四方面专业素养。

(一)扎实的音乐理论知识和高超的专业技能水平

教育部每两年举行的全国音乐教师基本功比赛中,涉及理论与鉴赏、声乐、键盘(限钢琴或手风琴)、自弹自唱与合唱指挥、器乐或舞蹈等音乐技能和理论课程,而这些音乐技能和理论基本功实际上就是音乐学科的理论和技能水平,是一位合格音乐教师的基础和前提。

作为音乐教师,首先要系统地掌握音乐基本理论、音乐欣赏理论、音乐史、音乐创作理论等。同时,音乐作为一门技能性较强的学科,音乐教师还必须具备过硬的专业技能。在音乐学科领域中,"唱、奏、演"是所有音乐教师应具备的三大基本功。"唱"即歌唱能力和自弹自唱能力,"唱"在音乐教学中具有很强的示范性和激励性。歌唱教学是训练学生音乐感的最有效的途径之一,在中小学音乐教学中,教师声情并茂的范唱能给学生带去最直接的美的感受。"奏"即键盘乐器演奏能力、即兴伴奏能力及其他乐器的演奏能力。只有具备娴熟的、能为各种风格的歌曲伴奏的即兴能力,才能组织好课堂,营造良好的课堂气氛。"演"即演讲、综合性艺术表演能力。除了这三大基本功,音乐教师还应掌握合唱指挥以及音乐创作、乐队配器等复合的专业技能,尽量做到一专多能,以满足新时代学生日益增长的音乐学习需求。

(二)广博的姊妹艺术相关知识和文化知识

我国早期的"乐教"就是"诗、乐、舞"的综合活动。古代艺术活动中的语言、歌唱、舞蹈都是自然的结合。《音乐新课程标准》中也有这样的表述:"认识音乐与姊妹艺术的联系,感知不同艺术门类的主要表现手段和艺术特征。"舞蹈、美术、戏剧等姊妹艺术在本质上与音乐艺术相通,具有相互促进的作用。在高中阶段,除了《音乐鉴赏》必修课,2005 年又增设了"歌唱"、"音乐与戏剧表演"、"音乐与舞蹈"、"创作"、"演奏"五个选修模块。把音乐、文学、戏剧、舞蹈等多种艺术形式的相关知识、文化背景、风格流派融于一堂,形成了一个"大艺术"。音乐教师只有熟悉并掌握舞蹈、戏剧、影视等方面的基础知识,以此触类旁通,才能胜

任“大艺术”框架下的音乐教学，使学生逐渐对艺术共通的特征有所认识，从而提高学生的整体艺术素质。

另外，音乐学科是在跨学科的基础上发展形成的，很自然地就与社会科学、人文科学、自然科学等学科联系到了一起。有人说，学校教育好比一盘磨：上磨是科学，底磨是人文，磨心是哲学。音乐课不是一门单一的课程，而是一门综合的学科。音乐教师不应把自己禁锢在学科壁垒之中，而应广泛涉猎历史、地理、美术、哲学、社会、神学等知识，只有具备深厚丰富的文化知识，才能真实生动地勾画音乐课堂内容背景，把音乐课上得形象、透彻、生动，从而有效激发引导学生对音乐作品进行全面深入的学习。

(三)深厚的教育理论知识和广阔的学科视野

一些音乐教师虽然专业技能水平高超，但却不能对学生产生有效的教育影响，主要原因是他们不懂得音乐教育的规律和方法，缺乏最起码的教育能力。音乐教师从事的是音乐教育工作，只有掌握音乐教学的规律，并根据各个年龄阶段学生的心理特征去组织教学，才能使音乐教学科学化。因此，音乐教师必须具备教育学、心理学以及音乐教育法等教育理论知识和教育能力，才能少走弯路，提高音乐教育质量，使每一位学生具备音乐的基本素质和审美情趣，在日后的生活中能够享受音乐所赐予的人生乐趣，让美好的音乐陪伴他们的一生。

(四)创新的音乐教学设计能力和音乐教学实施能力

课堂教学的魅力，首先体现在教学设计的智慧里。教学设计是在分析学习者的特点、教学目标、教学内容、学习条件以及教学系统组成特点的基础上，统筹全局，进行构造和选择具体教学方案的过程；也是在寻找、探索、构造教学方案的同时，检验、评价、挑选满意方案的过程。从成功的课堂教学可见，一石往往能激起千层浪。比如在课堂教学中，一个好的问题往往能激起学生思维的涟漪，使得教学环环相扣，层层推进。因此，我们要善于做个教学设计的智者，领悟音乐课程大纲和音乐教材的精髓，灵活处理教材，把握、理解甚至超越教材。在优化课堂教学设计后，教师要善于用自己的技艺体现教学过程，这种技艺包括活动设计、问题设计、语言表达、素材选择等，让教学过程具有不可捉摸的细腻性、生动性、煽动性。

一位成功的教师，一位优秀的教师，必然是学生心灵的“布道者”，而学生是教师心灵的“信徒”，他们在教师的吸引与感召下，热爱并享受着教师的教学过程，在一种自主的愉悦中达到教学目标的自我实现。如果学生能因为教师的智慧与人格的力量而产生一种发自内心油然而生的学习动力，将使音乐学习变得无比快乐而自觉。

教师的课堂设计的智慧与技巧，教师的课堂表现力将综合决定着教师指导教学过程的质量，所以，教师要把每次课堂设计与课堂表现，看成是教师走向学生心灵的一次约会，让教师有更多的吸引力而不是强制力，学生就将成为教师心灵的“信徒”，这样，音乐学习将变成一种快乐，一种期待！

三、中小学音乐教师专业发展规划和实施措施

成长是一个过程,成长是一种快乐。教师只有经常地进行学习、研究,才能从平凡的、司空见惯的事物中看出新的方向、新的特征、新的细节。这既是教师形成创造性教学态度的重要条件,也是教师工作兴趣、灵感的源泉,特别是在教师的专业化发展提到了前所未有的高度的今天,教师的培训、学习,显得比以往任何时候都更加重要。

(一)中小学音乐教学的定位

要对中小学音乐教师的专业发展进行科学合理的规划,首先要对中小学音乐教学有一个明确的定位。结合音乐教学的学科特点及音乐课程标准,对中小学音乐教学作以下定位:

1. 传授音乐知识

包括音乐常识、乐理、识谱、音乐家及其代表作品等知识。

2. 发展音乐能力

歌唱——培养和发展学生有表情地歌唱的能力。

聆听——培养学生聆听音乐的习惯,具备对音乐作品的审美判断力。

分析——培养学生对音乐作品进行分析和理解的能力。

演奏——培养学生初步的演奏能力,争取人人会一种乐器。

3. 培养音乐审美观

通过音乐教师自身的言传身教,培养学生正确的音乐审美观。

通过音乐教育教学,特别是通过艺术音乐熏陶,使学生树立正确的音乐审美观。

(二)中小学音乐教师专业发展的实施措施

1. 从教师自身层面上

(1)在学习中成长

中小学音乐教师要坚持不断学习,加厚学科功底。要努力学习教育教学政策和理论,努力学习优秀教师的特征和品质,努力学习专业知识和基本功,不断提高学术水平,修炼自身素养。

(2)在实践中成长

积极参加各级各类课堂教学展示、交流、评比活动,在实践中锻炼自己,检验自己。积极参加各级各类艺术活动,发挥自己的专业特长,带好学校艺术社团,活跃校园艺术文化。

(3)在反思中成长

反思是一种能力,也是一种态度和习惯。曾子曰:“吾日三省吾身。”美国学者波斯纳提出了教师成长的公式:经验+反思=成长,这些都说明了反思的重要性。中小学音乐教师要不断内省,勤于反思,做一位善于反思的教师,在反思中更好地认识自己、改变自己、提升自己,从而提高自己的教学效能。

(4)在科研中成长

加强教育教学研究。通过多写教学随笔,积累平时教学中的点滴体会;通过撰写教学案例、教研论文,提高理论水平;通过开展课题研究,提高科研能力。

学习是人类生存和发展的重要手段,教师的专业化发展,不仅是时代的呼唤,教育发展的要求,也是教师自我提升的需要。“活到老,学到老”是人类适应社会发展的基本要求。“严谨笃学,与时俱进”是新世纪教师应有的终身学习观。随着时代的发展和社会的进步,教师更应把握时代脉搏,紧跟时代潮流,开拓进取,努力创新,勇立潮头,在不断学习和发展中超越自我,实现自己的教育人生价值。

2. 从教育行政层面上

(1)创设有利于发挥音乐教师工作积极性的良好氛围

学校对音乐教育的重视度不够、音乐学科被边缘化、音乐教师工作频受班主任和家长干扰、音乐教师疲于应付繁重的教学和排练、音乐教师的付出与得到不成正比……这些,可能都会在一定程度上制约着音乐教师的工作热情。

因此,从学校层面上看,要努力做好“搭台、促进、服务”工作。比如,学校要为音乐教师营造良好的专业发展环境,努力构建“学习型组织”,学校更需要创建民主、平等、和谐、轻松的工作环境,让音乐教师感受到学校领导对他们的关心,这对提高音乐教师的工作效率,发挥音乐教师的特长有着积极的意义。

(2)加强对音乐教师专业化发展的管理和考核

音乐教学是学校中为数不多的不涉及升学考试的学科之一,这使得音乐教学的活动空间和教师的自主权远远大于其他主干学科。一些优秀的教师善于利用自己学科的特殊性,根据“教育精神”而不是“教育条款”去做一些符合学生发展,符合学校发展,也符合个人发展的工作。但同时,也有一部分音乐教师工作懒散,缺乏事业心、责任心和进取心,长此以往,必将荒废了专业,懈怠了教学。因此,教育行政部门在音乐教师队伍的建设和培养上,除了加强管理和引导,还可以定期对音乐教师进行音乐教学必备的知识和技能考核。

(3)完善对音乐教师专业化发展的评价机制

音乐教育是纯粹的精神空间的拓展,必须摆脱功利、浮躁、短视、浅薄的思想局限,音乐教育应该为心灵自由的呼吸、精神自由的张弛提供空间,而不应受外力的支配、调控,更不能戴上“实用”的有色眼镜。只有这样,心灵才能敏感,触觉才能敏锐,情感才能丰富,才有可能获得体验美、欣赏美的能力,才有可能与艺术世界沟通无限。但是,作为学校或教育行政部门,在衡量一位音乐教师的教育成绩时,又是必须有可以量化的具体指标的。因此,需要有一套合理的评价机制。

学校或教育行政部门对教师的考核,通常包括教师职业道德、人文素养、教学能力、学科教学成绩、科研能力等项目,并以学科教学成绩作为主要评价依据。但对于音乐教师的评价,除了课堂教学水平,还应着重考查其专业水平,而专业水平的呈现又是以其所带团队的成绩来衡量的。一位真正优秀的音乐教师，应该是专业技能和教学技能的双管齐下，好比一位武林高手，既要有深厚的内功，又必须有各路招式。而音乐教师的音乐修养不仅赋予了他们在团队指导上的应对自如，也赋予了他们在课堂教学中的灵性创意。因此，对音乐教师的评价不仅仅局限于“教师”，还应该更多地增添“音乐”的属性。

(4)开展有效的音乐教师专业化发展的培训工作

①搭建音乐教师专业交流平台

艺术教育少有捷径，它必须经历几个阶段的渐进发展。我们可以以多种活动为载体，努力营造音乐教师专业学习的氛围。比如通过组建教师合唱团、教师管弦乐团、教师民乐团、教师舞蹈团等来搭建音乐教师专业交流平台。这种群体参与的学习方式，不仅提高了音乐教师自身的专业技能，还可以造就集体感和友谊，加强团结合作精神，形成艺术交流氛围，实现资源共享。

②依托本地资源形成本地“强师团”

要尽可能地发挥优秀教师、特长教师的力量，形成“强力集团”，也即“强师团”，进行跨校、跨区教学；也可以利用网络平台，实行教师群体联动式教研，实现“强师团”的网络教学资源共享。

③引进或邀请“专家团”进行专业引领

专家的视角视野和艺术水准对于带动团队的艺术水准毋庸置疑。一些站在全国甚至国际艺术展演舞台的队伍，有很大一部分得益于专家的长期指导。因此，可以通过建立一批“专家团”，利用专家资源，真正实现艺术水准的跨越。

教育的高峰，以爱的浇铸为基石；教育的灵性，以心的安静为魂魄。中小学音乐教师的专业化发展是一个系统工程，也是一个漫长、持续的修炼工程，需要教师拥有一颗沉静的挚爱音乐和音乐教育的心，通过自身和社会各界的共同努力才能不断完善、充分提高。古语云：“敬业者，专心致志以事其业也。”让我们怀着对音乐教育事业强烈的爱心和责任心，通过不断的理论学习，交流碰撞，专家引领，在学习中积累丰富的教学经验，启发丰富的教学智慧，树立良好的教学心态，达成特有的教学风范，尽职尽责，全力以赴，倾情奉献，以适应教育的发展和时代的需求。

编　者

2013年5月

目 录

总序 …… 1
前言 …… 3

【第一章 专业技能篇】

第一节 演唱技能 …… 3
一、歌唱的基本原理 …… 3
二、音乐课堂上的范唱 …… 7
三、音乐教师应具备的演唱技能 …… 8
第二节 演奏技能 …… 9
一、演奏的主要形式 …… 9
二、音乐课堂上的演奏内容 …… 10
三、音乐教师应具备的演奏技能 …… 10
第三节 语言技能 …… 18
一、教学语言的基本要求 …… 18
二、教师如何提高语言表达能力 …… 19
第四节 表演技能 …… 21
一、音乐表演技能的地位作用 …… 21
二、音乐表演技能的具体要求 …… 22
三、音乐表演技能的指导方法 …… 24

【第二章 课堂教学篇】

第一节 教学设计能力 …… 27
一、音乐作品的文本解读 …… 27
二、教学内容的裁剪整合 …… 32
三、教学目标的准确定位 …… 34
四、教学过程的整体把握 …… 37
附：教学设计案例五则 …… 42
第二节 教学实施能力 …… 58
一、课堂组织调控 …… 58
二、预设与生成 …… 62
三、策略与方法 …… 64
附：教学实施案例九则 …… 71

【第三章 课外指导篇】

第一节 舞蹈社团指导 …… 91
一、校园舞蹈作品的创作 …… 91
二、舞蹈社团的成长过程 …… 95
附：舞蹈社团组建案例 …… 97
第二节 器乐社团指导 …… 101
一、小学生管乐队的组建 …… 101
二、中学生管乐队的组建 …… 104
三、小学生民乐队的组建 …… 106
四、中学生管弦乐团的组建 …… 111
五、中学生混编乐队的组建 …… 113
六、中学生电声乐队的组建 …… 122
七、高中生器乐选修模块的开设 …… 124

【第四章 教学研究篇】

第一节 教学反思能力 …… 129
一、从教师自身在教学中的体验来反思 …… 129
二、从他人对课堂教学的评价反馈来反思 …… 130
三、从学生参与课堂的表现来反思 …… 130

四、从同类课堂教学情况的比较来反思 …… 131
五、从评价他人中进行反思 …… 131
附：教学反思例选四则 …… 131
第二节　教学评价能力 …… 137
一、评课前的准备 …… 137
二、听课时的状态 …… 137
三、评课时的切入点 …… 138
附：教学评价例选七则 …… 139
第三节　论文写作能力 …… 154
一、选题 …… 154
二、撰写准备 …… 154
三、开始写作 …… 155
四、修改定稿 …… 155
附：教学论文例选六则 …… 156
第四节　案例写作能力 …… 178
一、标题 …… 178
二、正文 …… 178
三、附录 …… 179
附：教学案例例选三则 …… 179

【第五章　团队研修篇】

第一节　专业化研修团队的建设 …… 195
一、专业化研修团队的运作机制 …… 195
附：学校教研组建设案例 …… 196
附：联片式研修团队建设案例 …… 200
附：区域研修团队建设案例 …… 209
二、主题化研修模式的探索与实践 …… 212
附：主题研修活动案例二则 …… 215
附：主题化研修案例二则 …… 218
第二节　“特级教师带徒”研训团队活动 …… 228
一、开班仪式 …… 229
二、学习足迹 …… 229

三、教学设计 …… 236
四、说课实践 …… 238
第三节 音乐教师专业成长方式的探究 …… 248
一、"小组引领持续跟进"教研模式 …… 248
二、"研训组合"教研模式 …… 253
三、"研训渗透"教研模式 …… 255
四、"唱奏观评"教研模式 …… 258

【第六章 成长历程篇】

第一节 成长故事 …… 269
一起走过的日子 …… 269
向来枉费推移力 此日中流自在行
——音乐教师基本功修炼对提升音乐教学境界的感悟 …… 275
附：学生音乐课后感 …… 278
第二节 参赛感悟 …… 279
"炼"课 …… 279
在"磨课"中成长 …… 281
在比赛中成长 …… 285
在比赛中收获 …… 287
第三节 研修心得 …… 289
高瞻远瞩话音教 潜心研训育硕果
——"疑难问题解决"高级研修班第一次活动纪实 …… 289
因"钻"而"专" 以"研"促"业"
——"疑难问题解决"高级研修班第二次活动纪实 …… 292
音教群贤毕至 九曲剡溪流觞
——"疑难问题解决"高级研修班第三次活动纪实 …… 293
专家引领 收获无限
——记"教师专业发展"第二期高级研修班第一次研修活动 …… 295
分享·探讨·汲取
——记"教师专业发展"第二期高级研修班第二次研修活动 …… 296
风景这边独好
——记"教师专业发展"第二期高级研修班第三次研修活动 …… 297

音乐高研班奉化行
——记“教师专业发展”第二期高级研修班第四次研修活动 …… 297
沐浴冬日的暖阳
——记“教师专业发展”第二期高级研修班第五次研修活动 …… 298
第四节 学习体会 …… 300
熟能生巧 乐由心生
——记“教师专业发展”第二期高级研修班第六次研修活动 …… 300
同心奏响学习的乐章 …… 301
“特别”的培训 …… 303
90学时培训日记 …… 304
“和谐”之音
——温州市中小学生艺术节合唱比赛观摩记 …… 307
观特级风采 引头脑风暴
——第66届浙派名师暨全国小学音乐名师经典课堂教学艺术展综述 …… 309
杭城冬日 如此美丽
——记浙江省首届音乐高级研修班有感 …… 311

后记 …… 314

第一章　专业技能篇

关于教师的专业技能，顾明远教授指出："如果一种职业人人可以担任，在社会上是没有地位的。教师必须专业化才能真正受到社会的尊重。"叶澜教授也指出："只有将人的培养、将完整人格的自我塑造而不仅仅是知识的传授看作教育的最终目标，生命的无限可能性才能在教育的过程中展开，教师才能成为富于时代精神、创新精神的人，教师职业也才能具有像医生、律师一样的专业不可替代性。"教师的社会地位和教育的终极目标都对教师的专业技能提出了要求。

参照国际职业专业化标准并结合我国的特点，中小学音乐教师专业化要求应该是：

1. 具有较高的专业智能，了解音乐学科领域发展前沿的方向。

2. 接受长时间音乐技能专业训练及音乐学科教学的"临床"实习。

3. 具备高尚的音乐教育教学专业道德和良好的审美情趣，以人为本，敬业爱生，身体力行，为人师表。

4. 具备音乐专业知识结构，有不断进修学习的意识和终身学习的意愿，能根据自己的专业判断决策，有独特的音乐教育教学风格。

5. 具备必需的音乐专业能力结构，取得教师资格证书。

音乐教师具备扎实全面的专业技能是实施有效音乐教育教学的基本保证，是培养中小学生全面发展、提高全民族综合素质的重要前提。

本章将从演唱技能、演奏技能、语言技能、表演技能四方面展开论述。

第一节　演唱技能

歌唱是最具普遍性、最容易实现的音乐活动。学生通过参与歌曲的演唱,感受音乐的情绪,理解歌曲的内容,激发对音乐的兴趣。歌唱也是欣赏、理解、表现音乐作品和学习音乐知识的重要途径。因此,歌唱在学生的音乐学习过程中,具有十分重要的作用。

作为音乐教师,需要具备扎实的歌唱技能,并具有良好的歌唱表现力。要做到富有表情地演唱,一要做到准确演唱;二要对歌曲进行深入的处理;三要让歌声富有感染力。准确演唱,不但要准确地唱出节拍、节奏、调式、调性、速度、力度等,还要有正确的发声、咬字、吐字的技巧和正确歌唱的姿势。歌唱是歌曲的二度创作,教师要在对歌曲有深层理解的基础上,对歌曲进行深入处理,声情并茂地把所要表达的思想和情感传递给学生。要让歌声富有感染力,就得先感动自己,然后才能用真情感动学生。

一、歌唱的基本原理

歌唱是一门技术性和实践性非常强的学科，仅凭理论知识和文学资料去进行学习是非常困难的,歌唱技能的学习主要是通过正确的发声训练和不断的歌曲演唱来逐步完成的。歌唱者必须掌握科学的歌唱发声基本方法,才能使歌声美妙动人。

(一)歌唱器官及其作用

了解歌唱器官的目的,就是为了在歌唱训练时使各部分器官相互联系、相互协调,有机地、合理地、能动地结合在一起,充分发挥各自的作用,同时组成一个完美的歌唱发声整体。只有这样才能唱出圆润、光彩、优美动听又富有乐感的歌声。

呼吸器官:指鼻、咽、喉、气管、肺腔、胸腔、横隔膜、腹肌。这些器官有机配合而形成的气流是歌唱发声的动力。

喉头和声带:声带是讲话、歌唱时的发音体,位于喉头中间。喉头内有软骨与喉肌起调节声带的作用。

共鸣器官:指胸腔、咽腔、口腔、鼻腔和头腔(头腔指头内的额窦和蝶窦),起美化、扩大声音的作用。

发音器官:指唇、齿、舌、牙、鼻、上腭(包括硬软腭),起形成语音的作用。

听觉感受器官:指耳和耳内的感觉器官,它们将获得的音乐声音通过相关神经系统反馈给大脑,起分辨声音的作用。

(二)歌唱的正确姿势

歌唱时人体就是"乐器",如果姿势不正确,人就好比结构不良的乐器一样,不能发出最优美的声音。因此,良好的歌唱姿势有利于各器官充分发挥作用。根据人体的生理结构,正确的歌唱姿势有两种:

1.站立式

自然而端正地站立,两脚分开距离约与肩同宽,头正,两眼平视,重心略向前倾,胸部稍微向上、向前挺起,双肩略向后展开,手臂放松自然下垂于身体两侧,小腹自然内收,使身体处于一种积极向上、向前的活动状态和感觉。这种姿势在独唱、重唱、合唱等舞台演唱时普遍采用。

2.坐式

上身的姿势与站立姿势一样,臀部坐在凳子或椅子上,腰部自然挺起,两腿自然弯曲,两脚落地距离与肩同宽或略宽。这种姿势在戏剧演唱中采用较多。

关于歌唱姿势问题,在这里需要进一步说明:以上两种姿势是初学歌唱的基本姿势,不是一成不变的。通俗歌曲特别是摇滚歌曲和部分民歌的演唱姿势要自由、活泼一些,演唱者可根据歌曲内容和情感表达的需要,边唱边跳。歌剧演唱要有形体、表演动作的配合。但无论演唱者怎样表现动作,都必须以有利于歌唱为前提。否则,唱出的歌声不能给人以美感,就失去了歌唱的意义。

(三)歌唱发声练习的目的和要求

1.歌唱发声练习的目的

简要地说,就是将歌曲演唱中对声音所需求的各种技术环节,通过有规律、有步骤的发声练习,逐步提高歌唱发声的生理机能,调节各歌唱器官的协作运动,养成良好的歌唱状态,使歌唱发声的技术成为歌唱表现的有力手段,为达到声情并茂的演唱服务。歌唱发声练习不是简单的"开开声"而已,而是要调整巩固科学的发声状态,把良好的歌唱状态保持到歌唱中去,改变平时生活中自然的发声习惯,使之成为符合歌唱发声的习惯和状态。歌唱发声练习要求每个歌唱者首先要了解和熟记歌唱发声器官的生理部位及其功能,掌握歌唱发声的基本原理,全面理解其精神实质,通过反复地练声及歌唱实践来消化和验证其歌唱规律。

2.歌唱发声练习的要求

(1)情绪

在练声、唱歌前,一定要摒除一切杂念,稳定情绪,要有非常好的心理状态,要有良好的歌唱欲望,要充满信心、放松自如地进入歌唱状态,否则是唱不好歌的。

(2)姿势

在每次练习时,都要保持正确的歌唱姿势,正确的歌唱姿势是进入良好歌唱状态的前提。

(3)呼吸

每位歌唱者一定要充分理解和运用气息发声和气息控制的方法（即横隔膜的呼吸方法），因为在整个声乐功能系列中，歌唱呼吸是最重要的一环，是整个歌唱建筑的基础，因此必须明确呼吸的重要性，重视练好歌唱呼吸的基本功。

(4)喉头

打开喉咙，稳定喉头，是歌唱基本功训练的核心，这是歌唱者声乐技巧能否顺利发展的关键之一，很多歌唱者声音上的毛病，多是由于歌唱时喉头不打开、不稳定造成的，而正确的喉头位置是协调呼吸器官的运动，获得稳定、流畅声音效果的关键。

(5)共鸣

要恰当地运用好歌唱的共鸣，要使声音传得远且圆润、优美、动听，这是要经过专门训练的，对于初学者来说，是比较难掌握的课题。由于共鸣训练常常与其他发声基础要求分不开，因此要求歌唱者通过母音的转换、稳定喉头、打开口腔、调节气息等手段，把声音振响在鼻咽腔以上的高位置头腔共鸣点上，来增大音量，扩展音域，美化音色，统一声区，使高、中、低三个声区的声音协调一致，天衣无缝，声区转换自如灵活。

(6)咬字、吐字

正确的发声要与正确的咬字、吐字相结合。通过字、声结合的练习来提高唇、齿、舌的灵活运动能力，使之更完美而生动地表现歌曲的情感和内容。

(7)表现

在歌唱发声时，还要注意对音准、节奏的训练，通过发声练习，逐步掌握连、顿、强、弱等全面的歌唱发声技巧，丰富歌曲的表现手段，增强歌曲演唱能力。从开始练声起，就要同音乐结合起来，即练声也要有良好的乐感，即便演唱音程、音阶也是如此。演唱音程、音阶一方面是肌肉、音准、气息、共鸣等方面的技术练习，另一方面，音程、音阶又都是乐曲的组成部分。因此，练声时要求每个歌唱者把音程、音阶也唱得悦耳、动听。

在歌唱发声的过程中，呼吸、共鸣、吐字、表现等缺一不行，它们是相互联系、相互促进、相辅相成的，这就是我们所要求的“整体歌唱”的涵义。

(四)歌唱发声练习的步骤

歌唱发声基本功的练习，一般按音域进展的规律，可分为三个阶段进行。

第一阶段。以中声区训练为基础，掌握基本的发声方法，调节和锻炼肌肉以适应歌唱技术的需要。无论哪一个声部，都应该从中声区开始训练，等中声区的音相对巩固后再逐步扩大音域。声乐学习要从基础入手，中声区是歌唱嗓音发展的基础，基础必须打得扎实，要记住“欲速则不达”的道理。

第二阶段。在中声区的基础上，适当扩展音域，加强气息与共鸣的配合训练，练好过渡声区(即换声区)，为进入头声区的训练打好基础。第二阶段的练习是关键的一环，需要花费的时间相对也比较长，但千万要有耐心和信心，不要急于唱高音，要沉得住气，等这段音域巩固后，再进入高声区的练习。

第三阶段。即高声区的练习,可以在巩固上两个阶段的基础上加强音量音高的训练,进一步扩大音域,做较复杂的发声练习,使声音达到理想的音高范围。这一阶级的练习要特别注意高、中、低三个声区的统一,音的过渡不要发生裂痕和疙瘩,重点是加强头声区的训练,获取高位置的头腔共鸣,从而达到统一声区的目标。经过这样的歌唱发声练习,便可以唱有一定难度的歌曲了。

(五)歌唱发声练习的内容

1."哼鸣"的基本练习

一般在开始练声时,先练练"m"是有益的,因为发这个音容易达到高位置和靠前、明亮、集中的效果。练习哼鸣时首先上下唇自然地闭上,口腔内部要打开,好像闭口打哈欠的感觉,感到声音向高位、额窦、鼻窦处扩展,但切勿把声音堵塞在鼻腔里,否则会发出鼻音。

2.母音的练习

除进行哼鸣练习外,更多的是进行母音的练习,如 ɑ、e、i、o、u 等单母音练习,也可用混合母音练习如 mɑ、me、mi、mo、mu 等。

3.连音的练习

人们常说:"不会连贯就不会歌唱。"歌唱声音的主要表现力就在于声音的连贯优美,只有连贯的声音才能唱出动人的旋律来。为了使声音有更好的连贯性,可以将练习的音域相对拉宽些。

4.顿音的练习

顿音唱法又称为断音唱法。要求唱得清晰、短促、灵活、富有弹性、集中感强。练习时要注意一字一音的灵活性,同时也要注意音乐上的连贯性。

5.连音和顿音结合的练习

在基本掌握了连音和顿音唱法的基础上,可以加连音、顿音结合在一起的练习,这样有利于歌唱状态的统一。顿音好像是一个"点",连音像是一条"线",以点带线,使声音的位置统一,并保持气息均匀流畅。

6.保持共鸣位置不变的练习

找共鸣位置最好的办法就是体会"哼鸣"感觉,如果这个共鸣点找准了,那么其他所有的音都应该向这个哼鸣位置靠拢,这样才能达到歌唱的高位置,使声音上下统一。

7.声音灵活性的练习

这种练习主要是为了适应歌曲演唱中快速、流动的要求,以达到更积极的身体、喉头、气息的配合。

8.结合字声的练习(带词练习)

要求根据词意富有想象、有意境、有画面,语气有表现,声音有乐感,有感情地去唱。力求做到字正腔圆、以情带声、声情并茂,慢慢地便可向歌唱歌曲作品过渡了。

二、音乐课堂上的范唱

(一)范唱的类别

示范式范唱:新歌教学时一般要用这种形式的范唱。示范式范唱是教师音乐素质的体现,是师生情感交流的纽带,并能激发学生演唱的积极性。

提示性范唱:对学习过程中学生容易忽略或出错的地方,教师需要指出并范唱。

启发式范唱:主要用来培养学生歌唱能力和歌唱习惯,还用在对歌唱状态的调整过程中。

校正式范唱:针对歌曲容易出错的地方,反复演唱,通过教师的正确范唱,树立一个可供模仿的范本。学生通过对比,明白错误并加以改正。

领唱式范唱:这种范唱形式多用于师生互动过程中,由教师担任难点乐段的演唱任务或者是领唱乐段的演唱。通过教师情感的带动效应,激发学生的学习兴趣,活跃课堂氛围,掀起课堂教学的高潮。

小结式范唱:体现在歌曲教学环节的结束部分,通过教师的范唱,纠正错误,树立正确的歌唱习惯,养成正确的歌唱意识,促进学生获得一定的歌唱能力。

(二)范唱的要求

上课前教师要充分熟悉歌曲,正确理解歌曲的内容、风格、调式、结构以及情感的处理等。

要具有连断、强弱、音色音区变换等演唱技巧,并能正确运用。

要有一定的艺术修养和丰富的乐感。音乐教师要不断提高自身的艺术修养,多听多实践,欣赏多类艺术品种的表演,扩大艺术视野,丰富艺术感情,绘声绘色地完成范唱这一环节,达到启发学生学习唱歌的兴趣。

要声情并茂地演唱。感情是演唱的"灵魂",是一种技巧,更是一种修养,感情可以弥补演唱技巧的不足。只要以情动人,学生也会听得津津有味。

(三)范唱的实施

准备到位。首先,教师要花工夫去准备范唱,这就要求教师在范唱前对所唱歌曲的内容、创作背景、节奏特点及所要表达的思想感情等作全面深刻的了解。同时从歌曲的力度、速度、演唱技巧、情绪表达等方面对歌曲进行演唱处理。只有充分的准备,教师才能鲜明生动地表达出完整的艺术形象,为接下去的教学环节作好铺垫。

情感到位。古人云:"唱歌兼唱情。"范唱时,教师应尽可能把歌曲所包含的思想、情趣用美的声音表现出来,力求唱得准确而富有感情。要面对学生背唱,态度自然、生动,可附带一些表情动作。有感情的范唱能激发学生学习歌曲的欲望和热情。

讨论到位。教师的范唱并不是个人的才艺表演,让学生听范唱还得要善于引导学生就歌曲的音乐情绪、思想内容、风格特点等方面作积极思考,让学生表述自己获得的审美体验,并进行交流和补充,提高音乐鉴赏能力。

三、音乐教师应具备的演唱技能

1.独唱技能

指能像独唱演员一样，用正确的发声技巧，准确的音乐处理，大方的音乐表演，有表情地、完整地演唱声乐作品，带给学生艺术性的美感体验。

2.无伴奏演唱技能

指能在无乐器伴奏的情况下，准确地歌唱，并且有较好的音准和节拍节奏感。准确的无伴奏演唱是音乐教师进行歌唱教学时十分重要的技能，这需要音乐教师具有良好的内心音高感。

3.即兴弹唱技能

指不按正规的伴奏谱，即兴编配钢琴伴奏并同时进行演唱。这需要较好的和声基础和键盘演奏能力，并需要处理好弹与唱的音量平衡关系，处理好演奏、演唱中的音乐表情，是一项体现音乐教师综合能力的技能。

4.移调演唱技能

指能根据学生的音域和演唱能力，改变调高，移高或移低若干音程进行演唱。通常在移调演唱时，还需要进行移调伴奏，对教师的演奏能力也有较高要求。

5.变角色、变音色演唱技能

指能根据作品的表现要求和教学的不同阶段要求，用不同的角色和音色来演唱。有时，用指导者的角色，有时，用学习者的角色；有时，用成人的角色，有时，用儿童的角色；有时，用男声的音色，有时，用女声的音色等。

6.变力度、变声部演唱技能

指根据学生的演唱情况，教师选择不同的力度或不同的声部演唱。如对较困难的段落，教师需要增加力度演唱，引领学生正确演唱。对较容易的段落，教师可以减少力度，甚至不参与演唱。对学生演唱中的错误之处，教师需要临时用较强的力度进行强调等。在多声部合唱教学中，教师同样可以针对不同声部的音准、节奏、音色要求进行适时的辅助演唱，时而辅助一个声部演唱，时而又辅助另一个声部演唱等。

音乐教学是一个动态的、瞬息万变的过程，不同的教学情境，需要不同的教学处理手段。掌握多种演唱技能，将有助于及时化解音乐教学中的各种问题，激发学生的学习兴趣，提高音乐教学效果。

第二节　演奏技能

演奏是一种注意力高度集中、创造性极强的劳动，是一种集记忆力、想象力、反应力、听辨力、感受力于一体的动静结合的运动，是一种倾注内心情感、燃烧生命激情的创造。运用娴熟的技巧和无限的想象，塑造出有血有肉、精致完美的艺术作品，来拨动听者的心弦，是演奏者追求的境界。

演奏是音乐表演领域的一个重要组成部分，也是音乐教育领域的重要组成部分。中小学音乐教师作为学校音乐教育的主导者，应该尽可能地了解和掌握演奏的知识和技能，以便更好地为音乐教育服务。

一、演奏的主要形式

（一）独奏

独奏是指由一件乐器单独演奏（如二胡独奏、笛子独奏、钢琴独奏等）。独奏者往往要有较高的演奏技巧和一定的音乐修养，独奏用的乐曲不仅要有完整的音乐形象和细致的感情表达，还应当充分发挥乐器的性能。独奏在音乐课堂上常常以范奏的状态出现，演奏者常常是教师或者班级中精通某种乐器的同学来担任。

（二）伴奏

伴奏是指在演唱（独唱、齐唱、合唱等）或器乐独奏的过程中，用一件乐器（如手风琴、钢琴、笙、扬琴等）或一个乐队（小乐队、民乐队、管弦乐队等）的演奏来衬托歌（乐）曲的主旋律。伴奏可使演唱或演奏的表现力更为丰富。在演唱或课堂教学中，用钢琴、手风琴等在事先不谱写出曲谱的情况下，临时根据歌曲主旋律奏出和弦音型进行伴奏，称为“即兴伴奏”。伴奏是课堂教学最普遍的演奏形式。

（三）齐奏

齐奏是指多件乐器同时演奏同一个旋律。齐奏虽然不能像独奏那样充分发挥乐器的性能，但如果采用不同种类乐器进行适当的组合，也具有一定特色，如很多地方戏曲的伴奏，常采用齐奏的形式。此外,还可以采用单一种类的乐器进行齐奏,如小提琴齐奏、二胡齐奏、笛子齐奏等,可以训练演奏者整齐统一、互相配合的演奏基本功。齐奏在中小学里多见于学校普及型的课堂器乐教学,是器乐教学中演奏参与面最广,参与人数最多的一种演奏形式。中小学音乐课堂教学中选择用作齐奏的乐器常常是简单易学的,如竖笛、口琴等。集体学习演奏同一种乐器能创设一种齐心协力、努力向上的学习氛围,也有利于学生之间相互学习,共同提高。

(四)重奏

重奏是指用两件或两件以上的乐器同时演奏,并且每件乐器演奏不同的旋律。如弦乐四重奏、钢琴四重奏、小提琴二重奏、铜管乐五重奏、弹拨乐五重奏等。中小学里常可根据学生的实际情况组织各种类型的重奏。重奏对演奏者有较高的要求,需要每个演奏者都有较强的演奏技能和良好的乐感。

(五)合奏

合奏是指用多种乐器进行多声部乐曲的演奏。合奏中由于各种乐器有着不同的音域、音色和音量,因此综合起来演奏,有着多种色彩的变化,音响效果丰富多彩而富有表现力。

二、音乐课堂上的演奏内容

音乐课堂上的演奏内容主要包括范奏、伴奏、视奏等。

范奏具有形象化和直观性强的特点,是器乐教学过程的重要环节。范奏对于初级的学生来说是不可或缺的。歌德说:"鉴赏力不是靠观赏中等作品而是要靠观赏最好的作品才能培育成的。"作为审美教育的载体之一,范奏的呈现也是必须尽善尽美。因为从艺术角度来观察,成功的范奏已不单纯只是为了便于学生机械地模仿,更是引导、引发学生学习热情的重要手段。

欣赏教学中的范奏,不仅能使学生感知器乐曲的音响、乐器的音色和性能,还能够了解乐器演奏的基本常识,也使得学生能够更好地关注音乐,从而引起学生对乐曲的兴趣,激起学生的音乐情感。

歌唱教学中的伴奏,可以随时随地指导、纠正学生,准确地唱好歌曲。教师可以根据歌曲的特点选择伴奏型,如旋律变化不大,音程关系大多是三度、纯四、纯五度等,可以用"和弦"式伴奏。如音域跳跃较大,音程多是不和谐的,可以用"旋律"式伴奏,以便于为学生的演唱烘托气氛,增加色彩,帮助学生完整地表现歌曲。

视奏是器乐演奏中一个不可或缺的过程。面对着一份从未谋面的乐谱,将乐谱所载的信息正确地奏出,这一过程即为"视奏"。视奏包含"视"和"奏"两个方面的活动。要提高视奏质量,就要在"视"与"奏"之间建立迅速的反应机制,即形成生理上的条件反射,缩短从"视"到"奏"的时间。

三、音乐教师应具备的演奏技能

音乐教师要具备过硬的演奏技巧,像一名演奏家一样,运用器乐特有的艺术魅力感染学生,带给学生听觉的享受。

音乐教师应该掌握的演奏乐器分两大类。

第一类,应掌握一门必备的教学演奏乐器——键盘类乐器,如钢琴、电子琴、手风琴等。键盘乐器具有音高稳定、转调灵活、和声表现力强的特点,既能演奏单旋律,也能演奏多声部的音乐,表现力强,适用性广。

第二类,除了键盘乐器以外,音乐教师还应该掌握一两种管弦乐器或民族乐器,来辅助音乐教学和开展校内音乐活动。这类乐器可以是某种独奏乐器,如二胡、小提琴等,或者是适合开展课堂普及型教学的乐器,如竖笛、口风琴、课堂打击乐器等。无论是哪一类,教师必须可以在教学中正确地演奏,完好地表现音高、音准,为学生提供直观生动的演奏情境,激发学生的学习热情,提高音乐课的教学有效性。

(一)钢琴

古往今来,世界上各民族的乐器多至千百种,被称为"乐器之王"的钢琴自有其优点。其音域宽广,超出了几乎所有其他乐器的音域,只有管风琴可与其相媲美。其力度变化幅度巨大,既可发出十分微弱、人耳刚刚能听见的极弱音(ppp),也可发出洪亮有力、震撼人心的极强音(fff),以及处于极弱和极强两者之间的各个力度层次的声音。由于钢琴使用十二平均律,使音乐的转调、多声部的表现获得极大的自由,可以弹奏出无限丰富的纵向和声组合和横向旋律线条,变幻出多彩的色彩。钢琴所具有的无限丰富的表现力,是任何其他传统乐器都无法比拟的。

1. 钢琴的演奏技巧

钢琴演奏离不开时间的流动,随着音响在时间范畴内的千变万化,展示出音乐整体的美。要提高钢琴演奏中的音乐表达能力,就要学会正确地读谱,准确地表现,同时还要对各个时代的音乐风格有所了解,并加强个人修养的修炼。

(1)正确的读谱

提到正确的读谱,许多教师认为只是音符的正确、节奏的正确。而事实上除了这两者之外还有许多重要的标记,都直接影响对乐曲的理解、表现对乐曲风格的处理。

表情术语。包括乐曲情绪、表情等。这些术语提示我们,乐曲是欢快的或抒情的、是宁静的或诙谐的等,这直接关系整个作品的风格把握。

力度标记。在古典音乐中,一般从 pp 到 ff 之间就有 p、mp、mf、f 的六个不同层级的力度。而浪漫乐派及后期作品从 ppp 到 fff,幅度更加宽。其他还有 sf、sfz 或 crese、dim 等。这些具体的力度标记,同样关系到了乐曲演奏中音乐的表现。

速度标记。不同的速度和速度变化直接影响乐曲的效果。如中板(Moderato)、小快板(Allegretto)、自由速度(Rubato) 、减慢(rit.)、渐快(Accelerando)等。因此,我们在演奏作品时要把握不同的速度要求,尽可能表达出作品的本意。

(2)准确的音乐表现

要准确地表现音乐作品,需要抓住作品的音乐特性。音乐特性指音乐内容、情绪、形象意境等所决定的音乐的局部特性和总体风格。音乐特性是音乐的实质,是领会音乐、把握音乐的基本要素,它决定用什么方式、手法、情感去表现音乐。

有的音乐是抒情性的，以优美如歌的旋律来抒发情感，情绪上可以是亲切的、动人的或是安宁的。对这类音乐的表现应抓住其特征：抒情，歌唱性，柔和优美。

有的音乐是较活泼的，在音乐表现上应是轻快活泼，节奏性强，声音明亮轻巧的。

有的音乐是激情类的，在音乐表现上力度变化较大，手法较复杂，尤其要注重情感的投入。

音乐是通用的语言，是可以融入人的情感而存入心灵之中的。当我们准备表现某部作品时，首先要分清乐曲的特性。可以凭直觉来体验，或是根据标题、标记来确认，或通过分析作品来感觉。

(3)了解各个时代的音乐风格

音乐起源于劳动，发展在各个社会阶段中，扎根于劳动人民的心里，人类对音乐在不同时代有不同的要求。因此，不同的时代、不同的作曲家风格形式也各不相同。

巴洛克时期音乐风格。巴洛克时期从年代上大约始于1600年，止于1750年，当时的思想是博大的，在音乐领域内出现了一些意义深远的进展。在巴洛克时期，节奏是特别强烈、活泼、持续和反复的。在旋律方面是活跃的，持续不断地展开，而且常用颤音和其他装饰音技巧来修饰。在结构上多用的是复调旋律。在速度和力度变化上，巴洛克时期的作曲家第一次在乐谱上标注了速度，使用了“柔板”、“快板”等字样。在力度上，是“阶梯式的力度变化”，如一个均匀的弱音段后面跟一个均匀的强音段。巴洛克时期代表作曲家巴赫，在其管风琴音乐中，将科学与诗歌、技术与情感、精湛技巧和高贵思想融为一体，使复调音乐充满活力，他是巴洛克音乐的巅峰人物、是音乐史上的巨人。

古典主义时期音乐风格。古典时期音乐一般认为始于1750年(巴赫逝世那一年)，结束于1827年(贝多芬逝世那一年)。在风格上严谨、优雅、简朴、庄严、准确。古典时期音乐着重形式美，稳重、有秩序、合乎逻辑，同时又有大胆发挥的、创造性的、幻想的情感。在节奏上，作为音乐整体的一部分，以“极甚精妙和敏锐的手法”来处理。在旋律上，认为旋律是音乐的“灵魂”。在力度上，不同于巴洛克时代的“阶梯式的力度变化”，而是被另一种力度变化而代替，即在一个段落中强音和弱音之间有更多突然的和戏剧性的变化。如古典时期的莫扎特——最杰出的天赋音乐奇才和贝多芬——一位强烈而激情的不朽的咆哮者，他们两个人的音乐十分具有代表性。罗曼·罗兰曾说：“莫扎特的音乐是生活的画像，是美化了的生活。他的音乐总是指向心灵，并且始终表达情感或激情。而贝多芬的音乐，宣扬了自己生活和创作的准则，那就是最强有力的音乐。他的作品超越了从前所有音乐，向人类想象力所能触及的最高领域翱翔，实现了人类情感和思想的彻底解放。”

浪漫主义时期音乐风格。浪漫时期包括了19世纪大部分时间，并至20世纪开始的艺术革命，后由第一次世界大战导致人们的理想幻灭而结束。这是一个十分有利音乐发展的年代，是一个表述情感主义和梦想的时代，是一个自由的、自然的时代。浪漫主义时期的音乐比音乐史上任何时期更富抒情色彩，也更吸引广泛的听众。浪漫主义时期音乐在节奏上过多使用了有规律的重拍。在旋律上，极为强烈，事实上浪漫主义时期的旋律直到现在仍然是公众心目中“如歌的、热烈的”，而“抒情”是其关键。在和声上比古典音乐要复杂得多，有更多的转调和半音体系。

在力度变化上比古典时期多得多，浪漫主义作曲家喜欢突然的变化，而这是古典作曲家所避免的。在浪漫主义时期音乐中，肖邦最具代表性。肖邦是那个时代最多才多艺的钢琴家，历史上最优秀的钢琴家之一，也是大作曲家中唯一只写钢琴曲而不写其他作品的人。肖邦是小型曲式大师，他的作品大多数激烈、富于诗意、充满感情。许多作品充满着法国人的细腻，而另一些则又显出波兰人炽烈的爱国热情。《马祖卡舞曲》在肖邦的全部作品中占有特殊地位，它们概略表达了奏鸣曲、诙谐曲等所产生的英雄气概、雄伟和复仇心。《马祖卡舞曲》是肖邦的精髓——重感情而不重理智，愉快和悲哀交替进行。

20世纪音乐风格。20世纪的音乐最多样化，开始是自主性、情感主义和标题音乐，但很快就被一种新的纯音乐代替。在节奏上，20世纪音乐中，节奏得到了充分体现，比过去任何时期变化更多、更复杂、更有活力。在旋律方面，旋律让位给节奏、和声、音色，有时根本无旋律。德彪西是钢琴音乐最优秀创造者之一，是印象主义音乐的奠基人，他代表了从浪漫主义到20世纪音乐的主要过渡。这一时期，几乎没有人比德彪西更为重要。他在音乐艺术中进行了一场彻底革命，发明了他以前认为"不协和和弦"的和弦联合在一起的新方法，并利用它们产生精美的和声。他打破了大传统的规则，制订了一些旨在表现转瞬即逝的感觉和微妙、飘浮不定的情绪的新规则。

(4)提高个人修养

了解中外音乐史。多读关于音乐史书籍，了解作品的风格特点，了解作曲家生平、背景。

了解中外文学作品。通过多读中外文学作品开拓思路，提高表达能力。

多看绘画。艺术是相通的，通过多看好的作品(绘画)，可以提高想象力。

多欣赏音乐作品。多听各类音乐，提高个人综合素养和作品演奏技巧，更好地表达音乐作品。

2．钢琴的伴奏技巧

对音乐教师而言，良好的钢琴即兴伴奏能力，是必不可少的一项专业技能，也是决定课堂教学质量高低的关键因素之一。

(1)根据教材歌曲的基本特征编配伴奏

中小学音乐教材中的歌曲以表现健康向上、单纯活泼的思想内容为主，表现的音乐形象比较具体，内容常和中小学生的生活情趣、年龄特征有紧密的联系。与其他技术难度较大的艺术歌曲等类型相比，是有一定差异性的。其基本特征归纳如下：

歌曲一般篇幅并不太长，具有鲜明的音乐特征和年龄特征。

歌曲的音域比较狭窄，旋律线条多为简单化。在低年级段的少儿歌曲中，更能体现该特点。

歌曲的节奏较为简练。

歌曲的调式、调性不多变，较稳定。

歌曲的结构一般比较方整，曲式结构简单，乐句分明。

在为歌曲伴奏时，应该特别注意结合歌曲的特点，采用恰当的伴奏手法。

(2)根据学生的年龄特征编配伴奏

各年龄阶段的学生,对事物的感知及理解能力各不相同,要根据各个年龄阶段学生的不同音乐审美感知能力,编配合理的伴奏。

1~2 年级。应该充分注意这一年龄段学生以形象思维为主,模仿力强的身心特点,激发和培养学生的音乐感知能力。伴奏时,一定要注意右手突出旋律,或是双音旋律。左手的伴奏尽量的简单化(如以正三和弦为主)。由于这阶段的学生还没有很好的音高音准概念,在伴奏中,应该适当地融入音高、音准的训练,注重音高感的培养。

3~6 年级。该阶段的学生,经过了 1~2 年级音准训练,认知领域进一步扩展,体验感受能力增强。编配伴奏时应突出歌曲的整体风格,和声和织体等的运用可以适当丰富一些,注意引导学生对歌曲的整体感受。

7~9 年级。该阶段的学生,生理、心理日趋成熟,乐感、演唱能力有较大提高。编配伴奏可相对自由一些,可以采取无旋律伴奏、多声部伴奏、旋律声部在左手出现等等的伴奏方式。此外,伴奏音域、音区可以适当地拉宽,和弦以及织体的配置上都可以丰富些。例如,在一首曲子中,可以选用几种伴奏音型相融合的形式。

(3)根据歌曲的风格特征编配伴奏

适合中小学生演唱的歌曲可谓是“麻雀虽小,五脏俱全”。这类歌曲大致有三种风格:一、极具律动感、步伐感,朝气十足的进行曲风格;二、节奏感较强,具有舞蹈性、跳跃性,音乐一般较愉悦欢快的活泼风格;三、宽长律动型,旋律歌唱性强,抒发内心情感的抒情风格。为歌曲伴奏时,一定要抓住歌曲本身的音乐风格,掌握它们之间的差异性,正确地选配、处理伴奏。

进行曲风格的歌曲,如《义勇军进行曲》、《中国少年先锋队队歌》、《共产儿童团歌》、《小号手之歌》等。伴奏时,多以低音加柱式和弦为主要伴奏音型。为了表达行进的感觉和铿锵有力的形象,和声的选择应该以正和弦为主,同时强调和声的功能性。当然,根据实际情况,可适当地加入副和弦和其他和弦材料。在低音加柱式和弦的伴奏音型中,和弦低音一般以原位为主,来强调这类歌曲的力度。在带旋律的伴奏织体中,可附加双音或和弦表现主旋律,旋律声部主要由右手奏出。此外,乐曲中出现长音或休止时,运用附点节奏的“号角”式的柱式和弦,或是双手奏出反向进行的短音阶,都会使音乐具有更强的推动号召力。

活泼风格的歌曲,如《洋娃娃和小熊跳舞》、《小星星》、《春天在哪里》等。节奏型在活泼类型的少儿歌曲中,是最为重要的因素。常用的伴奏手法,一般是为带低音的柱式或分解和弦为主的音型,常有交替低音的奏法。伴奏时,旋律声部往往由右手奏出,并以单音方式演奏较多。如需要加强音量来体现歌曲旋律的时候,还可以附加和弦以及双音的音型进行伴奏演奏。对于乐曲中长休止或是延长音的处理上,最为常见的是进行模仿或插入生动灵巧的短句。

抒情风格的歌曲,如《每当我走过老师窗前》、《冬夜静悄悄》、《大海啊故乡》等。这类歌曲的旋律表现力最强,在伴奏时,主要通过分解和弦音型来烘托主旋律,必要时通过对位旋律加以衬托,或通过低音声部与旋律声部的反向进行,来突出主旋律。

(4)重视前奏与尾奏的作用

前奏又称引子,能够预示乐曲的性质、风格特征、音乐形象,揭示乐曲的调式、调性、节奏、速度、力度和基本情绪,帮助歌唱者酝酿情绪,提示乐曲内容,引导主题出现,为歌声的自然进入准备条件。对于没有注明前奏的歌曲,可选用歌曲中有代表性的一句作为前奏,并且不宜过长,一般使用四至六小节的旋律式前奏。

尾奏也叫尾声或后奏,是在歌声结束时由钢琴或其他乐器演奏的一段音乐,它的主要任务是对乐曲的补充和总结。常见的尾奏有两种类型,一种是速度基本不变而力度较强或渐强的趋势,称之为强结束;另一种是速度渐慢而力度较弱或有渐弱的趋势,称之为弱结束。我们可以根据乐曲的风格情绪、主题内容的需要,充分利用速度、力度等表现作用,来编写尾奏。

歌曲尾奏的伴奏编配方式,通常有以下几种:

用和弦、音阶、长琶音作尾奏。

用前奏或间奏的素材作尾奏,有时也可采用新素材。

用特定的音型作尾奏。

(5)重视踏板的运用

在歌曲伴奏音色的把握中,踏板的正确运用也是不可忽视的重要部分。在使用踏板时,一定要轻踩轻放,不要有过多的杂音,用耳朵聆听踏板是否已经放干净。有的音乐教师在为歌曲伴奏时,不恰当使用踏板,心血来潮时就踩,即兴似的运用踏板,根本不仔细地去推敲处理。更有甚者,一直踩着踏板,钢琴伴奏的整个音色听起来含混不清。严重影响了音乐的美感,也影响了学生的音乐听觉。

(二)手风琴

手风琴是一种既能够独奏,又能伴奏的簧片乐器,不仅能够演奏单声部的优美旋律,还可以演奏多声部的乐曲,更可以如钢琴一样双手演奏丰富的和声。手风琴音色变化丰富,手指与风箱的巧妙结合,能够演奏出多种不同风格的乐曲,这是许多乐器无法比拟的。除了独立演奏外,也可参加重奏、合奏,可以说一架手风琴就是一个小型乐队。加之音高固定,体积小,携带方便,因此,在中小学音乐教学、课外活动及业余文化活动中被广泛应用。

1. 手风琴技术训练

手风琴技术简单地归纳为三个字:松、通、点,即放松、通畅和着力点。它们三者的结合始终贯穿在技术的训练和要求之中,最终达到速度和力度的完美结合。

手风琴由三个部分组成——键盘、风箱和左手的低音贝司。左手具有独立的排列结构和指法特点。由于它同时具备者三种技术内涵和技术系列,所以是一件很难掌握的乐器。下面从键盘与风箱两方面的技术训练分别给予叙述。

(1)键盘方面的训练

指尖的支撑。在手风琴的触键训练中,指尖感是最本质的问题。指尖必须要有很好的力度,才能做到自然的支撑,才能在面对各种技术和音乐上的难点时应付自如。如果指尖软弱无力,就不能产生出清晰饱满的声音和干净、颗粒性的演奏效果。所以说指尖的调节是至关重要的,而且真正意义上的放松也是建立在此基础上的。

用力和放松。为了获得手指力度的增长，在练习时要注意用力和放松的关系。触键时力量集中在指尖快速下键，然后立即放松，用力和放松都是在一瞬间集中在一点上迅速完成的。用力和放松是相互作用、相互依赖的。放松不好会影响到下一个动作的准确性和力量的运用，而没有力量的运用又不可能有真正意义上的放松。所以说，放松是为了更好地使用力量。要更好地使用力量，就要去掉多余的用力。因此，在训练中，应全面、充分地去考虑用力和放松问题，只有如此，才能把键盘技术训练做到最好。

(2)风箱方面的训练

风箱的切换。风箱是手风琴音乐表情达意的重要工具。手风琴演奏中的“喜、怒、哀、乐”等情绪和感情，都是在对风箱的控制和巧妙地运用下获得的。在演奏中应注意要以自然、舒展的演奏状态为主，应顺着风箱的自然下垂方向合理地控制风箱。风箱的开合要控制在演奏能合理有效的范围之内，在出风箱时，风箱的运行要使用正扇形状出。回风箱时，尽量避免使用倒扇形风箱，要做到使风箱处于何种状态出去就同等状态回来。风箱的切换是演奏中至关重要的。在换风箱时，一要有“意识”，以保证音乐顺畅的连接，快速的跑音不被遗漏。二要注意转换风箱时力量的合理分配。

抖风箱是通过短促、有规律的风箱推拉而产生一种特殊音响。在抖风箱的演奏中，拉、推风箱的力量要一样，才能把两个音演奏得极其轻巧、平均又清晰。拉风箱时首先借助往外的力量和风箱本身具有的下沉重量，而推风箱时则需要用加倍相反的力量来对应，这样，出来的声音才会均匀。在快速抖风箱时，手臂放松，力量通畅，是获得清晰、干净的声音的重要前提。

总之，手风琴风箱的运用和音乐演奏的规格是不可分割的，努力开发风箱的技巧才是提高手风琴演奏能力的重要途径。

2．手风琴即兴伴奏

手风琴即兴伴奏是手风琴伴奏形式中一种最实际、最常用、最快捷的演奏技能。它要求伴奏者将手风琴演奏技巧、键盘和声手法、作曲理论知识结合起来，在旋律的限制下，在事先毫无准备的情况下进行瞬间的艺术再创作。它是一门集技艺性、实用性为一体的基础课。因此演奏者对键盘技能与作曲技法应用的高低好坏，对演奏水平能达到何种程度起着决定性的影响。

(1)手风琴即兴伴奏特征

手风琴即兴伴奏，不大可能完全采用歌曲的伴奏谱所采用的复杂表现手法与技巧，而更具有实用性、即时性、灵活性等特点。这就需要伴奏者具有扎实的音乐理论知识和较好的键盘弹奏能力。

手风琴即兴伴奏，不仅仅只是一个技术手法的处理问题，还应从作品的内容和整体结构出发，经过精心的艺术构思，激情地将它表现出来。所以必须具备敏捷的创作思维能力和丰富的想象力。

手风琴即兴伴奏，是音乐作品的有机组成部分，它虽以“伴”为主，但它与其伴奏对象共同塑造了一个完美的音乐形象。但是毕竟是“伴”，所以必须要注意以“伴”为主，不能“喧宾夺主”。

综上所述，手风琴即兴伴奏是手风琴艺术综合能力的反应。它不仅需要伴奏者具有敏捷的思维、灵活的手指能力、熟练的和声编配知识，也需要将丰富的伴奏音型、织体及各种表现手法储存在大脑中。此外，正确的弹奏方法、设计合适的指法、在各常用调上移调弹奏等综合能力也是不可缺少的。

（2）手风琴即兴伴奏技巧

分析歌曲的内容、体裁、调式、调性以及曲式结构等特点。在为歌曲编配伴奏时，应要先熟悉乐谱，通过歌曲的旋律和歌词来确定歌曲的题材、体裁以及调式调性、速度力度等诸多因素，从而来设计伴奏的手法与和声的织体。

配置和弦。和弦的配置是重要的环节之一。不同的和弦连接可以表现不同的思想内容，塑造不同的音乐形象。开头和结尾和弦大多数是主和弦，这样才能够明显地体现出歌曲是大调、小调或民族调式。结尾部分往往是正格、变格等终止形式。歌曲的中间部分或一个乐段结尾处常常有半终止出现，这时往往落在属和弦、下属和弦上。为旋律配置和弦时更换和弦的频率要由歌曲的性质来决定，比如，轻快活泼的歌曲和声节奏通常较疏，可以几个小节配一个和弦。慢速抒情的歌曲，可以一个小节配一个或两个和弦。总的来说，和弦的使用要以“少而精”为主要原则。

确定伴奏音型。伴奏音型是即兴伴奏中和声进行的具体形态。相同的音型，在不同类型、速度的歌曲中所造成的意境也迥然不同。如《掌声响起》的第一乐段仅用几个柱式和弦便造成一种清净抒怀的味道，而在《没有共产党就没有新中国》、《中国，中国，鲜红的太阳永不落》等歌曲中运用柱式和弦，就会使这些进行曲式的歌曲更为有力度。因此，在选用音型时，一定要从充分表现音乐内容的前提出发，充分发挥伴奏音型的不同表现力。

处理前奏、间奏与尾声。前奏一般是短小精练、个性鲜明的。提示主旋律材料的前奏，以歌曲的末一句作为前奏的较为多见。乐曲结束句的和声进行大多都有终止式进行，用在前奏中能充分地揭示出调式的和声功能，肯定调性。也可以将主旋律中节奏型、音调等最有个性的句子或片段抽出来作为前奏，以使歌曲的精华部分更加醒目、难忘。间奏主要起到承上启下、承前启后的桥梁作用。根据歌曲的表现需要，间奏可长可短。间奏的素材，可以在旋律的基础上进行改编，也可以加入新的素材，营造新的音乐情境。尾声是指在歌曲主体部分结尾以后，或是在最后的结束音上弹奏的那一部分旋律。它可以使歌曲的主体更加突出、集中，并达到更高的境界，同时也使演唱者的情绪随着尾声的进行推向高潮或渐渐平息。手风琴可以奏出持续且渐强的音响，因此，当歌曲的结尾是在激情中结束时，用震音式最恰当，特别是在震音后再用和弦做结束更显得整齐有力。

（顾　敏）

第三节 语言技能

语言技能是教学活动的灵魂，教学语言技能掌握得好，可以使课堂气氛生动活泼，教师讲得津津有味，学生听得兴致勃勃。一个优秀的音乐教师，应该具有驾驭语言的高超技能。亲切舒缓的语气、抑扬顿挫的语调、张弛相间的语速、强弱适当的音量，能给人强烈的语感美的刺激，为教学增辉添彩。

一、教学语言的基本要求

（一）准确简练

所谓准确，就是用最确切、恰当的词语和句子表述概念和判断，使之准确无误地反映客观事物本身的意义（即反映所讲授的内容）。教学语言是知识信息的载体，它离不开知识性这一原则。只有饱含知识的教学语言，才能使学生获取知识。因此，它要求教师自身对知识的掌握要准确，表达更要准确。如果用词不当，逻辑混乱，讲话语法不规范，就会造成词不达意、语无伦次，从而影响知识信息的有效传递。特别是一些容易混淆的概念，如“节拍”与“节奏”，“山歌”与“小调”，生活中的“快节奏”与音乐中的“节奏紧凑”等，教师一定要字斟句酌，不能相差一个字。

所谓简练，就是在教学中用最经济的语言表达最大容量的教学内容。只有这样，才能保证在规定时间内完成教学任务，增强知识传授的透明度。由于教材内容繁多，教师不能被点滴零碎的知识牵着鼻子走，这也讲，那也抓，而要讲其所当讲，讲在点子上，紧扣教学目标，抓点带面。

（二）生动形象

教学语言应具有生动性、直观性、形象性，生动形象的教学语言，便于在学生大脑里形成表象，有利于学生把音乐形象同自己对现实生活的感知进行联系和想象，去深刻地理解音乐。教师讲得引人入胜，学生学得津津有味，学生的注意力、记忆力、思维力、想象力都保持高水平，学习效果必然提高。加里宁曾对一个教师说:“要研究文法,使得语句通顺,但要说得自然,要说得普通。”要做到生动形象,教师在语言表达过程中要力求深入浅出,通俗易懂,流畅自然,跌宕起伏,抑扬顿挫。

(三)幽默风趣

有人把幽默比作教学语言中的盐,它可以调出语言中的百味,可以调节学生的听课情绪,减轻学生的疲劳强度,吸引他们的注意力,形成愉快和谐的教学气氛,提高课堂教学效果。同时,要发展学生的逻辑思维,离不开形象思维的支持,而幽默又往往以形象思维为特征的,从这个意义上讲,幽默风趣的教学语言也是发展学生思维能力的重要借助。当然,幽默不同于庸俗的说笑,它来自敏捷的思维和丰富的学识,因此,表现幽默和风趣更需要教师具有很高的语言修养。

(四)情深意切

教师的语言表达要竭力地设置一个良好的教学情境,尽可能把话说得生动活泼、鲜明形象、感情洋溢,使学生如临其境、如见其形、如闻其声。只有在这样一种境界下,学生才能真正专心致志、全神贯注地听讲。音乐课堂教学不仅是师生间知识的交流,同时也是一种情感交流。教师的每一句话语、每一个表情,都会让善解人意的学生心领神会。教师如果向学生发出各种教学信息时,情感不是诚挚深沉,而是麻木不仁,那么就很难激活学生审美心理感受中的情感功能。唐代大诗人白居易曾说过:“感人心者莫先乎情。”教师应善于捕捉适当的教育时机表达自己的感情,要“未成曲调先有情”。只有注入情深意切的教学语言,才能像磁铁一样具有吸引力,触动学生的心弦,引起心灵的颤动和共鸣,拨动学生微妙的音乐审美情思,使其对音乐产生浓厚的兴趣。

二、教师如何提高语言表达能力

(一)充分准备,广闻博采

平时,教师要注意积累丰富的语言词汇、成语典故,以便上课时根据需要信手拈来。教师语言表达能力的形成并非一时之效,一朝之功。俗话说:“道得人人意中语,千回百转费寻思。”马雅可夫斯基也曾说:“你想把一个字安排妥当,就需要几千吨语言矿藏。”因此,应重视平时的知识积累和语言表达的训练。

(二)树立信心,满怀激情

信心是临场不乱的保证。俗语说:“只有事先成竹在胸,才能临阵不乱方寸。”教师要做到语言表达酣畅淋漓,有条不紊,就必须树立信心。同时讲话时要充满激情,如果没有激情,教师板着面孔,平淡无奇地讲下去,学生听起来会如同嚼蜡。

(三)观点鲜明,论据充分

教师的语言表达要有鲜明的观点,明显的侧重,这样才能使学生抓住要领,掌握重点,不致在学习中本末倒置,主次不分。同时,教师应运用充分的论据来把自己的观点讲清讲准,以便学生在大脑中形成一个清晰的知识轮廓。

(四)手势辅助,生动形象

教师在讲话时,如果能伴以适当的手势动作,更能增加语言的生动性、形象性,提高语言表达的效果。教师在运用手势动作以辅助语言表达时,要力求自然,有节奏,庄重大方,情真意切,切忌做作和装腔作势。

(五)抑扬顿挫,引人入胜

教师在语言表达过程中,声调要有高有底,错落有致,高时慷慨激昂,低时和风细雨。节奏要有张有弛,松紧有度,松如平湖秋水,紧若急风骤雨。同时还要讲究速度和修辞,区别轻重缓急,多用谚语、歇后语和成语典故,使语言幽默风趣,引人入胜。

(六)加强修养,扬长避短

在教学中,由于教师的个性特征不同,语言表达也有各自的个性和风格。有的引经据典,滔滔不绝,长于雄辩;有的泼辣幽默,言简意赅,长于风趣;有的慢条斯理,语词平稳,长于解说。但不同个性和风格各有优缺点,因此,教师应在语言表达中加强自己的语言个性修养,扬长避短,使自己的语言表达能力不断提高。

第四节 表演技能

教师好比是导演和演员的综合体,课堂就像舞台,教学过程应是自导自演的过程,课堂应是教师与学生共同开拓创新的舞台。因此,上好一堂课,不亚于演好一场戏。音乐教师除了具备演唱技能、演奏技能和语言技能之外,还需要具备表演技能。

一、音乐表演技能的地位作用

(一)音乐表演是再创作活动

音乐表演是赋予音乐作品鲜活的生命的再创作行为,音乐是一种表演的艺术,它必须通过人声歌唱、乐器演奏以及包括指挥在内的多种艺术手段,将乐谱用具体的可感知的音响表现出来,传达给欣赏者,以实现音乐艺术作品的审美价值。音乐表演是一种具有创造性质的音乐活动,这是音乐艺术本身特点所决定的。

各种记谱法所记录下来的只是人类约定俗成的音乐符号体系, 无论作曲家把音乐写得多么的详尽,都没有办法记录出音乐运动的内在韵律和微妙的变化,更没有办法记录下蕴含在音乐作品中的种种情感思绪。当代著名法国指挥家瓦尔特说:“演奏家的艺术处理和见解越高,他就能更大程度地传达该作品,只有伟大的个性才能明白揭示伟大的创造。”这段话不仅表明音乐表演是一种创造,而且是一种再创造。

所谓再创造,是指在作曲家一度创造的基础上进行的创造。著名钢琴家傅聪对这一点很有体会:“表达一件作品,主要是传达作者的思想感情,掌握它的风格,熟悉他的口吻、辞藻和他的习惯用语。为了生动,就得讲究表达的方式、技巧和效果。而最主要的是真实、真诚、自然,不能有半点勉强或是做作。搔首弄姿不是艺术,自作解人的谎言更不是艺术。”因此,音乐表演的再创造既受音乐作品的约束,但又不是作曲家构思的被动实现,具有被创造的主观能动性,通过对乐曲做出不同演奏风格、不同表演流派、不同表现技巧的解释和表现,从而给欣赏者以不同的影响和感受。

（二）音乐表演在教学中具有中介作用

就音乐实践活动创作、表演、欣赏三个环节来说，音乐表演是中间环节，在整个活动中起中介作用，这是音乐艺术自身特点所决定的。由于音乐信息的抽象性、模糊性和约定性，音乐信息的传达必须经过表演这样一个中介环节。一方面，音乐创作的成果是以乐谱的形式表现的，音乐表演者要对音乐作品理解、解释并予以创造性的再现，最终完成音乐信息的制作。另一方面，通过音乐表演为听众提供了音乐审美享受和体验。这样，音乐创作——音乐表演——音乐欣赏，两两之间必然存在着交流、互动关系。不仅存在着前者对后者的影响，反过来也存在着后者对前者的影响。

音乐表演与音乐创作的互动关系较为明显，音乐创作对音乐表现能力的不懈追求推动了表演艺术的进步，表演技巧的发展也丰富了创作的表现手段。对于听众来说，音乐表演是他们聆听音乐、欣赏音乐的媒介。听众可以从欣赏、鉴别表演者对乐曲不同理解所强调的某些侧面中，体会到表演者的表现风格、流派和技巧。

二、音乐表演技能的具体要求

作为赋予音乐作品生命力再创作的音乐表演，其学习过程既有独特性，又有综合性。从创造角度来说，其过程与音乐创作准备期、酝酿期、豁朗期、加工期的过程相近。从表演技能的学习角度来看，其过程与音乐技能定向阶段、分解阶段、整合阶段、自动化阶段的过程相似。从情感体验的角度来看，其过程与音乐欣赏情感唤起、情感体验、外化行为的过程相合。

（一）整体感知把握作品

在课堂上，讲台就是舞台，教师就是演员，音乐教师接触音乐作品的第一步就是对教材进行认真的研读与揣摩，在整体上感知和把握作品。

首先，从整体结构上感知作品。最初接触作品时，往往靠表演者的直觉来把握作品，同时也要靠视觉、听觉、触觉、运动觉的协调运动，从整体上初步把握作品的各种表现形式以及其内在的联系。

其次，要精细地感知乐谱上符号形式与表情记号、演奏方法等一切标记。正如柴可夫斯基所说的那样：“要孜孜不倦地、无懈可击地、真实地认识作者原谱精确的节奏、毫无瑕疵的音准，小心表演的力度、音色、拍子、唱法或奏法的指示是真正艺术表演的绝对先决条件。”

最后，从视觉材料转化为内心听觉。从视觉材料（教科书）开始，通过音乐想象，转化为内心的听觉。其中音响知觉意象在想象中起着很重要的作用，表演者不但对于音高、音色、力度、时值等要素能够精准地辨认，而且对于音响运动中千变万化的组合，在头脑中也应该有预期的音响效果。这是一个反复琢磨的过程，“心的耳朵”将逐渐听到从粗略到精细、从模糊到清晰、从浮动到稳定的声音，最后固定下来，通过表演而付诸实践，让学生得以更好地欣赏，身临其境。

（二）深入发掘内在意蕴

教师应在音乐作品的表演过程中，深入地体验并发掘出音乐作品的内在意蕴，在审美感知的基础上，把情感体验、想象、领悟结合起来，才能带领学生领略作品丰富的内涵，把握作品基本情调。

1．教师与学生情感交融

教师音乐表演的核心就是传情，就是通过演唱或是演奏使学生能够领悟到作品的真实内容和真挚的感情。做到这一点就需要教师与学生的主客体情感交融。因此，教师要准确地体验学生的情态结构，包括体会其感情形态、程度、层次、个性特征、发展变化等，这样才能形成师生的情感交融。其次，教师要使学生感动，就要自己先受感动，必须从作品中悟出"深刻的内涵和独特的风格神韵"，情感必须要自然流露。同时，教师还要让自己置身于作品情态结构中进行充分的体验，把握时代与民族的典型情态结构，丰富自己心理结构，掌握更具有时代与民族特征的典型感情特征。

2．充分发挥想象作用

对音乐作品的情感体验和意境的领会离不开想象，要做到和谐的情感交融，对作品的意境想象也是至关重要的。音乐的一切表现，是通过声音与表现对象之间比拟、象征以及模仿等关系实现的。表演者想象越丰富，对音乐作品的内涵的体验就越明细，听众从他的表演中所感受的意境也就越深刻。同时表演者丰富的人生体验，也是阐释音乐作品意境、情感的有效途径，因此音乐表演者应该通过各种途径，不断扩大和丰富自己的生活积累和形象感受，并把它创造性地运用到音乐表演之中。

3．深情外化内心体验

(1)艺术化的情感

音乐表演与音乐创作的过程极为相似，经过内部体验处理过的情感必须经过某种外化机制，才能成为审美情感。音乐是一种善于表情的艺术，音乐作品中蕴含着丰富的情感内涵，作为再创造艺术的音乐表演，重要的使命之一，是深刻揭示并体现音乐中的情感内涵。因此，音乐表演者首先要把自己真实情感投入到音乐表演中去，才能真实、生动地表现音乐中的情感内涵，并使听众受到感动。其次，在"外化内心体验"的过程中，表演者不是被动的感受、体验、传情，而是具有强烈的再创造意识，不断探索作品丰富的内涵和形式，力求在音符形式里挖掘出新的表演可能性，使自己的每一次表演总能以新的面貌出现在观众面前。最后，表演者的"投情"，是一种艺术化了的情感，这种情感，虽然是发自表演者内心的真实情感，但与平时的情感还是有所不同。音乐表演中的"投情"，要求根据艺术表现的需要，表演者应具有一定的控制能力，在表演中收放自如，能做到呼之即出，挥之即去，挥洒自如，变化有序。

(2)自动化的技巧

音乐技能技巧是"外化内心体验"的基础和可靠的保证，出色的表演技巧与完美的艺术表现是音乐表演中相依相存的两个方面。不论学习什么技巧，在最开始阶段，每个动作是必须经过意识直接控制的，有意识的控制，动作才能做到正确。到学习一定时间之后，就会逐渐地脱离意识的直接控制而走上"自动化"，即形成所谓"半意识"的控制。我国传统音乐表演也非常讲究技巧，如戏曲表演应具有"四功"、"五法"等基本要素，"四功"即为唱、念、做、打，其中的"做"便是表演。把这些基本要素结合在一起，在有限的舞台上创造出无穷的以声传情、声情并茂、神形兼备、情景交融的艺术境界。

(3)协调化的内心

表演者在外化内心体验时,要使自己处于一种放松、自然、协调的心理状态,也就是乐境、意境和心境三位一体协调化。所以教师应该全神贯注,排除杂念。把个人的得失置之度外,保持良好的心态和稳定的情绪。其次,身心要放松,张弛要有度,表演者在表演时要使自己保持一种放松、自然的心态,注意身体整体动作的协调,使机体的各个系统间互相配合,形成脑力、心力、运动力的有机统一。最后,表演者要调整心理,镇定自若,排除各种心理障碍,增强自信心,圆满完成表演的任务。

三、音乐表演技能的指导方法

美国的格林伯格教授认为:倾听、表演和创作这三种经验在音乐学习实践中是相互促进、密不可分的。他认为,首先,倾听音乐是以身体动作对音乐的节奏作出反应为基础;其次,音乐创造性表演是统一的综合体验;最后,在倾听、表演和创作活动中逐步形成并获得正确的音乐概念。三者缺一不可。

(一)重视学生在表演时的表现力

表现力包括有表现力的歌唱、有表现力的演奏、有表现力的律动等。表演艺术是一种精神运动的技艺,它既含有生理运动过程也含有心理运动过程,是声与情、科学与艺术两方面协调的成果。传情是表演艺术的灵魂,而传情的表演,必然要求有进行表现力的歌唱、演奏、律动等,所以在指导学生表演时必须把表现力作为第一要务。

(二)指导综合性艺术表演的要点

综合性艺术表演涉及的方面非常多,和音乐学科挂钩的有歌唱、演奏、舞蹈等,涉及课外的有戏剧表演,包括校园剧、舞剧、音乐剧等。在指导学生课外艺术表演时应注意以下要点。

1. 寻找适合的脚本

在进行综合性艺术表演前,寻找适合的剧本最为重要。剧本必须是教师自己认识比较深刻的,对此研究比较多的,同时要适合中小学生年龄层次和理解能力的。脱离学生的生活或是难以理解的剧本,学生无法驾驭,也就不能很好地表现作品。

2. 重视剧本的编写

在指导学生排演之前,教师首先要对选定的作品作深入的挖掘,提炼中心思想,并根据内容编写台词。在编写台词时一定要注意作品的时代性,文本的权威性,切不可出现有悖于作品时代特征的语言或是场景。要细细揣摩每一句语言,有些古代的文学作品更是要多番修改,直至接近原作。其次在编剧的时候,尽可能做到细致,把剧本细致到每一个场景,每一个背景材料,每一样摆放物件,每一个动作,越是细致的剧本就越会为排演带来方便。

3. 重视音乐与舞蹈的创编

创编音乐与舞蹈是排演前期准备中比较艰巨也是最花心思的内容。对音乐、舞蹈的创编要切合剧本的需要。音乐要有贯穿整剧、烘托气氛的作用,而舞蹈则有表现故事情节,推动故事发展的作用。将音乐、舞蹈与戏剧表演有机结合起来,才能提高综合性艺术表演的表现力。

第二章　课堂教学篇

课堂教学是一种目的性和意识性都很强的活动。通过教学,要使学生掌握知识,习得技能,发展智力,形成相应的态度和品质。课堂教学的有效性是教学的生命。学生学到什么?得到什么?这是任何教学改革都必须首先追问和考虑的问题。

影响课堂教学的有效性的因素有很多,而教师的教学技能,则是决定性因素。教学技能是指教师运用已有的教学理论知识,通过练习而形成的稳固、复杂的教学行为系统。它既包括在教学理论基础上,按照一定方式进行反复练习或由于模仿而形成的初级教学技能,也包括在教学理论基础上因多次练习而形成的,达到自动化水平的高级教学技能,即教学技巧。教学技能是教师实施教学行为必备的技能,它对取得良好的教学效果具有积极的作用。

教学技能对外表现为成功地、创造性地完成既定的教学任务,卓有成效地达到教学目的和获得有效的教学方法,对内表现为形成完成教学任务的知识、技巧、心理特征和个性特征的功能体系,是教师的个性、创造性与教学要求的内在统一。

从表面上看,教学技能是教师在教学活动中有效促进学生学习的活动方式,从深层剖析,它是教师职业个性品格和专业修养外化的表征,是教学能力的重要标志。每一位教师要想形成自己的教学风格,达到艺术化教学的水平,就必须遵循教学技能发展的规律,在熟练掌握教学技能的基础上,不断探索、不断创新。

本章将就教学设计能力、教学实施能力两方面展开论述。

第一节 教学设计能力

教学设计能力是指教师在课堂教学之前，根据教学内容、学生学情、目的要求，预先设计教学程序、确定教学方法等事项的创造性本领。

音乐教学设计内容包括音乐作品的文本解读、教学内容的裁剪整合、教学目标的准确定位和教学过程的整体把握。

一、音乐作品的文本解读

"文本解读"一词最早来源于语文教学。关于文本解读，朱光潜先生有句美学名言，他说："慢慢走，欣赏啊！"朱光潜先生的这句美学名言，迁移到音乐文本解读中，就是倾听音乐发出的细微声响，引发一种对音乐的敏感。音乐知识的学习只是打开了一扇进入音乐的窗口，而培养学生敏感而丰富的音乐感受力则是进入音乐内核的最重要的途径。作为教育者一定要厘清知识层面与感受层面的区别，不能买椟还珠，消磨学生的艺术冲动及用各类枯燥无味的知识性记忆，钝化孩子们的敏锐感受。

(一)音乐文本解读能力的内涵

很显然，除了初步感受力的培养外，作为一门学科，它需要涉及一定的学科专业知识，以及音乐文本的解读能力。因此，音乐教师除了具备音乐的常识，还得具备一些进行音乐分析的专业知识，如曲式结构分析、和声与调式的分析、旋律与节奏分析、音响构造分析等能力。

曲式结构的格式美感，就如同唐诗的格律、服装的款式与建筑的造型；而器乐的音色之美，犹如万千色彩，变化无穷。分析与解读音乐文本，如旋律线的走向与趋势，在上下行之间有没有让我们捕捉到情绪的涨落？会不会和人的思想、情感有关联的表述？每次在进行音乐主题分析时，我们是否感受到了每个主题与众不同的思想与表达，犹如一个朋友的语调、一个伟大思想家经典的语录，从而延伸到他的整个思想体系？会不会在他们特有的表述中，寻找到主题在音高、节奏、和声、音响、结构等方面的特点，从而进一步探寻主题在整个作品中的核心作用？

(二)提升音乐文本解读能力的途径与方法

1．沉入音响，用心体验音乐

音乐欣赏是通过听觉感受音乐，从中获得美的感受，并得到精神的愉悦和满足的一种艺术活动。因此，音乐欣赏的要旨从其根本上来说，还是要从聆听体验出发，去感受音乐，带着感受去解读音乐作品，就显得尤为重要，并且，还可以避免纯文字解读，纸上谈兵。

比如，我们都有这样的体验：儿童听音乐，并不需要任何的提示，但是却能最直接地表达出喜爱与厌恶。因此，我们也同样需要培养这样的直觉。只有这样的自然状态，才能让我们与音乐的距离缩短起来，也只有当你能准确地拒绝你不喜欢的作品时，那些你热爱的、让你感动的作品才会有其独特的价值，你的喜爱才会有温度与真情。

那如何寻找到你的“真爱”呢？

（1）从创作个性中寻找

假如你个性单纯、活跃、喜爱自然，那么大体的方向是朝向古典作品的。而倘若你对于色彩有偏好，追求精巧的生活方式，则又有可能喜爱那些较为阳光、明朗的作品。这样，对你来说，也许你的兴趣点一开始可能会是在莫扎特而非贝多芬身上。

当然随着对作曲家个人生平的熟悉，从作曲家的个性特点出发，你会看到斯卡拉蒂的明朗与甜美，巴赫的和谐与端庄，亨德尔的华贵与热烈，贝多芬的热情与冲动，莫扎特的典雅与灵巧，肖邦的缠绵与诗意，德彪西的飘忽与灵动……当然人的情绪不是永远不变的，因此，你会发现，随着你对你自身的不断发掘，那么你的视野也将越来越开阔。

（2）从音乐音响中寻找

以初中教材第 17 册中的德沃夏克《第九（新世界）交响曲第二乐章》为例：

1=C 4/4

3. 5 5 3. 2 1 | 2. 3 5. 3 2 - | 3. 5 5 3. 2 1 | 2. 3 2. 1 1 - ||

由于这首乐曲的第二乐章“思乡”主题广为流传，有许多改编版本。从某种角度来说，这个被提取的主题就是大家最喜爱的旋律。因此，我们的欣赏就可以从这些令人印象深刻的部分开始，然后对一部庞大的作品进行深入分析。

这令人印象深刻的部分或许是整个乐队由木管在低音区合奏出的和声，犹如乡愁弥漫；也或许是由英国管独奏的那段主题，充满无限挚爱之情。我们会很自然地明了乐器之间的交融是那么妙不可言，长笛和双簧管的倾诉，旋律、节奏与乐器之间的契合都是那么水到渠成，能让我们自然地进入到一部庞大的作品中去。

从这种“思乡”出发，我们会听到在异国他乡的紧张与忙碌，如第一乐章的弦乐器、定音鼓和管乐器竞相奏出的强烈而热情的节奏，那些不时出现的民俗音乐素材，仿佛故乡的回忆不断充斥着作曲家的脑海。我们还可以在第三乐章《谐谑曲》中听到那么多来自捷克的美好舞曲，并最终能够理解第四乐章中这种情感洪流汇聚的喜悦与辉煌。

因此，我相信这些各种类型、各种风格的作品，都能源源不断地出现在你的各种生活片段中。欣赏音乐也会成为你的习惯，那些伟大的作品也将成为你最忠实的朋友。

那些曾带给你温暖与安慰的作品，你一定能朗朗上口，那些旋律也能带着你的情感从你心里流出，当你以这种状态开始讲解，那么你所能传递的，不光是知识，而是分享了你人生的种种经历与悲欢，才会有真实的感染力。

(3)从作曲技法中寻找

很少有人能够真实地感受到那种对于生命逼迫般的哲学痛苦。但是德国艺术家会！许多德奥作曲家的选材与表现往往会超越单纯的美感欣赏而上升到生命本源思考的境地。因此对贝多芬《命运》交响曲的欣赏，远不止是对那个旋律的体验，而是一种结构、一种严密的逻辑的欣赏。

主题的呈现、发展、再现都严格地在结构控制之内。比如第一乐章为典型的奏鸣曲式结构。那个著名的震撼人心的“命运”动机，在这里进行了非严格模进和倒影逆行、变形、缩减等发展，这种结构性的变化正是贝多芬建筑般立体的音乐特征。

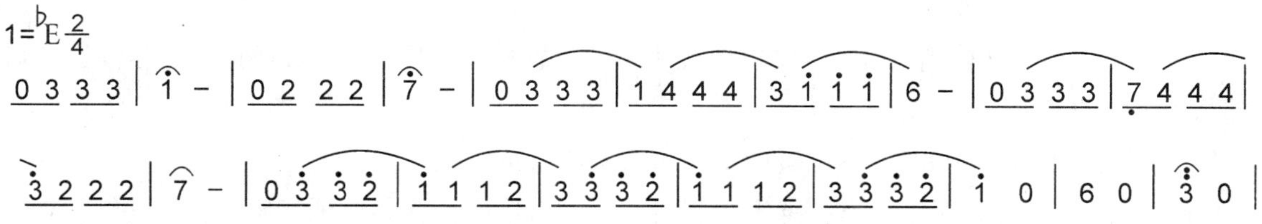

再比如主部主题的发展，最后落在一个很不安的中音上，使音乐拥有了很强烈的责问态势，也使音乐矛盾自然地引申为对社会矛盾的质问。当然，音乐中短暂美好的光辉乐句、狂躁不安与紧张气氛的呈现，都以贝多芬独特的思维模式进行着表达。尤其是他喜欢的同音反复手法和音型走句段落，风格独具，音响效果独特。这样的作品是十分适合通过对作品曲式结构的图式、陈述结构形式、作曲技法、调性、配器等因素来进行综合分析的，也会使人更容易明白它的美学意义和艺术特色。

(4)从不同版本中寻找

在生活中，我们会发现，即使是同一个事件，也不可能只有一个看法与理解。但这个现象在教学过程中却往往会被忽视。许多教师，对于版本的选择十分随意，或者很少进行版本比较，这其实就是对音乐表现的忽视，不利于学生了解音乐的本质差别。

每一个版本的演奏，凝聚了每一位天才演奏家们对待世界的不同看法。我们在不同的表达中，或寻找到与自己精神距离最短的，或寻找到和自己意见截然相反的，从而通过音乐这门独特的艺术，加入到对世界的探讨之中。

比如，斯美塔那的交响诗套曲《我的祖国》中第二乐章《沃尔塔瓦河》，我们可以选择一些比较经典的演奏版本：1971 年由 Deutsche Grammophon 公司发行，由捷克指挥大师拉斐尔·库贝里克(Rafael Kubelik)指挥，波士顿交响乐团演奏的版本；由库贝里克在 1990 年布拉格之春开幕式上指挥捷克爱乐乐团的现场录音版本；由 DG 公司在 1993 年为庆祝指挥大师卡拉扬 100 周年诞辰推出的、大师 1985 年录音版本，维也纳爱乐乐团演奏。

通过几个版本的比较，我们会发现，捷克音乐家库贝里克的经历及思想与斯美塔那极其相似，一度因为拒绝与纳粹合作而饱受磨难，在颠沛流离 42 年后回到祖国，他一生中录制的 6 次《斯美塔那——我的祖国》可以说一次次渐入佳境又感受不同，充满了强劲而深沉的美感。

在 1971 年的这个版本中，我们听到的沃尔塔瓦河清丽而秀美，乐器音色明亮，弦乐清澈突出。而他的现场演奏会这一版本，虽然现场噪音大，但特别让人魂牵梦绕。因为此时的指挥家回到阔别 42 年的家乡，虽然 76 岁的他已经重病缠身，但他与乐队的和谐达到了融会贯通的境地,乐句处理充满自信,流畅的旋律中深沉的爱意喷薄而出,格外夺目！弦乐尤其明显,各个声部异常清晰,让你仿佛置身其中,感情更显充沛,动态范围大,尤其在描绘峡谷那一段落,铜管肆虐,木管啸叫,令人激动万分。

而第三个版本,卡拉扬的指挥,我们会听到完全不同的圆浑、华丽与厚实。在卡拉扬的指挥下,沃尔塔瓦河显得更加宽阔而澎湃,一开场音流就汹涌而来,不过虽然卡拉扬的版本更加暖一些,很优美,但仿佛少了一些隐隐的哀婉与神秘。

2．不断充电,深度解读作品

我们若想真正读懂有一定内涵的音乐,使自己从感性欣赏阶段进入到理性欣赏阶段,是需要不断充电的。

(1)熟悉了解音乐发展中各个时期不同风格流派特征

所有的音乐作品,都是人类精神世界利用声音的特质而进行的一种特殊表达。它与人类其他文化息息相关,并与其他文化类型一同构筑了整个人类文明。没有一个作品是凌驾于人类文明发展之上的,它的背后就是当时当地的思想、文化背景、历史风俗、宗教信仰、社会风尚喜好等浩大的背景与千变万化的个体(创作者)之间的某种关系。

周广仁教授曾经说过:“如果想更好地理解音乐作品,就必须对作品的音乐风格有深入、正确的把握。音乐风格把握错误,在某种程度上比弹错音还要严重。”由此可见,对于任何一个作品的把握,如果不能对其音乐风格特点作出准确的判断,就谈不上对音乐作品有深刻的理解。自然,音乐作品分析的准确性也就无从谈起了。

因此,若要深度解读经典音乐作品,熟悉音乐发展中各个时期不同风格流派的产生时代、形成背景和音乐风格特点、主要代表性作曲家的成长和创作风格等尤其重要,对于这些背景的熟悉正是将作品放置在了其初始的文化立面上进行观照。

就单纯的知识层面,我们或许可以通过各类书籍或资料获得,比如《欧洲音乐史》、《辞海》艺术分册、人民音乐出版社的《牛津简明音乐词典》、上海音乐出版社的《外国音乐词典》等都是比较权威和精炼的工具书。而对于这些背景的文化性的描述或者感受性的记载,我们则可以通过对比阅读获得。比如,阅读同时期作家的书籍,感受时代背景的宏大描述、社会矛盾的焦点聚集与价值取向;欣赏同时期绘画作品,易于感知当时社会的审美取向,当时的社会整体风尚等。

在阅读文字的同时,打开音响,在音乐中去感受文字的表达;于不同风格流派作品的聆听中,学会辨别那些活生生的思想与对话。

比如巴洛克音乐。有人曾经将文艺复兴时期与巴洛克时期的美学观放在一起,作了如下对比:“如果把文艺复兴的美学观比作浑圆的珍珠,那么巴洛克的美学观则是形状不正的珍珠,它是宁可打破形式上的均整也要着重于表现强度的一种形式。”

比如亨德尔的《水上音乐》。因为要在露天表演,需要整个乐团拥有比较大的音量,作曲家采用了大量的铜管乐器,这在当时就是一个创举。这是当时的一种审美取向,这种思潮正迫使着作曲家进行创新,发挥着巨大的想象力描述着泰晤士河上隆重而热烈的庆典。你也仿佛能够感受到那些扑面而来的皇家风范，甚至人群的骄傲与神采。由此，我们可以延伸到音乐艺术性方面，《水上音乐》曲调新颖，情绪积极，活泼明快，时刻充满着巴洛克宫廷贵族气息。在这首乐曲中，宫廷贵族气息与精致审美不再是一些干巴巴的文字，而变成了一种情绪，一个时代活生生的印象也由此被保留至今。

比如维瓦尔蒂的《四季》。鲜明的标题性和优美的歌唱性，随着精致、优雅的旋律源源不绝地流出，我们每个人都可以从音乐中感受到作曲家对四季变换细致入微的传神刻画。这些印象通过对比阅读极其容易获得。你可以在那些色彩明艳的同时代绘画中获得这种纯粹而和谐的审美理念，你可以在用词明朗，表达热烈，情感趋向和道德追求单纯的同时代文学作品中触摸到当时的风尚。维瓦尔蒂的信仰追求，也无时不在透露着他对于宇宙万物和谐的追求，对世界欢欣鼓舞的喜爱与情感，更是充斥其间。因此《四季》不是一部横空出世的作品，它就是在那样的社会中产生，并以声音的形式将这种记忆源源不断地保留至今。300 年来，它一直被公认为古典音乐领域最容易入门的巴洛克作品。《四季》还被录制过上百次，从而也成为世界上录音次数最多的古典音乐作品之一。

再比如相对于文艺复兴时期音乐作品力求和谐统一、舒缓流畅以及四平八稳的风格，巴洛克音乐冲破了这个传统：节奏变得特别强烈、活跃，短促而律动；旋律精致、跳跃且持续不断；以复调音乐为主；作曲家普遍强调作品的情感起伏，音乐的速度、力度变化在当时相当被看重；对于这个创造力被极大激发的时代来说，特别在乐器演奏、音乐体裁方面也比文艺复兴时期变得更加丰富。因此，我们可以很形象地总结巴洛克音乐的特点——对比强烈而略带夸张。

事实上这些共通的欣赏方式，我们在对任何时期涌现的优秀作品的欣赏中都可以运用。可以将每个时期的社会形态、音乐风格与特征、同时期音乐成就以及著名作曲家与代表作等作一个罗列，将一些对于阅读或延伸欣赏的其他艺术门类也作一个挑选。最终挑选自己喜爱的作品，将欣赏由感性入手继而理性学习并再度感性化。还原音乐欣赏的愉悦性和创造性，让音乐欣赏真正成为一种莫大的享受！

(2)读懂作曲家的创作手法和独有语气

我们都知道，作曲家手里也有一个“调色板”，那就是和声、复调、曲式等作品分析与配器法。

和声，是按一定规律发展的和弦进行，就像画家的调色，有时候最能体现一个作曲家直观的审美与个性；复调，在一定程度上丰富了旋律，就像是各类线条运用，互相照应，互相关联，互相倾诉；曲式是音乐进行中的组织机构，虽然本身也有结构美感，更犹如画家的构图，小说家的谋篇，能将作曲家庞大的思想通过这些结构表现出来；配器则是各种乐器及声部的组合，那些乐器与人声变得富于个性，犹如戏剧中的对白，将这些个性不同，音色不同的任务组合在一个作品中，最终将这些乐思完美呈现。

音乐作品无论是声乐还是器乐作品，都是以不同的人声和各种乐器作为音乐表现的载体。因此，听音乐尤其是分析音乐作品，如果对声乐及不同乐器的音色、性能、演奏演唱技巧等有一定了解，具备很好的常识，也是有助于提高音乐作品分析能力的。

有人说，你的内心有多丰富，音乐就会带给你多大满足。那么让我们通过自己的真实感受去解析音乐大师及他们的不朽经典名作吧，让高雅的古典音乐走出辉煌的殿堂；让我们与学生们一起，去揭开古典音乐神秘的面纱，让更多的人进入大师营造的璀璨空间，真切体味他们的经历、思想、喜悦、忧伤。

音乐由心而生，因此，解读音乐的本源法则还是静心聆听，细心体验，用心解读。

二、教学内容的裁剪整合

从整体而言，音乐教学的内容无外乎“听、唱、读、奏、析”，具体到每一个学期，每一个单元，每一堂课，音乐教学内容细化为“选用哪一首歌曲，哪一部作品，实践哪一种能力的哪一个阶段”。因此，面对一堂堂具体的音乐课的教学，音乐教师需要具备对教材内容进行剪裁取舍调整的能力。

（一）“平面裁剪”有效服务年段目标

“平面裁剪”是服装裁剪的普遍方式，其重点在于按尺寸设计图纸，将这一方式转化为教学内容的裁剪则是按年段目标的需要，对整套教材的内容进行调整。

(1)突破教学顺序

将一般应该教什么转化为实际应该教什么；把专家建议的最好应该怎么教转化为实际应该怎么教。无论哪一个年段的学生，音乐教学最终要让学生体验的是音乐特性，而音乐作品是这些音乐特性综合以后的一个有效载体。无论哪一部作品都能裁剪出适合不同年段学生体验的音乐特性，甚至可以不惜对音乐作品作出大幅度调整，选择你认为在这一阶段最合适出现的音乐材料。

(2)突破课型定势

单一作品单纯听赏、单一歌曲单课学唱是我们在教学研讨展示课中最多见的课型，鲜少有人打破这一种构课定势。诚然，造成这一现象的根源依然是音乐教学逻辑体系不严密，导致众多的教师在安排教学内容时不需要考虑教材内容的前后联系，更多的只关注眼前的40分钟。如果教师真正关注到了年段目标，通过裁剪，我们应该能看到诸如“听赏与歌唱相结合”、“专题性欣赏（一堂课对两首以上作品进行对比赏析）”、“唱奏综合技能训练”这样的课型，使课型能充分为学生开展音乐实践而服务。

(3)打破课时限制

著名指挥家亨利·伍德在他所著的《论指挥》一书中说：“音乐是写下来的没有生命的音符，需要通过表演来给予它生命。”音乐也是一种情感体验的艺术，它用乐音有组织的运动形式激起欣赏者的情感反应，并最终形成程度不同的审美感受。如果不经过表演的二度创作，音乐只是一些静止的符号，它永远只能以乐谱的形式存在，是不会产生任何审美价值和社会价值的，也不会成为真正的音乐。

在对现行的音乐教科书中的内容进行整理后，不难发现，单册教材中选入的欣赏与歌唱作品的量对于一周两课的课时数而言是满打满算的。大多数的教师很忠诚地致力于完成书中的教学内容,这样的结果只会使学生的音乐学习经常处于半生不熟的程度。而音乐的特点告诉我们:“音乐不怕重复,无论欣赏与歌唱,学音乐更需要重复。但重复需要时间。”如将教材中的所有内容进行“重复教学”,一周两课的课时数显然是不够的。因此,我们应该对教学内容进行平面裁剪,将教学作品进行重新定位,区分出略唱、精唱、跳唱、选唱;略听、精赏等,把注意力转向一直以来被忽视的第二课时。

(二)“立体裁剪”全力确保以学定教

服装艺术领域中“立体裁剪”较之“平面裁剪”更加充分体现出了对模特身材、衣料质地的关注,在裁剪过程中可以根据实际情况随时对设计进行细节调整,是一种更直观、更高效的裁剪方式。如果我们将预设看做是设计式样,而音乐作品就是那一大块布料,那么当我们把这块“布料”盖在授课班级“身上”按我们的设计式样进行呈现时,就不难发现学生的实际情况远比我们想象的要复杂得多,因此对课堂教学内容进行即时的“立体裁剪”才是体现教师教学水平的一个重中之重。

如何进行即时的“立体裁剪”呢?

1. 关注学生的起点,把握教学的重点

教师应从以下两个层面关注学生的音乐学习起点:一是逻辑起点,即根据学习进度,学生目前应该具有的知识基础;二是现实起点,即学生在多种学习资源的共同作用下实际已经具有的知识基础。影响学习的最重要的原因是学生已经知道了什么,应当根据学生原有的知识状况去进行教学。但是,教学中忽视起点或把握不当的现象比比皆是,可以概括为以下三种表现:

(1)看到了起点却无视之

同一个教学材料,站在会的起点上教与站在不会的起点上教,是不同的。例如,面对全班小朋友们在幼儿园就学过,并且在课的一开始就能放声高唱的《数鸭子》,教师是无视这一现状,依然从新教唱,还是调整教学的侧重点,让学生的表演在原有的基础上更进一步?不少教师依然选择了重新教唱,而无视学生已有的起点,没有在学生需要的层次上找出新的教学目标。

(2)看到了不同层次的起点却漠视之

不同的学生起点不同,如何既关注到一般学生的起点又不忽视两头的学生的起点是最难的。我们经常可以在公开课上发现,在师生互动中当学生提供的信息材料与教师的预设不同时,为了安全起见,教师不求有功但求无过,就跳过去了。

(3)对学生的起点把握不当

有些知识学生本来就懂的,有些歌曲学生原来就会唱的,但教师对学生的起点把握不当,结果,把原来明白的知识搞复杂了,把原来会唱的歌教得不会唱了。

因此,关注学生的起点,把握教学的重点,站在学生的起点上引导学生走向更高更新的程度,这才是“立体裁剪”的理想状态。

2. 寻找学生的盲点,切准教学的难点

何为盲点,怎么去找寻学生的盲点呢?不妨从以下三方面去关注:

(1)关注学生感知上的空白处:完全不懂与完全跟不上的状态;

(2)关注理解上的朦胧性:“优美、动听”这种万能答案不利于学生产生对音乐作品的个性化理解。教师应该多角度、多方位地去解读音乐作品,教师的理解提升了,才能引导学生体会细节的微妙之处。例如,“高兴”这一情绪中还包含有不同程度,程度的不同会产生多种音乐表现形式,教师应先于孩子们去体会到乐句、乐段、音色等音乐要素对表达这一情绪的细微作用;

(3)关注学生思维(操作)上的定势:及早估计到学生在哪些地方会产生思维定势。

三、教学目标的准确定位

有的才能放矢,的不明,矢偏离。教学目标的设定是教师实施课堂教学前的首要环节,教学目标的恰当与否决定着课堂教学的好坏。布卢姆说:“有效的学习始于准确地知道达到的目标是什么。”如何准确设定目标,这是我们每个音乐教师应该深思的问题,也是一项精细的教学素养修炼项目。

(一)理性审视成品目标

写教案必需写教学目标,对于教师这应是最常规的活。作为学校教研组长例行检查同事们教案,前些年会发现一些“三无”产品,其中一项就是无教学目标。近年“基本配件”齐全了,但审视备课本中的教案,或已经过整理的各级赛课教案,甚至发表在期刊上的教案,发现在教学目标设定上存在这样那样的问题。遂将存在的问题分门别类。

1. 主体错位

例如,《火车开了》的教学目标:指导学生用活泼而有弹性的声音演唱《火车开了》,做到咬字、吐字清楚,并能按歌曲节奏边做律动和表演;引导学生进行歌词的创编和表演动作,培养他们的创新意识。

上例中,从教师出发,“指导”“引导”学生,学生只是被动接受者。教学目标主体为“教师”,这就有违于新课标强调又强调的“学生为本”理念。站在学生的角度设计教学目标,才是我们教学的出发点。

2. 目标越级

(1)课时目标与课程目标混淆

例如,《金色乐章》的教学目标:……培养学生对音乐的理解能力及独立检索、阅读资料的能力。

“学生对音乐的理解能力”这种表述太宏观不可触摸。一节课怎能就“点石成金”?通过本课学习培养学生音乐理解的哪方面能力? 理解到什么程度? 都很难测量。

类似的如“通过欣赏,扩大视野,培养学生音乐欣赏的能力”、“指导学生用欢快的情绪演唱歌曲,并结合歌曲内容开拓学生的视野,提高学生的音乐素养”等虚、大、空的目标设定屡屡可见,究其原因源于将课时教学目标与课程目标混淆。授学生以渔是音乐课程总目标,需要长期教育才能做到。

(2)课时目标与单元目标混淆

在平时教案中,有一种现象:每单元的一开始写上详尽的单元总目标,然后分割成两三课时进行教学，每课前只有教学内容和教学重、难点，却没有或只有简单的课时教学目标。

教师用书上对单元教学目标写得很详尽，人音版最新教材对单元目标写得更是细致，教师们常直接将其复制为课时目标。但两者终归有别，分解不细，渗透不紧，就会造成教学时或走马观花，或掘井太深。单元教学目标只是为教学起到指引方向的作用，教师可以依据这些目标要求大胆进行取舍与创新，把单元教学目标细化为课时教学目标，则表述会更加明晰，教师的教学思路也会更清晰流畅。也只有细化的教学目标才能让我们的教师做到“心中有法”，才能有效地检验教师课时教学的达成度。

3．目标零散

例如，欣赏《巴乌独奏——渔歌》的教学目标：

(1)过程与方法

使学生学会初步利用音乐手段分析、欣赏、演奏乐曲；

通过欣赏和师生互动，使学生能理解乐曲中各个段落的内容；

欣赏乐曲后，能谈谈自己的感受，加深对乐曲深刻的记忆。

(2)知识与技能目标

用音乐的节拍、节奏、速度、强弱等要素欣赏巴乌独奏《渔歌》；

学生能用竹笛演奏巴乌独奏《渔歌》的主题，用掌声为“跳月”的段落伴奏。

(3)情感、态度与价值观

感受巴乌独奏《渔歌》中各个段落所表现的场景与情绪，引导学生更加热爱生活，培养学生热爱中国少数民族音乐的热情，培养学生热爱家乡、热爱母亲和祖国的美好情感。

以上教学目标过于零散，且六七条之多，在短短的40分钟课堂教学中，难以做到对这些教学目标都条条落实，有些教学目标是相互交叉重复的，有些目标仍显得笼统而不具体。

上述问题，反映出教师在设定教学目标上定位不准确，导致课堂教学上教路杂乱，学生学路茫然。如何准确定位教学目标，确实是需要教师精进的基本功。

(二)重新梳理三级目标

教学目标是指教师对学生达到的学习成果和最终行为的明确阐述，是教学出发点和归宿，是可观察、可测量、可评价的，是教学目的的具体化(布鲁姆语)。教学目标是一个多层次的系统，是由一系列大小不等的教学目标组成。作为音乐教师，应该认清教学目标的层次，细心地领会、理解其中的内涵。

1．培养目标——一级目标

也就是教育方针，是学校教育要努力实现的总目标，也是学校安排开设各种类型课程及课程领域的依据，相对抽象的、陈述较为宏观。

2．课程目标——二级目标

由国家制定的音乐课程标准总目标：以音乐课程价值的实现为依据，通过教学及各种生动的音乐实践活动，培养学生爱好音乐的情趣，发展音乐感受与鉴赏能力、表现能力和创造能力，提高音乐文化素养，丰富情感体验，陶冶高尚情操。它是相当理性化、原则化的。根据学生不同年龄段的心理发展水平和音乐认知特点又分为各个学段的教学目标。音乐课程目标通常化为隐性目标融化在音乐教师的脑海里，还有一些化解在当堂课的具体目标中，但一般不以文字的形式写在课时教学目标中。

3．教学目标——三级目标

可分单元教学目标和课时教学目标，这里特指课时教学目标。课堂教学目标描述的范围是一节课，其特点是具体而密切联系实际。将课程目标分析到操作化的程度，描述具体的行为结果、教学的展开，以文字的形式写在课时教学目标中，是教师在课堂教学中需要完成的具体目标，是目标系统中最具体且可操作的单位。

根据布鲁姆的理论，在目标的表述上，都包括了知识与技能、过程与方法、情感态度与价值观的“三维目标”，特别强调在过程中获得和应用知识，学习和运用方法。确定教学目标的内容范围时，一定要统筹考虑三个领域，不可有所偏废，而在具体的每节课中，教学目标又要有不同的侧重点。

（三）准确定位教学目标

1．根据课标和教材粗设目标

吃透课程标准是准确定位教学目标的前提。准确把握《音乐课程标准》，从宏观上把握教学方向，为正确教学目标的确立打下基础。全面解读教材，合理利用《教师参考用书》，根据单元教学目标，罗列出相关的目标点，从而完成设定教学目标的第一步——“粗加工”阶段。

2．根据作品和学情细定目标

教学目标设定是不断具体化的过程。把握音乐作品特点，研究作品的选编意图，联系教材中的基础练习、实践与创作、插图光盘，确定完成教学目标所需掌握的各个知识点与技能项目。对学生进行学习习惯、学习兴趣、学习方法、学习态度以及学生技能的充分分析，确定教学的起点，找准学生的最近发展区。捕捉兴趣点和拓展点，认真思考：学生是否已经具备了学习新知识所必需的知识和技能？哪些内容会引发学生的兴趣和思维，成为课堂的兴奋点？哪些知识是重点、难点，需要教师在课堂上点拨和引导？从而完成设定教学目标的第二步——“细加工”阶段。

3．提炼主线和要点精述目标

在充分研读教材、分析学情，对教学要达到的目标进行整体思考的基础上，提炼出明确的三维目标，并抓准三维目标的主线，用简明的、条分缕析的、策略与目标相联系的语言加以描述，从而完成设定教学目标的第三步——“精加工”阶段。

例如，《京剧大师梅兰芳》一课的教学目标：

（1）欣赏京剧唱段《看大王在帐中和衣睡稳》，感受体验梅派唱腔的基本特点；

（2）初步了解梅兰芳的生平事迹，知道他对京剧事业作出的贡献；

（3）能够以积极的心态学唱梅派唱腔，运用比较的方法探究分析梅派唱腔的风格特点，并能对其作出判断与评价。

上述写法将三维目标蕴涵在具体教学内容中。以学生感受、体验、演唱梅派唱腔的风格为教学的导向内容；以感受体验、比较分析、聆听辨别的教学过程调控教学；以认识、理解梅派及其他流派的唱腔风格，能够演唱《看大王在帐中和衣睡稳》的上句及判断梅派唱腔风格为教学效果的评价指标。

4. 描述行为和程度明示目标

教学目标要集中精要，宁少勿多，1~3 个为宜；要用清晰明白的语言描述学生学习行为的变化，用明确的动词如背出、选出、辨别、比较等进行描述，使可操作，可检测。应避免使用含义模糊、难以观察的动词。

例如，《引子与狮王进行曲》教学目标：

(1)能以合适的动作和表情在活动中聆听全曲，也能安静地聆听全曲；

(2)知道《引子与狮王进行曲》是《动物狂欢节》中的第一首，能够背唱乐曲主题，并将主题和标题进行对应性记忆；

(3)初步了解小提琴、中提琴、大提琴、低音提琴的音色、演奏动作、统称以及形制与音高的关系。

以上教学目标的表述中，"安静聆听、边听边动、背唱主题、对应标题"的表述，要求明确，标准具体。使用"初步"的限定词，表明了对主要任务的确定和质量方面的达成程度。此目标设置明确，适合小学一年级学生。

(四)结语

教学目标虽然是师生在教学过程中的重要依据与方向，但教学目标不应是刚性的，也应具有一定的弹性：一要区别对待，对不同学习层次的学生，制订不同水平的弹性目标；二要灵活变通，目标是教师预期的教学结果，带有很大的主观性，在教学过程中，如发现有未预料的变化，应及时调整目标，不要将它视为神圣不可变更的。

前面所述都是按照常规教学谈目标设定。联系不同研究课题，就该从不同角度创新运用教材作品，创新设计教学目标，以达研究目的。只有准确定位教学目标，才能使教学真正有的放矢，让音乐课堂绽放精彩。

四、教学过程的整体把握

课堂教学是连接学生与教材的桥梁，其实施者是教师，但最终服务于学生。教师的工作就是"翻译"，将高于学生已有能力范围的知识与技能进行过程化的"翻译"，使之在学习的过程中建构起以原有能力构架为基础的新的能力构架，而这个"翻译"过程的艺术化设计，就是教学设计。就音乐教学来讲，教师的"翻译"工作，就是将难以言喻的音乐音响，用律动、聆听、歌唱、演奏、创编等具体化的形式，帮助学生形成对音乐的感受、表现和创造能力的综合性过程。"生本位"的音乐教学设计，就是根据学生生理、心理的发展特征，立足学生的现有基础，关注学生的年龄特征，着眼学生的能力发展，科学地提升学生综合音乐能力的设计过程。简言之，就是从学生的能力基础与可发展空间出发进行设计与安排。但是在实际的教学中，"唯心主义"式的用教师"成人化"预设代替学生的认知水平、"机械唯物主义"式的过多强调"音乐本位"而忽视学生的接受意识等状况在一定范围内依旧存在，致使我们的音乐教学仍然常常出现要么表面繁华、要么当场尴尬的现象。

那怎样的教学设计真正能够体现“生本位”，从而真正体现音乐课程价值呢？

（一）从学生能力结构出发，内容设计“增减有度”

音乐学科是具有体系性的，无论是音乐表现技能，还是相关音乐知识，都在体系中科学严谨地逐一呈现。那么，我们在进行教学设计的时候，就要及时关注所教学的内容在学生能力体系中的位置与价值，并对教学内容做适当的“加减法”，使之更符合学生的能力实际，并沿着学科体系积极延伸。

【案例一】《摇篮曲》的“加法”处理

第七册是小学合唱教学的转折点。前六册教材中的多声部演唱歌曲有：第三册《两只老虎》，第五册《钟声叮叮当》、《美丽的黄昏》，第六册《嘹亮歌声》，其数量、篇幅和难度处在较低水平。而从之后的第八册开始，合唱曲目的数量、篇幅和难度大幅度提高。所以在第七册教学中，积累多声部经验显得尤为重要。第七册的合唱作品中，《柳树姑娘》的两个声部属于同音反复式的节奏对位关系，对四年级学生而言难度较低；《大家来唱》、《小小少年》、《小孩世界》的两个声部中有较多的和声式叠置，演唱难度较大。从学生合唱能力形成的合理架构来看，尚缺少处在中等难度的以固定音型为主旋律伴唱的声部组合类型。因此，可以将单声部歌曲配上固定音型式的第二声部，以填补教材中的空白。

以第七册第五单元的《摇篮曲》（舒伯特曲）为例。可以在保持原和声进行的基础上，为其编配固定音型式的第二声部：

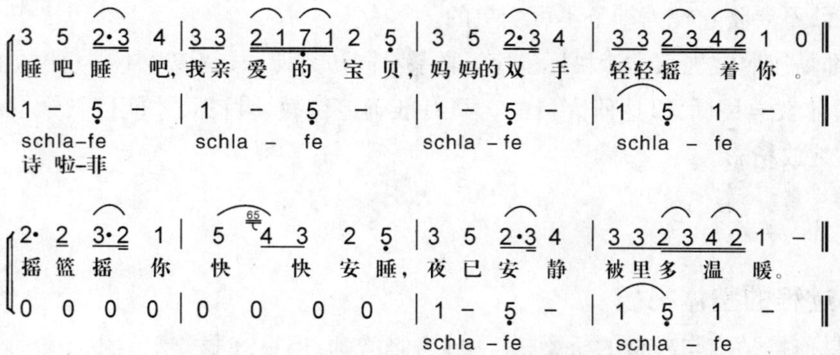

第二声部以主、属和弦的根音和 X—X—的节奏形成固定音型 1—5—，用“schlafe”（德语，音译“诗啦菲”，安睡的意思）的特殊韵味，营造摇篮的节奏和宁静的气氛。在第四、第八小节处，又根据和声节奏的变化，改为 X X X —的节奏型，使歌曲静中有动。第五、第六小节处第二声部的固定音型静止，第七、第八小节处又一次再现，同样造成了动静交替的效果。以上编配，在符合歌曲风格的基础上，增添了新的情趣，比单声部歌曲更有表现力。固定音型式的第二声部的加入，也给学生提供了多声部演唱的新体验，丰富了本册教材的合唱类型，弥补了学生合唱能力构架中的空缺，为学生演唱难度较大的和声叠置式的合唱作品作了铺垫。

【案例二】《铃儿响叮当》的“减法”处理

人音版第十册第五单元《你好！大自然》中，安排了两首合唱歌曲《田野在召唤》、《铃儿响叮当》。《田野在召唤》为二段体结构，第一乐段的第二声部配以固定节奏音型，合唱难度适中，第二乐段是和声叠置式的声部组织形式，难度较大。《铃儿响叮当》为三段体结构，全曲都是和声叠置式的声部组织形式，尾声句还出现了三声部，合唱难度较大。如果按教参的建议，很难在3课时的教学时间内完成本单元的教学。因此，可将其中的合唱内容作适当的精简。

以《铃儿响叮当》为例，该作品是一首流传较广的圣诞歌曲，学生对歌曲的主旋律普遍较熟悉。但由于主旋律太过熟悉，容易受到思维定式的影响，对节奏相同但旋律不一样的第二声部学唱带来干扰：一是，学唱第二声部时，会觉得其与熟悉的主旋律反差较大而感觉不够好听；二是，两声部合唱时，演唱第二声部的学生很容易受到第一声部熟悉旋律的牵引而影响自己声部的稳定性，难以达到较好的合唱效果。这些都会引起学生学习兴趣的下降。基于降低歌曲学唱难度、维护学生演唱热情、保持教学整体进度的考虑，可以对该作品的合唱内容作适当的“减法”处理：将和声叠置式的第一、第三乐段的第二声部改编为固定音型式的旋律，并与主旋律声部形成对位，减少因节奏相同带来的演唱干扰；将和声叠置式的第二乐段的第二声部略去，只留下第一声部（主旋律声部）；同时保留尾声句的三声部，因为之前教材中没有出现过三声部，这是一个形成新能力的教学点。

第一乐段：

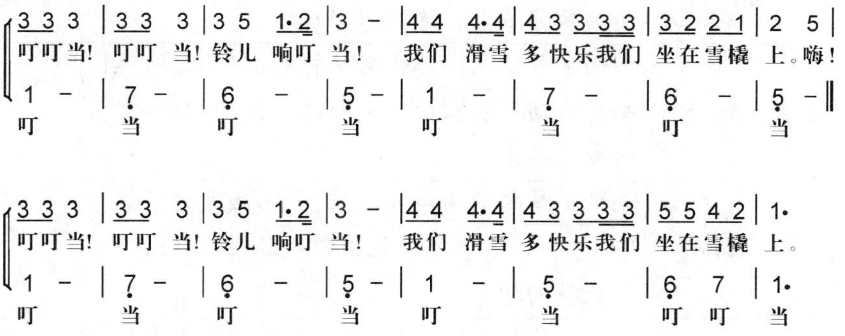

第二乐段：单声部（略）

尾声句：

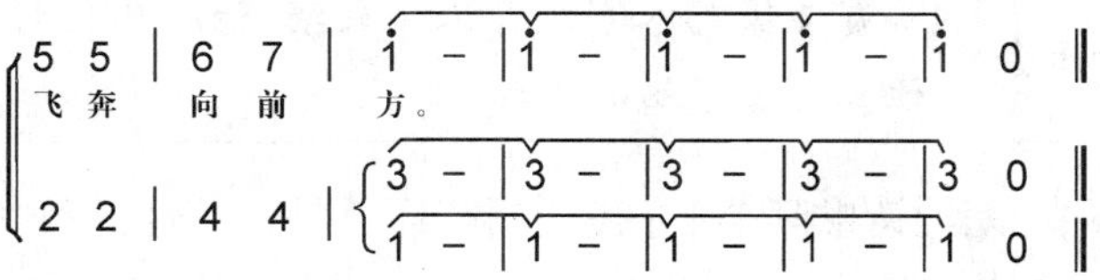

这样，对难度过大的学习内容进行简化（如第一、第三乐段）和裁剪（如第二乐段）处理后，便于学生在正常的教学时间内完成歌曲的演唱。当然，实际教学中，如果学生能力许可，可减少简化和裁剪的容量。

总之，无论“增”，还是“减”，都应以学生的已有能力为基点，当学生能力结构不够丰满时，适当的“增”，当学生出现能力断层时，适度的“减”。只有将“增减”后的教学内容预设在学生“踮起脚尖，轻轻一跃，就能碰到”的高度，才是体现“生本位”的设计。

（二）从学生心理特点出发，流程设计“张弛有序”

一般的音乐教学流程基本由“起始环节、展开环节、结束环节”三部分组成，并在此基础上进一步细化为环环相扣、步步深入的教学步骤。但是，儿童心理学告诉我们，儿童的有意注意能力尚不成熟，就算是能引发其有意注意的学习内容，持续时间一长也会引起学习疲劳。所以，为了保持其学习热情，使其在重要的学习内容中集中有意注意，需要在高密度的学习间歇安排适当的“松弛环节”，做到“张弛有序”、“劳逸结合”。

【案例三】《致音乐》的教学节奏设计

艺术歌曲是音乐世界中的珍珠，通常精美凝练，意蕴深远。所以，向学生打开艺术歌曲的大门，是一件多么有意义的事情。但是艺术歌曲“曲高和寡”式的表达离学生的欣赏视野较远，学生在面对“难懂”的学习内容时，容易产生畏难心理。为了让学生保持对艺术歌曲的学习兴趣，人音版第十二册《致音乐》一课的教学节奏采用了“一张一弛”的设计，教学流程如下：

教学时间	教学环节	主要内容与教学意图	学习心理
2 分钟	导入	从学生熟悉的流行音乐轻松地入手，抛出“音乐世界是丰富多彩的”话题	较轻松，较有兴趣
12 分钟	感知节奏	以歌曲前奏为入口，运用“心跳”节奏律动，感知音乐的脉动	集中注意在音乐节奏上
3 分钟	朗诵诗歌	揭示课题，朗诵中文音译歌词，了解“艺术歌曲的歌词多来自诗歌”的知识	较放松地朗诵
8 分钟	赏析主题旋律	哼唱主题动机，结合舒伯特的人生沉浮，感知主题动机在歌曲发展中的表现，体会旋律的表情作用	集中注意在音乐旋律上
2 分钟	寻找“漏洞”	谈话小结之前的学习成果，并用幽默的语言“老师找到了音乐家创作中的漏洞”，引向对休止符的学习	较放松地参与谈话，较有趣地寻找“漏洞”
8 分钟	赏析钢琴伴奏	体会旋律中的“漏洞”(休止)处，钢琴伴奏起到的铺垫、连接、渲染、补充等作用	集中注意聆听钢琴是如何填补“漏洞”的
5 分钟	欣赏音乐会	欣赏多位艺术家的音乐会表演视频，内化对作品及其风格的感知	较放松并优雅地欣赏

上表中，导入环节、朗诵诗歌环节、寻找“漏洞”环节是过渡性的教学内容，学习过程相对较宽松。其余环节是主要教学内容，需要学生集中更多的注意。主要内容与过渡性内容交替出现，形成了“一张一弛”的教学节奏，既缓解了学习疲劳，又使学生在每个环节的学习中都有新的体验，并对主要教学内容保持较集中的注意力。

从学生心理特点出发，流程设计“张弛有序”，有效地调控了教学节奏，使学生将更多的注意力集中在主要教学内容的学习上，提高了教学目标的实现度。

(三)从学生生理特点出发，细节设计“放大增厚”

如果说“生本位”的教学内容安排是学生能力提升的空间设计，“生本位”的教学流程的安排是学生能力提升的时间设计，那么“生本位”的教学细节安排便是真正使学生形成自我内在能力与感悟的基点。

由于学生尚处在身体和心智的成长期，形象思维与逻辑思维的发展水平在不同年龄段有不同的趋势，尤其是小学生，总体仍处于形象思维较为发达、逻辑思维不够发达的阶段。音乐学习中，学生对抽象的音乐信息进行思维转换，形成自我的独特理解，把在时间里流逝的音响巩固在记忆中，并能准确再现，都需要一个具体的过程。所以，只有把需要学生深刻把握的教学细节放大，将教学的层次加厚，才能完成层层体验、细细品味的音乐感知过程。

【案例四】《致音乐》前奏的律动感知

人音版第十二册《致音乐》是小学阶段出现的第一个艺术歌曲欣赏作品。艺术歌曲内容与结构上的高度凝炼，表现上的含蓄雅致，抬高了欣赏的“门槛”。如何使自制力和注意力尚不很强的小学生接受“艺术音乐”，关注“艺术歌曲”，并明确“欣赏艺术歌曲是要用心的”这一认识，就成了关键。在感知歌曲前奏（约长 10 秒钟）的教学中，围绕“心的律动”，进行了放大细节，加厚层次的设计：

1. 初步感知。师：“有一个很小的音乐，却很迷人，老师是这样听的。”（教师在钢琴前奏的音乐中用夸张投入的体态，表现音乐的“呼吸”节奏，使学生觉得“好玩”）

2. 模仿体验。师：“请你像老师一样聆听。”（学生在音乐中“不太投入”地尝试）

3. 熟悉旋律。视唱： 3 3 3 3 3 3 3 3 | 5 5 5 5 4 4 2 2 | 1……

4. 进一步感知。师：“再听，注意老师把‘心’放在哪个音上？”（用律动表现出前奏中低声部

3 3 3 3 3 3 3 3 | 5 5 5 5 4 4 2 2 | 1……
0 5 1 1 | 3 - ……

旋律的“呼吸”节奏）

5. 师：“请你接过我的‘心’，在这个拍点稳稳地放下去。”（学生开始用心找拍点）“你感觉你放下去的时候，呼吸有什么变化？”（学生感觉——“深深的。”）

6. 师：“请再来一次。”（学生独立完成，准确投入地找到拍点。）

对于只有 10 秒钟的前奏，设计了六次不同形式的聆听（演唱），使学生逐渐找到“心”的律动规律，对音乐细节部分的感知从无意到用心，从简单到丰富，从外围到深入。这便是“放大加厚”的细节教学魅力。

【结语】

“进行教学设计的过程，就是教师消化、领会教材，针对学生的生理、心理发展水平和特点，对教学内容进行加工，使之条理化的过程；也是教师教学艺术的创造性劳动过程。”（摘自《小学音乐教学案例及评析》）优秀的教学设计如艺术品，行云流水，一泻千里。能让学生身心愉悦，并在积极的探索中积淀知识技能的教学设计，是我们所追求的。遵循“以生为本”的原则，建构符合学生能力发展架构的教学内容、把握教学容量，理顺教学流程，细化教学步骤，我们的音乐教学必将逐步走向更优化。

（应青儿、张越琼、吴瑞红、骆琴琴）

附:教学设计案例五则

《波莱罗舞曲》

【设计理念】

《音乐新课程标准》:兴趣是学习音乐的基本动力,是学生与音乐保持密切联系、感受音乐、用音乐美化和丰富人生的前提。在设计音乐教学各环节时,教师应充分发挥音乐艺术本身所特有的魅力,根据中学生身心发展规律和审美心理特征,以丰富多彩的教学内容和生动活泼的教学形式,培养学生对音乐艺术持久而稳定的兴趣和爱好。提高学生的音乐鉴赏能力和音乐基本素养。

结合作品及学生特点,我从教学设计着手,注重通过树立新的设计理念、运用新的设计思路、采用新的设计方法,避免教学中教师过多的语言阐述,考虑如何结合学生生活实际,调动学生的学习兴趣,再通过聆听、哼唱、对比、实践、参与等一系列有效手段帮助学生更生动形象地理解异国音乐语言。最后通过对作曲家生平介绍、图形谱等教学方法,使学生理解作品深刻的思想内涵及现实意义。

【教材分析】

《波莱罗舞曲》是法国作曲家拉威尔于 1928 年创作的管弦乐作品。最初是为舞蹈伴奏所用,不料在初演后即传遍大街小巷。该曲被公认为 20 世纪法国最有代表性的管弦乐作品之一,至今仍是音乐会上的热门曲目。《波莱罗舞曲》是拉威尔受著名舞蹈家伊达·鲁宾斯坦委托而创作的。鲁宾斯坦设计的芭蕾,场景是一个灯光昏暗的西班牙小店。幕启时,舞台深处,有一群人在喝酒聊天,舞台正中,一个姑娘在乐声中翩翩起舞。起初,饮酒的人们并未注意到姑娘的舞蹈,随着音乐的发展,舞蹈愈来愈热烈。人们逐渐聚拢,一起跳着欢快的舞蹈。西班牙民间舞蹈风格的旋律是这部作品的基础。“波莱罗”原为西班牙舞曲名,三拍子,速度稍快,常以响板击打节奏来配合,曲式结构常由主部、中间部和再现部构成。但拉威尔所作的《波莱罗舞曲》,只是借用了“波莱罗”的标题,实际上是一首自由结构的舞曲,也是拉威尔为数不多的专为乐队而创作的作品之一。

这首超过 15 分钟的曲子乍听显得有些单调乏味,因为乐曲从旋律、和声到节奏、速度,始终保持不变。音乐唯一的变化就是渐次增强的力度及不断增大乐队规模,听起来有一种自始如一的执着感觉,尽管这种执着近乎顽固,不过,这首乐曲所传达出的不屈不挠的性格,一直深为广大音乐爱好者所喜爱。在中国举办的第 13 届残奥会开幕式上,当一个在汶川地震中失去了右腿的芭蕾女孩和着《波莱罗舞曲》跳起《永不停跳的舞步》时,观众们无不热泪盈眶。另外,新版《眼保健操》第二节及数码宝贝剧场版《滚球兽的诞生》中也都曾以此为背景音乐。作为拉威尔的最后一首管弦乐作品,这部作品同时也折射出了作曲家并不平坦的人生经历和不屈不挠的创作精神。

【学情分析】

“波莱罗”对初中生而言,是较为陌生的。学生之前从未接触过这种舞曲体裁,而作品本身只是借鉴了舞曲名，实际上是一首专为管弦乐队创作的自由的舞曲，这更为学生理解作品增加了难度。初三的学生已经对管弦乐队基本编制有了初步了解，但对于“配器”这一较专业的音乐术语仍感到陌生、难以理解。另外，整首乐曲完整欣赏约 17 分钟，只有完整欣赏，才能让学生感受作曲家高超精湛的配器技法。那么怎样让学生饶有兴趣、全神贯注地完整欣赏整部作品？如何理解音乐语言？又如何让学生理解作品中所包含的思想情感内涵？这些疑问无疑为教师的备课增加了许多困惑。如果按照传统的课堂设计模式：讲解作品、赏析作品，势必很难拉近作品与学生之间的距离。

【教学目标】

1. 能够对乐曲感兴趣，并能体验、领会音乐作品中的精神内涵，主动探索与其相关的音乐文化内涵。

2. 通过对比、聆听、探究等方法，能感受配器的变化所产生音色的丰富绚丽及其对作品情绪的作用，认识拉威尔的配器魅力。

【教学重难点】

1. 了解《波莱罗舞曲》的节奏特点，认识配器的变化所产生的不同音乐效果及魅力。

2. 熟悉作品的 A、B 主题，感受音乐色彩。

【教具准备】

PPT 课件、小军鼓、钢琴、黑板。

【教学过程】

1. 激趣：从学生身边的音乐《眼保健操》导入

(1)邀请全班同学，随着音乐做眼保健操

(2)欣赏一段精彩的视频

师：这是 2006 年德国世界杯的宣传片，同学们一定发现了，宣传片的配乐，和我们刚才做的这节眼保健操的音乐是……

师：其实，这段音乐还被广泛地应用在许多场合，如广告片、央视五套的《蒙牛城市之间》、动画片《数码宝贝》等。那么，是什么作品有这么大的魅力，让它被广泛地作为背景音乐使用？同学们知道它的曲名吗？今天，老师就为大家介绍这部作品。一起来看看——《波莱罗舞曲》。

(3)了解“波莱罗”的有关知识，原为西班牙舞曲名。

2. 新授

(1)初听主题 A

师：这段优美如歌的旋律给了我们无限的美好遐想，可是同学们，你们知道为什么音乐能带给我们这样的感受？让我们一起在音色、旋律等音乐要素中找找答案。

(2)复听主题 A

师：谁能告诉我它的主奏乐器是……

师：木管乐器组的长笛，被誉为乐器中的女高音，音色华丽、流畅。那么，除了音色之外，你觉得它的旋律有什么特点？

师：旋律起伏不大，比较平缓，且有很多连音线。

(3)哼唱主题

(4)介绍作品创作背景

师：正是由于乐曲的主题优美动听，在乐曲的流传过程中，有这样一段经历：乐曲原是舞蹈的配乐，由于人们对其音乐的喜爱，久而久之，把它最早的出处也忘怀了，现在的《波莱罗舞曲》更多的是作为一首独立的交响乐作品活跃在音乐会舞台上。

(5)初听主题B

师：有没有发现主题B和主题A听起来有点相似？(节奏、旋律)其实主题B是在主题A的基础上发展演变而来的，它们的旋律走向非常相似。那么有没有发现这两段旋律的不同之处呢？(音高、调、音色等不同)

师：刚才是华丽流畅的长笛，这次的主奏乐器是……

师：大管，是管弦乐队木管组中的低音乐器，音色低沉、温和。

师：我们来比较两个主题的色彩，哪个主题更明朗？哪个更暗淡？

师：这是由于主题A采用大调手法写成，而主题B用了小调。让我们再次来感受音乐色彩的明暗变化。

(6)复听主题A和B

师：刚才我们一起感受了两个旋法相近又各具特色的A、B主题，在这两个主题中，你有没有听到一直贯穿始终的节奏型？

(7)讲解"波莱罗"节奏型，PPT出示节奏型

师：一起来看看它的节奏。这就是乐曲的节奏型。其实，节奏型的贯穿始终，是舞曲的一个重要特征。起源于西班牙的《波莱罗舞曲》，它的节奏型很有特色。

师：听老师在小军鼓上敲一敲。(学生练习节奏——三连音)

师：同学们能把这个节奏合到音乐中去吗？老师给你们一段B主题的变奏来试试看。

师："变奏"是我们在初一就学过的音乐创作手法，同学们还记得吗？

(8)初听主题B5

师：刚才我们用节奏和主题B有了一次很好的合作，在合作中，你有没有发现，主题B5的音响发生了怎样的变化？

师：还是这样的节奏型，还是这样的旋律，但是，演奏乐器变了。从大管的领奏，变成了木管组和弦乐组的合奏，从音响上我们都感受到了这种浓重、厚实的色彩变化。其实，这样的变化演绎，在这部音乐作品中很多次的出现。而这种充分发挥各个乐器的音色特点以取得最佳音响效果的手法，在音乐中称之为"配器"。这首《波莱罗舞曲》正是以独特多变的配器手法成为学习配器知识时的必听曲目。让我们在全曲的欣赏中，初识配器。请拿出练习纸，它会对你有所帮助。

3. 全曲聆听

师：请同学来谈谈感受。你有没有感受到配器的魅力？

师：同学们，这首乐曲1929年在美国纽约首演时，震惊了不少音乐界的人士，被美国报界

形容为一个“爆炸”。

师：让我们来看看手上完成的表格(PPT)。

师：让我们惊奇不已的是：乐曲采用不变的节奏型，只有A、B两个主题组成，每个主题反复九次，却丝毫不让我们觉得单调。这正是由于作曲家发挥他高超、娴熟的配器手法，充分运用乐队音色，力度不断增强，层次逐渐增多……使乐曲呈现出如万花筒般绚丽多彩的效果。连俄国著名作曲家普罗科菲耶夫都赞叹乐曲为：“作曲技巧上的奇迹。”

4. 作曲家简介

师：拉威尔是法国著名的印象派作曲家，他是音乐史上公认的“配器音乐大师”，他的创作风格新颖、独特。尽管如此，拉威尔的经历却非常坎坷，曾参加过第一次世界大战，在创作上也曾怀才不遇。就拿这首《波莱罗舞曲》来说，乐曲在很长一段时间里，有过不少争议，有人赞叹于它配器手法的高超，但也有不少乐评人提出过疑问：“为什么只用这两个简单的主题？”先者已逝，我们再难知道作曲家当初创作时的真正缘由。

5. 作品主题提升

师：作品的主题思想，也隐藏在作品的结构图中，两个主题就像两个种子，通过不断变化和积累，最终使它枝繁叶茂，化为参天大树。这里蕴含了一个简单而又深刻的人生哲理——只要坚持，一定会获得成功。拉威尔正是有着这样的坚持，最终成为了流芳百世的作曲家。去年，残奥会开幕式上的一个节目，也印证了我对这首作品精神的理解，一起来看看《永不停跳的舞步》片段播放。

师：我想，节目的编导之所以选用《波莱罗舞曲》作为配乐，也是要传递给我们这种不屈不挠的精神。同学们，在你们的学习和生活中，会碰到许多坎坷和波折，请你们在记住《波莱罗舞曲》优美旋律的同时，也能记住作品中的精神，就让我们在这《永不停跳的舞步》中，结束今天的音乐课。

（曾获浙江省中学音乐优质课评比第一名，执教者：张　研）

《如歌的行板》

【教学目标】

1. 感受《如歌的行板》中深情、宁静和伤感的音乐风格，体验柴可夫斯基音乐作品中所表现的沙皇统治下俄国人民的苦难生活。

2. 用心灵感受音乐，引起共鸣与联想，能把乐曲忧伤、压抑、冥想的情感，通过各种形式(包括形体、动作、语言、音色、乐器等)表现出来。

3. 能熟记《如歌的行板》主题旋律。

【教学过程】

1. 导入

(1)导语：央视节目“你幸福吗？——我姓曾！”

同学们，不知道你们有没有看过前段时间央视记者采访栏目，里面一句话被网络炒得沸沸扬扬，那就是"你幸福吗？——我姓曾！"（百度中8万多个网页）今天就让我套用一下这句网络时髦语：同学们——你们幸福吗？如果你现在幸福快乐的话，就让我们更加快乐！如果你现在不快乐的话，那就请你此刻忘却烦恼和忧愁，从音乐中来感受喜悦与快乐！

设计意图：调动气氛，放松心情，拉近距离。

（2）播放弦乐四重奏《快乐的萨丽哈》

师：（师生一起聆听，提示学生放松心情感受快乐）同学们，你们感受到了音乐的喜悦和快乐吗？调侃：气氛是会被传染的！你快乐吗？有哪位同学知道刚才这首乐曲的演奏形式是什么？

设计意图：真实感受快乐的气氛，使师生距离进一步拉近。引出"弦乐四重奏"。

（3）弦乐四重奏简介（含义，音色辨听）

师：（展示四重奏图谱；播放单件弦乐，进行音色听辨，低音提琴图片介绍）同学们，为了我们在欣赏弦乐四重奏时能够更好地聆听音乐，接下来让我们一起来辨听一下这几件提琴的音色。

设计意图：在直观教学中了解弦乐四重奏，在视听结合中听辨音色，并激发学生对乐器演奏形式的兴趣。

2. 欣赏《如歌的行板》

（1）初听《如歌的行板》

师：（图表辅助欣赏，完整聆听）同学们，现在就让我们稍稍地收一收自己的思绪，一起静静地聆听、品味一首来自俄罗斯人民"灵魂深处"的弦乐四重奏作品。请同学们挑战一下自己（看表格）：我是音乐评论家，我想说点什么来表达我听完音乐后的感受；我是艺术大师，对比《快乐的萨丽哈》，音乐情绪上有何不同？我觉得我可以用一种或几种不同的颜色来描绘音乐情绪的不同与变化；我是音乐家，我能哼唱（奏）反复次数最多的旋律。（提示：可以分三组进行有重点的欣赏并解决，同时鼓励有能力的同学解决全部问题）

设计意图：培养良好的音乐欣赏习惯；用心感受音乐的情绪；用哼唱的方式表现音乐。

（2）A段欣赏：a+b+a

①赏析主题a

师：（播放主题a）同学们，我们从这段音乐中能够感受到一种怎样的音乐气氛呢？（压抑、黯淡、凄凉的等）

设计意图：感受音乐的情绪，营造欣赏氛围。

师：（第二次播放主题a）让我们一起用"m"来哼唱一下这段令人陶醉的旋律。

设计意图：通过哼唱进一步感受音乐的情绪。

师：（师生清唱旋律——教师带唱）同学们，请你们找一找心里凉丝丝的感觉，试试看，跟我一起哼唱一遍。

设计意图：更加到位地演唱好主题音乐，用心感受音乐所表达的情绪。

师：（再次聆听主题a）同学们，这样的一种音乐情绪塑造了一个怎样的音乐形象呢？——（忧伤、无奈、苦闷），请用自己的方式表现"痛苦"的情绪（考试太差等"唉声叹气"）。

设计意图:用肢体或自己的表达方式来表现音乐主题的音乐形象,加深学生对音乐主题的理解。

师:(第三次播放主题 a,归纳 a 的旋律特征)同学们,这段音乐为什么会产生这样的心理效应呢?这其实和旋律本身的特点是有很大关系的,请同学们仔细地思考一下这段旋律的特点是怎样的?——混合拍子、长短句造成不对称、音色黯淡、演奏时都加了弱音器、速度不是很快、旋律线跳进向下带动音乐的情绪低落等。

设计意图:从旋律本身理解音乐所塑造的形象并感受音乐情绪。

②完整聆听第一部分

师:(播放第一部分,聆听并用字母表示音乐的结构:a+b+a)同学们,让我们再一次来感受一下这种黯淡的、悲凉的音乐气氛。请同学们用字母来表示和区别自己听到的乐段的变化。

设计意图:帮助学生理解 A 段音乐,得出 a+b+a 结构和委婉、忧郁、黯淡、沉思、压抑的情绪。

(3)B 段欣赏:c+d

师:(播放 B 段音乐)同学们,在黯淡和忧伤中,难道我们只能选择沉默或沉沦下去吗?“不在沉默中死去,就在沉默中爆发”,让我们一起来感受一下接下来的这段音乐,对比第一部分,它又表现出了怎样的音乐情绪?

师:音乐旋律出现了明显的变化,那是什么?(三连音、重音记号、变化音的不和谐、大提琴固定的音型拨奏)不安与沉重、抗争与希望,但希望转瞬即逝(师生模拟拨奏互动)。

设计意图:在对比中感受音乐情绪的发展变化,使学生进一步领悟音乐所表达和塑造的音乐形象。

师:(用字母表示音乐的结构 c+d)同学们,这是两段不一样的旋律,前面用 a 表示过了,这里我们应该用字母“d”和“c”表示。

设计意图:帮助学生理解 B 段音乐,得出 c+d 结构——不安与沉重、抗争与希望,但希望转瞬即逝。

(4)完整聆听:A+B+A’复三部曲式

师:(完整播放《如歌的行板》)同学们,很明显,a 与 b、c 的情绪是完全不一样的,如果我们用字母 A 来表示 a+b+a 的话,那么 c、d 应该用哪个字母来表示呢?(B)A 段音乐黯淡、忧伤,好像在叙述苦难与无奈,而 B 段则显得不安与沉重、充满了希望与抗争,但希望转瞬即逝,说明抗争的道路是一帆风顺的吗?幸福的生活是很容易获得的吗?那最后让我们带着自己的思绪再一次来感受这首乐曲给我们带来的触动!(A+B+A’复三部曲式介绍——叙述苦难——不安、抗争——心灵的期盼与内心深处的呐喊)

设计意图:知道复三部曲式的音乐结构;再一次感受音乐带给学生的心灵洗涤,启发学生对乐曲产生新的感悟。

3. 拓展:行板如歌,生活如歌

师:(展示听后体会,提升主题。)是的,前途是光明的,但道路是曲折的。今天我们欣赏的这首乐曲是选自俄罗斯音乐大师柴可夫斯基创作的《D大调第一弦乐四重奏》的第二乐章《如歌的行板》。因为这段旋律委婉、凄美，仿佛从人的灵魂深处流淌出来一般，所以很多时候都被人们从整部作品中单独拿出来作为演奏曲目。据说，当时的柴可夫斯基因为身心疲惫不堪，然后到自己妹妹的一个农场去休养。有一天晚上，当他正在烦躁不安的时候，突然听见从远处传来一阵凄美、忧伤的歌声："傍晚绿草地上……"他赶紧推开窗户向外张望，只见远处淡淡的月光下有一个背影正在月光下歌唱着。因此他赶紧找来了纸笔，把这段旋律记录了下来，这就成为了他后来创作这部作品的音乐主题了。同学们，柴可夫斯基的这部作品，既表达了对当时社会人们处在沙皇统治下的那种挣扎与无奈，更是他自己人生的真实写照，相信同学们如有兴趣完整地去聆听整部《D大调第一弦乐四重奏》的话，一定能有新的感悟！正如俄罗斯大文豪托尔斯泰听完音乐后说的那样："从这首乐曲里，我已经接触到忍受苦难的人民的灵魂深处！"同学们，人生的道路虽然充满了艰难与曲折，但生活如歌……坚信我们的明天一定会更加美好灿烂！

设计意图：熟知创造背景；提升作品立意。

（曾在2012年宁波基础教育教学展示活动中展示，执教者：张　蕾）

《茶花女》

【教学目标】

1. 通过对《茶花女》这部歌剧的片段欣赏，让学生对歌剧、歌剧音乐产生兴趣，乐于学习了解与歌剧有关的音乐文化。

2. 通过聆听《饮酒歌》，让学生学会哼唱《饮酒歌》的主题旋律，体验歌曲的音乐情绪，并能辨别歌曲的演唱形式。

3. 通过《茶花女》的序曲音乐欣赏，让学生了解歌剧音乐的作用。

教学重点：欣赏和感受歌剧艺术的表现力和感染力。

教学难点：学唱《饮酒歌》并把握其音乐情绪。

【教学过程】

1. 导入

(1) 范唱歌曲

师：教师范唱歌剧选段《饮酒歌》(1分11秒)，意大利语演唱。

师：你们觉得老师演唱的这首歌曲情绪如何？为什么？（旋律带有一种跳跃感，情绪热烈活泼，旋律优美流畅，速度轻快，节拍是三拍子，带有一种舞曲的特点，经常会出现在一些晚会上，为了表现一种热烈的场面。）

师：老师采用的是哪种演唱方法？美声唱法给了我们怎样的感受？你们喜欢听这种演唱方法吗？

师：美声唱法起源于17世纪的意大利，采用科学的发声方法歌唱的一种演唱风格，是被世界公认的一种演唱方法，世界三大男高音帕瓦洛蒂、多明戈、卡雷拉斯采用的就是美声唱法。刚才老师演唱的这首歌曲你们熟悉吗？

师：老师刚才用意大利语演唱了歌剧《茶花女》当中的一首歌曲，曲名叫《饮酒歌》。歌剧《茶花女》是根据法国的文学家小仲马的小说改编而写成的。

(2)介绍《茶花女》的故事情节

师：《茶花女》讲述的是青年阿尔弗莱德与身份地位低下的美丽女孩薇奥列塔之间的爱情故事。

师：那么大家来想想这两种身份地位如此悬殊的他们最终能走在一起吗？

师：这就好比中国的梁祝爱情故事，由于封建思想的迫害被迫分开的悲惨结局。这种封建思想的制度同样也存在于外国，在男主人公父亲极力反对下，女主人公痛苦地被迫离开了男主人公，而男主人公在不明真相的情况下为了报复，当众羞辱了薇奥列塔，使得本来就疾病缠身的薇奥列塔病情加重，最终将自己的画像送给了阿尔弗莱德便离开了人世。

师：就是这样一部揭示了当时资本主义社会对底层人民和妇女的压迫的文学名著，不仅被拍成过电影、话剧，而且还被搬上了歌剧的舞台，被称为世界十大歌剧之一。的确，在当今世界的剧坛上，歌剧《茶花女》的上演率一直高居榜首，它之所以广为流传而常演不衰，这都归功于世界伟大的歌剧大师威尔第。小仲马曾经说："50年以后，也许谁也记不起我的小说《茶花女》了，但威尔第却使它成为不朽。"这足以说明了威尔第《茶花女》的艺术魅力。那么今天这堂课就让我们一起走近威尔第的歌剧《茶花女》，通过歌剧中的两部作品：一部声乐作品，一部器乐作品，去感受歌剧《茶花女》带给我们的无穷艺术享受。

2. 欣赏

师：歌剧《茶花女》以音乐旋律优美，唱段真挚感人而著称，这部抒情歌剧中随处可见旋律优美、脍炙人口的唱段，因此被称为"美歌集"。《饮酒歌》就是其中一首，由于优美的旋律而经久流传，常演不衰。下面我们就来聆听一下这首歌曲，思考歌曲的演唱形式有什么变化？(请同学们用笔记录一下)

(1)欣赏饮酒歌(3分02秒)

师：《饮酒歌》出现在歌剧第一幕第二场中，女主人公薇奥列塔大病痊愈后，在家中举办了一次宴会，在宴会上男女主人公演唱的一首歌曲，抒发了他们对真诚爱情的渴望和赞美。(美好生活的向往)

①阿尔弗莱德的独唱及客人们的合唱。

②薇奥列塔的独唱以及两位主人公的重唱。

③客人们的合唱。

设问：你觉得作曲家为什么(要用不同的演唱形式)多次重复主题旋律？(突出歌唱家高超的演唱技巧，剧情发展的需要，多次反复是突出强化主题)

师：让我们也扮演一下宴会上的客人一起用歌声去祝福男女主人公的美好生活。

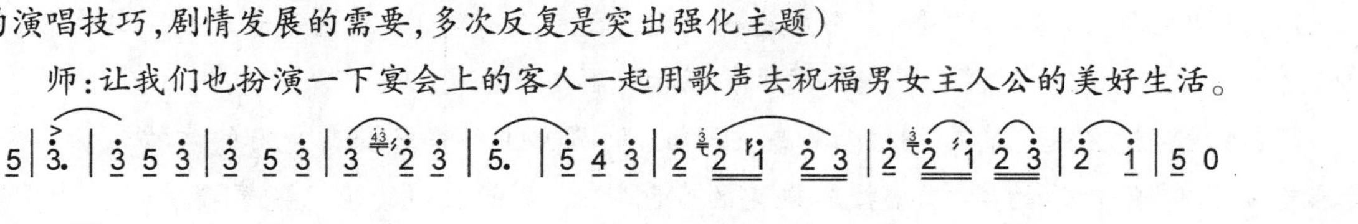

歌唱注意点：要求声音圆润、浑厚、明亮、具有穿透力，声音位置往后靠，口腔打开，并注意唱出三拍子的舞曲节奏，大跳音程和变化音的音准。

第一遍强调三拍子的强弱，弱起小节，六度的大跳

第二遍跟着音乐边唱旋律边做律动

第三遍跟着原唱再次感受歌曲旋律

师：美声唱法并不是一朝一夕能学会的，俗话说"台上三分钟，台下十年功"，歌唱家们就是靠着日复一日、年复一年的刻苦训练才能练成这美妙的歌喉和高超的演唱技巧。

师：通过歌剧中《饮酒歌》的演唱和欣赏，你们觉得歌剧是一种怎样的艺术形式呢？

师：歌剧产生于16世纪的意大利，盛行于17世纪的欧洲。歌剧是集音乐、文学、戏剧、舞蹈、舞台美术等融为一体的综合性艺术，以声乐为主要表现手段。歌剧由咏叹调、宣叙调、叙咏调、重唱、合唱、序曲、间奏曲、舞曲等组成。在这些音乐中，最能表现歌剧剧情发展的就是序曲音乐，也是歌剧中最重要的器乐部分。《茶花女》的序曲音乐堪称抒情序曲中的经典，也是最精彩的歌剧序曲之一，接下来我们通过歌剧的序曲音乐去感受《茶花女》的剧情发展。《茶花女》的序曲音乐一共有两个主题，我们分段来细细品味一下这两个主题。

(2)分段聆听序曲音乐

师：首先我们先来聆听序曲音乐中的主题A，你们觉得主题A给我们怎样的一种情绪？仿佛在向我们叙述什么？

(3)欣赏悲剧主题(1分11秒)

师：这些哀怨的情绪是通过哪些音乐要素表现出来？如果让你们用一个词语来概括一下，你们觉得用什么词语合适？

师：乐器由小提琴主奏；速度轻缓；旋律平稳。仿佛在叙述薇奥列塔悲惨的生活。

师：这个悲剧主题是选自歌剧中的第三幕中，当女主人公遭受爱情上的沉重打击，身心受到严重摧残，病入膏肓的精神状态和痛苦心情，音乐中带有哀怨、悲伤的情感，显得纤弱无力。

(4)欣赏爱情主题(1分53秒)

师：经过一小节圆舞曲节奏型，出现的是主题B，主题B又会给我们怎样的感受呢？通过对比欣赏来感受一下主题B。

主题	主奏乐器	速度	旋律走向	情绪	选自哪一幕
A	小提琴	缓慢	平稳……	哀怨、悲切……	第三幕
B	小提琴	缓慢	宽广……	欢乐、愉快……	第二幕

师：悲剧主题的旋律非常平稳，而主题B的旋律进行十分宽广，正因为音乐要素的变化，所以情感也发生了变化。同样也用一个词语来形容一下这个主题。

师：这段爱情主题选自歌剧第二幕中主题旋律，男女主人公沉浸在美好的幸福生活当中，音乐充满了美好、欢乐的情感(小提琴柔美的音色特点，既能表现凄凉又能表现美好的音乐情感)。序曲音乐并不是按照时间顺序来表现剧情的，它只是对歌剧的剧情起着暗示的作用。让我

们哼唱一下这个主题。

师：当大提琴再现爱情主题时，你们还听到了什么？同时请仔细观察老师的手势。

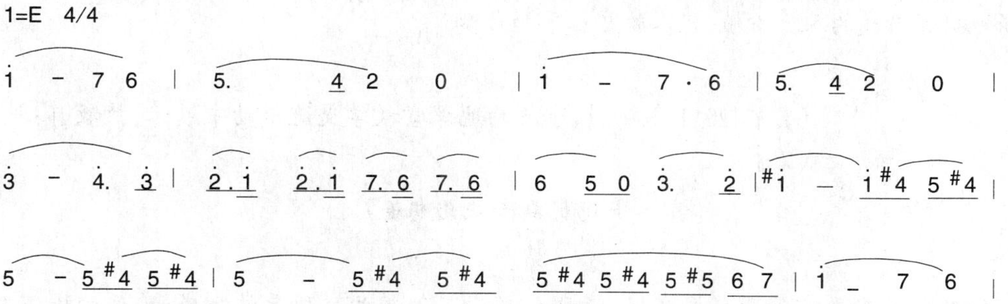

大提琴反复爱情主题(1分06秒)(出示图形谱)

师：当爱情主题再现时，小提琴在高声部演奏带有装饰音的华丽曲调，你们觉得这段华丽曲调塑造了女主人公怎样的一种心理？

师：如果读过《茶花女》原著的同学肯定知道女主人的身份是一名交际花，她不想放弃奢华的生活，又不想放弃爱情，因此，她的内心十分矛盾，而威尔第正是运用了复调的创作手法将两个曲调表现得淋漓尽致。

师：最后，小提琴演奏如悲如泣的颤音构成的音调和低音提琴演奏悲切的爱情主题交替出现，后半部显得断断续续，有气无力，预示着薇奥列塔终于被夺去了生命和悲剧性的结局。

师：序曲中引出了贯穿整部歌剧、反复出现的主题句，两个主题是悲惨和欢乐的对比，两者因作品的结合把矛盾化为统一。所以说我们直接聆听序曲就可以得知整部歌剧的剧情发展，这就是序曲的魅力。

(5)完整聆听序曲音乐(3分03秒)

3. 拓展

介绍威尔第：威尔第的歌剧《茶花女》音乐细腻流畅，真挚动人，具有拨人心弦的悲剧效果，其创作也极具特色，善于应用以歌唱为主的咏叹调抒发人物内心情感，注重重唱、合唱的烘托及管弦乐的作用，充分体现威尔第高超的创作技巧和惊人的艺术才华。正当意大利为摆脱奥地利的统治而掀起革命浪潮时，是威尔第以自己歌剧作品中的革命歌曲来鼓舞人民的斗志，因而获得“意大利革命的音乐大师”之美称。在他一生中一共创作了26部歌剧，其代表作有歌剧《利戈莱托》(又名《弄臣》)、《茶花女》、《游吟诗人》、《假面舞会》、《阿伊达》等一大批享誉世界的作品，而这些歌剧的风格和结构模式已经提高到前人和同时代人未到达过的最高境界。

师：下面我们来聆听威尔第其中两部歌剧的音乐片段，一首声乐作品《弄臣》中的《女人善变》，一首器乐作品《阿伊达》中的《凯旋进行曲》。

4. 小结：同学们，今天我们欣赏了歌剧及一些歌剧唱段，初步了解了歌剧这种艺术体裁，相信同学们对歌剧会有新的认识和看法。我们学习歌剧的目的不是让人人都会唱歌剧，而是让同学们学会欣赏歌剧，那么我们到底该如何来欣赏歌剧呢？

师：欣赏歌剧我们首先要了解歌剧的故事情节，其次就要学会多听，更应该在欣赏中注意到歌剧艺术所特有的表现手段，如歌唱家们高超的演唱技巧的展示，咏叹调的戏剧性和抒情性，重唱的立体感,乐队伴奏的情感渲染等,只有在欣赏比较中,你才能对歌剧这门艺术魅力有更深的感受。在这里老师给同学们推荐世界十大歌剧,希望同学们在以后的学习生活中,通过歌剧的鉴赏不断地提高自我的人生价值,艺术欣赏水平和修养。

(曾在2011年衢州、宁波两地课堂教学交流活动中展示,执教者:王金珊)

《卡玛林斯卡亚幻想曲》

【教学目标】

1. 聆听俄罗斯民族音乐代表作品《卡玛林斯卡亚幻想曲》,引导学生感受、体验俄罗斯民族音乐的风格特征。

2. 通过聆听《卡玛林斯卡亚幻想曲》引导学生寻找其中的民歌曲调,鼓励学生用音乐语言对其进行对比分析。

3. 熟悉《卡玛林斯卡亚幻想曲》中的两个主题,通过听唱法或者试唱法掌握两个主题。

4. 了解俄罗斯民族乐派的相关知识,了解作曲家格林卡及其在俄罗斯民族乐派中的地位。

【教学重点】

通过聆听、比较、熟悉两个俄罗斯民歌主题,让学生体会到这首作品是民间素材交响化自由变奏的典范。

【教学难点】

对《卡玛林斯卡亚幻想曲》中两个主题采用"整组交替"的两重变奏曲形式的理解。

【课前准备】

1. 把学生分成四个讨论合作组。

2. 四张打印好的作品结构文字。

3. 学生一人一张纸,以便记录聆听中所得。

【教学过程】

1. 导入:谈话:关于柴可夫斯基与《如歌的行板》

师:今天这节音乐鉴赏课,我带来了两段音乐片段,大家来听一下,考考你们的听力,这段音乐是中国的吗? 那么应该是哪个国家的呢?

师:对啊,是俄罗斯风格的,那么这两个俄罗斯风格的主题有什么不一样? 我们可以从这几个方面去比较(出示表格)

(学生讨论后回答,教师适时给出表格的内容。)

	第一主题	第二主题
速度	缓慢	快速
旋律	舒缓	紧凑
音乐性格	悠长抒情,略带哀伤,富于歌唱性	欢快热烈(乐观幽默),富于舞蹈性

师：这两段音乐就是我们今天要欣赏的管弦乐曲《卡玛林斯卡亚幻想曲》中的两个主题。(出示课题：俄罗斯民族风情——《卡玛林斯卡亚幻想曲》)

2. 欣赏

师：第一个主题原本是一首婚礼歌曲，是作曲家在俄罗斯农村听到的一首婚礼歌曲《从山上，从高高的山上》。第二首，是一首舞曲，它的原名就是舞蹈歌曲《卡玛林斯卡亚》。(聆听：比较第一个主题的变奏)

师：接下来，让我们来听听第一个主题，主题反复了几次？每一次有什么不同？(播放第一主题第一组变奏)

学生回答，教师引导。

主题呈示：弦乐器齐奏(像领唱一样"唱出")

第一个变奏：木管乐器

第二个变奏：加入弦乐器

第三个变奏：加入铜管乐器，整个乐队的全奏

师：再来听听，第一主题除了乐器的不同，还有什么变化？(学生聆听，讨论，教师小结。出示：变奏手法：乐器的转换，衬腔复调)

师：由于这些方法，使每一次变奏都获得一种新的色彩，音乐情绪也在层层递进。

师：这首歌曲正是运用一首俄罗斯民间婚礼歌曲《从山上，从高高的山上》音调写成。几年以后，作曲家又用这首婚礼歌曲的曲调作为这部管弦乐作品的其中一个主题并加以变奏，看得出，他对祖国民歌有多么热爱！

师：那么，他所选取的第二个主题民间舞曲《卡玛林斯卡亚》又会如何变奏？来听一听。(聆听比较第二个主题的变奏：①和第一主题的变奏比较，出现了哪一些新的变奏手法？②学生聆听，把听到乐器的变化等变奏手法，记录在草稿纸上③学生分组讨论，可以边讨论边放音乐，在聆听中讨论。④师生探讨：出示配器的变化，围绕主题装饰加花完全改变原来的形貌，演化出音调相似的完全独立的新旋律。另外，还有力度的强弱变化，衬腔复调。⑤点出："双主题变奏"。)

师：同学们，作曲家选取的这两个主题的风格是如此迥异，怎么可能在这首作品中和谐相处呢？(一个是悠长抒情、略带哀伤的长腔歌调，一个是火热快速、风趣活泼舞曲，这种鲜明的对比，不但在音乐上孕育了交响性发展的萌芽，而且也反映出俄罗斯农村生活的真实风貌和俄罗斯人民性格上的丰富特征。)选用风格迥异的这两个主题其实正是作曲家的高明之处啊！

师：来，让我们大家唱一唱这两个带着浓郁俄罗斯色彩的主题(跟唱或视唱主题旋律)：①听音乐跟唱，指出几种音乐记号——连音线，要唱得连贯；> 强音记号，要唱得有力度；顿音记号，要唱得断续，有顿挫感、跳跃感。装饰音的唱法。②跟着老师视唱(边听主题边跟唱，主题一要唱出"安闲美丽，抒情深沉又略带哀伤"；主题二要唱出"欢快热烈，富于舞蹈性"。多重复跟唱几次，尽量符合要求去唱，速度，情绪。)③跟第二主题第二组变奏哼唱，并律动。(让学生跟着哼唱，跟着舞曲手舞足蹈更好，可以拍手，踩脚，两个学生对拍也可以。)

师：音乐的力度强你也要强，音乐弱你也弱，音乐快你也快，音乐慢你也慢。条件允许的，可

以跟着音乐舞蹈。(在这个环节,教师尽量鼓励学生跟着哼唱,跟着动起来。)

(拓展介绍作曲家格林卡)

师:这位作曲家能用两首看似简单的俄罗斯民间音乐主题,把它变奏了那么多次,居然一点也不显得单调,真是奇妙啊!是哪位作曲家写下了这部充满浓郁的俄罗斯风格的管弦乐曲呢?让我们来认识一下他(出示格林卡照片和简介)。

师:格林卡出生于俄国农村一个庄园的地主家庭,那里有着辽阔的田野和森林,充满了优美的民间音乐。格林卡从小就熟悉俄罗斯的民间生活,常常从乳娘那里听到娓娓动听的俄罗斯民歌,这些朴素优美的民歌深深打动着格林卡,为他一生的创作奠定了深厚的民族音乐基础。格林卡的《卡玛林斯卡亚幻想曲》以巧妙的变奏手法,调动了交响音乐的丰富表现力,让两首俄罗斯民歌呈现出绚丽的风采。

3.全曲欣赏:完整聆听《卡玛林斯卡亚幻想曲》

①充分发挥你的想象,随着音乐的流淌,我们肯定会有很多所思所感,可以记录一些脑中的画面。②可以记录一些乐器的名字。③合作完成全曲的结构图,分成四组:第一主题第一组变奏、第二主题第一组变奏、第一主题第二组变奏、第二主题第二组变奏。每组选出一位代表,当音乐播放到本组的那个环节时,代表上去把图示贴在黑板上。最后形成的结构图示:引子第一主题第一组变奏——主题第一组变奏——第一主题第二组变奏——第二主题第二组变奏

师:从中我们可以看出这首作品的特点,两个主题的变奏采用了“整组交替”的形式,即双主题变奏“整组交替”的形式(学生交流在聆听过程中所感受到的音乐所描绘的场景和画面)

4.深化主题

师:格林卡终于在这两首民歌中实现了使俄罗斯民歌交响化的夙愿。《卡玛林斯卡亚幻想曲》真不愧是“俄罗斯民间素材交响化自由变奏的典范”啊!

师:格林卡以巧妙的变奏手法,调动了交响音乐的丰富表现力,让两首俄罗斯民歌呈现出绚丽的风采。它不受传统交响曲式结构的约束,酣畅地唱出了爱国作曲家心中的乡音。为俄罗斯交响音乐创作奠定了独特的民族风格,为后人积累了丰盈的创作财富,成为俄罗斯交响音乐中的第一部典范之作。

师:《如歌的行板》主题旋律竟有些和婚礼歌曲相似,它表现的是俄国人民的思想情感,反映的是俄罗斯的风情!那么你们知道吗?格林卡不仅仅是俄罗斯民族乐派的奠基人,他对整个俄罗斯的音乐发展起到举足轻重的作用,连大名鼎鼎的柴可夫斯基都深受他的作品的启发与影响(出示:“所有的俄罗斯交响音乐,都是从《卡玛林斯卡亚幻想曲》中孕育出来的,这正如橡果孕育出橡树一样。”——柴可夫斯基)

师:然而格林卡本人却说“创造音乐的是人民,而我们艺术家,不过是将它编成曲子而已”。

(曾在2010年甬丽温三地音乐课堂交流活动中展示,执教者:张璐瑛)

《月夜》

【教材内容】

人音版十七册第五单元《月光·月夜》。

【教材分析】

《月夜》是刘天华先生1918年8月创作的，属于作者的早期作品。当时，他在江阴老家度假，在一个晴朗的夏夜，心情舒畅，有感而发，遂成此曲，后经修改于1924年定稿。这是一首借景抒情，情景交融的乐曲，它描写了江南月白风清的美丽夜景，同时也抒发了作者的思想感情。全曲共分三个段落，由慢板、慢板和快板组成。

【教学目标】

1. 感受体验民族乐器二胡独特的魅力，并根据个人的理解尝试对作品进行分析评价，对民族音乐产生兴趣并乐意聆听。

2. 感受、体验音乐要素在表现音乐情绪，刻画音乐形象中的作用，能够感受音乐家的情感体验。

3.了解“换头合尾”的创作手法，知道刘天华在音乐上的主要贡献。

【教学重点、难点】

感受、体验音乐要素在表现音乐情绪，刻画音乐形象中的作用，能够感受音乐家的情感体验。

【教具准备】

多媒体课件、钢琴等。

【设计意图】

音乐是一门听觉艺术、情感艺术。本课的设计始终以“聆听”为主线，充分突出了学生的听觉审美感受与情感体验，让学生在参与体验中感受音乐美。通过赏析，让学生感受音乐情绪、情感的变化；领会节奏、旋律、力度、速度、音色等音乐要素在表现音乐情绪、刻画音乐形象中的作用。创设情境，让学生在特定的音乐意境中展开联想和想象。教师作为引导者、组织者、参与者，在这过程中始终给予启发、暗示、点拨，帮助鼓励学生，使学生在赏析、对比、交流表现等一系列活动中获得审美愉悦体验。

【教学过程】

1. 导入

师：月亮，在科学家的眼中，不过是一颗没有生命的卫星，但是在民间传说和文人墨客笔下，却被注入了浓重的感情色彩，你看诗人抒怀“江天一色无纤尘，皎皎空中孤月轮”，近代散文家朱自清写过《荷塘月色》，月光如水，风雅恬淡，沁人心脾，令人陶醉。流行歌曲唱道：“月亮代表我的心”——明亮、清澈、真诚。月亮究竟是纯洁美丽的化身，还是孤傲清高的象征？今天让我们来看看作曲家刘天华琴声中的月夜吧。（作曲家简介：播放刘天华的视频，了解作曲家，加深对作品的理解与感受。）

2. 分段赏析

(1)第一段欣赏

师:下面我们来细细品味一下“月夜”迷人的景色和作者当时的心情。(初听第一乐段)在你眼前出现了一个江南的还是北方月夜美景?(学生谈对音乐的感性认识)

师:为什么我们感受到的是江南的月夜美景而不是北方的呢?让我们从旋律中寻找答案。这段音乐是级进为主的还是跳进为主的,让我们跟随音乐用“lu”来哼唱感受一下。(通过哼唱引导学生发现旋律是以 1 2 3 和 5 6 1 这样的级进旋律为主,细腻柔美,仿佛是一个宁静的江南月夜,这正是江南音乐的风格特点。)

师:但是我们再来看看在级进的旋律中有没有六度、七度和八度的大跳音程?(有)这些大跳音程仿佛是宁静夜空下吹来的一丝清风、飘过来一缕流云,体现了静中有动的江南月夜美景。(对比聆听)

师:让我们跟随钢琴再次来哼唱这段旋律。(师钢琴弹奏旋律,比较哪种乐器更适合表现江南的月夜美景。发现二胡的甜润柔美的音色更适合表现江南的月夜美景。)

师:二胡甜润柔美的音色和它的演奏手法息息相关,让我们欣赏一段视频,感受它的滑音和揉弦的演奏技巧。(滑音手腕柔软的动作,产生悦耳动听的柔美、甜润的音色。松弛的揉弦,配合中速运弓,使旋律荡漾出柔润、甜美的气息。于是江南丝竹般的甜润气息就在《月夜》中洋溢出来。)

师:你听,作者面对如此的月夜美景,他在第一乐段的结尾发出了怎样的感叹?(听乐段的尾声音乐。)

师:3 2 1,旋律是下行的,多美啊!还不足以表达,再来一次,真美啊!还有吗?啊!太美啦!!出现了几次?(3 次)让我们来哼唱一下(跟随音乐哼唱)这是在赞叹大自然的月夜美景。

师:这种创作特点叫“一唱三叹”。我们可以在下面的乐段中听听有没有再次出现一唱三叹。(用画面结合语言的方式进一步形象地阐述对音乐的理解感悟。)

师:如果把级进的旋律比作是画中那皎洁、宁静的明月,那跳进的旋律就好比是夜晚的清风、流云,二胡的演奏就好似给月夜的水乡蒙上了一层薄薄的淡雾,而扬琴的伴奏则是水中荡起的粼粼微波,引得月影玉碎,树影婆娑。“新月如钩挂在天际,烟色似梦笼着地面。”水乡的月夜灵动飘逸如水墨画,怎不叫人如痴如醉?

师:这就是作曲家刘天华 1918 年回江阴老家度假时,在一个月白风清、万籁俱寂的夜晚,作者沐浴着如水的月光,不禁触景生情,信手操起二胡望月抒怀,乐思如流。

(设计意图:第一乐段的教学从音乐的两大基本要素——旋律和演奏手法入手,引领学生细听感悟。教学手法运用了听、唱、看、对比聆听、观察、感悟层层深化,细致地分析了音乐所表现的江南月夜美景。丰富了学生表情达意的审美情趣,收到很好的教学效果。)

(2)第二段欣赏

①第 1 次聆听

分析音区和节奏的变化。

乐曲的情绪发生了什么变化？

音区从中音区到高音区又回到低音区，情绪从柔和到激动又归于平静。

（当时社会背景，国乐所处的困境：我国经历了一个相当长的封建统治时期，民间音乐从来不受重视，很多优秀民间音乐渐渐失传。刘天华先生力图改变民乐的地位，但是这种对现实不满而产生的苦闷、彷徨，他渴望在皎洁的月色中，能超脱现实生活，使心灵得到暂时的慰藉。）

②第2次聆听

（第二乐段分析采用对比聆听法，引导学生从音区、节奏、情绪上感受体验作者当时心情的变化：柔和—激动—平和）

（3）第三段欣赏

①速度。

②用一个词语说一下你听完这段音乐的心情。（轻松愉悦）

③换头合尾。

（4）视听结合，情感升华

师：从第一段的赞叹到第二段的激动再到第三段的愉悦，作曲家究竟想要表达一种怎样的情感呢？（视频欣赏）

师：借景抒情，情景交融，表达了作者对大自然生活的热爱，对未来美好的憧憬！《月夜》不仅仅是写景，更多的是写情，是人的感情表达，它充满了赞叹、吟哦与抒怀，把自然的美和人们对美的追求紧密相连，融为一体。

（5）拓展

师：刘天华一生共创作了十大二胡曲，在他的乐曲中，我们能看到有对现实不满而产生的苦闷、彷徨的《病中吟》；对自然生活的热爱和对未来的美好憧憬的《良宵》、《空山鸟语》、《月夜》；对前途充满希望和信心的《光明行》等。特别是《光明行》他采用了进行曲的创作手法，旋律明快坚定，节奏富有弹性，充满了勇往直前的进取精神和对光明前途的乐观自信。这正体现了刘天华的精神。刘天华先生的努力，开辟了民族音乐崭新的天地，为我们指出了民族音乐研究和发展的方向。那么今天我们该怎样继承和发扬我们的民族音乐呢？（请学生回答，教师总结后下课）

（本课例多次参加宁波市边缘农村地区送教活动，执教者：徐微娜）

第二节 教学实施能力

教学实施能力是指教师在课堂上实施教学方案,解决具体问题进而实现教学目标的能力。主要包括课堂组织调控、处理预设生成、灵活运用教学策略等能力。

一、课堂组织调控

音乐课堂教学的组织与调控是一门艺术。上一堂精彩的音乐课,对于教师、学生及听课者来讲都是一种轻松愉快的艺术享受。但前提是,教师必须具有良好的课堂组织与调控能力,在教学过程中,吸引学生的注意力,充分调动学生自主学习、合作学习的自觉性。才能获得良好的教学效果。组织与调控在课堂教学过程中是至关重要的,贯穿于整个课堂教学的始终,直接影响教学效果。

(一)课堂组织调控的目的

课堂组织是教师根据具体教学情境,运用一定教学理论去解决教学问题的谋略和方法。教师在课堂教学中需要科学地管理纪律,不断调动学生集中注意,引导学习,构建和谐的教学氛围。

而课堂调控,是指教师为了保证课堂教学的成功,对教师的"教"和学生的"学"进行适时调节和指导。课堂组织与调控直接影响着每一堂课的成败,合理的组织与调控能够使教学事半功倍。

1. 提高学生的专注力

小学生注意力不易集中,自控力差,为了提高学生的专注力,教师要随时调整课堂,组织丰富多样的教学活动,提高学生的专注力。

2. 激发学生的学习兴趣

爱因斯坦说:"兴趣和爱好是获取知识的动力。"在教学过程中,教师要根据音乐学科的特点、知识要点和学生的实际情况,尽可能采用多种组织形式,创设生动有趣的课堂情境,用兴趣的火种去点燃学生思维的火花,让他们以饱满的热情投入到音乐课堂中来,多一些倾听,多一些思考,多一些表现,更深入地走进音乐,在浓浓的兴趣带领下让教师乐教,学生乐学,让教学达到事半功倍的效果。

3. 创造良好的课堂风气

良好的课堂风气直接影响教学效果。学生行为规范的形成要靠良好的课堂秩序、严格的规章制度来指导、规范。组织调控好课堂,能让学生从规范坐姿、发言等外在的形式,逐步养成独立思考、敢于提问、认真倾听别人的意见、乐于表达自己的想法等内在的学习品质。当学生在音乐缓缓地流淌中凝神静听、深入赏析,并能进行独立思考、认真倾听、大胆质疑时,良好的课堂风气便自然形成了。

(二)课堂组织调控的方式方法

音乐课堂的组织调控涉及方方面面,包括良好的常规习惯、简洁新颖的导入、清晰优美的语言、合理有效的评价、突发事件的处理等,其方式方法多种多样。

1. 课堂常规,常抓不懈

音乐课的课堂常规教学有着得天独厚的学科优势,怎样把音乐课堂常规内化成学生习以为常的规则?这是我们音乐教师需要思考的事。现在的孩子大多都是独生子女,虽各自家庭教养的不同,但独自生活在成人空间的孩子,往往没有集体学习时纪律约束的概念,正因为如此,就更需要教师及时的引导,使学生领会课堂常规的要求,才能帮助孩子们养成良好的音乐学习习惯。在平时的教学中,要通过多种手段持之以恒地培养课堂常规,不断细化和凝炼课堂常规。

(1)节奏儿歌作口令

可以把课堂要求简洁明了地编到儿歌里,在节奏儿歌中习得常规。例如,排队:“前后 看清 楚|安静 不说 话|”;进教室:“安静 进教 室|嘴巴 闭起 来|”;坐下:“脚后 跟着 地|把手 放腿 上|把背 挺起来|”;课尾:“凳子 摆放 好|安静 出教 室|”等,在这样简洁明了、有节奏动感的节奏儿歌声中,常规纪律的要求逐渐渗入学生的脑海中了。

(2)特殊音型塑常规

上行下行琶音演奏表示孩子们的起立和坐下;柱式和弦暗示小朋友要快速归位;《摇篮曲》的演奏示意结束热火朝天的游戏讨论或其他活动,以安静等待的状态迎接下一个环节的教学;如果在高音区弹奏,表示教师友好的提醒,如果在低音区弹奏,表示对学生不能快速安静提出警告了;快速的短琶音预示各组在规定的走廊排成一列纵队……这样,教师既含蓄地表达了自己的意思,提醒了学生,又凸显了音乐特色。

(3)小组竞赛立常规

学生非常喜欢各类竞赛,而小组竞赛能激起孩子学习的兴趣,培养孩子的集体荣誉感。如根据排队时的快慢程度、安静程度、守纪程度,给优胜小组增加“星星”以示奖励,反之则减少“星星”。竞赛的项目可以多种多样,如成果汇报表演、安静聆听音乐、大胆演唱表现、同学互帮互助、下课主动整理等常规都可以通过小组竞赛中增减“星星”的形式进行。

2. 巧用语言,激励暗示

教师要把鼓励和表扬的话带在嘴边,课堂上少用否定的语言,抓住每个孩子都喜欢被人肯定的心理,进行合理的表扬和鼓励。不要只用“真棒”、“很好”的表扬词。要触动孩子们的上进心,对优秀的孩子及时肯定进步。如“你的耳朵真灵敏”、“你想的和作曲家一样”等。对于需要帮助的学生,则可以用“你比以前进步多了”、“别急,慢慢来”、“谁愿意来帮助她”等语言,在期待学生进步的鼓励中组织和调控课堂。

教师的一言一行、一举一动都直接影响着学生听课的效果。教师还应有效地利用眼神、手势等肢体语言,进行激励暗示,组织调控课堂。比如,碰到课堂上的“淘气鬼”,教师往往板着脸,高声怒斥,其实这样做的效果并不佳。不妨适当进行“冷处理”,给学生一个严肃、信任的眼神,相信学生会明白这眼神中包含的意味,自觉地收敛自己的行为。再如,低年级学生上课举手发言,经常出现踮着脚尖小手举得老高,嘴里直嚷“我来我来”的争先恐后、热闹非常的场面,这时教师只要作一个标准的举手发言姿势,聪明的小朋友会马上明白并做好发言姿势,一个简单的手势就能有效地维持好课堂教学秩序,起到了事半功倍的效果。

3. 适时有度,动静结合

小学生的自我约束力并不很强,而音乐课堂最易出现有放无收的情况。当场面混乱,学生高兴得忘乎所以时,教学效果就大打折扣了。我们在给学生一定自由驰骋空间的同时又要注意不能放任自流,活跃的课堂必须动中有静,但同时教师态度又不能过于严厉。过度苛责会使学生战战兢兢,反应迟钝,丧失学习的主动性,缺乏创新精神。课堂中过分的静会使学生思想僵化,沉闷的课堂气氛不利于学生的身心发展。而教师一人“独角戏”的课堂也无法激起学生共鸣。好的课堂一定是在纪律约束下最大可能地为学生提供宽松、民主、和谐的学习氛围,能够激活学生的思维,调动学习积极性,给学生提供一个自由驰骋、尽情发挥的空间。在这种课堂氛围中,学生没有了胆怯,没有了束缚,取而代之的是开放、求知、探索的精神。学习不再是枯燥乏味、被动接受的过程,而是学生主动求知的过程,这个过程是愉快的和令人向往的。因此,我们在课堂组织上做到适时有度,动静结合。要注意尽量为学生创设一种宽松、民主、和谐的课堂氛围,为学生的学习提供最好的外部条件。这种和谐愉悦的课堂环境,将有利于使学生敢想、敢说、敢唱、敢跳和敢于创新。

4. 合理评价,潜移默化

真心的赏识评价能给予学生极大的激励。教育家陶行知曾说过:“你的教鞭下有瓦特,你的冷眼里有牛顿,你的讥笑中有爱迪生。”千万不要因为自己的一时武断,而埋没了一个“音乐家”。作为教师不能以学生暂时的不良表现而鄙视或放弃,而是要在赏识评价中形成一种潜移默化的榜样效果,让那些认知水平低、自我控制能力差的学生也乐学于其中。

(1)个性化评价

每个孩子都有自己独特的气质和特长,所以,课堂上的评价也要有个性,要区别对待。课前5分钟的才艺展示舞台,既锻炼孩子的胆量,又能挖掘小艺星。孩子们在才艺小舞台中被评为“最佳台风奖”、“最佳演唱奖”、“最佳舞蹈奖”、“最佳乐器手”,就算不是特别突出的孩子也有“最佳小勇士”、“最佳进步奖”等。孩子们在展现中收获了自信、得到了肯定,这样的评价为每节音乐课开了个好头,也会成为孩子们特别喜欢的一项音乐活动。

(2)自评互评

自评也是孩子自我参与和自我肯定的有效方法。当孩子学会一首新歌,全班齐唱后,通过让孩子们用“嘿嘿,我真棒!”来激励自己,将会更大地调动学生的积极性。而学生间相互评价的方式则让学生更专注于欣赏同伴的表演,在潜移默化中提高学生的音乐赏析能力。

除此之外,课堂评价还有多元评价、过程性评价、课后评价、竞赛测试、总结性评价等,我们要合理运用,发挥出评价的激励机制。

(三)课堂组织调控技能对教师的要求

课堂组织调控是一项重要而复杂的工作,它需要教师具备一定的组织才能和教学机智,并遵循教学规律。教师只有具备了多方面的修养,并在教学实践中不断地探索、总结、提炼,才能够产生好的课堂组织调控艺术。

1．要调整好自身状态

教师在学生面前要始终处于良好的心理状态,以饱满的热情和愉快乐观、积极向上的精神感染学生,让学生看到教师就看到了希望、信心、力量。在遇到各种挫折困难时,教师要善于控制自己,始终以良好的心理状态出现在学生面前,做到遇到高兴的事不喜形于色,碰到忧患之事不流露于面,要始终处于平和热情、文雅感人的状态中。

2．要尊重学生,以生为本

新课程改革强调的是“以生为本”,尊重学生的主体地位,促进学生各项潜能的发展,即生动活泼的生命发展过程。美国作家爱默生说过,“教育成功的秘诀在于尊重学生”。在课堂教学中,教师必须关心和尊重学生,实行教学民主,建立伙伴合作型的师生关系,以体现学生的教学主体地位。教师要循循善诱地引导学生自主发展,帮助其构建良好的认知结构。

3．要灵活应变,因势利导

教师要具备较高的驾驭课堂教学的能力,及时发现学生中的问题,能智慧、恰当而又果断地处理好课堂教学中出现的问题和突发事件,及时纠正学生的错误,从而有效地提高课堂教学效率,使课堂变得优质、高效。教学活动是师生、生生互动的过程,是师生相互间思维碰撞、信息交流的过程。因此,在课堂上,教师要充分放手,给学生足够的空间和研讨交流的机会,并且因势利导。教师要注意了解学生的年龄特点和个性特征,根据实际情况随机应变,灵活地运用适当的教学形式,有针对性地进行教学。

4．具有良好的心理素质

教师的心理健康对学生影响巨大,心理失调的教师不但在学习上不能很好地指导学生,而且还会对其心理健康发展产生不良影响。教师的心理素质是搞好教育工作的重要条件,是培养学生成才的可靠保证。教师在教育过程中表现出来的眼神、表情、语气、行为、举止等各个方面的状态都会对学生造成积极或消极的影响。如果教师情绪稳定、积极、乐观,对教育工作会起到积极的推动作用,教学也必然会进入佳境。

课堂组织调控是教师必备的素养,是对教师的基本要求。我们要充分发挥自己的教学组织能力,灵活多变地运用各种调控技巧,与学生共同营造一个和谐、美好的课堂气氛,共同享受课堂教学的乐趣,享受音乐,从而轻松达成教学目标,完成教学任务,使音乐课堂的教学效果锦上添花,最终提高教学质量。

二、预设与生成

音乐教师在教学过程中，预设的教学计划同课堂的真实教学过程之间会经常性地出现一些不一致的现象,这种与预设相偏离的情况,恰恰动态地生成丰富多彩的课堂情境。“预设”与“生成”是一对相辅相成的矛盾统一体,音乐教师应该正确处理两者之间的关系,采取合理的教学策略,实现教学设计与课堂教学的和谐共振。

(一)精心预设,给生成留足空间

同样的课题,同样的教学设计,不同的学生会有不同的表现。面对这些,教师应该在课前进行精心细致的预设,这样才能使课上到位,才能应对学生的种种不同。为了生成的精彩瞬间,教师在课前的预设是很重要的。课前的预设应能真正关注学生的发展,关注学生的个体差异,为每个学生提供主动积极活动的保证,同时也能为师生在音乐教学过程中发挥创造性提供条件,促使课堂产生多向、多种类的信息交流。

1. 加强课前教学设计

学生在课堂活动中的学习反应,包括学习兴趣、学习注意、学习方法、学习质量等,无论是以言语,还是以行为、情绪方式的表达,都会对教学带来各种新问题、新情境,如果教师机械地按既定方案进行教学,势必影响教学的顺利进行。因此,加强课前教学设计中对师生、生生、生本多边对话中可能出现的新情境的预计,备足多套方案,是保证课堂顺利进行的关键。

2. 提供多种解决方法

教师备课时必须要充分考虑到不同的学生对同一问题可能会有不同的思考，对可能出现的问题应准备不同的解决方法。各种解决方法应考虑对学生学习的促进作用,以帮助学生生成新经验。因此,在预设时,要加强科学性、计划性,应该多一些“弹性化”方案,为动态生成预留“弹性时空”,为学生的发展提供足够的空间。

3. 关注学生学习需求

(1)以学生为主体

以学生为主体的课堂不再是教师主宰,学生跟着教师走,也不再是教师不管学生的实际情况,一个劲儿地按预设的一种教案往下教,而是关注学生的学情,根据学生自主学习的情况,随时调整教学过程,设计和组织后续的教学活动,让学生成为课堂教学的中心。

(2)满足学生探求的欲望

“儿童与生俱来有一种探求学习的习惯”,如果教学只能按教师教案中规定的方法,学习规定的知识,很难满足学生的需要。因为,学生在自主学习过程中会出现不同的结果,会有不同的观点,会提出自己的疑问等,这些都需要进一步学习。在动态生成的音乐课堂里,可以有效地组织学生有针对性地深入探讨和参与,满足他们的求知欲。

(3)展现课堂教学的真实性

课堂是师生生活的一部分,不能将本该是变幻莫测、丰富多彩的教学过程人为地变得呆板枯燥。在我们的课堂中,要追求真实自然,敢于放手,敢于“暴露”意料之外的情况,这样,师生的思想情感才能得到淋漓尽致的表达,课堂才能展现师生真实而自然的生活情景。

新课程的最高宗旨和核心理念是“一切为了每一个学生的发展”。虽然说课堂教学有许多是无法预料的,但还是有章可循的。只要课前功夫到,准备充分,加上教师的教学机智,课前的预设可以为课堂的精彩生成奠定基石。

(二)调整预设,给生成腾出空间

当预设的教学内容与学生的心理需求发生矛盾时,音乐教师应及时作出调整,舍得放弃预设中的部分内容,代之以更适合课堂实际情况的新内容。但动态生成应紧紧围绕音乐本体展开,不能因盲目追求生成而忽略音乐教育的“价值引导”。那么,针对新课程理念下的音乐新课堂,如何才能有效地促进课堂教学的动态生成,形成具有鲜活灵动、真情真实、扣人心弦、复杂充盈等特征的音乐学习现场呢?

1．尊重学生,给生成营造氛围

学生是教学的主体,教师在教学中,应时刻关注学生的学习过程中的各种反应。在教学中,当学生有了预设之外的生成性表现时,教师要尊重学生的想法,采取积极的态度。如果教师对学生的生成性表现不及时跟进,采取“不理睬”甚至“泼冷水”的态度,学生就会失去继续学习的积极性。如一位教师在执教欣赏课《野蜂飞舞》中,预设了这样的教学过程:先播放音乐,再请学生谈谈对音乐的感受,并为音乐作品取一个合适的题目。当学生们听音乐后发表的感受与教师的预设不相符时,教师显得很着急,直到听到有一位学生回答出“野蜂飞舞”时(那个学生是偷看书后知道的),这才有了笑容,说:“这位同学说得真好,这首乐曲的曲名是《野蜂飞舞》,我们为这位同学鼓掌。”话一说完,就有其他同学嚷了起来:“老师,他是书上看的。”“是的,赖皮……”此时这位教师用眼睛狠狠地瞪了大家一下,然后又照自己的预设过程进行教学。可在后面的教学时间里,不管教师采用何种激发学生兴趣的教学手段,学生却再也提不起兴致了。

2．鼓励学生,给生成提供条件

音乐课堂动态生成的主体是学生,因此,课堂生成要从学生出发,树立“学生是重要的课程资源”、“学生是创造课堂的重要力量”的观念。在音乐教学中,不同的学生必须通过各自主体的活动,在已有经验基础上对新经验进行筛选、理解和接纳,才能使自己的经验不断更新。如又一位教师执教欣赏课《野蜂飞舞》,当听赏完毕,请学生回答从中听到了什么,学生们纷纷举手,有的说:“我好像听到了机器的声音。”有的说:“听到了苍蝇在飞,那是翅膀振动的声音。”还有的说:“这是蜜蜂嗡嗡叫的声音”、“这是飞机”、“是蚊子”……教师对学生的回答都表示了肯定,并请学生们试着用音乐的要素来分析乐曲,学生们不但从音乐的节奏、速度等方面来发表他们聆听后的感想,还从力度、情绪、音色及小提琴的表现力进行阐述,取得了意想不到的良好效果。

课堂教学是一个动态生成的过程,不管是“苍蝇”还是“野蜂”,是“飞机”还是“机器”,都是课堂上学生自然生成的动态资源,是学生在聆听音乐后思维想象的成果,教师不能轻易否定。

更何况音乐具有模糊性和不确定性,任何感受和想象均可成立。假如教师对学生的生成性表现给予赞赏、鼓励,那么,学生的学习积极性和思维灵活性也将得到更大的激发。

音乐课是一个复杂的生命系统,必然存在偶然性、随机性,这也正是音乐课生命活力的所在。它需要进程、运动和变化,而不是作为客观的目标或学习内容摆在学习者的面前,需要学生已有经验与新信息的不断作用才能逐渐生成,而不是速成。精心预设,是为了课堂教学更完美,调整预设以适应生成,是为了课堂教学更灵动。只有将预设和生成有机结合,音乐课堂才会进入理想的化境。

三、策略与方法

在新课程理念指导下,教师对音乐课堂教学策略的选择呈现出多样化、多元化的特点。有效的教学策略应当以《音乐课程标准》的要求为指导,根据学生学习的能力水平,切合学生的兴趣,并给予他们尽可能多的自主,从而引导学生实现以体验为主的创新。音乐课的教学策略只有真正为了学生,才算是找到了正确的出发点和落脚点,继而激发学生发展和创造的能量。

(一)提问与追问

"行是知之路,学非问不明。"如果把课堂教学看做是一场智力赛跑,提问是起跑,追问就是途中跑,教师要控制好提问与追问的节奏,有张有弛,抓住要点,有的放矢。这样才能再次激发学生思维,启发主动质疑,促进深入探究,从而培养学生的综合运用能力和创新思维能力。

1. 提问

你是否在课堂提问中碰到过这些尴尬:①提问太简单,学生几乎不要思考就立即回答了,表面看起来热热闹闹,气氛活跃,实则华而不实。②提问太难,学生难以回答,或答不到问题的点子上。③提问太多,教师一开始就抓住问题不放,在一问一答中完成课堂教学,"满堂灌"变成了"满堂问",失去了提问应有的价值与作用。为了避免这些尴尬,需要调整课堂提问的策略和方法。

(1)围绕目标点提问,让问题更有针对性

教学目标制定得是否适宜, 直接决定了教学过程中能否有明确的方向可行。教学目标的设定,应从学生音乐学习的角度,多采用"能够……""感受……""比较……""了解……""掌握……"等明确、具体、操作性很强的词语,描述学生的行为过程和行为结果。围绕目标提出适应性、针对性的问题,使问题成为思维的触发器,使学生心中自然造成一种悬而未决但又必须解决的求知状态,学生就可以轻松地进入有效的问题情境,引发学生关注音乐,激发思维,从而达成音乐教学目标。

(2)围绕兴趣点提问,让问题更具诱导性

实践证明,当教师提出学生感兴趣的问题时,学生的注意力就会处于高度集中的状态,其思维也会处于最佳的兴奋点。巧设疑问,既是教师了解学生掌握教学内容信息的过程,也是启发学生积极参与教学的一个好方法。所以,音乐教师须在课堂提问时,围绕兴趣点的生成,使问题的提出更具诱导性。

例如,在学习《走近莫扎特》这一课时,在课的导入部分先让学生欣赏他们喜欢的音乐组合S.H.E的《不想长大》,然后提出问题:“这首歌曲早在200多年前就很流行,你们知道是哪位作曲家的作品吗?”学生一听说“流行歌曲”,好奇心马上被调动起来,一个个神情专注地参与其中。接着,便自然引出了莫扎特《第40交响曲》的主题欣赏,顺利完成了音乐课的导入教学。以上教学过程中,教师所提问题富有趣味性,能充分调动学生参与音乐学习的积极性。

(3)围绕关键点提问,让问题更具启发性

关键点往往是音乐学习的难点,对于难点的突破,很多时候只需要一个有价值的问题设计便可以撬动,便可以让学生顿悟,所以围绕关键点提问,让问题更具有撬动性尤为重要。如何有效地利用提问,引导学生带着问题状态下参与音乐聆听,引发想象联想,需要教师根据实际精心设计和组织问题。例如,在欣赏《黄河大合唱》中的《河边对口曲》时,教师设计了这样两个问题:“为什么张老三和王老七分别采用男中音和男高音的音色来表现?如果都用男高音或者男中音来唱可以吗?”“歌曲的演唱形式第一次是对唱,第二次是二重唱,第三次是二部合唱,这样的歌唱形式对表达歌曲的意境和音乐形象有什么作用?”通过这样的提问,从而使学生知道:①不同的音色,对表现不同的人物形象密切相关,这里的张老三是农民,个性朴实、憨厚,而王老七是生意人,分别用男中音、男高音的音色能更好地表现人物的形象。②第二次用二重唱的演唱形式,能很好表现出黄河边两个背井离乡的老乡在诉说各自遭遇的情景。③第三次用二部合唱,能表达出在中华民族面对亡国命运的危急时刻,四万万中华儿女同仇敌忾、奋起抗日的共同心声。所以,不同的演唱形式对表现音乐形象和主题思想起到了关键的作用。

2. 追问

追问,在《现代汉语词典》中的解释是:“追根究底的问。”教学意义上的“追问”,是教师针对某一内容或某一问题,为了使学生弄通弄懂,往往在提问后又进一步深入的提问。

(1)用追问加深体验

学生获得认知的过程总是由表及里,由浅入深的,追问便是将认知由粗浅引向深入的过程,当学生对新知识的掌握还停留在原有经验简单的重组和改造上时,虽也能用知识解决问题,但缺乏灵活性,思维停于表面,此时的教师追问可以帮助学生对新知识重新实现意义上的建构,使他们对概念理解拥有丰富的经验背景,并带领学生一步步往问题的纵深处探索,最终内化为深入的意义理解。内化式追问可以使学生在思中悟、在悟中得,以此提升思维层次,达到对知识的深刻理解。

例如,欣赏完歌曲《黄河水手歌》后,为了让学生能够更加具体地了解陕北民歌的特点,继续进行《黄河水手歌》的歌曲学唱。但由于学生的经历不足,演唱并没有达到预期的效果,为了使学生能更进一步有感情地表现歌曲,可以追问以下几个问题:

师:“这首歌曲有几段歌词?”(两段)

师:“它们之间是什么关系?”(一问一答)

师:“你晓得,天下黄河几十几道湾哎……我晓得,天下黄河九十九道湾哎……以上问答句中的‘哎’有什么特点?”(高呼远喊)

师:“你能用声音来表现一下‘哎’字的效果吗?”

以上教学过程中,教师通过追问帮助学生搭设思维的跳板,使学生联系到当人的距离很远的时候会用到“哎……”的生活经验,而歌词中“哎”字的出现,是由于陕北特定的地理环境造成的,从而使学生在表现歌曲的同时,直观形象地体会到了陕北民歌的特点。

(2)用追问化解尴尬

课堂教学意外是指课堂中的一些偶发事件,这些偶发事件直接影响和干扰课堂教学过程。这类事件如果处理不当,会把教师精心设计的课堂教学计划搅得一塌糊涂。但是,如果处理得恰当巧妙,不仅能保证教学活动的正常进行,还能显示出教师的机智与创造性,学生也能从中受到教育和启迪。所以作为教师,要勇敢地面对这些教学中的偶发事件,换个角度看问题,通过追问把这些意外转化为自己的教学资源,化尴尬为精彩,于意外处收获,从而使课堂重新鲜活起来。

例如,《走西口》这首曲子表现的是人们分别时的场景,可是当学生听到:“两行的泪水啊一道一道一道一道,突突突突突地往下哎流。”这句演唱时,顿时哄堂大笑起来。面对这样的情况,可以顺势追问:

“歌中哪句话让你印象比较深刻?为什么?”

“‘突突突突’是形容什么的?”

“为什么眼泪流下来要唱出来啊?难道别人看不见吗?”

“这里体现了陕北民歌的哪些特点?”

面对因学生的哄堂大笑而破坏的歌曲意境,通过连续的追问,不仅使学生了解了歌曲所要表达的情感,而且更深一层地体会了陕北民歌产生的地理背景和生活背景。“课堂教学就是即兴创作”,真实的课堂与尴尬相遇的机会也是很多的,但只要教师相应地调整教学思路,顺应学生的回答,遭遇尴尬并不可怕,用激化式追问可一一化解。

(3)用追问升华情感

音乐教学中的情感态度价值观目标,不可能通过教师的单向传授来达成,只能在师生、生生互动学习中去感受。教师应抓住音乐教学中的关键点进行有效追问,催化学生的情感,使情感得到升华。

例如,在欣赏了《走西口》、《兰花花》、《山丹丹开花红艳艳》三个作品后,为了使学生了解陕北民歌与生活的密切关系,可以追问学生:

“你知道我们有多少首陕北民歌吗?”(8000多首,并列举多首陕北民歌)

“你觉得这些歌曲在歌名上体现了陕北人民的哪些生活特点?”

学生在惊叹陕北民歌之多,民歌与生活联系之紧密时,明白了陕北民歌是中华民族艺术中的一朵艺术奇葩,是陕北人民生活史与心灵史的生动体现,民族自豪便感油然而生,学生的情感在不知不觉中得到了升华。

追问作为“关注过程”的一种具体的手段,不但能使学生保持注意的稳定性,激发其积极思考,而且能使学生经历由紧张到轻松,又由轻松到紧张的一张一弛的学习体验。追问在兴趣处,可一石激起千层浪,追问在疑难处,可投石击破水中天,追问在诱思处,可独上高楼,望尽天涯路,追问在意外处,可曲径通幽。

(二)理答

理答是教师在课堂教学过程中常用的评价方式之一,属于发展性评价范畴。智慧的理答往往能够渲染一种积极、民主的思考式课堂文化,是音乐教学手段的重要组成部分。它是针对学生在课堂上的具体表现或行为进行即时的表扬或批评、肯定或否定。在音乐课堂中恰当的理答,可以唤醒学生的参与热情、激发学生的自信心、满足学生的成就感。经常可以用到以下的课堂理答方式:

1. 鼓励式

面对回答出色的学生,教师一定不会吝啬自己的奖赏,但很多时候,学生的回答的确是一无是处,与问题背道而驰,教师又该如何回应呢?根据学生回答的不同错误类型,教师可以给出不同的鼓励性语言,如:

对回答不够正确的学生,教师可以说:"回答得不错,假如……那就更全面了,不过你已经很棒了。"

对回答完全错误的学生,教师可以根据错误的情况这样说:"你能站起来回答问题,真的很勇敢,虽然你还没有完全听懂题目的意思,不过我相信你会越来越棒。""你的声音很洪亮,虽然答案和你说的不一样,可你是好样的。"

对站起来支支吾吾,不知道如何表达的学生,教师可以用鼓励的眼神注视学生,并微笑着说:"别急,慢慢来,如果这样的话……""想好了再说,老师相信你能回答。""你的意思我懂了,我把你的意思说出来,然后你再说一遍行吗?"

鼓励性的语言、动作、表情能给学生的心灵注入一股暖流,让他们敢说、乐说。"鼓励"——教师千万别吝啬了这一份学生必需的营养。

2. 音乐式

音乐的艺术特点和表现形式,有着独特的教育功能。在音乐课上,教师还可以采取音乐式的理答方式,让学生获得评价的同时获得精神享受和审美愉悦,又充分体现音乐课堂的音乐性。音乐式理答一般有三种方法:

(1)演奏理答。根据学生的回答情况,教师演奏不同的旋律,用不同的音乐色彩进行理答。如用钢琴在中高音区弹奏一串行云流水般的上行音乐,用大调的明亮色彩进行表扬,以示赞赏。用钢琴在中低音区用一串下行音乐,表示回答失败了。

(2)歌唱理答。在学生回答问题后,教师可以用歌声来进行理答。用歌唱的方式理答,能拉近师生的距离,让学生感到更亲切,更易接受。

(3)节奏理答。节奏理答是最便捷的理答方法,在学生回答后,用特定的节奏表示肯定或否定,学生便可以从节奏中判断答案的正误了。

课堂中的理答,是一种教学行为,也是一门充满智慧、情感、技巧的艺术。音乐课中,它能把课堂还给学生,把音乐还给学生,让学生做真正的学习主人。掌握了这一门艺术,音乐将更加飞扬,我们的课堂将多几分精彩,少一些遗憾。

(三)体验

语言的尽头是音乐,音乐的非语义性决定了音乐课“体验为先,参与为主”的教学理念。要让学生体验作品中的美,就必须让学生拥有倾听音乐的耳朵,演唱音乐的歌喉,舞动音乐的肢体,在不断的体验中解放学生的感官和思想,从而帮助学生理解音乐的内涵。

音乐是听觉的艺术。巴赫曾说“当音乐响起,已无需再用语言表达”。因此,所有音乐作品都离不开聆听体验。教师应积极创设聆听的教学情境。如在教唱苗族民歌《歌唱美丽的家乡》一课导入环节中,教师开门见山,用衬词范唱苗族飞歌曲调,便将课堂瞬间变成了苗家山寨,使学生初步体验到了特有的苗族飞歌旋律,为歌曲的深入学习作好了铺垫。

有个比方打得好,如果你要教一个从没见过橘子的人认识橘子。一种办法是拿个橘子给他看看,然后告诉他“橘子一般都是橘色的,果肉吃起来是酸甜味的”。还有一种是教他剥开橘子,让他直接尝一尝橘子的味道来认识橘子。你觉得哪一种的效果会更好呢?答案肯定是第二种!因为通过味觉的体验对橘子认识会非常深刻。那么感受苗族民歌《歌唱美丽的家乡》第一乐句旋律,体会“拖音”和“甩音”的艺术特征这一环节的教学也是如此。教师不断示范,引导学生唱一唱、想一想,亲自去发现飞歌的“拖音”和“甩音”的特点,这是亲身体验后的理解,是比较深刻的。

因此,教学中的每个环节都要通过有效体验,抽丝剥茧,层层递进,让学生在不知不觉中感受到音乐的本体,感悟音乐的本质。

(四)图形谱

匈牙利音乐教育家伊柯达说过:“儿童音乐教育的重点不应该放在理性上, 而应该为他们铺设直觉体验的道路。”图谱具有独特的直观性特征,是学生感受音乐、体验音乐的有效手段与学习方法。图形谱能淡化浓重的乐理知识,使得抽象深奥的乐曲变得生动有趣,丰富多彩,能激发学生学习的兴趣,吸引学生主动地参与到音乐活动之中。

图形谱没有具体的规定,根据不同的性质分类,图形谱可以分为很多的类型。如按组合要素可分为:色块图形谱、曲线图形谱、格子图形谱、实物图形谱、音符图形谱等。按表现内容可分为:打击乐器图形谱、旋律图形谱、节奏图形谱、歌唱图形谱等。按表现形式可分为:形象图形谱、意境图形谱、线条图形谱等。

不同的图形谱有不同的作用。实物图形谱可帮助学生很容易理解歌曲内容,色块图形谱可帮学生把握音乐的节奏,格子图形谱在器乐演奏中能帮学生把握演奏节奏等。低段学生的思维以形象思维为主,在演唱过程中应主要运用实物图形谱、色块图形谱、格子图形谱等,并通过不同的组合综合运用来引导学生把握歌曲情感。教学中,教师可以创造性地运用图形谱,为学生学习更好地服务。如学习人音版第二册第四课歌曲《小象》时,为了培养学生的三拍子节奏感,并能有节奏地朗诵歌词,可以运用格子图形谱,将有颜色的小格子对应歌词,学生很快体会到三拍子的强弱规律,从而较准确地表现出小象憨态可掬的音乐形象。

(五)其他策略

1. 借班上课前的师生交流策略

借班上课是教研活动中经常遇到的情形。面对陌生的班级和学生,教师需要利用短短的课前几分钟,使原本互不相识的师生经过短暂的交流,迅速拉近彼此的心理距离,共同营造一个宽松、民主、和谐的课堂气氛,最大限度地为下面的课堂教学铺路搭桥。

(1)个性介绍式

如在执教《黄土高坡上的放歌——走进陕北民歌》一课前,教师可以用陕北方言向大家问好,再交流"你们知道我是哪里人吗?"学生争着说"陕北"、"黄土高坡"、"大西北"……最平常不过的自我介绍,因为由约定俗成的普通话变成了方言,就突现了它的个性。学生的兴趣和好奇心一瞬间被激发了,也明白了今天这节课跟陕北有关。在接下去的课堂上,学生的注意力高度集中,思维也异常活跃,都争着要学一学陕北方言,用陕北方言来唱歌。

(2)游戏解疑式

游戏能化解紧张情绪,营造宽松、开放的学习气氛。如在《春江花月夜》的音乐欣赏课前,可以进行"成语接龙"游戏。学生对这个游戏有较强的参与欲望,接龙过程中兴致高昂,妙语连珠。当上课铃声响起时,师生之间的陌生感早已荡然无存。在上课中,当讲解"鱼咬尾"的传统创作手法时,教师课前进行过的"成语接龙"的游戏打了比方,使"鱼咬尾"的知识变得直观形象。游戏不但激活了课堂气氛,也化解了知识点,可谓一举多得。

(3)漫谈家常式

轻松愉悦的课堂气氛能接近师生间的距离,增进教学中的互动,进而较好地完成教学目标。在公开课前,如果教室里过于安静,反而会让学生觉得紧张。此时,教师可以引入一些漫谈家常式的谈话,如名人名言、时事要闻、兴趣爱好等。短短几分钟"拉家常"式的交流,使师生的距离迅速拉近,消除了彼此间的陌生感、紧张感。

(4)了解摸底式

为了快速了解陌生班级的情况,可在借班上课之前,和学生进行对话,了解有关情况,如已学过的音乐作品、学生的音乐特长、平时的学习习惯等,并可以让学生推荐有特长的同学进行表演或介绍等。这样,可在最短的时间里快速了解到班级学生的情况,以利于教学活动的顺利进行。

(5)炫技博彩式

孔子的《学记》中有句话:"亲其师,而信其道。"与自己喜欢、钦佩的老师在一起,学生的学习才会更有兴趣。在上课前,音乐教师可以"炫"出自己最拿手的专业技能,弹一曲钢琴,唱一首歌,秀一段舞等。这样的炫技往往会在最短的时间里赢得学生的满堂喝彩,即刻拉近师生间的距离,使学生迫不及待地想亲近教师,跟着教师学习。

借班上课前那短短的几分钟交流,是师生情感共鸣的第一个音符,是师生心灵沟通的第一座桥梁。教师应利用好课前的这几分钟,为课堂教学的顺利进行作好铺垫。

2．多姿多彩的导入策略

良好的开端是成功的一半，导入教学在课堂教学中起着重要的作用。有效的课堂导入，能引起学生的学习兴趣，激起学生的求知欲望，让学生全身心地投入学习中。而别具一格的课堂导入，又能令人耳目一新。

(1)做眼保健操导入——《波莱罗舞曲》

“同学们上了好几节课了，眼睛一定有点累了吧？我们让它休息一下。来，闭上眼睛我们来做眼保健操。”这是张研老师在浙江省优质课比赛执教《波莱罗舞曲》一课的导入。原来，学生熟悉的眼保健操背景音乐，正是即将在课堂上欣赏的《波莱罗舞曲》中的主题。这一新颖的导入，让人耳目一新，使学生对《波莱罗舞曲》的学习产生了浓厚兴趣。

(2)学说苏州话导入——《昆曲的故事》

600年前昆曲起源于江苏昆山，因此在演唱中带有苏州方言的韵味。教师可以用带有苏州话发音特点和韵味的吴侬软语，和学生在导入环节中进行“你好吗？”“谢谢！”等常用语的交流。再选取《牡丹亭·游园·皂罗袍》中的“姹紫嫣红”、“开遍”、“原来”等词语和学生一起来对话，进一步接近昆曲这一主要教学内容。这样，学生便在不知不觉中，进入到了昆曲的学习情境中。

(3)听响板节奏导入——《西班牙舞曲》

响板是西班牙风格音乐中的特性乐器。抓住这一关键点，教师可以演奏一段响板的节奏，让学生听辨是什么乐器的音色，导出响板。再聆听《西班牙舞曲》中响板声音最明显的一段，从而进入感受西班牙音乐风格的学习情境中。

3．教师“身势语”的使用技巧策略

身体语言是一种特殊的交流方式。在教学中运用适当的身体语言，可以化解教学中的很多疑难问题，促进学生更好地感受和理解音乐。

(1)利用身势语，把摇摆引向稳定

小学生的音准和节奏问题是歌唱教学的一大瓶颈，常常会出现音高、节奏摇摆不定的情况，给人的感觉总是飘忽不定，游离于标准左右。倘若在唱这些音或乐句的时候，适时地加入身势语言，如给出提示性的手势等，就能较为容易地化解这些教学难点。

(2)利用身势语，把复杂引向简单

小学生尤其是低段学生通常难以理解音乐符号的表情意义，如果采用讲解法，往往会把简单的问题复杂化，而结合教师的身势语，就能直观地揭示音乐符号的表情，使学生意会到并作出适当的反应。如在进行人音版一年级《咏鹅》中的休止符教学时，教师可以在学生唱到休止符时把一只手握成拳快速地放到自己的嘴边。学生一看就立刻明白了，效果非常好。

(3)利用身势语，把曲外引向曲内

在歌唱教学过程中，教师都会遵循循序渐进的教学原则，对学生的每一遍演唱都会有不同的要求。特别是在完整演唱的时候，很多学生的情感融入总是达不到教师所预期的效果，显得有些火候不足。

如学生在演唱四年级上册的《摇篮曲》时，较难唱出动荡摇晃和陶醉其中的感觉，这时教师就可以给出一些身势语——双手合十放在肩旁，嘴角上扬微笑着，微微侧过头轻靠手背上，轻轻摆动身体,用陶醉的眼神看着学生……学生受到启发,从置身歌曲之外转向了歌曲之内并陶醉其中了。

身势语其实就是教师课堂语言的辅助,在音乐教学活动中,教师一个有效的身势动作,常能起到“不可言传”的效果。音乐教师要利用一切可以利用的契机,有效地运用身势语,提高教学效果。

(林　颖　王艳萍　王玲琳　马便利　孙静静　王莹莹　鲁　琼　边　卓　徐文映　张宏波)

附:教学实施案例九则

新音乐　新课堂　新里程

——记2012市基础教育教学义务段音乐学科展示活动

编者按:2012宁波市基础教育课程改革教学展示活动义务段音乐学科于11月2日在江北区中心小学隆重举行。来自全市各地的300余位音乐教师、音乐教研员参加了活动。宁波市教育局局长沈剑光等领导看望了参加活动的教师。

本次展示活动秉承新理念、新课程、新课堂的三新思路,为与会老师呈现了4堂设计新颖、构思巧妙的展示课。上午展示的是由奉化市溪口中学张蕾老师执教的《如歌的行板》和宁波市三江中学周玛菲老师执教的《踏雪寻梅》。

张蕾老师用时下热点话题“今天你幸福吗?”展开教学,要求学生能够积极地在音乐中去体验幸福,从而获得快乐。张老师用他自己所特有的磁性忧郁的嗓音浅唱低吟,引导学生用心感受音乐,体悟那略感伤感、抒情如画的《如歌的行板》,并通过对不同弦乐四重奏情绪的对比,感受内心的变化,体会旋律的走向与意境,将乐曲的倾诉低吟、忍耐与抗争、期盼与呐喊的情绪递进,充分引导学生进行感知体验,让学生领略经典名曲的艺术魅力。

周玛菲老师执教的《踏雪寻梅》,整堂课以“冬日”、“踏雪”、“寻梅”、“赏梅”、“赞梅”为主线,引导学生走进音乐,感受那一缕芳香的美妙意境,对冬日情境的营造可谓下足了功夫。特别是周老师设计的那一步一个坚实的小脚印,不仅清晰表现了低声部音符的音高,更对旋律的走向进行了明晰,学生一目了然,学唱效果显著。课中周老师用专业清晰的指令、优雅动情的身势引领学生感受音乐。学生们良好的识谱能力与学习能力也让听课老师们连声赞叹,这都体现了周老师在平时音乐教学中所贯彻铺垫的良好的合唱理念与素养,才最终成就了学生们对这首作品的精彩演绎。

两堂初中展示课结束后,宁波市名师、象山县教科研中心的单森权老师为大家作了精彩的点评,见解独到,发人深省。单老师以“音乐教学新方向”为题,对两节课作了点评。他认为当下音乐课堂教学需要关注以下几个方面:1.关注教学内容。教师要向学生推荐经典,也要有分辨经典的能力;同时要推崇合唱教学,学生只有在合唱中才能感受歌唱的魅力。2.关注课程资源。如周老师在《踏雪寻梅》一课中,充分挖掘学生的资源,请两位学生合作演奏钢琴与小提琴为歌曲伴奏,既能提高学生的注意力,又能使学生的音乐才华得以体现。这是有效运用课程资源的成功课例。3.关注能力的培养。教师要在教学过程中时刻关注对学生学习习惯、识谱能力、歌唱能力、合作能力等能力的培养，特别是合唱素养的养成离不开平时教学中扎实、细致的训练与铺垫，合唱中的合作才是真正的音乐的合作。

下午的展示课，分别是由宁波市惠贞书院蒋逸萍老师执教的合唱教学《念故乡》与宁波市广济中心小学张越琼老师执教的欣赏教学《幽默曲》。

蒋逸萍老师的合唱课历来以原创、细腻、轻松、有梯度享誉全市，毫无例外，今天的课再一次将大批粉丝收入囊中。从始至终，观摩现场都沉浸在那静逸、悠远的美妙氛围中，仿佛生怕一个重的呼吸就会惊扰了课堂中那沉浸在故乡情中的忧伤孤客们。蒋老师用自己的歌声与体态身势，循序渐进地引导学生感受这首经典歌曲，其间，强弱的手势推动无数、情感的渲染引领无数、指令的传达互动无数，学生的情感都蕴含在那一强一弱波涛般的起伏中，仿佛离家的人儿就是那一只飘浮在空中的风筝，忽高忽低，忽远忽近，但无论飘到哪里，都会有一根线紧紧地与故乡相连着，牢不可分。这些，都促成了师生们对《念故乡》这首歌曲的完美演绎。蒋老师的课堂风格独具创新，总会有人这么说：都说课能够模仿，但是蒋老师的课是只有她上才会有灵魂的。

张越琼老师执教的欣赏课《幽默曲》，打破了原有欣赏课的一切格局与套路，整堂课关闭投影，只留用于音乐播放的基本设备与教学指导的一面黑板，形式之简单，让人不得不佩服张老师的魄力与勇气。媒体辅助的缺失势必让执教者在教学中探寻尝试其他一切可利用的资源与手段，对音乐的理解与分析也就更加的深刻和细致。果不其然，伴随着课堂中流淌不息的音乐，张老师的教学指令时刻在跟进，“跟我来”、“试着做一做”、“学会看指令哦”……一个个精妙绝伦的设计和处理如大珠小珠般接连不断地落入玉盘，映入观课者的眼帘，让在场老师们叹为观止，暗中叫好。整堂课紧凑却张弛有度，张老师一举手一投足，仿佛有魔力般地带领着孩子们静静地学会在音乐中找到有趣的东西，赋予了音乐全新的、美妙的生命。不经意间，乐段、乐句、旋律等在平常欣赏教学中必须正儿八经解决的难题已经一一随风化解，不带走学生脸上任何一片快乐的云彩，而且在他们的心目中留下了极为深刻的印象，连作曲家都被学生用童稚的画笔赋予了“德卧下克”（德沃夏克）的全新生命，还有哪个孩子能在今生忘记这个由张老师带来的《幽默曲》的美妙午后。这堂让人耳目一新的欣赏课，是对新理念、新课堂的完美诠释。

其后，奉化市教师进修学校的陈红久老师对两堂小学展示课进行了细致的点评。她谈到：“教师要能够充分挖掘教材中的美，进行精致的设计与处理，同时关注对学生音乐记忆能力的培养，一个睿智、善于思考、从容应对的音乐教师将会是学生一生的财富。”

最后，宁波市音乐教研员黄伟平老师对全体参会教师提出了探索新里程的“重新出发”希望，他指出，今天4堂优秀的展示课在一定程度上代表着现今宁波市中小学音乐教学的新方向，希望教师们能够从这几堂课中，提炼出今后对自己教学有帮助的点子，尝试用新的方法，改进教学模式，探寻新理念、新课程意义下的全新音乐课堂。

本次活动圆满而又成功，江北中心小学也在活动承办当中给大家带来了许多的帮助与亮点，无论是简洁修身的教师制服，还是聪颖可爱的学生，都成为了一道道亮丽的风景线，给与会教师们留下了深刻的印象。音乐教育作为学校教育不可替代的内容必将发挥出育人的独特功能，宁波市中小学音乐教育教学的明天一定会更加美好。

（高　丹）

开启多元音乐教育的新篇章
——记宁波市“常态教学背景下学生音乐能力的形成和发展”主题研讨会

编者按：4月12日，由宁波市音乐家协会音乐教育艺委会主办的“常态教学背景下学生音乐能力的形成和发展”音乐教学研讨会在江东区外国语实验小学举行，来自全市200余名音乐教研员和音乐教师参加了研讨会。

一、及时引领

随着国际间交流、国家级教学研讨培训活动的日渐增多（如第29届世界音乐教育大会、第三届全国音乐名师大讲堂、第六届全国音乐课堂教学展评、中央音乐学院国培等），我们深切地感受到，中国的音乐教育开始进入多元发展的格局。而《音乐课程标准》2011版、2012新版中小学音乐教材的使用，也标志着我国的音乐教育在经历了曲折中前进的十年课改后，又进入了一个新的发展阶段。课改中最突出的关于“学生音乐能力的培养与发展”问题成了新阶段研究的主要内容和方向。

面对重又拾起的“音乐能力”话题，广大的一线教师虽然已经意识到它在学生成长，音乐教学中的重要性，但是，对于如何理性回归，如何有效实施，很多教师还是处于迷茫的状态。有的教师认为音乐能力仅仅就是唱、奏、演等技能与音乐知识，有的教师认为要使学生形成音乐能力，必须经历专业化的训练，更多的教师面对不同的声音不知从何下手。针对这样的现状，音乐教育艺委会举办以“常态教学背景下学生音乐能力的形成和发展”为主题的教学研讨活动，聚焦问题，引领方向，如一场及时雨滋润了一线音乐教师的心灵。

二、多元创新

本次活动呈现的三节课给广大听课教师带来强大的思想冲击。

首先，课型呈现多元化。二年级的《假如幸福的话拍拍手》是一节音乐活动课，三年级的《贝多芬G大调小步舞曲》是一节欣赏课，而五年级的《结构的感知与体验》则是一节以“某一音乐要素为核心”的综合课。多元化的课型为传统单一的“歌唱教学”、“欣赏教学”模式注入了新的生命与活力。

继而，教学目标突出以“音乐能力”为核心。三节研讨课都很好地向我们体现如何充分利用教学内容、教学素材，从学生音乐能力的建立与培养角度出发展开教学活动，这在每一节课前呈现的教学目标表述中可见一斑。例如，在《贝多芬G大调小步舞曲》目标中，我们看到教师对节拍、速度、乐段、旋律记忆等能力的关注和要求。如通过节奏律动，体验小步舞的节拍与速度，并能随音乐用肢体表现小步舞的优雅。这样的目标表述具体、明确且指向性、操作性强。在《假如幸福的话拍拍手》目标中，除了感知与歌曲内容相关的乐句、旋律进行特征等能力，还让我们看到了音乐能力的延伸与巩固。如巩固“节拍与节奏”、“卡农式”、“顺逆式”的多声节奏能力；巩固“re——sol”的音准及“手势——音高”的关联能力。可见,音乐能力的建立并不是一节课中的昙花一现,而是需要系统有序地进行。在三节课的目标中,平时我们极其忽略的节奏、节拍、乐句、旋律的进行特征,纵向结构(织体)等音乐表现要素,多声节奏能力、注意力分配、立体听觉习惯等能力都出现其中,它告诉广大教师:学生的音乐能力应该全面、系统、有序地发展。同样,对音乐要素概念学习和理解上,也要注意整体的关注和平衡的体验,任何侧重一方,忽略不计另一方都是不科学的。

其三,教学材料、教学手段多样。三节课的教学材料选择十分多样,既有人音版教材内的,也有部分来自课外的,每位执教教师根据教学的需要灵活地选择组织教材,很好地体现了“用教材”的理念。另外,很多教学手段的合理使用,也使听课教师眼前一亮。例如,学生的座位排成半圆形,中间就多出了很大的活动空间。强调弱化歌词教学,采用唱节奏型、衬词等演唱方式突出歌曲的音乐性。三位教师都用到了“律动”,但这些律动动作简单易学,并明确指向音乐要素,帮助学生有效体验音乐。特别是第三节课中的“视觉卡农”,演唱加上律动,不仅让我们听到卡农,还看到卡农的“此起彼伏”,非常有创意。

在这些多样的教学手段背后暗示着这样的教学理念:学生的音乐教育不能走专业音乐教育之路,学生音乐能力的形成、音乐知识的获得应该是通过一个个有效的音乐体验活动使学生将音乐内化成音乐经验,并通过音乐经验的掌握与积累,形成音乐习惯,从而转化为真正的音乐能力及音乐素养。

第四,学生音乐能力表现令人赞叹。新课改后,学生的音乐能力一直是我们音乐教师心头的痛。可是今天,江东外国语实验小学学生的音乐表现能力真的让我们所有听课老师赞叹不已。这些二年级的孩子们能熟练地做柯尔文手势,津津有味地背唱一首首曲谱(全是离琴的演唱);有能量地在空间中边走恒拍边打节奏或一手打节拍一手打节奏;能敏锐地用听觉捕捉第二声部,与教师进行卡农、顽固伴奏等合唱;能清晰地感知乐句,旋律进行,并进行记忆搜寻,进行知识关联;积累一部分经典的音乐律动作品。特别可贵的是,在表现这些音乐能力时,很多孩子的脸上、身体都呈现了一种享受音乐的感觉,这是多么难得呀!如果说二三年级的学生让我们看到了新型教学模式下学生能力形成初级阶段的收获,那么在第三节五年级的课中更是让我们看到了江东外国语实验小学的学生经过四年音乐教学熏陶后的成果,这些学生能单独准确地唱出标准音“la”,能看着教师的手势准确地进行大小调性转换的歌唱,能轻松地、长时间地唱稳平行三度的二声部旋律,并与老师配合完成三声部。这样的班级合唱能力估计在有些学校的合唱队中都较难达到。

三、热烈自由

以往的研讨活动一般是上课后进行评课。评课的内容主要是围绕教学的设计、呈现的效果进行讨论。评课的形式基本也是教研员、专家做主讲,一线教师不敢也不愿主动参与。本次活动的交流环节在艺委会常务理事的精心策划下,突出“研讨”二字,呈现了热烈自由的氛围。

课后,市艺委会副会长单森权老师先向大家呈现了围绕“常态教学背景下学生音乐能力的形成和发展”展开的两个维度的思考与研讨话题。思考与研讨1:①关于音乐能力的话题——音乐能力的包含范畴。②关于能力形成与发展的话题——音乐教学的目标体系。③关于常态教学的话题——音乐课堂的呈现方式。你对学生表现出来的音乐学习习惯、能力（日常学习积累所得的），有何评价？思考与研讨2：①你认为，哪些教学手段是平时教学中不太用到的，你对这些手段有何评价？②今天的课，与平时的课，在设计上有何区别？你是怎样理解这个区别的？③教学目标的表述方式有何特点？你有何评价？④你认为进行这样的教学对教师的能力有何要求？对课程的目标体系有何要求？思考与研讨话题的提出，使教师们有了议论的点，午间休息时大家带着学习任务开始了积极的讨论与准备。

下午1时整，研讨活动在市艺委会副会长单森权老师的主持下有序开始。单老师先介绍了中国音乐教育的大背景，音乐课改的新要求，随后由市艺委会会长、省特级教师周琦老师为大家详细介绍了此次研讨主题"常态教学背景下学生音乐能力的形成和发展"的缘起，并介绍了这几年来江东区音乐教学研究的内容与方向。让大家看到了作为特级教师的她，走在音乐教育研究前沿，兢兢业业、忘我钻研的精神。接着江东区徐波、郑昕，北仑区顾敏，江北区蒋逸萍，海曙区张越琼、刘晨娟、李瑛，象山县钱颖，鄞州区王艳萍等教师各抒己见，大家围绕思考话题，结合展示课与自己平时的教学经验，分享想法。在交流的过程中，周老师与单老师还不停地穿插提问、解答、示范等多种形式，将整个研讨氛围推向高潮。

时间在悄悄流逝，到了该结束的时候，大家还意犹未尽！很多教师拿着准备好的讲稿为没有机会表达而遗憾。最后省特级教师、市音乐家协会副主席、音乐教育艺委会名誉会长黄伟平老师作了讲话，他充分肯定此次活动无论在组织上，还是研讨上都呈现了高质量、高效率。要求市艺委会今后多开展这样的活动，也要求一线教师积极进行多元的音乐教育教学研究，让宁波市的音乐教育稳步走在全国前列。

（周　琦）

同庆教学联谊　共享精神大餐

——记"周琦名师工作室"教学展示暨杭温甬三地音乐教学联谊活动

编者按：在金秋十月收获的季节里，"周琦名师工作室"教学展示暨杭温甬三地音乐教学联谊会于10月15日在江东区朱雀小学如期举行。杭州尹丹红名师工作室成员，温州李逸萱、项雅丽名师工作室成员以及江东区全体小学音乐教师和部分县市区音乐教研员、骨干教师等近200人参加了本次活动。

一、朴实感人的结业仪式

"周琦名师工作室"的结业仪式简单、朴实却又感人。首先学员代表张宁宁老师以"想唱就唱，唱得响亮"为主题对工作室三年来的工作历程进行了回顾和总结。在张老师深情款款的诉说中，在一张张记录了导师与学员们认真学习、研讨、实践、讲座、展示、交流的图片中，我们看到了周琦名师工作室的成长足迹，感受到了这个团队的温馨、团结、勤奋、执着，见证到了他们三年来刻苦研究的丰硕成果。随后全体学员走上舞台，将无尽的感激之情糅合在深情的歌声中，一名学员将周琦导师引到讲台，师徒同台表演的那份场景，深深感染了在场的每一位教师。

二、各具特色的三地教学

简短而又感人的结业仪式之后,便是"杭温甬三地音乐教学联谊会"。来自三地的6位学员代表分别呈上了特色鲜明的课堂教学,他们仿佛6道各具特色的杭式、温式、宁式菜肴,令我们享受了一顿丰盛的精神大餐。

宁波特色:关注基于体验的音乐能力发展

《速度的感知与体验》:宁波镇安小学周颖老师的二年级《速度的感知与体验》是一堂打破传统音乐教学模式的综合课,本节课一改以往"一课一歌,一课一曲"的传统模式,从学生的"能力目标"出发选择组织了多样的教学素材,通过多个音乐活动材料的听辨、参与、表现来加深学生速度经验的形成和获得。另外,周颖老师采用了律动作为学生感知体验的主要教学手段,既有原地律动,又有空间律动;既有模仿律动,又有创造律动。特别是课中许多培养学生专注聆听音乐,敏锐的音乐捕捉及反应能力等小片段做得很是精致。这节课仿佛向我们打开了一扇窗,让我们看到了截然不同的音乐风景。

《快乐的卡农》:江东区幸福苑小学郭瑾老师执教的五年级合唱教学《快乐的卡农》充分展示了江东区近几年来在合唱教学中积累的理念与方法:听觉为导,感知先行;小步子,无痕进入;柯尔文手势辅助音准;持之以恒的常态练习;快乐合作,享受和声等,这些有效的手段和方法再加上郭瑾老师扎实的教学基本功,使我们享受到了一节自然、舒畅、完美的高段合唱课。另外,课中折射出来的音乐教学应多关注音乐听觉,音乐记忆等以往我们不太注重的综合能力的培养,也带给了我们新的启发和思考。

杭州特色:关注新理念与教材内容的紧密结合

《哦,十分钟》:杭州市上城区崇文实验学校陈瑛老师执教的四年级歌唱教学《哦,十分钟》充分展现了陈老师豪放、富有激情的教学风格,课一开始她运用奥尔夫的身势教学引导学生感知歌曲的节奏特点,课中她创设多种教学情境带领着孩子发自内心的歌唱,使孩子们的情感从内心深处迸发并产生了较强的愉悦感。

《同坐小竹排》:杭州长江实验小学徐慧琴老师的二年级歌唱教学《同坐小竹排》,通过多种音乐活动扎扎实实地引导学生感知体验二、三拍子的变换,主干音 2 1 6 的准确演唱,并通过漓江之行,从音乐背后的文化出发构课,使得学生对这首歌曲的音乐体验更深刻。课堂中不局限于学会一首歌,熟悉、了解更多的相关音乐及文化是这节课的亮点。

温州特色:关注目标的有效达成

《咏鹅》:温州市鹿城区建设小学池上婷老师执教的一年级歌唱教学《咏鹅》是一堂扎实、有效的低段歌唱课。池老师向学生介绍的音乐学习三宝——注意聆听的耳朵、敏锐的眼睛、积极的唱歌状态反映了老师较为关注的课堂常规的训练, 课一开始的五度旋律音程的模唱也体现了关注常态音准教学的理念。最后有效的音乐活动——鹅妈妈带着小鹅有序地听着音乐。活动让我们感受到了池老师以生为本、具有亲和力的教学风格。

《哦,苏珊娜》:温州市鹿城区城南小学李密老师的三年级歌唱教学《哦,苏珊娜》从节奏入手,在有目标的、有层次的9次不同欣赏中,听会、会听、会唱了。整个教学过程流畅,细节把握到位，在“唱会歌”的同时转变为“会唱歌”这一积极状态。特别是教学中小步子地引导学生背唱歌词的教学环节也带给了我们对歌唱教学的启发和思考。

三、深刻入味的专家点评

俗话说：“外行看热闹，内行看门道”。在享受了三地不同教学思想，不同教学风格的教学展示之后，各位特级导师的点评引导着我们细品慢尝，品出了更多的香醇美味。

本次活动一改相互点评的传统方式，采用的是导师点评分析自己学员的课堂教学。这种点评方式避免了相互吹捧的弊端，由于导师对整个设计过程的了解，所以他们结合本次联谊活动的主题“以音乐为本的审美体验”，详细地剖析了每一堂课，每一种教学手段及方法背后的理念和设计意图，并中肯而又深刻地指出了每一节课中出现的问题及问题背后折射出的更深层次的东西。印象最深的是，三位导师不约而同都提到了“教师应该敏锐地捕捉现场即兴生成的问题，灵活机智地作出反应对策，扎实走好教学每一步”这个观点，使我们认识到：一堂优秀的课堂教学，绝不仅仅只是完成出色的教学预设那么简单，沉稳应对课堂中的即兴生成，对学生敏感，对音乐敏感将是我们每一位音乐教师需要锻炼和加强的教学基本功。

本次活动的首创人浙江省特级教师、温州市鹿城区师训和教科研中心主任李逸萱进行了专家发言，李逸萱老师提出几个观点和建议：1.让常态课≈展示课或者常态课＝展示课。2.让教学目标从眉毛变成眼睛（看得见，摸得着）。3.让音乐知识与技能从感知体验变成能力的具体呈现。这些观点带给了我们深深的思索。

最后，市教研员黄伟平对本次活动进行总结，黄老师再次向我们强调教师如何练就一双看课的慧眼，并充分肯定了这种三地联谊活动带来的丰富效应，他更是风趣地将这样的活动形式称为“杂交”，希望通过这样不同地区教学联谊形式，让我们教师吸收各地不同的教学经验和教学智慧，更快更好地成长起来。

（胡甘慧　郑　昕）

奏课堂和谐旋律　展教师艺术魅力
——2012年宁波市小学音乐优质课评比观摩活动有感

编者按：2012年5月7日至9日，2012年宁波市小学音乐优质课评比观摩活动在慈溪市第四实验小学隆重举行，来自宁波各县市区260多名教研员、音乐教师聚集在一起，共享音乐盛宴。

本次活动共有5节唱歌课，7节欣赏课，1节器乐课，每堂课都有自己的特色，更有一些课精彩绝伦，大家无不为台上教师的音乐素质之高，语言之诙谐幽默，知识传达之细腻巧妙、深入浅出，以及驾驭课堂、掌控课堂能力的游刃有余叫好叫绝。回顾本次赛程，有以下三点让我最为感动。

一、关注音乐本体，凸显音乐审美核心理念

纵观13节课，都注重从音乐的本体出发，围绕着音乐进行有效的活动，不管是感悟体验还是扩展，都进行得贴切、自然。

象山县实验小学骆琴琴老师执教的艺术歌曲《致音乐》赏析中，教师深深地被音乐陶醉，并把这种感觉传染给学生，使他们能投入地听、唱、动、思。德语的发音模拟，使学生在新鲜的学习氛围中，饶有兴趣地熟悉旋律。结合诗人的诗歌意蕴、音乐家的人生经历，运用线条图谱等手段逐步解读旋律，在旋律中让学生品味音乐家的心路历程与艺术追求。通过品味钢伴，感知休止符的艺术表现、前奏与尾声的心动体验、伴奏与歌唱的“点线”结合等，感知伴奏在艺术歌曲中的铺垫、跟随、过渡、延续情感的作用，并能将心动的律动体验贯穿歌曲始终。让学生觉得艺术歌曲原来是那么的美，为学生开启音乐旅程的新起点。

慈溪市白云小学朱丹仙老师执教的《荫中鸟》，通过让学生用不同的图形和线条，来感受鸟儿们的不同叫声，让学生觉得音乐可以通过旋律和音色的变化形式来表现。教师还时时抓住乐曲的节奏、速度及笛子的演奏技巧等，让学生感受这些音乐本体的变化，你仿佛看到一幅怎样的画面，并用动作、情境演绎，仿佛把我们带进神秘而又奇妙的森林，共同领略到大自然的美妙声音。

宁海县越溪小学屠葵葵老师执教的欣赏课钢琴曲《雨滴》，通过聆听音乐，让学生积极主动地去感知、体验音乐要素的特点及其变化，并体会音乐所表现的不同情感和意境。余姚市东风小学教育集团张妤老师执教的《水星——飞行使者》，从音乐的速度、力度、音高让学生感悟。宁波市实验小学钱蕙蕙老师执教的《“猎人”和“少女”》，通过欣赏芭蕾舞剧《加雅涅》中的两部经典作品《马刀舞曲》和《玫瑰少女之舞》，引导学生从音乐中捕捉到猎人和少女两个鲜明的形象，效果也非常好。

二、关注学生本位，注重学生课堂动态生成

从本次现场评比展示的课堂教学看，教师们教学改革的理念增强，多数教师教学目标的立足点及教学设计能注重学生本位，让学生成为课堂的主人，激发起学生主动参与探讨、主动发现问题及解决问题的热情，而不是在教师设计好的环节中一味地被动接受。

鄞州区五乡镇中心小学邱情老师执教的《天鹅》中，当学生分辨不出大提琴音色，说成二胡、小提琴、长笛等乐器时，教师没有直接说出答案，而是让学生听这几种学生说到的乐器音色，然后觉得大提琴是最合适的。“如果你是音乐家，你会选择哪种乐器演奏？为什么？”教师始终站在学生的角度设计问题，充分发挥了学生的主体地位。

镇海区骆驼中心学校李君华老师执教的《剪羊毛》，能根据学生年龄特点渗透第二声部，小绵羊、绵羊妈妈、绵羊爸爸的叫声，非常形象生动，深受学生喜欢，他们的学习积极性很高，自然地，学唱的效果也非常好。

三、运用有效方法，引领学生体验音乐魅力

此次现场授课的13位教师，不管是唱歌课、欣赏课，还是器乐课，大多注重运用各种有效的方法提高学生的音乐技能，在实践中引领学生体验音乐的魅力。

这次参展的唱歌课，老师们都进行了不同程度、不同形式的合唱教学，如北仑区绍成小学汤琦老师执教的《田野里的白桦》，看似平实、随意，却体现出教师扎实的音乐基本功：音准节奏感强、语言幽默、课堂调控能力强。她从简单的两句练唱开始到两步轮唱、加入低声部、教师再加入第三声部，循序渐进，由易到难，师生合作、生生合作，演绎了一堂无伴奏合唱的现场教学课，让听课老师受益匪浅。

宁波市新城第一实验学校王益未老师执教的《牧场上的家》，教师乡村歌手风格的自弹自唱仿佛把我们带进了美国乡村，尤克里里伴奏的低声部学唱，两段体歌曲情绪的演唱处理，表达出对牧场、家乡的依恋及赞美之情。

宁波市江北区实验小学吴丹老师歌声甜美动听，执教的《我和提琴》，让学生看柯尔文手势练习音准，练习两声部，同时对歌曲的合唱教学采取由易到难的教学方法，学生的合唱意识逐渐加强。慈溪市第四实验小学钟爱儿执教的《雨中》，进行了一次运用唱奏结合方法学习合唱歌曲的探究，增强两声部的听觉感受，从而更好地唱好两声部。奉化市锦屏中心小学丁玛丽老师执教的《渔舟唱晚》，教师自己范奏全曲、不同乐段，让学生更直接地接触古筝曲，使欣赏更有效。东钱湖中心小学曹彬老师执教的《柳树姑娘》，播放具有东钱湖地方特色的《幸福水岸》创设情境，使学生很快进入情境，深情地演唱歌曲。

本次宁波市小学音乐优质课展示活动，奏响课堂和谐旋律，展示师生艺术风采，也在音乐课堂教学上作了探索和实践，给老师们留下了美好的印象。近几年来，我们看到宁波市中小学音乐教学又有了明显的提高，教师们的改革理念正一步步增强。在以后的日子里，只要我们关注课改，践行课改，转变理念，在努力中前行，我相信，中小学音乐教育教学改革之路会越走越宽广！

（华央萍）

“音乐送教象山行”纪实

编者按：2012年4月5日至6日，宁波市教育局教研室在象山县举行了初中音乐教育教学送教研讨活动，来自江东区、海曙区、象山县的中小学音乐教师30余人参加了活动。本次“音乐送教象山行”活动中涌现出来的生动课堂情景和热烈研讨气氛，又一次印证了送教活动在促进音乐课堂教学改革中起到的积极作用。现通过一组象山县音乐教师所写的活动体会文章，展示本次送教活动的多个侧面，表达象山音乐教师的教学认识，并与全市同仁交流探讨。

活动综述——音乐的春天，在触摸中感受

“迟日江山丽，春风花草香。”4月的象山最是美丽。在这如画的春日里，2012宁波市边缘地区第五次音乐送教活动在象山泗洲头中学、丹城中学举行。在活动中碰撞出的心灵火花，正如这烂漫的春天，带给我们新的希望、新的憧憬。

本次活动共开出了两节送教课和四节展示课：宁波江东区春晓中学赵恩海老师的《好听的声音，好玩的歌唱》、丹城二中吴瑞红老师的《春天来了》、宁波滨海学校游志坚老师的《在中亚细亚草原上》、泗洲头中学杨永生老师的《瑶族舞曲》、丹城中学顾美珍老师的《鳟鱼》和顾钰一老师的《卡门》。这几节课都各具特色，不管是歌唱课还是欣赏课，都在丰富学生的音乐体验，提高学生的音乐审美能力方面进行了积极探索。

（一）深钻教材，练好内功

黄老师曾经指出，“要给学生一杯水，教师就要有一桶水、甚至一缸水”。在本次活动中，每位执教教师都“钻”进了音乐，游志坚老师对各乐器音色的逼真模拟、对俄罗斯音乐特点的提炼，杨永生老师美妙的吉他弹唱、对旋律各层次的细微辨别，吴瑞红老师对音乐文化的挖掘、对音乐本源的探究，赵恩海老师对流行音乐风格的把握、对学生同向二声部歌唱能力的预设等，无不体现了教师对教材背后的深度挖掘。正因教师对教材的深入研究，才使得老师在驾驭课堂时游刃有余。

（二）多维体验，亲近音乐

如何提高学生对乐曲的欣赏能力？如何在有限的教学时间内尽快拉近学生与音乐的距离？这是我们音乐教学中的重要话题。

在本次活动的几节课里，我们都感受到老师们恰当地运用了多种体验手段，让学生多维度地亲近音乐。如在吴瑞红老师的《春天来了》这一课中，我们不止一次地听到“触摸”这个词语。吴老师通过春风般温柔的声音，富有诗情画意的语言描述，细致生动的手势律动、体态律动，形象直观的图形谱等方式、手段，引导学生“触摸”音乐、亲近音乐，从而让学生在音乐中感受到大红大绿的中国之春。

（三）独具匠心，精心设计

良好的音乐课堂氛围，对于师生之间的交流、配合，对于学生兴趣的激起与形成，以及对教学效果的了解和评定，都具有重要意义。

在赵恩海老师的教学中，我们随时都可看到那独具匠心的教学设计。课前，赵老师以邻家大哥哥的方式与学生同唱世界杯主题曲，不仅拉近了与学生的距离，更让学生明白发声需要的支点；在导入时，赵老师坐在钢琴前，对着话筒自弹自唱，那流行音乐表演式的范儿，一下子就吸引了学生，从而让学生很愿意配合、也很乐于参与下面的教学；在乐器音色模拟时，通过看视频演奏、找声音、定音色、哼旋律、记旋律等小步子走的方式，让学生在多次重复中唱准音准，为后面“人声乐队”多声部教学打下良好基础……

课堂展示精彩纷呈，课后的研讨活动更是高潮迭起，在县教研员单森权老师的主持下，老师们从不同的角度对课堂教学进行了评析，提出了自己的想法和看法。而黄伟平老师、周琦老师的点评更是给我们以高屋建瓴般的引领。其中，黄老师指出，欣赏教学犹如给孩子喂食，要根据学生的年龄、性别、消化能力等各个方面综合考虑，选择恰当的作品，并用恰当的方式让学生接受、理解，从而让学生在一定的情境下，通过意义建构的方式获得新知识。他指出，如何处理预设与生成，不能简单地挖个“坑”让学生跳，而应多多培养学生的发散性思维、创新思维，作为音乐教师，不能局限于将学生引入固定模式的思维中，而应引领着学生去联想、去创造。他还指出，音乐教学中要关注“人文精神”的培养，即让学生在音乐作品中了解普遍的人类自我关怀情怀，渗透对人的尊严、价值、命运的维护、追求和关切等方面的教育，从而达到审美教育、思想教育的目的。

最后，黄老师还对 2011 年全市初三学生音乐素质抽测情况作了反馈与分析，对象山的音乐教研工作给予了鼓励。“春华秋实”，在各级专家的引领下，在全体教师的努力下，象山音乐教师定会正视现状，努力进取，在即将开始的新一轮课程改革中迎来新的收获！

（朱红曙）

教研思考：习惯的力量
——谈我眼中的音乐教研

【序】

习惯比天性更顽固，习惯的力量是巨大的。——西塞罗

【第一篇章　习惯参与】

本学期单老师打造的“没有围墙的音乐教研”平台，就是让我们习惯关注教研动态，习惯参与教研活动。习惯看教研空间，留下只言片语，或是只是留下一个脚印。习惯把自己定位为空间中的一员，能够感受这片天的空气，能够在这里自由地呼吸，如果感觉到疲倦，就聆听，如果心中有热情，就歌唱。让自己处于“在路上”的状态，时而快马加鞭，时而缓行缓步。习惯拥有“每一次活动都和我有关”的思维，习惯一天上6节课，就是为了能参加明天的活动，可能这个活动并不是和我直接有关。

拥有三次习惯的自主参与，就拥有了这个参与的习惯，哪怕错过一二，也会习惯再次到来。反之，则反之。

【第二篇章　习惯汲取】

我们已经习惯带着“口袋”参与教研。并且我们需要拥有一个属于自己的习惯，那就是在活动中选择、消化、储存自己需要的养料。

4月5日泗洲头中学的教研活动，我汲取的养料有：

（一）音色模拟中的声乐技巧。宁波春晓中学赵恩海老师的《好听的声音，好玩的歌唱》中我寻找到这个点。之前我们做人声乐队课题中，我总有一个设想，那就是如何结合音色模拟开发学生的音域——只有学生音域扩展了，我们的乐队才成竖立起来——但是一直觉得无从下手。赵老师从找寻发声的支点开始，结合低音号音色模拟“bu-ng”，引领学生用浑厚的音色，饱满地表现了降E大调的贝司声部“4 1 4 5”。拥有低音衬托，旋律声部的进入显得更细腻富于歌唱性。用更多的声乐技巧，引发更广的音乐表现，值得思考。

（二）第二乐器的妙用。在人声乐队实践过程中，电子琴的运用已逐渐显示其功能性，它本就是一件模拟性的乐器，可以很灵便地起到乐器音色与人声表现的中介桥梁作用。在游志坚老师的《在中亚西亚草原上》，有这么一个细节：教师要让学生感受“乐曲一开始小提琴在高把位轻奏出空八度的持续泛音所表现出草原的广漠无垠与空旷寂寥”时，请学生聆听该乐段，并在单簧管与圆号相继吹出第一主题后，音乐停止，但是教师却用电子琴延续了小提琴的音色表现，使该乐器的音乐表现被单独呈现，学生细微体会后再次聆听，感受自然深入。小小电子琴，有待我们开发利用。

（三）视听结合的思考。一说到视听，我们习惯性地就会想到视频运用，但是今天杨永生老

师在《瑶族舞曲》一课中，用的是大量来自于演奏视频的相关乐器组的演奏图片与音频的结合。图片是静止的，不会使学生过多地关注画面的流动，实实在在做到了“视觉为听觉服务”的功效，学生的聆听感知是建构在所看到的乐器组之上的，使该乐器组更具有音乐表现力。其次，固定的画面结合提示演奏乐器组变化的笑脸符号运用，也使音乐的行进变得可视化，学生因为“看见”提示，找到了与音乐同步的时间印记，所以更能够紧扣音乐的脚步稳稳前行。因为之前有大量来自于演奏管弦乐队视频的乐器组演奏图片，学生对于管线乐队的演奏已然熟悉，所以，最后观看完整演奏视频，也显得水到渠成、顺理成章了。

【第三篇章　习惯后续】

如果说习惯参与是一种热情，习惯汲取是一种能力，那么，习惯后续则是一种声息，一种延续热情与能力的声息。这种声息包括思考、交流，更包括成文，留下思考的印记，习惯在思考之后的实践中，拥有思考的影子。习惯豁然开朗的时候，在我们的空间中与大家分享，习惯在暗自彷徨的时候，请求更多的支援。

哈佛有一个著名的理论：人的差别在于业余时间，而一个人的命运决定于晚上 8 点到 10 点之间。每晚抽出 2 个小时的时间用来阅读、进修、思考或参加有意义的演讲、讨论，你会发现，你的人生正在发生改变，坚持数年之后，成功会向你招手。习惯阅读，习惯思考，习惯学习，习惯追求我们前面那小小的目标。

【尾声】

习惯是在习惯中养成的。——普劳图斯

我们追求的是，好习惯。

（骆琴琴）

课例评析：教研的力

——对教研活动的九点体会

物理学上对“力”的定义是指“物体之间相互作用，引起运动加速或形变”。迁移到音乐教研上，也是如此。一次有效的音乐教研活动，便具有将他人的教学行为、教学思想作用于自身并引起自身思维与观点改变的“力”。

本人在参与 4 月 5 日泗洲头中学举行的市送教下乡暨县骨干带徒教研活动的听课过程中，也产生了一些思维的加速和观点的形变，共分三个维度，九个方面。

维度一——四点印象

印象一：娓娓道来的播音式风格

第一节课是游志坚老师的《在中亚西亚草原上》，游老师的这节课，我以前也听过几次。给我印象最深刻的就是他的教学语言，音色醇厚，从容明朗。不管是教学引导还是与学生交流都好像是播音员般娓娓道来。

印象二：亲切风趣的邻家哥哥

第二节课是本次送教的宁波江东区春晓中学赵恩海老师的《好听的声音，好玩的歌唱》。赵老师是位教学与个人能力很好的老师。他的语言亲切而幽默，听他说话，会不自觉地放松和微笑。与学生交流时就好像是一个邻家大哥哥般亲切温和。

印象三：活泼柔美的春姑娘

第三节课是吴瑞红老师的《春天来了》。吴老师的声音如春风般温柔，动作如柳枝般柔美。在音乐中非常投入，不但带领学生感受了中国式的大红大绿的春之声，还让我们领略到了春姑娘式的活泼柔美的教学风格。

印象四：民谣风格的吉他哥

最后一节课是杨永生老师的《瑶族舞曲》。杨老师的课，我听过很多次了，从第一次的《星》到这一次《瑶族舞曲》，每次只要他一拿出吉他，我就开始期待接下来的吉他弹唱。他也在教学中充分发挥了自身的长处，让吉他弹唱在教学中起到了重要的作用。他的演唱风格好似淳朴朝气的校园民谣歌手，歌声清亮动听，被我们称之为“吉他哥”。

维度二——三点触动

触动一：自然流淌的天籁之音

54 35 4——|43 24 3——|32 13 2——|21 72 1——|“啦啦啦……”随着赵老师动听的歌声，学生们很自然地接着老师的歌声吟唱上面的旋律，他们的歌声好像是在告诉别人，他们非常地想要唱，喜欢唱。虽然学生的声音并不统一完美，但是这一刻的感觉，是那么自然和美妙。这是教学中的天籁之音，动人心弦。

触动二：好玩有效的节奏律动

在赵老师的这节课里，还有一个教学环节很有趣，就是让男生用拳头敲击胸口，拍击双腿，进行节奏训练。在“嘭嘭”声中，学生对“拳击训练”充满兴趣，所有学生都全神贯注地关注着音乐节奏。这种身体与音乐直接关联的方式，既调节了学习方式，更加深了音乐印象。

触动三：流入心间的瑶族之歌

随着吉他叮咚的弹奏，杨老师的吉他弹唱粉墨登场，一首音乐 A 主题填词的瑶族之歌，让学生都沉浸在山清水秀的瑶乡情境之中。为接下来的旋律教学进行了很好的铺垫。而在学生经历了较长的聆听、哼唱、思考的学习过程，稍感紧张疲惫的时候，杨老师又开始了 B 主题的填词演唱，学生在欣赏教师弹唱时放松了紧张的神经，同时又在欣赏过程中，熟悉了 B 段的主题旋律。在张弛有度的教学设计里，优美的瑶族之歌悄悄地流入了学生的心间。

维度三——两点疑问

疑问一：

在《在中亚西亚草原上》这课中，有一个环节是听 A 主题，问：是怎样的草原？是什么乐器音色？学生在回答时有说英国管，有说单簧管，模棱两可，搞不清楚到底是什么乐器音色。教师也尝试引导学生去分辨，用语言描述了一下乐器音色的特点，说单簧管的音色是明亮、悠长的。但是从学生的反应来看，他们还是不太清楚单簧管和英国管之间的音色差异。在这样的情况下，我们应该用什么样的方式让学生能对乐器音色有一个较细致具体的了解呢？因为用语言来描述，只能是泛泛形容。明亮悠长可以用来形容很多乐器的音色，而且乐器音色在高音区和低音区的音色也不相同。明亮悠长这样的形容词带给人的感受也会因人而异，那么在学生出现上述问题时，单用语言是不能很好地解决困惑的。让学生聆听音色对比，或者参与音色模拟，再加上语言引导抓住音色特点，是不是能更好地让学生熟悉了解乐器音色，解决教学难点呢？

疑问二：

在《好听的声音，好玩的歌唱》这一课中，有一个环节是聆听音乐中有没有"新鲜"的声音。其实是让学生去发现音乐中的新型节奏。老师让学生尝试去拍击这样的节奏，学生反馈说太难了。老师立刻让学生改用另一种简单的节奏去模仿。在遇到可能有的教学障碍时，老师的反应很快，把节奏化繁为简，这也是一种解决难点的方法。但是，改变后的音乐已经与原先的音乐不同了，伴奏效果也不同。如果，这样的"难点"节奏是必须要让学生掌握的呢？在遇到学生说太难的时候，该通过怎样的方式化繁为简，再慢慢递加还原成最初的"难点"节奏呢？

以上是本人在听四节课过程中的九点体会，加上课后听取专家点评的体会，所受到的教研的力的作用就更多了。其实，不只是本次教研活动，本人在参加每次教研活动中，都受到过教研的力的作用。在一次次的"被作用"之后，自身的思想、行为在慢慢改变。

被教研的力作用着，被教研的力改变着……

与之呼应的是：思考着，行动着……

（刘俊丹）

课堂观察：重复的力量
——基于课题研究的音乐课堂教学观察

研究方向：音乐课引进"人声乐队"提高同节奏二部合唱能力的探索与研究

观察时间：2012 年 4 月 6 日

观察地点：泗洲头中学

观察者：钱颖

观察课例：好听的声音，好玩的歌唱

观察对象：江东区春晓中学赵恩海，象山泗洲头中学初三学生

观察视角：同节奏二部合唱音乐素材的选择

观察记录：二部同节奏合唱片段学习片断记录：

1. 听低音号演奏旋律 1 5 6 3 |4 1 4 5|

2. 请学生用"bu-ng"模唱。模唱中通过教师示范引导并表现低音号音色特点。（模唱次数根据现场演唱的音准和模拟状态教师自由控制）

3. 师生根据听来记录低音号演奏的曲谱。

4. 师视唱，生用"bu-ng"模唱——跟琴模唱。

5. 请学生跟音乐继续模唱低音号旋律，关注并捕捉是否有新的音乐加入？

6. 学生分两组，一组继续跟录音，另一组继续捕捉新的旋律，如果捕捉到了，请学生跟着老师加进来。

7. 用“beng”哼唱中音管乐器的旋律 3 2 1 7| 6 5 6 7|，引导用后鼻音的感觉模唱。

8. 生生合作二声部（各声部重复次数根据现场合唱状况教师决定）……

观察分析：

本教学片断的二声部旋律是同节奏同方向地进行的，节奏简单稳定，结构短小（是一个两小节的动机，通过不断重复组成）。受到节奏及旋律进行方向相同的双重干扰，学生在演唱这一类型的合唱时总会出现唱两声部的唱名却发出同一种音高的现象，但这类合唱也是中小学教材中出现最多的，因此，它既是合唱教学的重点也是合唱教学的难点。借用人声乐队的形式，怎样的音乐素材有利于培养学生的二部同节奏合唱能力，可以引导学生从单声部教学顺畅地进入同节奏的二声部教学是我们应该深入研究的方向。本教学片段中，学生从开始的单声部演唱音准较差逐渐过渡到较顺畅地进入二声部学教学片断，我认为是两小节不断重复的音乐素材的特性对学生的合唱学习起到了积极的作用。

1. 重复中记忆音高。在合唱教学实践中，我们经常会让学生先聆听，在聆听中引导学生先获得和声的听觉感知再进行合唱实践。但在很多实际教学中发现，学生虽然感知到了，但在开口唱时，一受到另一声部干扰，音准就会大打折扣。究其原因，一部分是因为原有同节奏合唱能力的欠缺，另一部分是因为他们对声部音高的印象不深入，对音高的记忆不深入造成的。而赵老师选择的这个素材由于其短小简单且不断重复，有助于学生在音乐素材的往复中不断加深对声部音高的记忆，为二声部准确的合唱奠定基础。

2. 重复中稳定音高。重复的素材也可以根据教学现状灵活处理。在赵老师的课里，当学生合唱实践时，每个声部旋律的循环次数就是由教师自由控制的。教师可以根据学生现场的学习现状，在一个声部重复演唱到音高比较稳定后再进入另一个声部。重复的歌唱也可以考验学生持续音准能力。在日常合唱教学中发现，平行的旋律是较难唱稳的，学生在合唱中总会把平行的旋律无意识地演变成另一声部的起伏线条。而这种短小重复的旋律和平行旋律有共同点，它们都是在重复，重复的另一趋向就是逐渐地不稳定。但只要教师保持敏锐的听辨力及正确的引导，可以利用素材重复来培养学生持续稳定的音准能力。

重复是音乐创作的思维，也是合唱教学的思维。观察本教学片断发现，有效地运用简单重复的音乐素材可以引导学生较自然顺畅地进入二部同节奏合唱的学习，有助于培养学生的二部同节奏能力，也可以为后续更多声部的人声乐团的合唱提供可能性。

（钱　颖）

活动感受：在春天里感受美妙的音乐

活动感触之一：音乐教师，请多去聆听一些名曲

当今社会，繁杂浮躁，我们生活在人群中，要想找到自己心灵中的一方净土，似乎也那么难。而音乐，特别是那些久演不衰，或是经历岁月的磨炼，得以保留的经典名曲。总会让人豁然开朗，心灵纯净，如痴如醉，流连忘返……多听一些名曲，从中汲取养料，心灵定会得到滋养与

润泽。音乐素养使人“心软”，软之于内，是善良与童真；软之于外，是敏感与多思。总觉得，善良的敏感永远不是一件坏事。但不要过度，否则即是“神经质”，或是多疑多虑。若要提升自己的音乐素养，让自己的心变得柔软些，变得温暖些，就多去聆听一些经典名曲吧！

活动感触之二：音乐教师，请多关注我们自己的音乐课堂

这回听了三堂课，外加一个评课交流。饱览了一场丰富的视听盛宴，也有幸聆听到宁波专家团队老师和黄伟平老师的精彩点评。三堂课《好听的声音，好玩的歌唱》、《春天来了》、《瑶族舞曲》，各具特色，各有精华在其中。

（一）怡然接纳轻松愉悦的“动感”课堂

赵恩海老师看起来是那么深沉稳重，可在课堂上表现得如此洒脱奔放。他与学生朋友式的课前交流，自然朴实，而由此产生的师生间对音乐的共鸣也随之而来。

1. 轻松动感的课堂，令人身心愉悦。为了让学生找到歌唱时的那个“发力点”，赵老师的启发直观形象，并多次强调，反复示范，让学生乐意去接受，也乐意去模仿。这种因借班上课，学生会出现的一些拘谨感或腼腆放不开的状态荡然无存。在后来师生合作进行节奏练习时，捶胸拍腿的动作增加了课堂的活跃度，也让学生立体地感受了“人声乐队”的多层次音响。

2. “明星感”十足的范唱，令人印象深刻。赵老师自弹自唱的那段旋律，很好听，旋律显得简洁明了。最令人印象深刻的是他走近钢琴，坐定后投入演唱的那一幕，很有明星的“范”，加上钢琴上那扩音器的作用，声音变得更有质感。

3. 如此好听的旋律为何没让学生学唱呢？黄老师在课评环节提到了这一点。我在听课时就在想，除了让听课老师完整地唱了一遍，与师生合作了一把外，这段旋律后来没唱过。作为主旋律声部，可以让全班学生都来学唱一下，在加入低音号与中音号声部后，形成多层次的“人声乐队”音响，这样学生也会更真切地感受到主旋律声部的旋律特点。

（二）悠然领悟意韵深长的“如歌”课堂

杨永生老师执教的《瑶族舞曲》与吴瑞红老师执教的《春天来了》，前者是西洋管弦乐曲，后者是高胡古筝三重奏，都是中国作品，都有意韵深长之感。那如诗般的教学语言，那悠然自得的吉他弹唱，展现出一个“如歌”的课堂。但《瑶族舞曲》更令我陶醉，令我喜欢。那是因为此曲不管是听一个乐句，还是一个主题，或是听全曲，都有百听不厌之感。那就是经典名曲的魅力所在。

1. 感动于执教老师的投入与热情。在吴老师的《春天来了》一课中，我被吴老师的那份投入所感动，吴老师的课上得很细腻，很有诗意。虽然在课中，因为学生的音乐感觉一下子无法贴近教师的教学要求，而显得有些被动，但教师自始至终没放弃对学生的音乐感染与音乐引领，用自己饱满高涨的热情带领学生走进“大红大绿”的春天。

2. 对《春天来了》一课提出的思考。在欣赏课中，我们经常会看到一些教师设计一些律动或肢体语言，来表达聆听到的音乐。在《春天来了》一课中，我认为应该考虑到初中生的性别意识，教师所设置的律动或肢体语言要迎合学生的表演心理，要能让学生在教师的启发引领下，乐意去操作，去实践。否则会让学生觉得有些尴尬，或是放不开手脚。

3. 佩服执教老师独具匠心的教学设计。杨永生老师执教的《瑶族舞曲》，用哼唱深化了音乐

主题，用律动丰富了音乐表现力，使音乐主题通过多次聆听，再加上演奏图片的对照，润物细无声地把音乐根植于学生的心中。在课中笑脸的运用可以说是独具匠心，很有实效。因为笑脸颜色的变化非常直观地显示出主奏乐器，学生在聆听音乐的同时，与主奏乐器在同一时间形成了“联觉想象”。这样的设计无需教师费尽口舌的讲解，还会使学生更关注音乐的聆听。

（三）坦然面对真实生动的“我”的课堂。

我的课堂我做主，课堂就是我们工作的舞台。我们可以在这个舞台上尽情挥洒激情，尽情展露才能。为的是能让我们的学生在音乐的海洋中畅游，在音乐的蓝天中翱翔。

1. 黄伟平老师的课评给我的启示。又一次听黄老师哼起那段旋律《在中亚西亚草原上》的片段，觉得很熟悉、很亲切，音乐中的故事又一次从我大脑记忆库中跳了出来，紧接着主题旋律在我耳边回响，印象是如此的深刻。黄老师还不忘从座位上起身，形象地表演骆驼行走的步伐。这段旋律，这个作品又一次深深地映入我的脑海。你不觉得吗？我们的课堂，就是我们的舞台，你可以是一个演说家，可以是一个表演艺术家，可以是一个歌唱家……

2. 我的课堂我做主。我的课堂我做主，这个课堂是非常真实的。我们每天都要上 3~4 节的音乐课，有时因自己有些疲倦、有些倦怠，觉得上课会没有感觉，没有激情。但我认为，绝不能始终都没有感觉，那是一件很“悲哀”的事哦！在音乐中找寻快乐，在我们自己的课堂中找寻快乐，那是一件很幸福的事。如果这个真实的课堂有时还会变得生动些、令人感动些，那就更幸福了。

窗外鸟儿在婉转歌唱，那儿有几株梨花，远远看去，好漂亮！零星地开着几朵，大多数是还花骨朵儿，反而显得更美。在春天里感受美妙的音乐，真好！愿我们的教学之花越开越好！愿我们的教学之路越走越宽！

（石守蓉）

第三章　课外指导篇

课外活动是指在课堂教学之外，由学校组织指导或由校外教育机构组织指导的，用以补充课堂教学，实现教育方针要求的一种教育活动，是根据受教育者的需要和自己的努力以及教育教学的需要，在教育者的直接或间接指导下，来实现教育目的的一种活动。

伴随着基础教育课程改革的步伐，音乐课程改革正以前所未有的力度向前推进，新的音乐课程，新的教学理念像是一股清新的风，吹进了每个校园，给基础音乐教育带来了崭新的变化，为全面推进素质教育奠定了基础。音乐课程是实施素质教育的重要途径，而学生课外音乐活动，是音乐课程资源的重要组成部分。

在开展各类课外音乐活动时，注意以下几个问题：

第一，课外音乐活动要从学校的实际情况出发，要得到学校领导的支持与配合，如师资、设备、场地等。课外活动的内容安排要适合学生的年龄、知识水平、接受能力等特点。

第二，课外音乐活动要做到技、情、趣统一。活动内容要丰富，活动形式要生动活泼，富有吸引力。要使学生在参与课外音乐活动中，体验音乐美感，将知识、技能更好地转化为表现音乐的能力。要使学生通过课外音乐活动陶冶情操、启迪智慧，激发学生对美的体悟与追求。

第三，课外音乐活动要坚持群众性与自愿性原则。要让学生认识到参加课外音乐活动的意义，尽量让更多的学生参加课外音乐活动，但必须坚持自愿参加的原则。

第四，开展各项课外音乐活动，都要有明确的目的，并且要有计划，有要求，以保证活动的顺利开展。

本章将从舞蹈社团指导、器乐社团指导两方面展开论述。

第一节 舞蹈社团指导

根据艺术史学家的考证,人类最早产生的艺术就是舞蹈。在远古人类尚未产生语言以前,人们就用动作、姿态的表情来传达各种信息和进行情感、思想的交流。作为美育实施的主要途径,艺术是一种人类文化,是人类文明发展的一种标志。在西方国家,人们以能欣赏交响乐、芭蕾舞和歌剧这"三大艺术"而感到自豪,以能谈论艺术而骄傲。而舞蹈,作为美育一项重要内容,其美育意义也早为人们所认识。

中小学生处在身体素质生长、知识技能积累、人生价值观形成的黄金时期。参加舞蹈社团,学习舞蹈专业技能,对提高学生的艺术素养有着非常重要的意义。

一、校园舞蹈作品的创作

(一)内容·形式·手段——舞蹈作品创作的三要素

1．内容——舞蹈结构的目的

舞蹈结构是舞蹈作品内容的外化形式,而内容是舞蹈结构的目的所在。舞蹈结构是一个作品最后能否成功呈现的关键,就像人的骨架,没有结构,何谈舞蹈作品。"舞蹈作品,哪怕表现一朵花的开放,你也得把这朵花如何开放描述清楚。"可见,舞蹈作品的结构不是人为的分段,而是舞蹈在叙述情节和抒发情感中合理、自然、连贯的过程,这个过程,需要用不同人物来表现矛盾,用矛盾来描述情节,用情节来表现故事,用故事来表达感情。

(1)结构情节要合理

人们常说:"艺术来源于生活,又高于生活。"说明舞蹈作品所表现的内容是符合生活逻辑的,不是脱离现实的凭空捏造和想象。

以作品《回家》(该作品获全国中小学生文艺汇演表演创作一等奖)为例,该作品表现的是一群放学回家的中学生,路遇一个流浪"男孩",并且和"男孩"产生了矛盾,在争执过程中,随着帽子的掉落,同学们发现,这是一个无家可归的流浪女孩,愧疚、自责、怜爱之心油然而生……如果用简单的文字来表现结构,也就是:回家——路遇——争执——发现——关爱。但在设计舞蹈结构时，作者考虑了几个矛盾冲突的合理性：

①把流浪儿的形象设计成女扮男装的“假小子”，考虑到的是男同学和流浪“男孩”的冲突是合理性。男同学看到流浪“男孩”在捡拾易拉罐，以此谋生，而男同学则是想拿易拉罐当足球踢，更多的是调皮捣蛋，从而产生争执，符合男生的年龄特征，同时也为后来男同学情感的转折埋下伏笔。

②在一群学生中，女生更多的是围观，也有仗义的大姐大，这也符合女生的特点。

③在争执中，伴随着“男孩”帽子的脱落，大家才发现，被欺负的是个女孩子，这时，男同学才会更加自责，才会产生关爱，这符合个人思想感情转换的合理性。

(2)情节段落连接要合理

舞蹈作品的呈现，根据作品情节发生、发展的需要分成若干个段落。这几个段落，是展开舞蹈形式的过程，也是情节推进的过程，它对最后主题思想的提升起着至关重要的作用。因此舞蹈段落、情节连接合理了，作品就能顺利发展。

以少儿作品《大鞋子·小鞋子》(该作品获全国中小学生文艺汇演一等奖)为例，从儿时偷穿爸爸、妈妈的鞋子这一经历入手，以独自在家——小伙伴串门——穿爸爸鞋子——穿妈妈鞋子——小鞋子出现——和谐家庭(感恩父母)的情节段落进行连接。整个作品以童趣为切入点，在情节连接中以“门铃——羡慕——寻找——过家家”这四个连接点贯穿舞蹈段落，使情节层层推进，最后在“我爱我的家，我爱爸爸妈妈，爱就是感谢，爱就是报答”中，提升作品主题思想，体现“感恩·和谐家庭”这一主题思想，让作品更具温馨感，不失真情，扣人心弦。

(3)主题思想感情提升要合理

艺术作品的灵魂是“真、善、美”，这也是舞蹈作品创作过程中所追求的目标。好的舞蹈作品所流露出的思想感情，是“真、善、美”的代名词，是架构舞蹈作品，推动情节发生的必然结果。令观众在欣赏后，产生发自内心的感触和心灵的震撼，是一个舞蹈作品成功的标准。

在舞蹈作品《青春起跑线》中，作品中的道具(长方形框架)在作品的最后贯穿成时间的隧道，在隧道的尽头是一个背着书包在奋力拼搏的学生。在舞蹈作品《同学》中，歌曲《雨花石》的轻声吟唱，表达了牺牲小我成就大我的利人主义精神。在舞蹈作品《回家》中，同学们用五颜六色的书包搭起爱心小屋，为“流浪儿”遮风挡雨，用“借给她一半爸爸，借给她一半妈妈”的真切声音，传达社会大家庭的关爱……这些主题思想的表达，使作品的内涵得到了很大的提升，是整个舞蹈作品结构、情节推动到最后的高潮所在，符合艺术作品“真、善、美”的审美要求，合理而真诚。

2. 形式——舞蹈语言的表达

舞蹈形式是舞蹈语言的具体形象反映。舞蹈语言是以肢体作为叙述手段，通过肢体节奏、空间、造型的变化来外化语言的叙述性和情感传递，以此来刻画人物、事物，表现情节，展开内容，提升思想。动作开发、造型连接和形象捕捉等都是在舞蹈语言这一支点上进行的，离开语言叙述性的舞蹈，只能称之为动作以及重复变换后的动作的组合，也就失去了舞蹈作品的价值意义。

(1)捕捉形象的特殊性

中小学生的学习环境一致,生活方式雷同。这就需要编导者在同一性中,去敏锐地捕捉他们的个体差异。

①学习成绩差异中寻找外在外化形象区别。例如成绩好的同学较为自信,在同学中比较受欢迎,反之,较为自卑和失落。

②生活环境差异中查找突破口。在同年龄段的学生中,由于家庭状况和生活环境的不同,会有着不同的人生轨迹,作品《回家》就是以现实社会中,失去家庭关爱的"流浪儿"形象为导线,以放学回家的中学生为对比,提倡社会大爱,教育当代学生树立互帮互助的品德,以弘扬社会正能量。

③在个性差异中寻找特殊形象。每个人都是与生俱来的个体,有着独特的性格,外化到形象上,有唯一性。同样,我们就可以去捕捉他们的外在肢体动作,以此作为动作元素,进行开发,人物形象的独特性和准确性正是舞蹈所追求的。

(2)肢体语言的叙述性

舞蹈中的人物形象是通过独特的肢体语言叙述来刻画的,肢体语言的叙述过程,也就是舞蹈形象的刻画过程。一个个肢体语言的叙述过程,构成了舞句,舞句的情节展开组成舞段,舞段的描述连接成作品。因此,舞蹈中肢体语言的叙述性,是舞蹈成之为作品的标杆。"言之不足,嗟叹之,嗟叹之不足,咏歌之,咏歌之不足,故不如手之舞之足之蹈之也。"手舞足蹈是人类情感表达的最高形式。由此可见,舞蹈语言的叙述性是多么重要。

①在内心情感的触动中寻找动机。动机是舞蹈语言最原始的状态。人物内心情感的感触点是动机的产生地,在此基础上进行发生、发展,不仅符合人物形象的需要,更符合情节的展开过程,同时有利于作品连贯性和主题动作的准确性。

②在现实生活状态中提炼动作元素。现实生活是舞蹈创作的源泉。现实生活状态中的动作,有着不可替代的作用,它本身就有着叙述的功能,把现实生活中的动作节奏化、空间化、造型化的过程,也就是舞蹈创作的过程。在《青春期跑线》中,用剪影表现"起床——刷牙——扎头发——奔跑上学——课堂中——回答问题——思考——沮丧"的过程,舞蹈语言的叙述准确而又生动,观众可以一目了然地理解编导的意图。

③在条件反射中捕捉瞬间镜头。在开展情节的时候,其中重要的一环是,要在尽可能短的时间内,交代何时、何地、何事。特定环境、时间中发生的事情,在产生过程中,必定会有条件的反射,而条件反射下的瞬间,人的肢体也会有相应的动作反馈。因此,捕捉这一瞬间,也是舞蹈动作发展的重要方式。

(3)队形与调度的表意性

队形和调度是舞蹈进行的方式,是连接舞段、人物的重要手段。队形的变化和调度的独特性,不仅推动着舞蹈情节的发生、发展,更给人以良好的审美感受。因此,不同的队形和调度是表意的重要方式。

不同的队形和调度可以表达不同意思,它是情节的需要,是群舞舞段在进行中的主要形式。有着以下几个功能：

①表明不同的人物形象；

②强调环境；

③烘托气氛；

④确定独、群关系；

⑤提升思想内涵等。

3．手段——舞蹈道具的运用

舞蹈手段是舞蹈在进行过程中，达到作品所赋予的含义所采用的方法，简单讲是舞蹈所采用的方式和道具。舞蹈手段的独特运用，会使作品不论从感官和构思上产生与众不同的效果。

在《青春起跑线》中，道具的灵活运用，产生了独特效果。该作品用6个2米×1.5米的长方形框架，蒙上窗帘，连成横排。在作品的第一段，用反打灯光到白色窗帘上，用剪影的方式来表现学生早起上学和到课堂学习的状况。在第二段中，随着一个女生因回答不出问题而冲出教室，六块框架紧叠成一本放大的书本，同学们在帮助她分解课堂难点，并带她走进知识的海洋。最后纵排成一个时间的隧道，听到、看到的是一位同学在青春的起跑线上奋力拼搏，向前冲刺。

在《同学》中，红领巾的运用不仅表明了年龄阶段，而且在废墟中，用红领巾作为生命的绳索，把伙伴们从废墟中一一拉出，这一刻，它所透露出的是生命的希望、友谊的高尚。

内容、形式、手段这三要素，是舞蹈作品创作的三个环节，是评价一个作品成功与否的标准，也是编导在实践中不断思考和探索的目标。在教学中实践，在实践中提高，在提高中创新，在创新中感悟，创作的过程，虽然苦思冥想让人烦恼不已，但作品呈现在舞台上的那一瞬间，内心的感动让人终生难忘。

（二）音乐——舞蹈作品成功呈现的关键

舞蹈作品的创作过程，也是舞蹈音乐的寻找过程。不仅因为音乐和舞蹈密不可分的关系，更重要的是音乐是一个舞蹈作品成功呈现的关键。但凡好的舞蹈作品，同时也是一个成功的音乐作品。世界上很多伟大的音乐作品都是经典舞蹈音乐，如柴可夫斯基的三大芭蕾舞音乐作品《天鹅湖》、《胡桃夹子》、《睡美人》是俄罗斯古典芭蕾的巅峰之作。作为一个中学的舞蹈教育工作者，在进行舞蹈创作时，不可能有一个专业的作曲团队来为舞蹈创作服务，因此需要通过剪辑来满足舞蹈作品创作中对音乐的需求。

1．选择音乐

在舞蹈创作时，音乐的来源可以由以下几个途径去选取：

(1)中外交响音乐作品；

(2)电影音乐；

(3)其他舞蹈作品音乐；

(4)当代作曲家音乐专辑。

之所以从这几个途径去选择舞蹈音乐，是因为这些音乐作品的音乐形象很成熟，乐曲的配器也很丰富、合理，音响效果非常饱满。特别是目前很多电影音乐，由于电影故事情节的展开都需要音乐的配合,所以,音乐形象非常准确,且风格统一,是非常理想的舞蹈音乐的选取对象。近几年各个中小学都在学习的少儿作品《我也想当兵》就是电影音乐《太阳照常升起》中的几个乐曲的连接;作品《回家》的第一段中的音乐,《大鞋子·小鞋子》的主题音乐也选自动画片的音乐。

2. 剪辑音乐

有了音乐的来源,便需要进行音乐剪辑了。如何裁剪、整合、连接音乐并且和舞蹈作品情节的发生、发展紧密结合,是剪辑舞蹈音乐成功的关键。在舞蹈音乐剪辑中应该注意的几个问题:

(1)音乐形象和舞蹈形象要统一;

(2)音乐整体风格要一致;

(3)音乐情绪的对比要鲜明;

(4)音乐段落连接要合理。

以音乐段落的连接为例,可采取以下方式连接:

① 根据舞蹈剧情需要的停顿;

② 各种声效(如鸟叫、下雨、风声、雷声、汽车发动等);

③ 歌曲运用;

④ 渐强与减弱等。

以《回家》为例,几个段落的连接方式分别是:马路音效——鼻子闻的音效——单一鼓点——瞬间停顿——下雨——女孩的喊叫——歌曲。

以《青春起跑线》为例,段落的连接是:语气词——笑声——下行音阶。

以《大鞋子·小鞋子》为例,段落的连接是:门铃——语气词——高跟鞋落地声效——歌曲——走楼梯声效——语气词。

3. 调整制作

剪辑好舞蹈作品所需的音乐后,后期的调整和制作也非常重要。通过调整,可以让音像效果、段落连接、情感推进更好地符合舞蹈作品情节展开的需要,为情绪和思想的提升,作好铺垫和推进,使舞蹈作品更具感染力。

舞蹈作品创作的过程也是学习的过程,在创作中学习、提高,在提高中不断完善,是编导在创作中最大的收获。舞台上闪亮的呈现,背后是几年打造一个作品的艰辛付出,这种艰辛的回味是甘甜的,因为这是一个舞蹈团队走向成熟的标志。

舞蹈创作是个艰苦而复杂的过程,它不仅需要教师有扎实的舞蹈素质、一专多能的综合能力、敏锐的创作思维和较强的组织协调能力,更需要教师具有全身心投入的状态。只有全心投入,才能激发潜能,激活创造,创作出优秀的舞蹈作品来。

(吴迪锋)

二、舞蹈社团的成长过程

舞蹈社团是学习和传播高品位的文化艺术的场所,是开展形式多样的艺术活动,丰富校园文化生活，推动校园精神文明建设的重要载体，也是宣传学校艺术形象和校园文化的窗口之一。

学生舞蹈社团，通常需要经历以下几个发展过程：

（一）团队的组建

在自愿报名的基础上，进行逐个筛选，选择身材比例好、身体协调性好、乐感好的学生加入舞蹈社团。设立团队长、组长，协调团队的日常管理，定期有序地开展训练活动。

舞蹈社团是校园文化建设的一部分，舞蹈社团的建立不仅能帮助学生们修身养性，提升身体素质，提高舞技，更能为学校校园文化的繁荣增光添彩。舞蹈社团也为热爱舞蹈的学生提供了一个锻炼、交流、展示的平台。

（二）基本功训练

前苏联革命家加里宁说："人要是学会了跳舞，连走路都可以美观和文雅些。"由于舞蹈艺术的中介是人体，没有体态的自然美，就失去了最基本的条件，所以首先要进行基本形体训练。舞蹈社团的形体训练通常采用芭蕾形体训练和中国古典舞基本训练相结合的方法，通过舞蹈基本功的训练，使学生的形体变得匀称、挺拔，姿态优美，气质高雅。

俗话说"台上一分钟，台下十年功"。精湛的舞蹈技艺，离不开长期而艰苦的训练。为了训练舞蹈队员的身体柔韧性、协调性、平衡性，每个基本动作都要进行反复练习。教师在训练中要结合实际情况，扬长避短，科学训练，注重调整学生的学习情绪，力争使枯燥的训练变得轻松快乐。

压腿、劈叉、踢腿、擦地、胸腰的柔韧等练习内容既枯燥，又不断给身体带来酸疼之感，时间一久学生的学习兴趣就会逐渐下降，甚而产生厌烦的情绪。因此，要设计新颖的教学形式，选择灵活的教学方法，安排合适的教学内容、不断变化组合形式，在巩固已有动作能力的基础上逐渐加入新内容，提出新要求。例如，可以在基训中注意穿插游戏性的节奏训练、舞步训练等，营造和谐轻松、愉快的教学情境。在此基础上，再增加简单的民族舞蹈训练，使学生了解不同民族舞蹈的动作韵律、体态特点，给学生带来更为直接生动的体验与感受。

（三）节目的编排

编排舞蹈节目的形式有多种多样，那么如何来编排呢？

1．主题的设定

舞蹈的主题就是舞蹈作品的中心思想，它是舞蹈的灵魂。主题应该健康向上，弘扬真善美的思想。确定了主题后再选择题材。选材的方式分直接和间接两种：直接就是根据发生在身边的所见所闻的事物创编舞蹈；间接就是根据现成的舞蹈作品进行改编。所选的题材应该适合学生去表现。

2．音乐的选择

舞蹈的音乐应选择一些内涵丰富，情绪起伏较大的风格类型，在音乐中必须有慢速与快速、疏松与紧密等多种元素，以及辉煌的高潮部分。

3．动作的编排

感情是动作的信息，编舞首先要弄清的是要表现人物的什么感情和性格。要求动作的典型性，这是成功之要点。典型的舞蹈动作应有较强的个性——突出的性格，明晰的感情。舞蹈的动作不在繁与简，能突出意境则灵。意境是大局，编舞要从大局着眼，小处(动作)着手，围绕着意境去考虑动作。

动作组合要编排得生动、流畅、感人，离不开对比性的变化，对比包括动与静、抑与扬、强与弱、刚与柔、缓与急等。这些对比变化不应是形式上的安排，而是人物内心情感的表达所需。

创作是一个辛苦的过程，收获是一个幸福的过程。作品的成功，不仅仅靠某一个人的努力，而且还要靠全体队员的共同努力。在舞蹈排练中，一个舞姿、一个造型、一种组合都要力求突破和创新，教师要鼓励学生大胆想象和创新，启发学生求异思维，提高审美创造力。

4．舞蹈的构图

舞蹈的构图就是舞蹈者在舞台空间的队形变换和画面造型。构图是编舞中一个重要组成因素。它是随着舞者的行为和感情发展而设计的，没有什么固定的模式，关键是要通过队形图案的变化把舞台衬托成作品所需要的空间和境界，但它必须和舞蹈动作组合起来，且与服装、道具也是分不开的。

(四)演出比赛

通过各类演出和比赛，丰富学生的舞台表演经验，提升学生的自信心、表演欲。舞蹈社团不但丰富了校园文化，也提高了学生的舞蹈技艺，丰富了学生的课余生活，增强了团队凝聚力，有助于他们形成团结协作、顽强拼搏的精神品质。

(顾聚兰)

附：舞蹈社团组建案例

学校舞蹈社团可持续发展的实践探索

学校舞蹈社团是校园文化的折射，是展示学校艺术教育成果的重要窗口，是学校对外树立形象和传达友谊的名片。我校以校本《形体舞蹈》课程为基础，进行了舞蹈校园文化的构建。

(一)多维互补，环境与资源稳固基础

1. 艺术环境的主题式渗透

“环境育人”已是教育界尽人皆知的教育信条，以师生为主体创造并共享校园文化氛围和环境，舞蹈社团的发展才能芝麻开花节节高。

(1)艺术长廊：把学校有关舞蹈、声乐、器乐、书画等艺术人才的资料收集整理，上墙展示，起到榜样示范作用。

(2)电视台：利用学校“阳光电视台”，开设“综艺”专题栏目，让学生了解、欣赏到更多有关艺术方面的优秀作品。同时，也把学校的艺术活动训练、参赛、获奖等影像资料，在电视上转播，让全体学生共享艺术成果。

(3)校园音乐:利用上课、下课的铃声和午间音乐,让喜闻乐见的中外名曲走进学生心田。

(4)室内墙体:利用音乐教室、舞蹈房的墙体,将中外名人名曲、音乐知识做不定期的上墙介绍,让墙壁说话,起到润物细无声之效。

2. 教育资源的互补式构建

(1)完善学校艺术资源库

建立健全艺术教育教学制度,如《艺术教育课程管理条例》、《艺术教育学科教师规章和考核条例》等。对音乐、舞蹈、美术等专用教室、器材、教具等教学设施以及影像资料配足配齐。针对教学、排练作品、比赛演出等影像资料以及服装等资源多级分布式存储,尤其是对有关校本《形体舞蹈》的分层教材、案例、影像分类归档,并制订严谨的提取方案。

(2)家庭艺术资源的补充

开展"艺术文化进家庭"系列活动、通过召开家长会、传发家长书、举办家长学校讲坛等形式,引导家长树立"重视艺术教育"的理念,鼓励家长利用假期带孩子观看艺术表演活动,用以不断提升学生的艺术理解力和艺术美感。

(二)团队构建,师生与社团同步发展

精良团队是舞蹈社团赖以生存的基础,打造精良的舞蹈社团,很大程度上得益于持之以恒的队伍建设。

1. 注重师资队伍建设

舞蹈社团的师资队伍建设十分重要。除了要求辅导教师具备专业所要求的技能、技巧和创作技法外,还必须具备综合活动协调能力。因此,舞蹈社团应制订成长目标、实施措施、训练计划等,并且要高标准严要求,不能以任何原因、任何理由降低标准。同时要求教师在编创舞蹈作品时关注时代发展,准确把握时代发展的脉搏与特征,并根据时代发展的要求不断赋予作品新的内涵和新的艺术元素。

2. 注重团队梯队建设

舞蹈社团要根据自身的实际条件,有计划地建立起梯队,以点带面,点面结合。逐步形成金字塔式的结构,通过构建从启蒙阶段到发展阶段的多级梯队,使进入社团的学生有向更高目标前进的动力。

(1)团队管理

舞蹈社团的活动都是利用课余时间,而很多时候又会被其他活动挤兑,人数不齐、三三两两、三天打鱼两天晒网的情况屡见不鲜。因此,必须制订切实可行的舞蹈团队管理制度,每天做好出勤记录、排练效果记录,与学校优良班级考核挂钩,确保活动的正常开展。

(2)团员选拔

根据学生年龄特点和实际情况,将舞蹈社团分为三个阶段。一年级为初级社团,以形体课为主,重形体训练和少儿时装表演的学习;2~3 年级为中级社团,重在基本功训练、部分民族舞组合的学习;4~6 年级为高级社团,作为骨干力量的 4~6 年级,因为承担的演出最多,所以特别侧重通过舞蹈节目的排练和演出,保持良好的基本功和表演技巧。

为了加强梯队建设，以节目创排为抓手，根据各阶段学员年龄、学习程度，制订不同的教学计划和教学内容，并通过学校每年的艺术节活动，面向1~3年级的小学员选拔“新人”，按比例充入演出团队中。

（三）多管齐下，教学与演出相得益彰

1. 学科融合，互惠双赢

由于社团训练课时量的限定，对于一个技能的形成，学生必须经过泛化、分化、稳定三阶段，真正掌握一个新的技能知识，要花去大量时间。所以在社团训练内容的选择上，就应切实结合学生的生理、心理特点及性别差异的特点，向课堂要时间、要内容，走学科融合之路，达到互惠互利的双赢效果。

（1）拓展校本教材范畴

形体训练是枯燥、重复的，久而久之，学生必会产生厌倦之情，如果选择适合学生体格、体形、姿态等教学内容，把一些现代时尚风格的内容，如时装表演、礼仪教育融进形体课程，情况将大有改观。

①少儿时装表演。少儿时装表演可以培养儿童的乐感、良好的走姿、站姿、气质，锻炼儿童的胆量，提高表演能力，提高自信心。走“猫步”参与面广、更趋于趣味性，既训练了学生的身体和气质，锻炼了学生的胆量，又增强了学生的自信心，备受学生钟爱。一、二年级的时装表演成了我校每年文艺活动中不可或缺的保留节目。

②礼仪教育。礼仪教育中要求学生“精神饱满，举止文雅，站有站相，坐有坐样”，这些又正是形体教学中的基本要求，二者是相辅相成、互为渗透的。教学中我们发现，学生们对礼仪课程很感兴趣，学得很认真、很投入。礼仪教育内容的加入，正符合学校、学生的切实之需，有利于培养学生端庄的仪表和高贵的气质，促进学生文明行为习惯的养成。

（2）舞蹈走进音乐课堂

舞蹈学习的目的并不是为了让每一个人都成为舞蹈家，而是让学生通过舞蹈学习成为舞蹈的爱好者、欣赏者，从而提升艺术修养。在音乐教学中，我们发现教材中有相当歌曲来自于少数民族题材，把舞蹈的一些基本元素渗透到课堂教学之中，可以发挥舞蹈语言生动直观的优势，在加深对音乐内涵的理解的基础上也逐步让学生对舞蹈产生热爱之情。如《娃哈哈》、《挤奶舞》、《金孔雀轻轻跳》的学习中就可以把新疆舞、蒙古舞、傣族舞的基本元素引入课堂，使学生通过这些民族舞的节奏、动作的感知与体验，加深对民族音乐风格特点的了解，同时也起到了巩固民族舞蹈动作的目的。

2. 表现内容，精挑细选

（1）作品内容难易适中

社团的排练时间往往有限，在短短的1个小时里，如何既不让学生觉得枯燥乏味，又能多次重复地进行针对性的练习？太过简单的舞蹈作品，无法反映学生的真实水平和集体的训练成果；太过高难度的舞蹈作品，容易让学生丧失信心和兴趣，对舞蹈产生恐惧感，同时也很难达到所预想的舞台效果。因此，如何把握训练内容和训练难度非常重要。选择贴近现实生活的题材、反映积极向上的思想内容,不仅有助于学生的表演发挥,也更加容易与观众产生共鸣。如排练《草原小骏马》时,以蒙古舞基本要素,根据学生自身的条件加上一定难度的技巧,表现了草原儿童积极向上的精神风貌,收到了良好的效果。

(2)音乐与作品相统一

儿童的认知能力有限，自我的节制能力也较弱，在舞蹈表演中抢拍或拖拍的情形十分常见,这直接影响到舞蹈动作的整齐度。为避免这样的情形发生,则必须要选择音乐节奏清晰、旋律易记、形象鲜明、风格独特的舞蹈作品进行教学与排练。而对于综合性节目,如歌舞诗、情景舞蹈,我们没有创作音乐这方面的能力的话,精挑细选是必不可少的。以叙事情景诗歌《虎穴忠魂·英雄赞歌》为例,要把朱枫这位红色特工伟大的一生在短短的10分钟表现出来,除了文稿重要之外,音乐也起着至关重要的作用。“悲壮”是这部作品的主题,我们抓住这条主线,做了以下音乐剪辑、合成。

①甬江呼唤:电影《暖春》片头曲,忧伤的女声哼唱

②憩园回忆:轻松的钢琴曲《冬阳》

③狱中傲骨:双人舞《刑场上的婚礼》中的国际歌

④枫回故里:电影《暖春》片头曲,忧伤的女声哼唱

正是这些切入主题的音乐,不但达到了所需的艺术效果,而且把整个作品提升到了一个震撼人心的高度。

3.展示舞台,多维构筑

日常的训练是为最终走上舞台作准备的,各类演出和比赛,则是社团得到锻炼和快速成长的一条捷径。校园歌手大赛、主持人才艺大赛、“三独”比赛、班级小型乐队展演、校园文化艺术节、午间斗秀场、模仿秀、广场文艺专场演出这些常规的艺术活动,为社团的团员施展特长技艺提供了锻炼的舞台,铺设了一条通向舞蹈艺术的道路。

(蔡　懿)

第二节　器乐社团指导

演奏是实践性很强的学习内容，是培养学生音乐表现力及审美能力的有效途径。让学生学会乐器演奏，并有一个展示合作的舞台，是一件非常有意义的事情。器乐社团建设满足了学生对学习音乐的需求，培养了学生对演奏及鉴赏音乐的兴趣，在此基础上发展了学生的音乐才能，使他们的表演潜能及创造潜能得以充分发挥。通过演奏活动，逐步提高他们的演奏能力，培养健康的审美情趣及与他人的协作精神，并在演奏活动中享受到美的愉悦，得到情感的陶冶与升华，为学生终身发展奠定良好的音乐文化基础，提升艺术修养。器乐社团建设也提高了学校品位，成为学校教育的一张亮丽名片。

一、小学生管乐队的组建

（一）乐器的编制

管乐队的组建，首要的是根据学校和小学生的实际情况，给乐队定位——定制乐器的编制。编制可大可小，人数可多可少，并无严格的规定，以 50 人左右组成的乐队为例，可以采取这样的编制：单簧管 8 支、长笛 5 支、萨克斯 5 支、小号 6 支、圆号 4 支、次中音号 4 支、双簧管 2 支、大管 1 支、上低音号 4 支、长号 6 支、大号 1 支、打击乐 3~4 人（大军鼓、小军鼓、镲等）。

（二）成员的选拔

乐队成员的选拔工作显得格外重要。选拔各种乐器的演奏者，除了优先考虑学习习惯好，行为表现好且乐感较好的学生，还要根据不同的演奏乐器，选择不同身体条件的学生。乐队成员总体要求是牙齿整齐、手指灵活，这是管乐器吹奏本身所需要的。其次，为了表演和比赛的需要，对乐队成员的身材也应该有一定的要求，如队员身体不要太胖；团体整体身高基本一致；走路的基本姿势正确等。对于个别乐器的乐手选拔，还需有特别的身体条件，如长笛乐手需要拥有较长的手臂和手指，使其在垂直站立，脖颈挺直的情况下，能水平状握拿长笛，同时左臂能舒适地从胸前伸展。由于长笛主要靠嘴唇控制气流来发声，因此，嘴唇和牙齿也是选择的条件。嘴唇厚薄应该适中，太厚或太薄都是不适宜的，上排门牙太大，也会难以控制气流。再如由于小号的号嘴比较小，吹奏者的嘴唇也不宜肥大，吹奏时为了不刺痛嘴唇，牙齿也要平整。

(三)乐队的管理

1. 人员的管理

首先应选出一名具有较强责任心、优秀的学生干部担任队长,负责乐队的辅助管理。其次是制订各种制度,如训练与演出制度等,规范管理。再次,是经常对学生进行音乐素养方面的培养,如给队员介绍国内外管乐队,欣赏精彩的管乐曲目等,使学生更好地体会管乐的魅力,从而以更高的热情和兴趣投入训练。

2. 习惯的培养

训练中要加强乐器保护教育,演奏前检查按键是否出现松动,是否灵活,训练后把乐器内残留的水放干,用布擦净,平稳放好。木管类要小心拆卸后放人盒内。外出演出一定要放入箱内携带,尤其是强调不准在训练间隙手持乐器相互打闹。

(四)训练的组织

1. 基础乐理知识的学习

管乐队训练之前,应先组织学生学习基础的乐理知识,这对日后的演奏和合奏训练是至关重要的。

2.基本功的训练

为打好管乐吹奏基础,应坚持基本功练习。基本功练习一般包括:耐力练习、长音练习、音阶练习、吐音练习、琶音练习、模进练习、力度练习等。其中尤其要注重耐力的练习,没有耐力就谈不上掌握力度和音准,更谈不上表现力。提高吹奏耐力的主要途径是经常练习吹奏长音,长音的吹奏有综合性效果,其中包括在不同音区锻炼气息的延续力与均衡用气的控制力。在此,提供几条有效的训练方法:

(1)运气练习。训练的第一周内,让学生掌握正确的吹奏运气方法,能把笛头或号嘴吹响即可。

(2)长音练习。要求学习尽量用一口气平稳吹奏较长的音。

(3)音阶练习。不同调的音阶指法不同,原则上应熟练地掌握各调指法,才能顺利地演奏不同调性的乐曲。但作为中小学生较难具备这项技能,可以先掌握本调的指法,在演奏不同调性乐曲时,由教师移调译谱。练习音阶时,重点在指法、速度和节奏上下工夫,一般可从易吹奏的音区开始(一个八度以内)然后逐步扩展音域。

(4)吐音练习。利用舌尖运动,产生短暂、干脆并富有弹性的气流,进而吹奏出具有跳跃性颗粒感效果的乐音,这就是吐音。吐音可分单吐、双吐和三吐,各种乐器都应先练习单吐。单吐的方法:吹奏时,先将舌尖抵在上牙龈处,吸气后,将舌尖弹下吐气,其动作如发“tu”音。双吐法是在单吐音之后,再加缩舌动作,舌的后部隆起后再迅速放平,发出“ke”音,两个动作前后连续,发音如“tktk”。三吐法为单吐法与双吐法的结合使用,发音如“ttkttk”或“tkttkt”。

(5)琶音、模进练习。这项练习的方式较多,可参照钢琴琵音、模进练习。

(6)力度练习。包括在适合音区作强奏、弱奏、渐强、渐弱、突强后弱等方式的力度练习,目的在于增强气息与唇部肌肉的控制能力,使音量与力度控制自如,同时力求获得音质纯净的音响,强奏时不致尖啸刺耳,弱奏时不致声音颤抖。

(五)活动的安排

为学生安排多种活动,可以提高演奏能力,开阔视野。如每学期一次的汇报演出、观摩音乐会、参加学校的礼仪活动、参加各类演出比赛活动、观摩其他学校的乐队演奏等。

(六)乐器的维修

管乐器在使用一段时间后,就会出现各种各样的故障,大的故障要送到专业维修店,但很多小故障,只要我们稍稍动动脑筋,自己就能够动手修理。

故障一:"密封垫片"漏气

在吹奏木管乐器时,经常会遇到高音吹不上去或低音吹不下来的现象,这种故障主要是由于乐器按键的"密封垫片"损坏或盖不严造成的。如果是垫片损坏了,我们很容易就能发现,并可以直接更换,但如果是由于垫片盖不严造成的,只用眼睛观察是很难准确找到漏气的垫片的,不妨试试下面两种办法:

1. 把湿毛巾装在薄塑料袋里,堵住乐器的喇叭口(长笛的出气口可用手绢来堵),然后双手封闭乐器所有的开放音孔,吸一口香烟用嘴含住吹孔,徐徐吹入,这时,密封不严的音孔中就会有淡淡的白烟冒出,一次不能确定,可多次反复,直至找到漏气的"垫片"为止。如果自己看不清,可以对着镜子操作或找其他人帮忙观察。

2. 如果是在晚上或是在光线比较暗的环境下修理,同样用双手封闭乐器所有的开放音孔,然后,用手电筒的光亮照射乐器的管壁(手电筒可事先固定好),这时,密封不严的音孔中就会有微光泄出(弯管乐器可从直管的一侧照射)。

找到漏气的垫片后,可用乐器自身的微调螺丝来调节,没有微调螺丝的一定观察好垫片漏气的部位及方向,轻轻掰动键杆来调节,切不可心急,以至掰断键杆,不然小故障就修成大毛病了。

故障二:号嘴拔不下来

铜管乐器的号嘴拔不下来是最常见的故障,通常人们就用普通的"电工钳"夹住号嘴来扭动,由于和号嘴儿连接处的乐器"管壁"较薄,这种方法很容易使管身变形,甚至扭断,整个乐器也就报废了,因此,"拔号嘴"也就成了很多专业维修人员的"看家绝活儿",轻易不肯外传。其实,用我们身边常见的工具就能轻松完成:用台钳(在学校配置的劳动工具中就有小型台钳,或在修理自行车的地方也能找到)抵住号嘴与管身连接处,号嘴儿朝下,台钳调整到不夹号嘴为宜,号身让其他的人扶稳,然后用大小适宜的"呆口扳子"卡住号嘴下端的突起部分,最好在号嘴四周缠上几层软布,以免破坏号嘴的光洁度,再用锤子猛击"呆口扳子"即可,关键的技巧是掌握击锤的力度。

故障三:活塞不灵活

小号、次中音号等铜管乐器活塞不灵活的主要原因是活塞与活塞筒之间的摩擦力太大,或者是活塞筒受外力磕碰变形所致。故障较轻的可卸下活塞,把里面的弹簧向外抻一抻以增强它的弹力,或换一根弹力稍强的弹簧,然后把活塞擦拭干净,在其表面涂少许长号润滑剂即可(注意不要用小号油)。此方法如不能解决,那么在卸下活塞的同时,卸下活塞筒背面的活塞盖,然后把活塞擦干后从活塞筒的背面插进去,反复抽插数十次,直到感觉灵活为止,再用小号油冲洗一下活塞筒内壁,把活塞擦拭干净,在其表面涂少许长号润滑剂,问题基本能够解决。如果故障较重,甚至活塞已经不能动了,这时首先要找出活塞筒变形的位置,再用三棱刮刀来修整,或用一根比活塞筒稍细一点的圆木棍,缠上细砂布来进行打磨,但要注意打磨时木棍只能在活塞筒中做抽插运动,而不能转动,同时注意尽量不要修整活塞本身。

其他的小故障我们同样可以开动脑筋想出办法来解决,比如长号的伸缩管不灵活,可以用实验室中做化学实验的"铁架台"来做为修理工具;单簧管、萨克斯哨片的软硬度不合适,可以用最常见的碎玻璃片来做为修整工具等。另外,我们的工具箱里还应该常备像"502"胶水、"哥俩好"粘合胶这样的修理材料,来保证我们手中的乐器演奏出更动听的音乐。

当然,在实际的训练中,教师和学生都会遇到各种困难,教师应因地因时制宜地给予解决。乐队演奏是高雅的集体协作的表演艺术,是提高学生素质的重要途径。乐队的学习经历不仅提供了学生享受音乐的机会,也将对他们日后的成长产生积极的影响。

二、中学生管乐队的组建

宁波效实中学在1987年初组建了学校学生管乐队。并将器乐引进高中音乐课堂,逐步形成了一套学校学生管乐队的教学管理方法,并以管乐队为龙头,发展音乐教育教学工作及创造新颖的校园文化氛围,爱好学习乐器的学生与日俱增,爱好音乐的学生越来越多,校园文化生活丰富多彩,学生的各方面艺术特长得到了充分的发展,也促进了全校的艺术教育工作。

(一)管乐队组织与训练

1. 重视队员选拔:张贴报名通告,公布报名条件,自愿报名,根据爱好、身体条件、以往曾学乐器,合理选择分配乐器。

2. 加强常识教育:介绍乐器的使用、保管方法,制订乐器室的规章制度等。例如,乐器不能随便借带回家、乐器专人使用、损坏乐器要赔偿等。并强调"学音乐就是学做人",关注学生的全面素质提高。

3. 培养读谱能力:根据实际情况,我们采用了简谱、五线谱并用的方法。即练习时采用五线谱的固定唱名法,练习乐器的本调指法;排练礼仪性乐曲和群众歌曲采用简谱的首调唱名法,以快速掌握一定数量的乐曲,供礼仪性演出之用。待学生们掌握了一定的演奏技巧后,用五线谱排练一些有一定难度的中外名曲。双管齐下的管乐演奏方法,是学校课余管乐队较为有效的教学方法。许多学生在短时间内都能掌握1=bB、1=G、1=F、1=C、1=bE、1=A等调的指法。

4. 选择、创编总谱:管乐队初建之时(1986年前后),管乐器的演奏法资料及管乐队演奏曲总谱资料很少,音乐教师结合学生们的演奏水平,自己动手改编总谱和创编乐曲,并将演奏乐曲分成二类:礼仪性乐曲和音乐会乐曲,丰富了乐队的演奏曲目。

5. 合理组织训练:结合高中音乐课的模块教学原则,利用18课时的演奏模块教学进行小班化的管乐培训,同时,利用中午休息时间和下午课外活动时间安排学生集体训练及个别训练。

6. 增进学习兴趣：为了提高乐队队员学习管乐器的兴趣，适当地调节队员们的演出频率，如选择一些学习努力、乐感较强的新队员参加礼仪性演出，既扩充了乐队队伍，锻炼了新队员，又提高了新队员的学习积极性。尽管有些队员还不能完成乐曲的演奏，但经过几次“滥竽充数”以后，落伍感顿生，因而更加努力学习演奏，进步神速，很快就能成为乐队的骨干力量。

7. 强化组织管理：在搞好管乐演奏教学的同时，音乐教师加强了组织管理，制订管乐队管理制度和奖惩制度，设队委若干人，负责分管乐队的演出、考勤、卫生、考核、乐谱、服装、后勤等工作，责任到人。结合学校艺术节表彰活动，评选优秀乐手、乐队积极分子等，给予适当奖励。

（二）管乐师资配备

根据学校音乐师资的特点，发挥有特长的教师引领作用，调动每一位教师的积极性，并进行校内外师资的互补。具体做法如下：

1. 有管乐特长的音乐教师负责管乐队的主要训练工作，并将训练与课堂教学相结合，取得了较好效果。

2. 对无管乐特长的音乐教师，要求其努力学会一两件乐器，同时也要逐步了解各种管乐器的演奏特点和方法，至少要学会听辨，了解学习管乐器的程序，以便协助管乐队的排练组织工作。

3. 发动校内能演奏管乐器的其他学科教师参与乐队的训练指导工作。

4. 合理聘请校外管乐演奏人员担任教学指导工作。

（三）演出活动安排

演出实践是提高学生管乐演奏水平的重要途径。学校管乐队除参加每周一的学校升旗仪式奏乐外，还经常应邀参加各类重大礼仪性演出活动，如外事活动、喜庆典礼、表彰大会等，同时也常常参加一些重大音乐会演出活动，如教师节、国庆节、市艺术节、慰问演出等。20 余年来，学校管乐队在市内外参加各类演出达 500 余场，大大锻炼了学生的演奏能力，丰富了学生的演奏实践。

（四）效果分析

1. 通过管乐队建设推动学校艺术教育的全面发展。学校以管乐队建设为契机，持续多年进行艺术特长生招考制度，有艺术特长的学生越来越多，因此，在管乐队的基础上，又组织了管弦乐队、民族乐队、轻音乐队、合唱队、舞蹈队及键盘乐队等。一年一度的学校艺术节、“独唱·独奏·独舞”比赛、“五月歌会”、音乐知识竞赛、校园歌曲创作比赛、校园集体舞比赛等已成为学校艺术活动中的特色项目。小型音乐会等校内演出活动经常化开展，营造了丰富多彩的校园艺术氛围。

2. 通过交流演出拓宽学生的视野，学校经常组织有艺术特长的学生外出交流演出，20 多年来有百余学生参加过清华大学、北京大学、中国人民大学、北京理工大学、北京交通大学等大学的艺术冬令营。曾组队访问过日本、德国、新加坡等国家，参加过中央电视台节目的录制活动等，开阔了学生的眼界。

3. 借助艺术特长获得各类提升空间。学校管乐队是浙江省第一支大型学生管乐队，曾多次在宁波市的演出比赛中获金奖，并于 1987 年由浙江电视台录播了管乐队的两首演出乐曲，收到了很好的社会效应。管乐队队员高中毕业后几乎全部升入高校，大部分升入重点大学。先后有 7 人被保送特招入清华大学、中国人民大学、天津大学；20 余人获加分特招入清华大学、北京大学、北京理工大学等名校；60 余人被特招入浙江大学、杭州大学（现合并入浙江大学）、浙江工业大学等，许多管乐队队员都在大学的管乐队中发挥了重要的作用。

4. 凭借丰富的实践经历提升学生个人修养。管乐队队员经常参加各种演出活动，就是最好的社会实践，接触先进模范人物，亲临一些重要社会场合，就是参加一堂堂生动的社会实践课，这也是很难得的，因此乐队队员普遍都非常关心时事，注重精神文明建设和思想道德的修养，乐于助人、成绩优秀的占绝大多数，乐队中有三分之一以上是学生干部，不少队员受到省、市、局及学校的嘉奖。

（五）思考

1. 音乐学习能促进学生的全面发展，宁波效实中学在 1986 年起就开设了高中音乐课，并进行器乐进课堂教学，实践证明，音乐学习对于提高学生的音乐素质，促进学生全面和谐发展，起到了很好的促进作用。

2. 特色项目能推动校园文化建设。学校文艺活动的开展要有突破口，要有“拳头产品”，先抓特色重点项目，然后普及、提高、发展，这样做从人力、物力、财力上的安排就比较恰当了，并能推动校园文化建设。

3. 乐队建设要结合学校和学生实际。每个学校都要根据自身条件和特点，创造出独特的艺术教育教学体系和教育教学方法，切不可简单地照搬专业音乐院校或其他学校的教学和训练模式。只有注重本地区、本校和学生实际，才能因地制宜，因材施教，达到理想的目标。

4. 乐队建设开创音乐教学新局面。20 多年来，我们边摸索边实践，培养了几千名管乐演奏员，为大学、为社会输送了具有艺术特长的合格人才，取得了一些成绩。管乐队队员是流动性的，老队员毕业离队了，一批新队员又到了我们面前，我们的任务是光荣的，又是艰巨的。为了学校的艺术教育，为了学生的全面发展，我们要让管乐队长期兴旺下去，音乐教师们要不断学习，不断努力，不断创造有效的管乐教育教学方法，开创音乐教学新局面。

三、小学生民乐队的组建

民族管弦乐队是 20 世纪 20 年代，在中西文化交流下产生的。综合了传统丝竹乐队和吹打乐队，在部分程度上借鉴了西方交响乐队的编制，民族乐器种类繁多，约有两百多种，各种乐器的形制、音色各不相同，因此，民族管弦乐队的色彩也丰富多彩。学校中的民族管弦乐队通常编制较小，配制灵活，也称为民族乐队或民乐队，是学生参与演奏实践、获得民族音乐熏陶的重要途径。

（一）民乐队的管理策略

1. 建立民乐队管理组织网络

学校层面上，学校要建立艺术教育管理网络，成立艺术教育工作领导小组，由校领导任组长，主要成员由教导处、大队部、各班主任以及专职音乐教师、兼职音乐教师和数名外聘民乐教师担任。其中确定一名专职音乐教师负责学校民乐队的业务管理。制订《学校艺术教育规划》，明确民乐特色工作的主要目标。制订民乐特色工作学年度计划，及时总结工作经验。学生层面上，在民乐队里每个声部里面选出有较强责任心，工作能力强的学生担任声部长，负责民乐队的辅助管理。家长层面上，成立“家长志愿岗”，吸收热心的家长多出谋划策，特别在民乐队外出演出时候，帮助化妆、搬运乐器等。

2．打造民乐队教学师资队伍

(1)加强对校内专职教师的培训与管理

学校应注重对艺术教师的培养投资，多渠道吸收艺术教育信息，可以采用了“成熟一个，带动三个”的策略，通过开展师徒结对等形式，促使艺术教师们能共同提高。学校还可以有计划地定期召开艺术教师研讨会，制订学校艺术教育发展规划，编制民乐校本教材，为民乐队打好软件建设基础。

(2)重视对校外师资力量的引进与聘任

为提高民乐指导水准，学校可聘请省、市在民乐演奏和教学方面有一定造诣的专家来兼职担任民乐教师。以民乐假日活动和民乐社团活动为阵地，开设民乐特色教学班。把这些热爱民族音乐事业又具有较高器乐演奏和教学水平的专家请进门，可以大大充实师资力量，为开展学校的民乐艺术教育特色项目提供了十分有力的保障。

3．建设民乐队校本课程体系

(1)开辟“民乐艺术长廊”

在校园环境的布局上，可设计别具风格的“民乐艺术长廊”，如“高山流水”主题雕塑和“民族音乐家雕塑”，每层教学楼都可以布置民乐队演出照片，开辟“民乐小明星”专栏，为孩子们提供温馨、幽雅的环境，进行民乐文化的渗透，以此陶冶情操，修养身心。

(2)开通“民乐艺术网页”

把信息技术与音乐学科有机地整合起来，开发与利用课程资源，把学校的网站作为音乐教育的一个重要资源，拓宽学生的民乐文化视野，形成浓厚的艺术氛围。如开通“民乐艺术网页”专题网页，将乐器介绍、名曲欣赏和中华名家等版块纳入其中。向学生介绍我国传统的民族乐器(如拉弦乐器、弹拨乐器等)；介绍优美的华夏名曲(《春江花月夜》、《赛马》等)；介绍我国的著名音乐家(如聂耳、冼星海等)。“民乐艺术网页”中大量的视频和音频方面的素材和资料，发挥了网络对民乐教育的支持功能，激发学生爱学、会学、乐学民乐的情怀。

(3)开设“民乐专题栏目”

充分利用红领巾电视台、广播站，在中午开设“我是民乐小达人”的专题栏目，让所有学习民乐的学生能够在全校师生面前登台亮相。演一演民族乐器、讲一讲学民乐的故事、猜一猜民乐知识等，吸引全校师生对民乐的关注。

4．完善民乐队均衡发展体系

(1)乐器齐全，声部均衡

在现在有条件的学校中，一般是按照中型的编制来进行组建。民乐队共分为四大声部组：吹管组、弹拨组、拉弦组和打击乐器组。吹管组主要包括：竹笛、笙、唢呐等；弹拨组主要包括：扬琴、柳琴、琵琶、古筝、中阮、大阮等；拉弦组主要包括：高胡（板胡）、二胡、中胡、大提琴、低音提琴等；打击乐器组主要包括：大堂鼓、小堂鼓、大锣、小锣、大小钹等。原则上是以专业民族管弦乐团相应规模的编制为基础，根据乐曲需要，结合实际情况来确定民乐队的编制。在民乐队编制中，音乐教师要根据学校实际情况合理安排，但一定要充分考虑充实性、协调性和平衡性。

（2）梯队建设，有序衔接

从民乐队成立招收第一届新队员时，教师就要计划招收下一届新队员。一般来说，新队员的成长需要两年至三年的时间，才能达到较好的演奏水平。所以在新队员招收后的第二年就要进行新一轮队员的招收，使新队员与老队员做好对应的接替准备。在新队员的挑选上要注意：新队员和老队员不要在同一年级，相隔一到两个年级比较好。这样有阶梯性的招收计划，才能确保民乐队员毕业后，新队员能迅速地顶上，而不会青黄不接，使民乐队能保持可持续发展。

（3）师徒结对，以老带新

“三人行，必有我师焉。”新队员与老队员之间的相互学习、相互帮助，不仅可以减轻教师的负担，而且在互助中可以加快新队员的成长和老队员的成熟。在挑选好新队员以后，要在对应乐器中挑选一个比较认真负责的老队员与新队员结成对子，帮助教师教授一些简单的知识，如指法、节奏等，检查演奏中明显的错误，帮助新队员及时纠正，加快训练进度。当然，教师还要做好相关的指导与检查，不能放手不管，否则会适得其反。

5．健全民乐队民主管理制度

“没有规矩就不成方圆。”通过层层选拔挑选好民乐队员后，要通过签订承诺书，培养责任心。让学生明确自己来参加民乐队的目的是锻炼自己和学习音乐本领的，在明确学习目的后，再签订民乐队队员承诺书。承诺“在加入后，认真学习，努力进取，遵守各项规章制度，爱护乐器。不无故退出，对自己的学习行为负责，对学校荣誉负责”。签订承诺书的目的在于培养学生的责任心，端正学习态度，为今后的学习作好思想保障。

（二）民乐队的训练策略

1．明确目标，培养自信心

日常训练之前，首先要让每个民乐队员有清楚的学习目标。有了明确的学习目标，学生们自然就会朝这个方向刻苦练习，争取最好的成绩，达到理想的目标。当然，教师也要帮助和指导学生从小学会管理自己的训练时间。对自己的每一个阶段都有明确的认识和理解，使学生能够较清楚了解自己的学习过程和所取得的成绩，学习信心就会随着学习的进步而逐渐增强。

2．循序渐进，提高演奏水平

民乐队的训练必须符合学生的认识规律和心理特点，才能促进学生的演奏水平的提高。所谓“万丈高楼平地起”，所以作为指导教师必须高度重视基本功，把它作为每次训练的必修课。每次训练均要从易到难、循序渐进，讲究一定的规范性和持久性。基本训练达到一定程度后，要尽快地进行乐曲的训练，才能提高学生的演奏水平。乐曲的选择必须根据民乐队员演奏水平的高低有阶段性地进行选择。要遵循由易到难，从单声部到多声部，螺旋上升的原则。先选择一些学生喜爱的乐曲或耳熟能详的小合奏曲，让学生体验成功，如《喜洋洋》、《金蛇狂舞》等。在学生达到一定演奏水平时，可挑选几首有一定难度的乐曲，如《花好月圆》、《瑶族舞曲》等。

3．科学训练，探索多样化模式

(1)集中训练与分散自学相结合

学生在拿到一首新作品以后，水平高的学生能够很快地演奏出来，水平低的则不能较快完成，在这种情况下，自学与指导的结合就相当有必要。教师可以先让学生粗略地从头到尾合一遍，了解大概的音响效果，然后分声部自己练习。在自学前还要注意对拉弦乐器组的弓法、弹拨乐器组的把位、吹管乐器组的呼吸断句、打击乐器组的力度控制进行说明指导，较重点的内容需要在教师个别一对一的辅导下进行训练，保证每一个学生的演奏都能够达到要求。集中训练与分散自学相结合，可以缩短训练时间，提高训练效率。

(2)示范演奏与师生合奏相结合

如果教师在排练中能够示范演奏出一两件乐器，将会让民乐队员感觉非常亲切，师生合作的融合度将得到加强。学生的模仿性较强，很容易受到教师示范演奏效果的影响，好的示范演奏往往有助于学生演奏水平的迅速提高。但是如果教师的示范演奏能力一般化，那就要慎重，否则学生对教师的信赖感会下降。在民乐队训练中，有些时候教师可以参与乐队其中一个声部的表演与训练，这样的形式值得提倡，因为学生会很受鼓舞，认真的程度也会提高很多。

(3)多媒体辅助与整体合奏相结合

充分利用多媒体辅助教学手段，让学生在合奏排练之前先欣赏到乐曲的演奏效果，非常有助于民乐队员在排练中树立目标，提高排练效率。通过音乐 MIDI 软件、音乐制谱软件帮助学生进行更好的排练作品赏析。例如，某次排练需要进行声部的单独训练，又要有一定整体感，可采用调用音乐软件 NUENDO，打开已经编辑好的音乐文件，把需要训练的声部进行静音，播放其他声部，这样现场练习的某一个声部就能跟着固定的速度进行训练，而其他声部的同学也可以从中提高对民乐队排练目标的认识。另外，还可以使用制作好的伴奏音乐与民乐队中的主旋律声部乐器合奏，或者是制作好的主旋律音乐与伴奏乐器进行合奏训练。就像歌曲的卡拉 OK 带一样，不仅丰富了和声效果，而且又能将主旋律声部与伴奏旋律声部进行有效的区分练习。

(4)音乐教育与社会活动相结合

如果只是长期的训练难免会产生枯燥、厌学情绪。应为民乐队员在校内外搭建各种表演舞台，使他们在各种形式的演出活动中得到锻炼，从而维护民乐队员的学习积极性。还可以推荐优秀的民乐队员参加国内、国际民间音乐文化交流活动，使学生体会到民族音乐文化的魅力。

(5)主渠道与多渠道相结合

除了对民乐队员进行校内训练外，可鼓励学生参加市、区级青少年宫、儿童乐园、文化馆等校外训练机构的学习，拓宽训练时间和空间，促进学生演奏能力的进一步发展。

4．关注细节，锻炼合奏表现力

指挥是整个民乐队的核心，在训练时要关注每个细节。如什么时候拿起乐器，演奏什么乐器，速度怎么样，什么时候结束演奏等问题，都要在指挥的引导下，才能整齐划一地完成。因此每个队员在演奏时，都要仔细地看指挥的动作，领会指挥的意图，学会协调统一，配合默契。乐谱是作曲家记录音乐的“图纸”。演奏者只有一丝不苟地按乐谱演奏，关注里面的每一个细节，才能把音乐完美地再现出来。民乐队员不仅要把音的高低、节奏的长短演奏得准确无误，而且速度的快慢，力度的强弱以及各种演奏记号、表情记号都要按要求演奏出来。这样才能在合奏中进行准确的演奏，较好地表达乐曲的情感内涵，把美好的音乐传递给听众。

5. 伙伴学习，提升团队凝聚力

①伙伴共学

“聪明的孩子会演奏，自信的孩子要演奏，快乐的孩子爱演奏。”在民乐社团招生之前，可以先安排一场精彩的汇报演出和家长交流会，让学生通过看一看、听一听、问一问、摸一摸，根据自己的兴趣自主选择一种最喜欢的民族乐器来学习。按照民族管弦乐团的编配比例，可以开设多个学习小组，如二胡、竹笛、唢呐、葫芦丝、琵琶、扬琴、中阮、柳琴、大提琴、打击乐等民族乐器组。每组6~12孩子，并选出有能力和责任心强的学生任小组长。同样年龄段的孩子带着相同的兴趣爱好，在相同的时间、选择相同的乐器，向同一位教师学习，这种“伙伴式”的音乐学习形式摒弃了“孤军作战”的心理。在共同的学习过程中，教师可以及时了解学习的状态，帮助克服他们技术上、心理上共性的困难。家长也可以在观察、比较中配合学校的音乐教育工作。实践表明，参加民乐队的学生普遍意志比较坚定，团队意识强，这便是“伙伴式”学习的成果。

②伙伴切磋

同伙伴组内或其他伙伴组组间的学生在学习乐器的过程中，都面对各种各样的问题。“为什么我的二胡的音不准了？”“你知道最早的笛子是什么时候产生的吗？”“怎么样才可以区别琵琶和柳琴？”“你能讲讲关于《高山流水》的典故吗？”有的是教师提出的，有的是伙伴提出的，还有的是自己不明白的问题。民乐队的孩子们会进行切磋、讨论，相互启发，探索音乐表现技能的深度及艺术审美的答案。在这种“你问我答”的音乐学习氛围中，孩子们经常提出问题、开展讨论、相互交流的过程，正是开展自主学习、探究性学习、研究性学习的契机。

③自评互评

评价的方式有自评、互评及他评等，伙伴间主要采用自评和互评的方式。由于在音乐民乐中学生个体差异明显，因此，伙伴的评价重点应放在自我发展的纵向比较上。各组伙伴之间的评价应充分体现评价的民主性，营造和谐、团结的评价气氛，进行生动活泼的评价。如可通过展示各个伙伴组的音乐作品、音乐小评论、演出照片、录音录像等，达到相互交流和激励提高的目的。生动活泼的自评与互评，能增加情感体验，促进学生个性发展，并在评价中不断提高。

④伙伴竞赛

乐器演奏学习重在反复练习，这是所有学过器乐的人都常说的一句话。如果一味地让小学生反复、枯燥地练习乐曲，往往就会使学习兴趣被一点点掠夺。在民乐队里，利用学生好强、好胜的心理特点，在伙伴学习中引进竞赛机制，让学生通过竞赛，自觉自愿地反复练习。可以通过评选“优秀小乐手”、“快乐演奏家”、“民乐小达人”等进行奖励，这样就能激励学生不断进步。

四、中学生管弦乐团的组建

学校管弦乐团的建设是全面深化素质教育,提高教育质量的有效载体,它将推动学生个性的发展,推进培养模式多样化,满足不同潜质学生的发展。

以效实中学为例,学校管弦乐团的建设策略如下:

(一)建立完善的乐团机制

在乐团的组建中首先要建立乐团机制。确定乐团章程,明确乐团成员的职责与义务,为乐团建设提供有力的保障。

(二)加强师资队伍的建设

有了制度的保障后,学校师资队伍的建设成为一个重要的环节,需要音乐教师们共同的努力。首先要把育人作为建设乐团的首要目标。一切围绕着学生,以学生对音乐的兴趣和爱好为基点,通过演奏和审美来培养心性、陶冶情操,提高学生对美、爱和责任的敏感与热爱。其次要有奉献的精神,任何事情不要斤斤计较,只要付出,不求回报。再次要加强艺术教师自身艺术素养的学习,提高组织协调的能力。积极参加各类学习充实自我;多看有关管弦乐类的书籍;多观摩各种艺术团队的表演;走出校园到其他有乐团组织经验的学校学习;在校内外积极组织各级各类的艺术活动,在活动中提高组织协调能力。

(三)聘请优秀的艺术指导

在乐团建设中需要借助校外有乐团排练经验的优秀指挥定期来校指导,提高学生对作品的感悟能力,提高乐团的演奏水平,开阔学生的视野。

(四)招收管弦乐团的学生

学校管弦乐团人员的确定来源于以下三个途径。

首先,要做好结合艺术特长生的招生工作,制订招生策略,规范招生过程,精心选择一批德才兼备的艺术生到学校,为乐团充实力量。

其次,每年在新入学的高一学生中进行“招兵买马”,选择一批管弦乐基础较好的学生加入乐团,其实这批学生也是在乐团中充当着主力军。

最后,要选择一些有乐器演奏基础的学生改学乐团缺少的乐器,如请有钢琴基础的学生改学低音提琴或打击乐,有萨克斯基础的学生改学双簧管或大管等。

(五)关注管弦乐团的乐器配置

在确定乐团的人员的同时要关注整个乐团的乐器配置情况,当出现乐器配置有问题时,及时进行调整。如发现乐团没有学生演奏大管乐器时,就要考虑在高一新生中让有音乐基础的学生改学这件乐器,保证乐团演奏的最佳效果。

(六)确定演奏的曲目

在演奏曲目的确定上要慎重,必须根据学校乐团的实际水平进行筛选。可从以下几类中选择:

1. 可以选择一些经典中外音乐作品。如外国经典的管弦乐作品《法兰多拉舞曲》、《卡门序曲》、《费加罗的婚礼序曲》、《拉德茨基进行曲》等;中国作品《太阳出来喜洋洋》、《红色娘子军序曲》、《黄河钢琴协奏曲》等。

2. 可选择一些电影(动画)音乐进行演奏，增加乐团学生的乐趣。如《加勒比海盗》、《夏天》、《千与千寻》等。

3. 根据需要可以请人创作适合学校乐团的作品，如《校歌》、合唱伴奏《游子情思》等。

4. 在选择过程中发现作品很经典但学校乐团又难以胜任的情况下，可对这些作品进行改编，对其声部进行调整或节选或请人重新配器。如电影音乐《豪勇七蛟龙》、《第九(自新大陆)交响曲》第四乐章等。

(七)购置一套质量较好的乐器

学校需要一套质量较好的乐器，特别是打击乐器，如五鼓一套可调音的定音鼓、交响大锣、马林巴、钟琴、三角铁、小军鼓等打击乐器的音质对整个乐团的音响效果有很大影响，所以质量必须要好。铜管类如大号、圆号、小号、长号等乐器的购置也要注重音色。木管乐器中的大管、双簧管需要由学校购置，而单簧管、长笛可以让学生自带为主，学校购置 1~2 支备用。弦乐类乐器中，低音提琴、中提琴需要由学校购置，大提琴、小提琴可以让学生自带为主，学校可以购置 3~4 把备用。

(八)营造丰富多彩的艺术活动

通过音乐会及各类艺术实践活动，提高乐团学生的演奏能力，培养团队协作精神，并进一步让学生感受高雅艺术的魅力，获得审美的愉悦，达到以美育人的目的。学校每年举行艺术节，其中一类节目就是演奏管弦乐合奏作品；每学期都有国外交流的学生来访，学校会安排乐团的学生与他们进行交流，并组织乐团的学生到国外去参加音乐会；每年参加市教育系统的艺术活动；定期举行管弦乐音乐会等。

(九)构建独特的校本课程体系

校本课程的开发是目前高中新课程改革的关键，学校开发了《管弦乐演奏》校本课程，在教学中通过鉴赏优秀的中外管弦乐作品，感受管弦乐丰富的表现力和美感，探究高中音乐鉴赏中管弦乐作品的教学课程，拓展交响音乐作品的内容，使之作为音乐鉴赏必修课程的延伸，逐步提高学生的演奏能力，培养学生健康的审美情趣及与他人协作的精神，使学生在演奏活动中享受到美的愉悦。

(十)建立完善的评价体系

根据高中音乐课程标准评价建议中的导向性、科学性、完整性、可操作性原则，设计一套有效的评价体系。

(十一)开展日常的训练活动

训练的方式与步骤：聆听——鉴赏——分组练习——合奏。

在具体的实施中，首先聆听或观看中外著名交响乐团演奏的作品，让学生感受到管弦乐丰富的表现力和美感。

其次对演奏的作品进行鉴赏，了解作品的创作意图(背景)，分析作品的结构及风格特点，剖析作品的重、难点，揭示作品内在的寓意，增进学生对即将演奏的作品的了解。

接着进行分声部练习，为合奏做好充分的准备。在分声部练习中，一定要把握作品的音准、节奏、速度、力度等要素并进行准确无误地演奏，逐步提高学生的演奏能力。并与产生美感的声、情、琴、动作相联系，从而更好地表现音乐。

最后进行合奏。乐队演奏是实践性很强的学习内容，每一位学生必须调整自己乐器的音准，使其符合乐队演奏要求，正确奏出自己声部的音乐，注意各声部间的和谐与均衡，并对指挥动作作出正确的反应。通过合作演奏，使学生能够根据自己对作品的感悟，发表对音乐的处理意见，在培养学生兴趣与爱好的基础上发展其音乐才能。使学生的表演潜能及创造潜能得以充分发挥，并培养学生感受与表现音乐的能力，使学生在演奏活动中享受到美的愉悦，得到情感的陶冶与升华，让音乐成为其终身热爱的艺术。

(十二)正视管弦乐团建设中存在的问题

随着课改的深入，如今学校对艺术教育开始重视起来，但是在高考指挥棒的引导下，我们的艺术教育走着曲折的路，需要管理层的大力支持，需要音乐教师们的共同努力。

在建设乐团当中也存在着一些问题，主要是学生学业与训练时间的冲突，如排练时间不充分，排练曲目不够丰富，越有经验的学生越临近毕业而不得不退出乐团，在演奏训练中由于学生理解能力和悟性的不同，演奏能力的提升参差不齐，合奏效果不能尽如人意等。但应当正视管弦乐团建设中存在的问题，努力克服各种困难，保证管弦乐团的正常运行。

学校管弦乐团的建设已经融入到学校艺术教育的成长和发展中，形成了学校艺术教育的办学优势和资源优势，对全面提高学校教育品质，为学生终身发展奠定良好的音乐文化基础，提升良好的艺术涵养，促进学校艺术特色教育的发展具有重要的意义。

五、中学生混编乐队的组建

建立一个整编制的乐团固然是理想之举，但对很多学校来说困难较大。以李惠利中学为例，经调查发现，虽然有不少学生会演奏乐器，但乐器种类五花八门，无法组建一支整编制的民乐、管乐或管弦乐队。为此，我们组建了一支混合编制的乐队，主要过程如下：

(一)乐团的组建

高中阶段很多学生都会乐器，并有一定的基础，由于我们组建的是混编乐团，使得我们有很多的选择。

整编的乐团从编制来讲一般都是由弦乐组、铜管木管组(民乐中为吹管组)、打击组、色彩乐器(民乐中还有弹拨组)组成；从声部来看每个组都分为高、中、低声部。根据以上的规则和实际人员情况，我们将二胡、小提琴、大提琴编在弦乐组；古筝、琵琶为弹拨组；萨克斯、单簧管、长笛、竹笛、手风琴为吹管组；打击乐组由有一定音乐基础的同学担任。详见下表：

弦乐组	吹管组	弹拨组	打击组
二胡	长笛	琵琶	三角铁
小提琴	竹笛	古筝	鼓等
大提琴	单簧管		
倍大提琴	萨克斯		
	手风琴		

具体人数根据实际情况而定。

(二)作品的选编

目前混编乐团稀少,在乐团的编制上更是五花八门,各有各的特点,因此很难找到适合特定编制的混编乐团的作品,那就要求教师根据乐团的特点选择作品和重新配器。现以民族管弦乐团作品《阿西里西》为例谈谈我校混编乐团对这个作品的处理和配器方法。

根据我校乐团的编制情况,由于有琵琶、古筝、二胡等民族乐器的存在,所以在作品的选择上要倾向于民族风格的作品,这样能更好地把握和表现作品的风格。为此,选择了由朱毅作曲的民乐合奏曲《阿西里西》。这个作品以云南民间音乐《猜调》作为快板音乐素材,以贵州地区彝族民歌《阿西里西》为慢板音乐素材。

混编乐团由于中西乐器律制的差异,会对乐团的音准和融合性造成较大的影响,这需要对作品的配器进行重新的思考和改编。配器构思如下:

本作品 1~25 小节为乐队全奏,以展示乐团的整体音响效果,主题由竹笛、小提琴、二胡演奏,其他乐器组合成和声节奏式的伴奏织体,同时萨克斯和手风琴演奏和声,增强整个乐团音响的融合性,弱化因中西乐器音色差异造成的不和谐感。

谱例 1

阿西里西(混编总谱)

朱毅 作曲
颜海鹏 改编

第 26~41 小节由竹笛演奏主题，由于弹拨组乐器人员编制不够，伴奏声部中采用弹拨组乐器和小提琴共同担任，为了使这两种乐器能更好地统一，小提琴采用拨奏，在统一的同时弥补人员不足造成的声部音响上的不平衡。

谱例 2

第 42~57 小节由弹拨组演奏主题，伴奏声部采用小提琴波音演奏。由于两种乐器音色上的差异，小提琴没有采用每拍四分音符的常规演奏，而采用了波音的演奏法来弱化这两种乐器在音色上的冲突。

谱例 3

第 26~57 小节竹笛和弹拨组分别演奏同一主题，同时竹笛和弹拨组的音色对比又使主题增添了新的色彩。

第 58~73 小节，这一旋律对前面的主题作了总结，乐团全奏，竹笛、小提琴、二胡演奏主旋律，加入单簧管进行二声部的演奏，二声部采用了对比性复调的写法，更好地突出两组乐器的音色特点，也使旋律更加丰富。

谱例 4

经过第 74~89 小节的过渡转调至属调，第 90~116 小节在新的调上重复了作品开始的主题，引出作品第二部分。

第 117~126 小节旋律柔美抒情，引入单簧管奏出此主题，弹拨组固定节奏衬托，柔美而不失诙谐，126 小节后两拍二胡奏主题，同时长笛和手风琴进行长音和弦的烘托，增加整个音乐的厚度。

谱例 5

第 135~142 小节为上一主题的发展，二胡和竹笛演奏主题，小提琴模仿复调写法，两拍后进入。小提琴模仿复调的写法淡化了和二胡因音色差异造成的不和谐感。竹笛和二胡的组合使主题更加的明亮，同时也避免了由于二胡的发声特点和人数不够与小提琴声部的音响不平衡。

谱例 6

经过第 143~154 小节的过渡，回原调，乐团全奏，并重复了 A 段的第一个主题，在第 180 和第 185 小节引入新的节拍 3/4 拍，增强旋律的动力，推动音乐进一步发展。最后进入乐队全奏，由吹管乐器的长音，拉弦乐器十六分音符固定动机，弹拨组分别摇指和轮指，用各自擅长的演奏法，展现每件乐器特点，在作品高潮处结束。

谱例 7

35
190
竹笛
Fl.长笛
单簧管
中音萨克斯
open
次中音萨克斯
open
Timp.
手风琴
古筝
三角铁
铃鼓
堂鼓
小提琴1
小提琴2
二胡
open
大提琴
open
BASS

(三)作品的排练

1．编制分谱

由于乐团编制中西合并,队员基础参差不齐,管乐器中乐器的调也都不同,分谱会显得特别复杂,有五线谱,有简谱,同时谱面上看也会出现很多不同的调,这就要求指挥做好案头工作,编谱好适应各个乐器的分谱,以提高排练效率。

2．关注音准

中西乐器在律制上存在的差异,导致在合奏中的音准问题会比较明显。在乐团校音中选择相对统一的律制,并且每次校音以同一个标准,并要求队员对这个音准概念进行记忆,形成统一的音准感觉。并在平时的练习中根据乐团编制进行和声连接练习,强化整体的音准概念。

3．分部练习

指挥制订练习计划,对每个声部演奏提出统一的要求。各声部的首席对各自声部进行指导和训练,同时由指挥对各声部进行检查指导。

通过混编乐团的实践,发现中西乐器并不是完全的不能融合,只要把握不同乐器的特征,了解不同乐器音色和律制间的差异,对中西乐器进行合理的声部组合和演奏法调整,中西乐器也是可以混合演奏并取得较好效果的。有很多的作品通过改编也是可以适应混编乐团的需求的。我校用混编乐队演奏的《阿西里西》,在 2012 省市中学生器乐大赛中获得了佳绩,更让我们对混编乐团的组建和发展增强了信心。

六、中学生电声乐队的组建

自我 2007 年调入镇海中学以来,就有一个想法,想组建一支电声乐队,原因有三:其一是新一轮深化课程改革对音乐模块教学的要求,我借此机会拓宽学生的学习内容;其二是我比较喜欢电声乐队,自己以前也参加过电声乐队;其三是我觉得学校有一支电声乐队会让校园更加充满活力,同学们的校园生活也会更丰富。因此我就开始物色人选,通过校园贴海报、贴吧发帖子、学生调查等途径,还真找到了电声乐队的“各路人马”:吉他手、贝司手、鼓手、键盘手、主唱。基于学校的特殊情况,我给参加乐队的同学提出的要求是带上自己的乐器参加乐队,学校负责提供场地和技术支持。人员整齐后,给乐队成员提出了排练要求和排练纪律后,乐队就算正式成立了。大家给乐队取了一个很个性的名字——MIX MAX。

(一)初出茅庐

由于高中的学习比较紧张,而参加乐队的成员来自不同的班级,所以乐队排练的时间就不太好统一,可是学生们的热情很高涨,愿意放弃休息时间来参加排练,于是,中午午休时间、晚自习之前的一段时间就变成了排练的时间。学生们也非常珍惜这些排练时间,练习非常刻苦。如何让学生保持这种高涨的情绪呢?根据学校的安排,每年 10 月份学校都会举行校园十佳歌手比赛,我打算让乐队作为嘉宾演出上台表演。我把我的想法和乐队的学生说了后,学生们都很激动,练习的劲头更足了。他们选择了一首经典的老歌《海阔天空》作为本次演出的曲目。经过一个多月的紧张排练,乐队终于在十佳歌手比赛的舞台上亮相了。虽然他们的演出还稍显稚嫩,但是学生们还是对他们报以热烈的掌声和欢呼声,乐队初次亮相取得了成功。

演出完后,我把乐队成员集中起来,给他们作了一个总结,对他们的演出首先给予肯定:乐队成员团结、协作、不怯场、有自信。同时我也对他们提出一些更高的要求:这只是我们的起步,我们还有很多的东西要去学习,比如个人的演奏技巧、乐队成员之间的配合、快速的读谱能力等。通过本次活动,我发现同学们的自信心提高了,训练的积极性更强了,练习的质量也更高了。

(二)新老交替

由于高中阶段学习的现状,高中阶段组建乐队的困难也异常明显,那就是乐队成员的更新期较短。刚刚走上正轨的乐队成员由于升学的原因不得不退出乐队,为此,我在前一批队员的训练过程中,开始物色新成员了。新成员中有好几个是看到乐队第一次演出后慕名而来的,积极性都很高。所以,在老队员排练的时候,新加入的成员可以观摩。为了给乐队提供更好的学习环境,在我的争取下,学校专门为电声乐队添置了新乐器。看到崭新的乐器,学生们都激动不已,训练的热情也大大提高了。

因为有了前期的准备,所以新老交替的"阵痛"很快就过去了,乐队队员过渡比较平稳。新老队员为了纪念这个具有象征意义的交替时刻,在学校艺术节的闭幕式上共同演绎了那首《海阔天空》,作为他们承先启后的纪念作品。乐队的演出,又一次带来了一片赞誉。

(三)梦想绽放

自从艺术节的那次表演后,学校大大小小的活动中,都有电声乐队的身影出现:周末嘉年华、四校联谊、学校百年校庆的纪录片录制、元旦汇演等,他们成了校园明星。然而,他们没有满足,他们要向着更高的目标前进。一天,乐队的负责人来找我,向我提出了他们的想法:想办一场乐队专场。我为他们这个大胆的想法感到欣喜,但同时,我也提出了几点质疑:一、专场演出需要大量的作品,你们能排出来吗?二、演出涉及很多问题,比如服装、场地、灯光、音响、后勤保障等,你们能做到吗?三、排练演出曲目需要耗费很多的时间和精力,你们能做到吗?面对我提出的几点质疑,学生都一一用肯定的语气给我答复了。我被他们的这种执著感动了,但同时也为他们捏了一把汗。

准备活动在如火如荼地进行着,我们把演出曲目确定为:1.开场曲《亡灵序曲》;2.成员介绍(各自 solo);3.《let it be》;4.《分手快乐》;5.《童话》;6.《屋顶》;7.《rolling in the deep》;8.《nobody's home》;9.《唯一》;10.《when you are gone》;11.《因为爱情》;12.《情非得已》;13.《十年》。在制定演出曲目时,学生充分考虑到歌曲的可听性以及现场演绎的效果,同时为了使专场演出有更好的效果,他们还邀请了一些演出嘉宾助阵,其中就包括我演唱的《十年》。曲目确定后,排练及相关工作就紧张而有序地进行了。

排练中,每一个细小的环节学生们都力求做到更好,节拍不对、音符不对时找到原因后马上改正过来,有些曲目的节奏不好掌握,学生们就一遍遍地练习,直到所有的学生都能顺利跟上节拍为止。在这段时间中,所有的乐队成员都放弃了休息时间参加排练。这样的排练为成员之间的默契配合打下了基础。练习乐曲的同时,他们也花了很多工夫和心思去制作海报、宣传视频，而我也为他们联系演出场地，借来演出用的电子鼓，也算是为他们的专场演出出了一份力。功夫不负有心人，在学生们紧张而有序的排练中，十几首曲目都“新鲜出炉”。2012 年 4 月 27 日晚，校体育馆里，MIX MAX 乐队专场演出正式拉开了帷幕。乐队成员悉数登场，引来了一阵阵的欢呼声和尖叫声，现场的气氛非常热烈，演出取得巨大的成功。

(四)收获硕果

几年的努力下来，乐队的发展变化巨大，从当初的青涩走向现在的成熟，从当初的阵容简单到现在的阵容整齐。学生们的成长也是显而易见的，不但从演奏技巧上有了更大的提升，同时也令他们的心态发生了巨大的变化：变得更细致了，更团结了，更注重合作探究了。通过乐队的学习，队员参与音乐活动更积极了，学习兴趣和自信心得到了较大增长，合作意识和团队精神也更强了。

我们每个人都有梦想，可是，真正能实现自己梦想的人又有几个呢？我想，电声乐队的同学们做到了，乐队的经历让他们成长，让他们实现了自己的梦想。我为他们感到骄傲，这也是我组建乐队的收获吧。相信，MIX MAX 一定会坚定地走下去，走得更远……

七、高中生器乐选修模块的开设

2012 年 9 月，随着新课程改革的深入推进，高中学校为高一新生开设了大量的选修课。选修课的开设对音乐学科和音乐教师提出了新的要求，上报选修课的时候学校对音乐学科也寄予厚望，为了让选修课开出特色，我决定结合自己的特长，开设手风琴选修课。

(一)开课前的准备

我对开课条件作了一下简单的分析。1.师资：我自幼学习手风琴，有较强的手风琴演奏能力，对手风琴的教学也充满信心。2.生源：学生中有很多是曾学过手风琴的，因为学业越来越紧张就不得不舍弃了，即使没有学过，这件乐器应该也算比较有吸引力的，所以不用担心生源。3.硬件：原来学过手风琴的学生大部分自己有琴，没有琴的买新琴也不算太贵；学校有足够的排练教室。

我编写了《手风琴入门与进阶》的选修课程，将手风琴学习划分为三个阶段：一是初级入门阶段，能够掌握手风琴演奏的基本知识与技能，以集体教学形式为主；二是演奏水平提高阶段，采用集体教学和一对一辅导相结合的教学形式，三是手风琴的应用阶段，通过演出与实践，丰富学生的舞台演出经验，增强自信。教学的主要内容包括：1.手风琴演奏初级教学；2.手风琴独奏曲目的单独训练，包括中国风格乐曲、复调乐曲、爵士风格乐曲等专题训练；3.合奏曲目排练，包括重奏与合奏；4.手风琴专场汇报演出曲目。

(二)手风琴第一课

想起手风琴选修的第一节课，直到现在我还记忆犹新。学生第一次背起手风琴时，我明显地感觉到了他们的手足无措，有个学生甚至是把琴反着背的，学生怯生生地看着我，我知道这是因为他们不确定我的态度，我面带着微笑告诉他们：“没关系，不要紧张，大家可以按照我说的做——后背挺直，双腿微分，将琴的重量放在左腿上，肩带在双肩上放正，左手穿过腕带，手自然弯曲呈拱形，按下任意的琴键同时拉动风箱，发出声音……”通过我的语言指导和动作示范，学生渐渐摆脱了对手风琴的生涩之感，并慢慢奏出了好听的声音。

（三）右手的练习

手风琴的练习曲选择，要注意从学生熟知的简易作品入手，并与识谱和基本演奏法相结合。例如：在进行右手五指位置的练习时，我选择了学生熟悉的歌曲《粉刷匠》，将五线谱中的do re mi fa sol五个音，与琴上的C D E F G五个键、右手的五个手指位置一一对应起来，使学生既学习了识谱，也学习的演奏法。由于这首乐曲学生非常熟悉，如果弹错了也能自己进行纠正。在此基础上，再练习一首学生不太熟悉的《会唱歌的鸟》，让学生用熟知的曲目来练技术，再以习得的技术来练新曲，做到学以致用，触类旁通，提高练习效果。

会唱歌的鸟

（四）左手的练习

由于手风琴的左手在演奏时看不到，且音位不是采用级进音阶的排列法，因此，需要根据左右的排列音位和左手在演奏中主要承担和声伴奏的特点，设计相应的练习曲。我以C、F、G三个和弦为例，将左手的音位作了一下归类，列出了以下四条练习曲，来帮助学生记忆，收到了较好的效果。

我的手风琴选修课才起步，学生的演奏能力也才达到“入门”和“初级”水平。但手风琴选修课的开设，丰富了学生的学习内容，激发了学生的学习欲望，使我对继续开好这门课程充满信心。

音乐艺术的熏陶与培养不是一朝一夕、立竿见影的，应当是长期的、持续的、润物细无声的。我希望我们的学生能够在手风琴选修学习中，获得音乐的滋养和熏陶，并爱上手风琴。

（徐　波　薛旭东　沈　红　颜海鹏　丁望峰　武　晶）

第四章　教学研究篇

研究是应用科学的方法探求问题答案的一种过程,有计划和有系统地收集、分析与解释资料的方法,正是科学所强调的方法。教学是一门艺术,同时也是一门科学。教学是有规律可循的,这种规律便是科学。但教学又是一种动态生成且极富创造性的过程,在教学过程中,会产生很多新问题。于是,就有了对教学进行研究,以实现解决各类教学问题,提高教学效率的目标。

音乐教师为什么要作研究？成为研究型的教师是教师走向专业化的要求。简单说来,就是音乐教师应该在研究的状态下工作。不会写文章也可以成为名师,要会写文章,才有可能成为教育家。

教学研究能力是指运用一定的理论和方法,研究解决教育教学问题的能力。它是教师教学能力结构的重要组成部分。教师的教学研究能力包括教学反思、教学评价、论文写作、案例写作等能力。

本章将从教学反思能力、教学评价能力、论文写作能力、案例写作能力四方面展开论述。

第一节 教学反思能力

音乐教师教学能力的提高是一个积累的过程,而教学反思是教师积累教育教学经验、提高教学素养的有效方法。教师通过对自己的教学进行有意识的积累总结,能较快地提高教师的教学水平和能力。美国学者波斯纳(Posner,1989)提出了一个教师成长公式:经验+反思=成长。他还指出:没有反思的经验是狭隘的经验,至多只能是肤浅的知识。曾任美国幼儿教育协会主席的丽莲·凯兹博士指出:“教师专业化的起点,在于愿意去思考问题,并尝试提出自己的改进方案。”由此可见,反思对教师的成长是多么的重要。

新课程改革呼唤“思考问题与改进教学”的反思型音乐教师。新课程改革使音乐教师具有更多的创造新形式、新内容的空间,更注重教师对教材的个性化处理,更注重教师具有新的教育理念,更注重教师对教学提出自己的、新的、独特的教学思路,运用符合学生实际的、更有成效的、新的教学方法,因而也就要求教师更注重对自身教学进行反思,不断总结、积累自己在教学过程中的所得、所思、所感,把自己的经验、积累转变成高效课堂的有力推手,把自己的教学创新推向更高的层次,适应新课程改革的需要。

一、从教师自身在教学中的体验来反思

教师要对自己的教育教学行为和全面发展状况进行系统的自我反思,要充分认识自己的优势和不足,这是促进教师反思能力发展的最佳途径。自我评价的目的不在于评优评劣,而在于由此形成改进的计划,促进教师自身的提高。

(一)思所得

每一堂课总有自己满意的地方,也就是成功之处,并把它们归类整理,提升形成一些带有规律性的东西,供以后教学时参考使用,在此基础上不断地改进、完善、推陈出新。

(二)思所失

任何一节课,或多或少都有一些不足,教师课后要进行回顾、梳理,并对其作深刻的反思、探究,使之成为引以为戒的教训,及时弥补不足,才能不断走向成功。

(三)思所难

教师课后把教材难点的处理方法、教学的信息反馈或效果、今后改进的教学设想等写下来,并进行深入细致的分析、比较、研究,长期坚持,必将极大地提高教师处理教材难点的能力,化难为易,再帮助学生突破难点,加深对教材的理解。

(四)思创新

教师在课后,应该静心思索自己在教法上有哪些创新,知识上有什么发现,组织教学方面有何新招,启迪是否得当,训练是否到位等。及时记下这些得失,并进行必要的归类与取舍,扬长避短,精益求精。

二、从他人对课堂教学的评价反馈来反思

俗话说,“当局者迷,旁观者清”。若能从学生、其他教师、教研员等处的反馈中,发现教师自我评价难以认识到的问题,对教师行为的改进和教学水平的提高会产生积极的影响。教师可以通过他人的评价反馈,对自己的教学进行客观冷静的分析、审视。可以通过结对帮扶、集体备课、听课评课、学生座谈、问卷调查等方式,促使教师多方位深层次反思,避免孤芳自赏,实现“蒸蒸日上”的进步。如在一次音乐教研活动中,一位教师上了《金孔雀轻轻跳》一课,听课教师对课堂教学中合作学习环节提出了异议:学生合作学习的方法掌握不好,教师提供学生合作的时间不够充足,合作学习的效果不明显。教者听了反馈意见后,写了教学后记,并在第二次课中进行纠正,取得很好的课堂教学效果。可见,同行的评价与建议,往往能弥补教师自身难以发现的设计、操作上的问题,从而改进教学。

三、从学生参与课堂的表现来反思

学生是教学的主体,他们参与课堂学习的情感反应,更能反映出教学的有效度,反映出作为共同学习体的师生双方的参与态势和互动效果。具体地说,首先是课堂观察反思。在课堂上,应及时观察学生、关注学生,学生的所做、所说、所思、所学、所感都是教师进行自我评价的依据。教师要运用新课程理念,对自己的教学进行深层次的反思,为教学策略的调整提供及时的信息导向。其次是对学生学习结果进行评价和反思。如在一次课堂教学中,教师只顾自己弹琴和范唱,由于速度弹得太快,调定得太高,大部分学生还是没跟上,教室里乱哄哄一片。几遍过后,教师生气地说:“你们这个班,总是有部分同学不遵守纪律,看看人家班,纪律多好,唱歌的声音多好听。”说完,还让那些表现差的同学站出来唱,没想到这些学生不但没唱,还在偷偷地笑。从上可知,教学中的问题主要出在教师身上。因此,教师要用心观察学生,细心发现学生的需求和势头,通过合理运用激励性评价手段,激起学生的参与愿望,让他们在课堂中体验成功的喜悦。同时要通过学生的反应(如学生的课堂言行神态、思维状态等)反思自己的教学,适时调整自己的教学策略和方法,进行“二度设计”,用自己的智慧最大限度地激活课堂,促进课堂上的动态生成。

四、从同类课堂教学情况的比较来反思

“他山之石，可以攻玉。”通过与同行同题材的教学情况的比较来进行反思，是教师进步的又一途径。教师通过观摩同行上课，与同行对话、交流，并从不同教师教学设计中的相同与不同之处，对教学问题及事件的不同处理中，得到启发，收获教学经验。也可以找一些同课题的录像课资料来观看、比较、剖析，然后与自己教学的每个环节作比较，通过不断地琢磨，完善自己的教学。也可以听其他教师上同一课题的课，然后进行参照对比。对比较成功的做法要及时加以总结和优化，对双方不同的做法要客观地加以分析，要实事求是地提出来和同行开展讨论、交流、沟通，求得“共赢”。

五、从评价他人中进行反思

评价的过程既包括参与课堂教学全过程，也包括课后对课堂教学的重温，需要全身心的投入。简而言之，完成对他人的评价就是一个体验与再体验的过程。体验，就是亲历。再体验，则是一种审视。

在音乐教研活动时，很多时候教师之间要互相听课、评课。因此每位教师都有机会做评价者。在这样的课堂教学评价中，评价者一要关注学生，移情体验学生学习的过程，实现教与学的融通。二要关注教者即被评价者，换位思考，实现他人与自己两方的对话。三要反观自身的状态，实现认识上新与旧的碰撞。经历这样的轮回，教师便进行了一次实实在在的培训、学习、反思、研究。教师们一起互相评析、研讨、反思课堂教学，共同提高课堂教学水平。

音乐是艺术，而音乐教学更是艺术中的艺术。教学反思是“在教育教学中，通过教育教学，为了教育教学”的研究。开展音乐教学反思，可以使教师更好地掌握教与学的规律，将音乐课堂教学得失从理论与实践两方面进行剖析，从而追求更高层次的教学合理性。

（郑　昕）

附：教学反思例选四则

编者按：以下教学反思，真实再现了教师们在备课、上课过程中的外在行为和内在心理过程，反映了音乐教师的教学研究习惯、态度和对高效课堂的认识、追求。通过反思，我们将读到一个个教师对音乐教学的深切体悟。

《快乐的农夫》教学反思

从第一次听到“人声乐队”之后，就有各种关于“人声乐队”的培训讲座、实践操作、课堂展示、案例分析等，似乎我们渐渐熟悉了它，可它似乎又很神秘，让人捉摸不透。于是乎，几个女人每周碰头，一起研究它、探讨它，分析如何可以让我们离它更近，通过它让我们的学生提高同节奏合唱的表现能力。

《快乐的农夫》一课就在幸福的研究氛围中产生了。因为《快乐的农夫》的B主题旋律是三度叠置的同节奏两声部合唱，符合我们研究的主题《"人声乐队"提高同节奏合唱作品表现力》，而且爵士版本的《快乐的农夫》比钢琴版本的乐器更多，音乐色彩更加丰富了，适合学生进行"人声乐队"式的模拟表演，其中的切分节奏、即兴变奏等也让人更轻松，欢快。于是，就有了我们爵士"人声乐队"版本的《快乐的农夫》。

预设时总是想得很美好，从一开始的跟随音乐律动让学生自然地熟悉伴奏并模拟乐器为音乐伴奏到A主题旋律的学习、模拟，再从A主题旋律的分到B主题旋律的合，循序渐进地进行学习、模拟，并结合身体动作加以辅助，让学生完成从分到合的同节奏两声部合唱，到最后再加入两声部的伴奏，最后再现乐队效果。

可实践过程总不尽如人意，虽然课的前面部分目标明确，遵循了循序渐进的教学规律，得到了大家的肯定，但是由于本人自身原因造成教学的低效。经同组教师们的讨论，得到如下改进建议。

1. 用电子琴模拟乐器音色时，使用何种奏法能在音色表达上与所模拟的乐器相符很重要。比如，小号的音色用断奏的方式更接近，用连奏的方式不太相符。

2. 如何有效地进行从A主题旋律的分到B主题旋律的合的教学，完成同节奏两声部合唱教学目标，提高学生同节奏合唱能力？除了用不同的声音模拟，还应该通过聆听、分辨，根据听到的不同音乐做出分辨、反应。比如可以通过聆听，分组举手表示不同的乐器，当听到B主题时一起举手表示两声部。也可以通过教师在电子琴上同时奏出两种不同的乐器音色，再进行师生之间、生生之间的合作等多种教学手段，循序渐进地教学，使每一步的目标更明确，教学更有针对性。

我想，我还可以尝试挑战自己，因为我处在这么一个良好的团队当中。感谢我们的研究环境。感谢组长，感谢组员们！

（谢维俊）

《我和你》教学反思

今天是我们东片教指站赛课的日子，我的这节课之前已经在同事的帮助下磨过两次了，在短短的几天，我经历了教学上的几番挣扎，尽管每次在课堂上会留下"败笔"，经过再准备再反思，到下一次还会留下新的遗憾，让我感觉教学的完美是如此难寻，但也恰恰是这些曲折与纠结让我对这节课的教学有了清晰的认识。

首先我对为什么要上这节课有了明确的目标。我们这节课的教学意图是来源于我们现阶段正在探索的课题——《"人声乐队"提高同节奏合唱作品表现力》，是继《快乐的农夫》从分到合的合唱思维又进一步思考的实验课。《快乐的农夫》是采用接唱式的合唱，而且第二声部是处于支声地位的，而《我和你》这首歌是采用类似轮唱式的呼应式合唱，而且第二声部具有相对较独立的意义。歌曲的结构是：第一、二两句呈轮唱式的合唱，第三句是和声式合唱，第四句又回到开头的轮唱式合唱。这样的歌曲类型在教材中虽有出现，如《迷人的火塘》，但数量不多，为了再增加一些这样的歌曲让学生体验，我就选择了自己编配第二声部的《我和你》这首歌。

其次，“人声乐队”提高同节奏合唱作品表现力的研究是我们课题研究的主要教学目标。为了提高学生对旋律的感受与表现能力，加深对旋律的印象和提高学习旋律的兴趣，我们以人声模拟乐器音色作为旋律学习中的重要环节。因为乐器具有很强的艺术感染力，通过教师引导，让学生去了解乐器的发音特点，模拟出乐器的音色，这个过程既是教师层面的教学方法的一种选择，又是让学生的歌唱学习变得更加生动有内涵的一种探索，最终的目的是为了培养学生歌唱的表现力和合唱能力。

明确了这两点指导思想，我在教学中要想方设法去体现它，并且要选用恰当的方式去解决课的重难点，站在学生的角度设计各个课堂环节。而所有这些难题的解决又要采用循序渐进的教学原则，有趣味性地、赋予艺术性地进行。我在三节课的教学中，进行着探索与改进。

第一节课：对第二声部的旋律学习过于直接，缺少艺术构思，以至于学生“硬硬地”接收了这段学习内容。在学唱第二声部时犯了一个基本性的错误，我只完整学了第二声部的第一、第二乐句两句，第三句旋律的学唱过于仓促，而且没有把第二声部的四句旋律完整演唱。在合唱环节步子迈得太大，低声部歌词也没唱就直接与高声部合唱，最后的合唱效果不理想。假如多几次学生分组的合唱、生与师的合作、乐器之间的合作渐进过程，那么合唱效果就会大大改善。

第二节课：我纠正了一些常规性的错误后，发现教学的步子还是走得太快，在钱老师的指导下，又发现了新的问题：模拟乐器音色环节体现太少，并且只是为了模拟而模拟，并没有领会逼真的模拟会为教学带来最直接的效果。通过人声乐队模拟音色虽然只是作为一个载体，但它却是让教学变得有血有肉，以最贴近音乐的方式走进音乐、理解音乐、表现音乐的一个内化过程。我们带领学生对乐器音色进行鉴赏、对比、品味就是触摸音乐脉搏的过程，所以我们要尽可能详细地呈现这个有意义的学习过程。

第三节课：通过对教学意图的琢磨，我理清了教学思路，并且找到了每一个环节的关键词。这首歌曲情绪是宁静、平和、温暖的，对音色的要求是光滑、纯净的，对气息的要求是贯通、绵长、有控制的。所以，在模拟钢琴的音色时我强调的是连贯，在模拟小提琴音色时我强调的是流淌，并且把重点放在品味小提琴的音色上，通过感知、追寻、模拟小提琴的音色，来带动对钢琴音色的模唱，与之对话，最后产生歌唱时一波接一波的音流来达到歌曲应有的绵绵不绝的合唱音效。虽然实际教学的效果尚不是完美，但已经体现出多次改进后的教学设计所带来的效果了。

通过三次磨课，我认识到循序渐进对教学有如此奇妙的作用，它可以实现一个从量变到质变的飞跃过程，而缺少其中任何一个有效过程，都会阻碍教学的飞跃进程。我也更清晰地体会到有效的音色模拟对旋律学习和多声部演唱起到的神奇作用。虽然离教学的完美还有距离，但追求完美的愿望是强烈的，实现完美的信心是满满的。

（周蓉蓉）

《打字机》教学反思

为期一天的教研活动结束了。我对这次教研活动感触很深，收获很多。以前上完公开课，总是有一种如释重负的感觉，但是这次却让我有一种任重道远的感觉。

《“人声乐队”提高旋律感知力》是我在参与的课题。对于这个课题的内涵和意义，我有诸多的迷茫和疑惑，抱着为课题小组出力的心态，我也接下了这堂以《打字机》为内容的人声乐队研讨课任务。

在备课阶段，正遇教研员组织大家观看全国优质课《打字机》，在学习过这堂课的基础上，我对整个作品有了比较深入的理解，通过人声模拟来获得对这个作品旋律的感知，我觉得还是可行的。

两天后，在新港小学进行了《打字机》的第一次试教。试教后，教研组长向我提出了关于作品第一部分旋律的模拟建议，我也赞同不能单从节奏上来感知作品的建议。于是修改教案，在自己学校的班级中进行了两次试教。谁知试教后更加迷茫，学生不仅无法用“人声”较好地模拟出弦乐所演奏的乐曲主题 5435 4324 | 3213 2 34 | 5435 4324 | 3……还让课堂气氛陷入一种僵硬的状态，其中一个班的学生还这样跟我说：“老师，我们的头也大了，好难啊！”

这句话在我脑海中反复回放，我陷入了困境：聆听音乐应对节奏、旋律、力度、速度等多种要素进行感知，这个理念是对的，但是如果学生接受不了，甚至对其产生反感，那音乐学习还有什么意义？人声模拟是一种新型的音乐学习模式，但也不需要在课堂的任何一个环节都用人声模拟来解决问题。我想，如果通过“节奏”模仿和演绎，能让学生对作品的第一部分产生一定的理解和感知，那人声模拟不也是有意义的吗？那我到底应该怎么做呢？种种问题在我脑海徘徊。

我带着诸多问题请教了教研员，教研员十分理解地告诉我：“以你教得顺手，学生学得顺手为前提，其他的事可以课后研讨。”听了这番话仿佛像吃了颗定心丸，我开始按自己的理解设计教学，期待着课后研讨给我开出一条光明之路。

课上完后，教研员对本课进行了详细点评，从分析作品特点，到组织现场模拟，再提出修改意见，似乎我的每一个疑惑他都知道，好几处因为我不知道怎样教学而刻意避开的作品片断都被教研员剖析得生动、透彻，让人茅塞顿开。

1. 作品 A 部分的 b 乐段是由一些不太有规律的节奏组成的，学生无法准确模拟出打字机的伴奏声音。教研员就在现场做了一个人声模拟尝试，用人声“tu”来模仿管弦乐中长笛的音色，经过细致处理，现场就演绎出了生动的旋律。

2. 在我的教学设计中，由于作品 A 部分的主题旋律哼唱在试教中产生了难以模仿的困难，我就舍弃模仿，只通过对打字机的节奏声音的模仿来感知音乐（这也是我当初困惑的内容之一）。教研员通过举例，给了我许多值得借鉴的建议：

（1）只要是人身体部位发出来的声音都是“人声”（这是我在之前都不知道的，误认为必须是用嘴巴模仿乐器才可以算“人声”）。于是，教研员就提出可以用手拍打膝盖的声音来模仿打字机的声音，既可以解决由于主题旋律节奏过紧密而难以用嘴模拟的问题，通过手拍腿模拟打字的节奏声，嘴哼唱主旋律，形成二声部的“合奏“效果，再加上对打字机铃声“ding”和倒机声“ka–ce”的模拟，不就是很丰富的人声乐队效果了吗？

(2)教师不仅要熟悉作品的节奏和旋律,还要能将整个作品的节奏都通过双手打出来。这样的话,许多困难的节奏可以由教师来演奏,学生只要配合加上铃声和倒机声,也可以形成比较完美的作品演绎。教研员解释:“虽然学生担任演奏的部分比较少,但是他们在等待演奏的过程中,其实就是在聆听音乐并参与音乐每一拍的感知过程。”这句话我十分认同。

3. 作品B部分的人声模拟可以再生动一些。整节课中,我认为学生对这个部分掌握得还是比较好的,因为除了节奏,他们还能强弱对比地哼唱出旋律,这一点,教研员也表示肯定。但是,还可以再生动些吗?教研员又带大家做了一个现场尝试。因为光用“bong”来模拟旋律音色显得比较单一,教研员提议用“bong”来模拟较强的部分,而较弱的部分用长笛声“tu”来模拟,再加上打字机的伴奏声,真的让整段音乐都活了起来。

听了这些建议,我对《打字机》的课堂又有了新的憧憬,我要继续尝试,让“人声模拟”在这节课中呈现出一番新的景象。

“没有做不到,只有想不到。”这是此次教研活动给我的又一个收获。我将以此为启示,继续在教研之路上探索前行。

(顾丹波)

山花缘何不烂漫
——《春天来了》备课历程与教学反思

在十来天《春天来了》的磨课过程中,体验很多:选择,喜欢,享受,期盼,小小的失落,深思,重新的期盼……高密度地结缘“春天”。

一、结缘春天

1. 确定课题

这个春天很是特别,坚持大半年的爬山习惯,每天一早问候山里的树和小草小花,从第一抹新绿,一个嫩芽,到春意漫山,我都见证。

结缘“春天”,因了3月21日教研员的一条QQ留言:市送教活动,27日你试教。

翻遍教材,高胡古筝三重奏的《春天来了》似乎不大有人上过公开课,由此确定教学课题。

2. 爱上“春天”

之后的日子里,除了睡着的时间,所有生活都浸在这个“春天”里了。网上下载足足14页的重奏谱,对照着听。怕受乐谱牵制影响听觉感受,又“纯听”。除了教材的音乐版本,又找寻闵慧芬的版本,听辨不同演绎风格,选择更细腻和谐的音乐版本给学生。

我发现,真的喜欢上了这个时长7分钟多的民族音乐作品。她的每一部分,每一句都有那么多令人陶醉的地方,我迷上了,春天已在我心里。

3. 研读性学习

我罗列了牵涉到的能想到的相关关键词:作品分析、高胡音色特点与演奏技巧、古筝的演奏技巧、重奏、广东音乐的特点、中西音乐美感特征的比较、其他以春为主题的民族乐曲。

网络搜集文本资料,研读,并结合乐曲理解,其中《中西音乐美感特征的比较》《高胡音乐的特点》《乐声扬起春的思绪》《诗镜总论》几篇文章令我受益匪浅。

了解乐器演奏：网络上搜寻视频进行了解；找寻了老年大学的老师并向其讨教高胡演奏方法，向陈旭丹老师请教古筝的常用指法。

带着研究的目的去学习的感觉很好！我喜欢这个过程，现在想来还是。

4. 设计方案

在前期聆听音乐与研究性学习的同时，一些教学构想已零零散散地记录了。继而步步明晰构课思路：音乐进行为序，以盼春、闹春、赞春、醉春对应音乐的引子、A–a、A–b、B 等主题，并以朱自清的散文《春》中语言为连缀。每一环节确定音乐的关注点，学生学习的方式。在此基础上，结合中国乐曲品韵为主的特点，以“韵”到底，每一环节确定关注的“韵”。学生学习音乐的方法，结合本人在去年写的论文《论中学音乐欣赏教学的外化与内化》，采取动着听、唱着听、画着听等一些外化方法，引导学生通过外化触摸音乐。进而，希望可以通过闻着听情韵绵绵意境深远的 B 主题，慢慢内化，可以到更高的层次，不动而静听。

绘制诗样的设计时，很美好！

5. 试教改进

初次试教，虽然教学方案很不成熟，但一节课中有自始至终的感动，教师与学生一起为音乐快乐，为音乐迷醉。真的很享受，很春天。

在之后几天内，一遍遍地尝试，一遍遍地改进，一刻都不曾停止过思想。很想把她做好，做得更好。

二、山花缘何不烂漫

4 月 5 日，泗洲头的春景美过其他地方，但我的春天不曾开放。当期盼的效果没有出来，把淡淡的失落轻轻放下，然后静静地听，深深地想：曾见花开，但山花缘何不烂漫？

反思有二：

(一)“喂苹果”论

黄老师的“喂苹果”论使我怦然心跳。不同的孩子有不同的喂法，流质喂食，还是刨着喂，还是削片？吃半个就够，还是吃整个？

反思自己，确实。设计中虽也略有考虑农村学生的特点，但预计幅度不够。就比如一个一直吃奶没加辅食的孩子，突然要让她吃苹果，还要吃很多，虽告诉她这样吃是好的，但还是不足以能使她接受这个方法并吸收苹果营养。

(二)区域教研组共同加强对学生音乐学习方式与常规的培养

我们组的老师们教学上都很认真，扎扎实实教学，以课堂为我们的生命舞台。音乐也本是教无定法，各人可以有自己的教学风格。但加强学生学习音乐、聆听音乐方式的指导，作为教学常规去做，我们的孩子们也许能更均衡地发展。

三、待得来年春来时，你在丛中笑

教学是门艺术，也因为她有多变的性格。会给你带来欣喜，带来享受感，有时也会留下些许遗憾，这也是她的魅力所在吧。《春天来了》中高胡情韵绵绵的 B 主题此刻在我耳边响起，也带给我无限遐想。大家一起，继续，继续，再继续，待得山花烂漫时，你在丛中笑。

（吴瑞红）

第二节　教学评价能力

教学评价是对课堂教学进行分析、评议，并形成教学建议的一种特殊教学研究活动，是教学工作的重要内容之一，也是探索和改进教学方案、提高教师专业教学水平、提升教学质量的重要途径。有人说，教师在台上讲课是在“炼”，台下评课是在“锤”，只有经过千锤百炼，才能促进教师专业化发展。可见，教学与评价是密切联系，相互促进的。

常见的评课中，基于经验就课论课式的点上分析现象较多，合理运用相关理论做指导的居高临下式的面上阐述现象较少，虽然评价和建议都有了，但总让人感觉似乎“高度”不够，形成的“影响”也难以深远。那么，怎样才能让评课具有高度和深度呢？

一、评课前的准备

很多教师认为听课评课活动，是对别人的评价，因此从踏进教室、听别人上课的第一分钟起，才是这个过程的起点。其实不然。只要有可能，听课者就要事先了解到这节课要听的是什么内容，对应教材的知识体系是什么，这节课的学习内容在该学科、该学段适宜达成的学习目标应该是什么，与之相关的课程标准、教学理念或者成功案例是怎样的？如果自己来执教的话，会如何进行教学设计？可以采用哪种或哪几种信息技术工具来创设学习环境，促进学生对于知识的理解、问题的解决、思维能力的培养等？如果条件允许，对于该班学生目前的能力特征或者学习风格等有所了解的话，就更容易对执教者的教学思想和理念等隐性因素进行关注。这样，评课就可以做到有的放矢了。

二、听课时的状态

听课、评课是相辅相成的，要想评好课，就必须先听好课。如果带着自己的思想、认识、教学设计去听课，那么听课的体会、所得到的启发将会更深、更好。假如带着求知的心去听课，那么就会听得很仔细认真，并收获很多细节上的精彩；假如带着疑问去听评课，那么大家的评课过程就会满足你的求知欲；假如能把自己听课的感想以及意见拿出来与大家讨论，你就会得到大家的评判,从而检验自己的听课水平,这何尝不是一件好事呢?因此,带着一种积极主动的状态去听课,才是听好课、评好课的关键。

三、评课时的切入点

泛泛而谈式的评课,虽全面,但抓不住重点。蜻蜓点水式的评课,常常流于表面,而未能深入到教学中的核心问题中。只有找准切入点,有的放矢,才能提高评课的效果。通常,可从以下几方面来找评课的切入点。

(一)从教学目标切入

教学目标是将学生引向何种学习情境的依据。目标过高,教学难度加大,不利于学生学习。目标过低,则起不到提高学生现有水平的作用。通常,教学目标的制订应关注以下几方面:制订的教学目标是否落实到了"三维"教学目标,是否考虑到三者有机整合和体现学科特点;制订的教学目标是否具体,过程与方法是否落实在知识和技能的培养过程中;制订的教学目标是否适切,是否以本学科的课程标准为指导且难易适当;是否能体现学生的年龄特点,符合学生的认识规律;是否考虑到学生的基础和个体的差异。因此,从教学目标切入进行评课,可以抓住教学的起点,并沿着教学的线索,理清教学的脉络。

(二)从过程方法切入

一份好的设计体现在教师合理组织教学内容,充分地估计学生在学习过程中将会出现的各种困难,制订出各种适合学生学习的教学策略和方法上。从教的方面说,教师是否面向全体学生,为大多数学生提供平等的机会,并采用积极多样的评价方式,调动学生的积极性;同时教师是否具备灵活应变性,能根据学生的反馈信息,及时对教学进程、问题的难度、教与学的方式、课时长短等进行适时调整。从学的方面说,看是不是大多数学生积极、主动地参与教学过程,能主动探究,深入思考,提出有意义的问题,勇于发表自己的见解。

(三)从教学效果切入

评价目标是否达成,方法是否巧妙,都依赖于对教学效果的观测。衡量一节课的教学效果,可从几个方面入手。第一,对照全课教学目标,整体评价教学效果的达成情况;第二,对照教学环节目标,分步分层评价各个环节的教学效果达成情况;第三,抓住关键性教学细节,深入评价在关键性内容上的教学效果达成情况。在教学效果的评价过程中,要联系教与学的具体情境,找出引起教学成败的原因所在。对成功之处的评析,既是对执教者的肯定,也是对其他听课者的学习引导。对失败之处的评析,则起到了对执教者的帮助改进和对旁听者的启示借鉴的作用。

(四)从教学基本功切入

教学基本功是必不可缺的教学技能,除了教态是否亲切、自然、端庄、大方,教学语言是否准确清楚、精炼、生动形象、有启发性,语调高低是否适宜、快慢是否适度、是否抑扬顿挫、富于变化有感染力等教师的公共素养外,音乐教师还需具备音乐专业素养,主要包括歌唱技能、钢琴演奏技能、舞蹈表演技能、合唱指挥技能等音乐表演技能,还包括节奏音高听辨能力、音色听辨能力、和声听辨能力、曲式听辨能力等听觉技能,以及音乐理论知识、音乐及相关文化背景知识、音乐创编和课件制作等知识与技能。只有拥有全面而扎实的音乐教学基本功，才能有效实施教学并达成目标。

（五）从教学风格切入

教学风格是教师教学行为、习惯、气质、个性等的综合体，是教师的“个人名片”。专业基本功，良好的教学素养，独特的个性品质，以及所持的教学观念，所拥有的知识面，所特有的待人接物方式等，都是教学风格的组成部分。一个有魅力的教师，往往因风格独特而引人注目。从教学风格切入进行评价，可以更深层次地剖析教学现象背后的成因，使教学问题的剖析从一般性转向个别化，使教学评论的视角从千篇一律转向因人而异。

在评课前有充分准备，在听课时认真细致，在评课时有的放矢，才有可能使评课具有较高的立意、较准的切入点和较大的启示。

附：教学评价例选七则

触摸音乐的脉搏
——《致音乐》评析

题记：一直在思考，我们的教学追求什么？孩子们来到我们的音乐课堂，最终收获什么？我们不需要太多头头是道的作品分析，我们更不需要身动心不动的表面参与，我们渴望的是，与孩子们一起触摸音乐的脉搏！聆听音乐的心跳！深深地卷入，深深地陶醉！

当我知道教坛新秀比赛第一天上午选手们抽到的课题是《致音乐》时，不禁为选手们捏了一把汗，既感叹黄老师选题的灵活性，又感叹四位选手将一夜无眠。

第二天，我跟随着选手们的教学渐渐地走进并熟悉《致音乐》，当第四节的骆琴琴老师向我们展示她的《致音乐》时，我不由自主地被这节充满浓浓音乐味的教学深深地吸引，深深地打动了。

舒伯特的《致音乐》是一首抒情的艺术歌曲。歌词采用他的朋友舒贝尔写的文学诗：美妙的音乐，在多少忧郁的时刻，生活给我无情的打击，你却把我心中的热爱唤起，向我展现出光明天地……《致音乐》这部作品非常细腻地表达了舒伯特和他的朋友们对音乐无比热爱的内心感受。整首歌曲用D自然大调，旋律抒情而平稳，节奏规整，词曲配合得非常贴切精巧。骆琴琴老师从前奏、尾声的伴奏，歌曲旋律的起伏变化，钢琴在艺术歌曲中的作用，艺术歌曲演唱要求四个“点”切入教学。

让我们一起随着她的教学触摸音乐的脉搏！聆听音乐的心跳！

一、前奏、尾声的伴奏

这首歌曲的伴奏音乐简练活跃，既易于弹奏，又能烘托出歌曲的意境。整首歌曲都是右手连续的和弦进行，配合左手的旋律音调奏出，烘托出美妙音乐带给人们的幸福感。中板钢琴伴奏部分用发展的和声织体（柱式和弦）均匀的八分音符节奏舒坦地衬托着饱满深情的旋律，强拍上使用延留音带来的速度自由感更增强了作者痴恋音乐的深厚情意——老师们，看到这段文字,你会捕捉到哪几个关键词?——骆琴琴抓住了两个:柱式和弦均匀的八分音符节奏;强拍上使用延留音带来的速度自由感。怎么让学生体会到这两点呢?

(一)她的设计:感受音乐家的心跳

1. 教师示范:用手势表现,请学生听出教师是怎么来听这段短小的音乐的?(前奏)生:用心来听。

2. 跟着教师随音乐做动作(我们一起去聆听一下音乐家的心跳)。先体验均匀的节奏型,然后体验均匀的节奏中呈现的节拍起伏感。

3. 心在哪里"蓬"了一下?(尾声)师示范。

4. 学生模仿,寻找音乐中的感觉。

5. 出示旋律和图形示意图,再次感受,并发现心"蓬"的感觉有越来越弱的变化。

6. 教师引导提炼:每个强拍处速度的感觉。

(二)我的感受:心动沉醉

这是我最喜欢的一个教学片断,它在一刹那间抓住了我的心跳。为了那个寻找"心跳"的情感体验,也为了骆琴琴老师自身对音乐的那种沉醉表现。前奏和尾声每段的聆听都有3~4遍,但教师并不像常规的欣赏教学,听一遍,就提一个与音乐要素相关的问题,她要求学生跟随着教师在音乐中投入地体验,体验,再体验。并只在最后阶段点明了"速度"这个音乐要素,因此,这个片断的过程没有一问一答的困扰,只有美妙的音乐和丰富的情感……

二、歌曲旋律的起伏变化

《致音乐》的主体部分共有四个乐句。第一、第二乐句两个乐句之后都有一个短小的间奏,第三、第四两个乐句一气呵成。平稳行进的旋律中错落有致地穿插着大跳,使这段旋律更显得婉转动听。

(一)她的设计:由哼唱到聆听,由粗略到细致

1. 根据以上的前奏和尾声的音乐特点,想象中间部分的音乐会是怎么样的?

2. 粗略感知旋律走向。

根据图形谱,模唱、熟悉4个乐句的句首音乐。

师生进行4个乐句的接唱。

加入前奏和尾声的师生完整哼唱。

3. 初步完整感知歌曲。

引出肖贝尔的文学诗《致音乐》,有感情地朗读,简介背景。

完整聆听歌曲

4. 细致分析旋律起伏变化。

第一、第二乐句:

跟教师去触摸音乐家的脉搏,他是怎么叹息的?(关注休止符的作用,旋律的下行及尾部的平缓。)

第三乐句：

音乐家有没有悲伤到底呢？听听这一句的音乐发生了什么变化？

聆听，哼唱，感受，第三乐句传递了怎样的情感？——热爱

第四乐句：

经过淡淡的叹息，热情的呼唤，第四乐句让你有什么新的感觉呢？——心情舒畅

（二）我的感受：层层递进

《致音乐》是一首用意大利语言，美声唱法演唱的艺术歌曲。说实在的这种类型的歌曲，在欣赏之初是很难一下子抓住学生的心灵，也不会引起学生太多兴趣的，因为我们的学生喜欢那种情感表达较直白的歌曲，并且已经养成了借助歌词去理解音乐内涵的习惯。骆琴琴老师在这个片段中非常合理地抓住音乐具有弥漫性这个特点，由模唱旋律——简介背景——完整聆听曲——细致分析，采用层层递进和深入的方式，引导学生体验感悟着旋律的起伏变化之美。也许有的教师会质疑，不是欣赏课吗？为什么不直接让学生聆听作品呢？花了相对较多的时间让学生去模唱一条陌生的旋律，合适吗？作为一位听课者，一位已经连续听了前面同样内容两节课的听课者，我强烈地感受到，当这个班级的学生第一次完整地聆听歌曲时，绝不是一次一无所知，茫然是从的初次聆听，由于学生熟悉了旋律，了解了背景，他们已经随着艺术家的歌声在初次聆听中投入更多的情感，那是一种对熟悉旋律的专注之情，也是一种对歌曲情感的主动体验之情。

这个教学片段的另一个亮点是：教师将4个乐句的旋律起伏特点赋予了不同的情感色彩。第一、第二乐句的叹息，第三乐句的热爱，第四乐句的舒坦，这些合适的情绪词语帮助学生轻而易举地在感知旋律起伏的同时，也得到了丰富情感的体验。

三、钢琴在艺术歌曲中的作用、艺术歌曲演唱要求

在这首艺术歌曲中，舒伯特有意把和声及器乐伴奏等纯音乐因素提高到诗和旋律同等重要的地位。因此，了解并感知钢琴在艺术歌曲中的重要作用也是本课重要的学习内容之一。

（一）她的设计：对比体验

1. 请学生演唱，尝试把歌曲中多次出现的休止符唱成“空”。

2. 听音乐对比体验，舒伯特是怎么处理这些休止符的？

3. 引出钢琴在艺术歌曲中的重要作用，再次聆听体会。

4. 欣赏艺术家的演唱视频，谈对歌声的感受。

（二）我的感受：巧妙朴实

对于小学生来讲，类似和声及器乐伴奏等纯音乐因素的重要作用似乎比较难以表达和传递，如果只是直接地抛问题问学生，那么即使少部分学生的回答是正确的，也很难说明他们是真正体验到其中的作用。骆老师巧妙地运用了一种简单有效的教学方法——“对比”，让学生深刻感受。“对比”是课堂教学中朴实而又常见的教学手段之一，骆老师的这一巧妙处理告诉我们：真正成功的教学不是一味地追求所谓的“创新手段”，而是如何将最恰当的手段运用到最合适的地方。

《致音乐》短小简练却又韵味悠长，而我们音乐教学所追求的不正也是这种朴实无华而又触动心弦的境界吗？

（周　琦）

手风琴课“四炫”
——听《炫——手风琴的多维世界》有感

编者按：该教学评价，从课题、材料、琴技、教法四个方面，进行了教学有效性的评析。同时，又通过对“知道”和“见识”两种不同教学目标的辨析，揭示了高中音乐教学中普遍存在的问题。

在网上看到高中音乐基础教学展示活动有“手风琴”这个课题的时候，我颇有几分期待，这首先源于手风琴这件乐器载着我初学音乐的记忆和梦想，它促我回味，它也令我温暖；其次，作为高中音乐课的一块自选内容，武晶老师会带我们走进一个怎样的手风琴多维世界呢？我相信很多老师可能也会对这种寻觅特色、发现拓展的课充满期待。

40 分钟课后，武晶老师的这节手风琴课基本印证了我之前的猜想。我想就四个“炫”字来谈谈我对这节课的感想。

一、题炫——寻求一个话题

大多数老师都清楚展示课或参赛课的选题非常重要，一个好的课题能生动地、充分地展示教师的本色、特色和亮色。本课武晶老师选择了自己的专长——手风琴作为课题，在专业的驾驭上就显得游刃有余；同时，我们国家目前手风琴教育出现了枣核形状态，即高水平选手在国际比赛夺冠，而社会对手风琴认同度却有点低，加入到手风琴学习中的新鲜血液寥寥无几，手风琴基础教育非常薄弱。因此，在手风琴业余教育几乎处于停滞状态的当下，寻求这样一个话题作为课题，对于师生认识手风琴、了解手风琴音乐，有着一定的积极意义。

二、材炫——确立一个主题

本课在把握专业技能的深浅上颇有分寸感。短短一节课时间，教师为学生展示了绚丽的世界各地各具特色的手风琴音乐 17 段，这其中，既有经典的手风琴独奏、重奏曲《微笑波尔卡》、《自由探戈》等，又有颇具浪漫情怀的电影《天使爱美丽》中的手风琴配乐及 2004 年格莱美入围奖《漂浮手风琴》；既展示了键盘式手风琴，又有浓浓俄罗斯风情的键钮式手风琴（巴扬）；既有音频视频的展示，又有教师的技能展示。这些手风琴音乐魅力各具，成了该课所有层次和所有活动中教学的基本材料，为该课确立了一个良好的主题，呈现了手风琴音乐清晰的技能脉络。

三、技炫——引发一个热题

无数课例证明，教师恰当的示范演奏或演唱，能更直接深刻地让学生认识和理解本课的音乐知识和技能，更有效地调动起学生的学习兴趣以及积极参与的意识，但是教师的技能在什么时候呈现，以何种方式呈现，却是一门技术。本课选用了 17 段手风琴音乐，其中教师以各种方式呈现的范奏有 10 次，课堂中始终洋溢着教师热情娴熟的手风琴声。这些范奏的呈现，可谓是恰到好处的，也是切实有效的，尤其在解构手风琴这一教学环节中，教师分别演绎了平风箱、颤风箱、抖风箱及左手贝司技术片段。这样的演绎自然轻松，不拿捏、不做作，既有音乐之美，又能引发学生心灵的共振，听课教师能明显感受到学生对此的关注及投入。我想，此时任何的视频观看或言语阐述都无法达到教师直观演绎的教学效果。

四、教炫——解决一个问题

丰富的教学内容和生动活泼的教学方法是维系学生学习兴趣的纽带。当教学有了一个明确的主题以后，教师就应该设计一些简单的、可操作的体验活动，让学生直接参与到音乐之中。而教学方法的设计，既是教师在进行课堂教学之前对这节课的整体驾驭，又必须为教学中各种不确定因素的存在留有余地。本课中，教师先以“脑筋急转弯”的游戏方式引出手风琴这一话题，然后请学生背起手风琴“拉一拉、弹一弹、折一折”等多种体验活动了解手风琴的发音原理，同时通过弹奏钢琴和弦，对比了解手风琴左手贝司的构造与功能，并且在师生合作演绎《多瑙河之波》中再次感受手风琴的演奏技巧。通过这些活动，学生真的“生动”起来了，课堂也顿时有了生动活泼的意味。

但是，高中音乐教学还有一个普遍存在的问题不容忽视。当我们教师在传授知识的时候，很多时候我们说的其实是“知道”，比如，莫扎特是音乐神童，肖邦是波兰的作曲家，风笛有爱尔兰风笛和苏格兰风笛等；有的时候我们探讨的只是“常识”，比如小提琴有四根弦，钢琴是键盘乐器；有的时候我们要说的是“见识”，比如，陕北民歌的特点是以四度音程为主、以上下句为主要结构，这些特征构成了陕北民歌的风格，比如手风琴风箱的运用，使它的音色更接近于那些由气息支持发声的乐器（管乐、声乐、拉弦乐等）而与同为键盘乐器的钢琴的音色有所不同。教师如何处理好“知道”和“见识”的关系很重要，如果我们给予学生的光是“知道”而无“见识”，对于已具有一定自学能力且有一定知识积累的高中学生而言，只是徒增谈资，而无多大的教学意义。

作为手风琴专业的教师，这节课还可以有一些有待提升的空间。比如，在17首手风琴作品中，我们可以抓取一首经典曲目帮助学生发展音乐感知能力；在众多的手风琴技法中，我们可以抓取一门重要技法，比如风箱的运用，增强学生对音乐要素的敏感反应能力；我们也可以抓取一个发展脉络，比如抓取手风琴并不漫长的历史，探寻手风琴在中国的传播及其特点，引发学生对手风琴音乐文化的思索……这样，不但能使学生明确一个意识、提高一个认识，更能学到一点知识，增长一个见识。

英籍哲学家维特根斯坦说：“我贴在地面步行，不在云端跳舞。”通过这次高中音乐教学展示活动，我欣喜地看到，宁波市高中音乐课堂教学在新一轮深化高中课改的推动下，正在日益祛除浮躁，回归本真，相信，在这样的真实课堂中，会有越来越多的学生能与音乐终身相伴，如影随形！

（何春芬）

《青少年管弦乐队指南》评析

编者按：该教学评价，从作品、教师、学生三个维度进行评析，重点对教师所设计的“角色体验”活动和学生的课前课后学习反应进行了比较和评论。尤其对学生课前课后的学习反应的调查和比较，具有较强的客观性。

按对象来分，构成一节音乐课的元素有三个：作品、教师和学生。从作品中我们可以看到此节课的目的意义；从教师中我们可以看到其构课过程以及其授课能力；从学生中我们又可以看到他们对于作品的反应度。

一、作品

作品选自人音版演奏模块中的第一单元中第二节《西洋管弦乐队》的作品，专门为青少年而作，目的是让学生了解西洋管弦乐队的乐器以及他们的音色特点。学生学习完这部作品之后，无论是对于他们欣赏管弦乐作品还是学习器乐演奏都会带来帮助。教师们一定会发现：当音乐教师聆听一部音乐作品时，旋律的呈现、节奏的感知、乐器音色的听辨和内心的情绪体验会不约而同、情不自禁、自然而然地浮现在脑海中，可是，我们的学生做不到，为什么？因为他们对于一些必要的音乐知识积累甚少，又怎能做到欣赏时如行云流水般的过程呢！新一轮教改又开始了，回归理念让音乐知识又大大方方地开始露脸。这部作品的欣赏正是学生学习必要管弦乐队知识的有效途径。作品的主题虽为三拍子，但是其重音却出现在第三拍，形成了奇特的音响效果。演奏中木管组清晰透明，弦乐组抒情流畅，铜管组雄壮刚健，作品的气场之大令人震惊，聆听中始终有一种心潮澎湃的感觉。

二、教师

1. 精致的构课

余老师的 45 分钟一直都给我有一种如一盆经过精心修饰的花卉，让你觉得丰满、紧凑、美丽，想再插入一朵小花，但你却找不到任何空隙。在她的构课中，“这是我的演奏”这项体验活动是其中一个亮点，现场无法拿出所有的乐器实物，教师便设计让学生拿着纸制的乐器坐在乐队中，听着“我的演奏”，这是多么有意思的一件事情。许多教师担心学生会不认真听辨乐器的音色，可是余老师采用了一个妙计，就把问题悄然化解。殊不知，在心理学中，这是非常好地利用学生的无意注意和有意注意提高了课堂教学效益。当让学生拿着纸制的乐器坐在乐队中，这新鲜的体验行为引起了学生的无意注意，而在无意注意的推动之下学生便产生了有意注意——认真听辨音色了。

2. 精选的演奏版本

对音乐欣赏课来讲，音乐版本的选择非常重要，它将直接影响到学生的聆听，从而影响课堂教学效果。《青少年管弦乐队指南》有多个演奏版本，有的演奏如沉思者，有的演奏如叛逆者，而今天在课堂上的版本恰到好处：全奏时大气如将军，变奏中委婉如女子，赋格中递进如滚滚巨浪。精选优质的演奏版本，为音乐的诠释和听赏创造了良好的条件。

三、学生

实践是检验真理的唯一标准，同样，学生是检验课堂教学效果的唯一标准。

为了比较学生的学习反应，我在课前和课后对学生作了两次调查。

在课前提问学生：

“你对音乐课感兴趣吗？”——非常感兴趣

“你对音乐欣赏课感兴趣吗？”——一般

“你对管弦乐作品感兴趣吗？”——一般

“你对管弦乐队中的乐器了解吗？”——不了解

“你有没有听过《青少年管弦乐队指南》？”——没有

课后再一次提问：

“你对管弦乐队中的乐器了解吗？”——基本了解

“你对管弦乐作品感兴趣吗？”——一般

“你对音乐欣赏课感兴趣吗？”——一般

“你对音乐课感兴趣吗？”——非常感兴趣

调查显示，教学目标基本达成，但学生对于管弦乐的兴趣却依然不大。

四、建议

1. 聆听是音乐欣赏课的灵魂，在课中要给学生充分聆听，切勿中途过多解说，影响聆听。

2. 这部作品本身就是对学生进行乐器的介绍，如果能在课堂上展示一些乐器的实物效果会更好。

3. 教师应提高构课的新颖性，把握语言的启发性，从而使学生的注意更集中，教学效果更好。

“一花独放不是春，百花齐放春满园”，愿我们宁波的中小学音乐教育“百花齐开放，春色洒满园”。

（杨晓波）

“三思”而行

——第六届全国音乐课评比观摩有感

编者按：该教学评价，综合了教学过程方法、教学效果和教学基本功，对三节课中的亮点，进行了肯定性评价。揭示了体态律动在聆听教学中的作用，幽默风格在课堂激趣中的作用，特色乐器在调节课堂气氛、诠释音乐风格中的作用。评析的视角较新颖，案例也具有典型性和特色性。

2011 年 11 月 29 日至 12 月 1 日，来自全国的数千位一线音乐教师们相聚重庆，来到第六届全国中小学音乐课的评比现场，分享十年音乐课改的新成果。我有幸置身其中，感受着这火热的场面，领略着最新的教学思想，并有以下三方面的思考。

思考一：“动态”聆听的启示

你喜欢用怎样的方式听音乐？这是三年级歌唱课《白鸽》中教师提出的第一个问题，这个问题指向的是听音乐的方式。在本次参选的 20 节小学音乐课中，教师们设计了丰富多样、富有特点的聆听方式，如果将这些方式进行归纳，无非就是两种：“静态”聆听与“动态”聆听。静听就是让学生安静地聆听，动态则是在音乐活动中听。无论在欣赏或歌唱课型中，这两种聆听方式通常都是交替使用，或以静听为基础，动听为手段，或以动听为基本形式，发展静听能力为目标。但无论是静听还是动听，其目标指向都是高度统一，那就是发展学生的听觉思维，体验音乐的美感。在《白鸽》一课中，就是通过教师设计的四次有效的“动态”聆听来指导学生进行歌唱学习的。

第一次：在导入中请学生用自己喜欢的方式跟着音乐动一动。

第二次：教师带领学生在音乐中学跳集体舞。

第三次：请学生看着教师表演的动作为歌曲分句。

第四次：通过歌表演为歌曲演唱进行处理。

《白鸽》曲谱：

$\underline{12}\ \underline{34}\ \underline{56}\ \underline{75}\ |\ \dot{1}\ \dot{1}\ 7-|665-|\underline{54}\ \underline{44}\ \underline{43}\ \underline{33}|225-|\underline{54}\ \underline{44}\ \underline{43}\ \underline{33}|221-|221-\|$

集体舞动作说明：第一小节随节拍朝左踏四步；第二小节拍三次手；第三小节动作与第一小节动作相同方向相反；第四、第五小节跟随旋律手心朝上往上荡；第六、第七小节往下荡；第八小节拍三次手。第二次交换舞伴。第三次换回原样。

这四次“动态”聆听方式分别出现在教学过程的不同阶段，均起着关键作用。

第一次：在导入过程中，让学生用自己喜欢的方式跟随音乐律动，使学生自主加强对歌曲旋律、节奏、情绪的关注，并通过自己对音乐的直觉体验进行表现。

第二次：教师编创的集体舞是音乐的节奏、旋律、情绪与舞步、动作的有机结合。利用学生喜欢的集体舞形式，通过交换舞伴等重复练习手段，加强了对旋律等要素的感知，为歌曲学唱做了充分的准备。

第三次：每一组舞蹈动作本身就是对音乐结构的动态呈现。因此，用边唱边舞的方式让学生分句比单纯从听觉入手更直接明了。

第四次：用手指轻点的方式跟随音乐节奏在“$\underline{54}\ \underline{44}\ \underline{43}\ \underline{33}$”时模仿小鸟叫、用伸懒腰的方式表演“2 2 5−”，这些可爱有趣的动作不仅蕴含着轻松活跃的音乐情绪，同时也辅助学生自然地运用“断与连”相结合的演唱方式来表现对白鸽的深情。

以上四次有效的“动态”聆听为学生轻松愉悦地学会歌曲、唱好歌曲起到了关键性的辅助作用。

思考二：“另类”教学的启示

“另类”表示与众不同、标新立异，“另类”是不走寻常路。在此次的评比活动中出现了一节“另类”的音乐课——《打字机》，和一群“另类”师生。

1.“另类”的课堂语言

“你是正方、他是反方、我是正反方”、“这是一个不敬业的打字员，这将是他的最后一份工作”、“打字员在喝咖啡？美国才喝咖啡，中国就喝茶”、“这段旋律像重庆一样都是山”……如果不是在观摩现场，真以为这是本山大叔的小品选段。也许其中的某些语言和音乐暂时有点偏离，但这真的是一节特别轻松愉悦的音乐课。听课现场笑声不断，在教师带有东北侃大山式幽默语言的渲染下，学生也变得幽默味十足，音乐想象力超强，学生在这节音乐课中自由、放松的聆听状态让人羡慕，更令人深思。反观我们平时的音乐课堂，教师虽然煽情，学生仍一副拘束的样子，音乐的愉悦感很多时候只停留在课堂表面的假象里。也许，音乐课堂里首先需要解放的不是学生，而应该是我们教师自己。所以以后的每一天，让我们都来问一次自己：今天你幽默了吗？

2.“另类”的“数”音乐

“谁能说出旋律中打字机共打了几行文字”“每行一样长吗”“哪行长些”“长多少”这是在A段欣赏时教师的设问。粗看这些问题会觉得不靠谱，这是音乐课吗？数学课才数数呢！但学生在教师指导下，顺利“数”出这些答案时就会发现，这些问题的指向是乐句的数量与长度。倒机声不仅是打字机换行时发出的声音，也是传递乐句的信号。当他们计算出第四乐句比第三乐句长四拍时，所获得的成功感不亚于解出一道数学题。当然在这个数拍计算过程中，锻炼的不是他们的数学逻辑思维，而是高度集中、敏锐的音乐听觉思维。

3.“另类”的画图法

图示法在音乐教学中的作用不言而喻。通常教师是单手来画图的，但在这节课里，教师不仅用点、线、面的变化呈现了音乐的乐句、乐段及打字机的各种声音，同时也用了一个“另类”的画图法：左右开弓。教师运用左右手交替画图，引起学生对管弦乐与打字机两种不同声响的关注。教师最后的结语揭示了“另类”画图法的另一层用途：“我们今天欣赏的是由美国作曲家安德森作曲的《打字机》，为音乐伴奏的就是——打字机。”

思考三：两“琴”相“乐”的启示

1. 声“琴”并茂

这是一架小小的电子合成器，但它却有管弦乐队的大容量。《智取威虎山》的旋律从它身上发出，其后的每一次使用都给学生的音乐体验起到了画龙点睛的作用。

(1)京剧韵味的体验。课一开始，教师就用电子合成器演奏了《京调》旋律。浓郁的京腔旋律、明亮柔美的京胡音色、鲜明的锣鼓经节奏，不仅向学生传递了今天音乐课的主题——京剧，同时初步体验了京韵。

(2)引子片断的体验。《智取威虎山》是一部现代京剧，其配器特点是京剧传统乐器与西洋管弦乐队的有机组合。引子片断管弦乐音响丰富。教师先请学生用四字成语来分别关注乐队、小提琴、圆号所描绘的场景。当学生用WU模拟哼唱圆号旋律时，教师适时地用电子合成器模拟管弦乐队进行伴奏。在此环节中，学生既是音乐的欣赏者，又是音乐的创造者，而且在创造过程中，又可以通过自己的聆听感知去调控自己的声音——圆号声。

(3)西皮快板的体验。西皮快板的特点是有板无眼，即每拍都是强拍。教师请学生先用念唱词的方式来体验西皮快板的紧凑感，接着又通过电子合成器模拟的RAP节奏为学生的念词伴奏，引用现代流行的说唱元素丰富他们对西皮快板快节奏的体验。最后教师又用合成器模拟锣鼓的节奏为其伴奏，深化体验。灵活运用电子合成器多变的音色，与学生的歌唱有机结合，给音乐教学带来了非常好的效果。

2. 以“琴”带声

这是一把音色丰厚圆润、音乐语调丰富的小提琴，它贯穿了《田野在召唤》的始终，虽然它只代表郊游的地面小分队(第二声部)，但它却是这节课的灵魂。它有一位好朋友，也是一架电子合成器，它代表着另一支热气球小分队（第一声部）。合成器时而为小提琴提供富有节奏的伴奏，时而又和小提琴进行美妙和谐的合唱。让一把琴与一架琴友好合作的是具有超强听辨力和无穷幻想力的徐欣老师。当学生出现音准问题时，他总能从最关键的音入手引导学生找到音高；当学生把句尾收得不光滑时，他会马上做擦灰尘动作，提示大家要把乐句收得不留痕迹；当第一乐句的同音反复略显呆板时，他会幽默地给歌曲配上数鸭子的动作来加强乐句朝前走的动力感。“让小嫩芽有灵气”、“别把路伤了”……从他口里传出来的声音，句句散发着浓浓音乐味。

让两种音色的旋律始终像小队长一样带领各自的小分队进行合唱，是这一课的合唱教学新思维。一个声部固定用一种音色表示，使其在听觉上形成一种固定的记忆，利用听觉的思维定势，使之可以在两声部的和声听觉中进行分离，从而降低合唱时声部间的干扰。在这个教学策略中，小提琴具有特殊的作用。把难以唱准、难以唱稳的第二声部交给更为灵活的小提琴，让它随时穿梭于学生中间，可以随时借助它的音高来指引学生唱准、唱稳、唱好听。听着这两件乐器的友好合作，跟着它们各自的旋律，学生表现的《田野在召唤》也逐渐清晰，合作渐趋成熟，最后当他们自信和谐地唱完歌曲时，徐老师手中的琴弓也魔术般地成了指挥棒，指挥着这场表演的主角——全班学生，向大家台下的听课老师们敬礼。一堂音乐课犹如一场精彩的音乐会，连谢幕也是那么自然、真实。

评比观摩活动已结束，但教学探索的路却还漫长。“三思而后行”，我将把上述三方面的思考结合在今后的教学中，用实际行动探索更有创意，更有音乐感的音乐教学新形式。

（钱　颖）

荡“气”回“场”
——第六届全国音乐课评比观摩有感

编者按：该教学评价，从“教学风格”的角度切入，以“气场”为突破口，采用论述、描述、评述相结合的方式。重点对《京腔京韵自多情》执教者的教学风格作了评述。

我有幸在重庆观摩了第六届全国中小学优质课现场评选活动。从听第一节课到最后的专家点评，我始终被一股强大的气场所深深吸引着、感动着、思考着。

什么叫气场？气场是围绕人体的巨大磁场，它吸收了你成长过程中所有的得失，里面包括你的性格、学识、教养、专业、品味、成长环境、家庭背景等，当然，还有你的容貌，这些东西整合在一起，形成一种独特的能量，并附着于你身上，形成了独特的存在方式。气场虽然看不见，摸不着，但每个人都有气场。在第六届全国中小学优质课评比现场，频频传出各色强大气场，使掌声、欢呼声、呐喊声与满城飘荡的麻辣味儿一样叫人难以忘怀，至今久久回味。

来自北京八中的赵峰老师携《京腔京韵自多情》一课，一出手、一开口就以强大的气场 hold 住了场面。她从演唱川渝地区的曲艺“四川盘子”片段引入到北京的地方曲艺“京韵大鼓”，采用自己边击打板鼓边演唱的京韵大鼓传统演绎方式，不仅让学生直观地感受了京韵大鼓表演的一般形式特点，更是极大地激发了学生学习的兴趣与积极性。赵老师从京韵大鼓的基本伴奏型

“老七点”入手，结合视唱京韵大鼓的固定前奏，并在歌唱旋律中加入体验“老七点”节奏练习，引导学生用拼读、拼唱法练习《重整河山待后生》的片段感受京韵大鼓的“字正腔圆”。学唱过程还结合手势法、图示法和实物展示法等手段多角度多层次地刺激学生学习的热情和兴趣。她还采用让学生通过自己的眼睛看、自己的耳朵听、自己的嘴巴唱、用自己的手去做，再用自己的脑子去思考的方式，使得整个教学过程非常丰满。使整个课堂洋溢着浓浓的京腔京韵，短短有限的一课时，却从多方位给学生展现了一个有历史、有人物、有故事、有评价、有传承的京韵大鼓的广阔世界，不仅体现了教师独特的个人魅力，更彰显了京韵大鼓乃至折射出了中国文化的内涵与魅力。

回顾赵老师课堂上的精彩表现，其身上体现出强大的气场，无不包含了她清秀美丽的容颜，优雅得体的举止，环环相扣的设计，字正腔圆的范儿。在收放自如中张扬着以声传情、以情动人的美感。

气场是装不出来的，它是一种感觉：“甫”一出场，那个架势，那个底气，那个范儿就是气场。

不同的教师执教不同的课，有不同的气场。杭州高级中学朱海其老师执教的《欢乐颂》中，教师大胆运用了多媒体手段，将原本72分钟之多的贝多芬的第九交响曲浓缩在45分钟的课堂内，再加上教师一身笔挺的西装和大气的肢体语言，使整节课具有经典音乐的气场。山东临沂的李铁老师的气场则告诉我们：一个舞者，他自身的性别并不影响艺术的表现与传达。从一出场，他的一举手、一投足便放射出极强的气场，每一个动作都挥毫着美，泼洒着感染力。我相信，从那一节课开始，肯定会有很多的学生从此热爱上中国古典舞蹈。

“教育不是灌满一桶水，而是点燃一把火”，从内心往外燃烧，进而形成一股更大的气场，音乐的气场。

（严海亚）

观课识“招”
——市优质课比赛中的精彩教学手段分析

编者按：该教学评价，采用了归纳法，将多节课中的特点进行归纳总结，提炼出“律动”和“图谱”两套“招式”，并对其中的“一招一式”进行评析，揭示了有效教学手段的共性——从学生的认知规律出发进行设计。

在观摩市小学优质课比赛时，我常常被课中新颖有效的各类教学手段所吸引。这些设计精巧的教学手段建立在教师对音乐的深刻感受与理解上，体现了教师丰富的想象力和教学创新能力。

现将一些精彩的教学片段摘录出来后，整理归纳为以下几类，并选择其中几个课例进行阐述：

一、律动类

律动方式在音乐课中越来越被教师们喜爱和重视，特别在小学阶段，孩子比较爱玩爱动，如果在课堂中能从儿童的学习心理和学习规律出发，适时地增加一些律动环节，将会很好地调节学习的情绪，舒缓学习的疲劳，增强学习的兴趣。

1. 聆听中律动

如果让孩子们静静地欣赏较长时间的音乐，他们可能无法很好地去完成这个任务。但是，如果在聆听中加入律动方式，孩子们就会很愿意去完成它。并且，如果设计的律动方式是能贴合音乐表现力，抓住音乐特点的，那么不仅能帮助学生聆听音乐，还能帮助学生通过律动的方式去感受音乐，理解音乐。

课例：《致音乐》之“心跳”律动

教学片断：

师：“请接过我的心。”

手做捧出的动作，然后请学生捧着，一起吸气往上捧出，再呼气往下。

师：“请你在音乐中表现。”

聆听第一句旋律，并做出刚才的“捧心”动作。

评析：这个环节中，学生在聆听旋律时，通过律动感受到了旋律的高低起伏，强弱变化，情绪张弛，初步奠定了整节课的情感基调，给学生种下了一颗情感的种子。

教学片断：

师：“在这一条旋律中，你能够感觉到老师怎样的怦然心动？”

听音乐，教师随着音乐，模仿心跳，并随着音乐的强弱、高低、松紧的变化而改变手势的高度，幅度。

然后请学生一起做“心跳”律动。

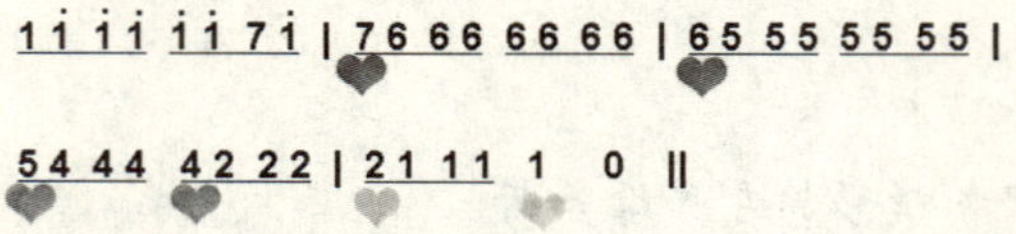

评析：这个环节中，旋律的高低，力度的强弱，以及“心跳”先松后紧的变化，都通过教师别出心裁的“心跳”律动而变得那么容易触摸。学生逐渐被教师带入了音乐的情境中，最初埋下的情感种子逐渐在律动中发芽，成长。

2. 哼唱中律动

课例：《行星组曲》之敲门主题

教学片断：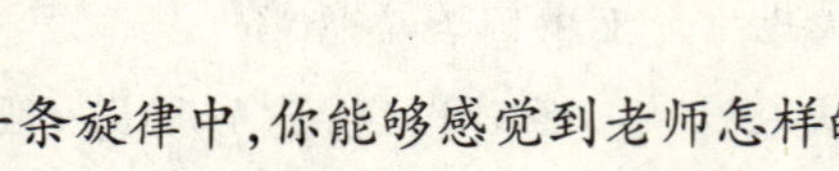

教师用“bang”哼唱旋律，范唱的同时，随着旋律节奏，做出从高到低，间歇停顿的敲门动作。

学生做敲门动作，哼唱旋律。

师:“你觉得这段节奏描述的好像是在干什么？”

学生回答:“好像是在敲门。”

继续聆听音乐,在长音“2”处询问,“你听到了什么？”

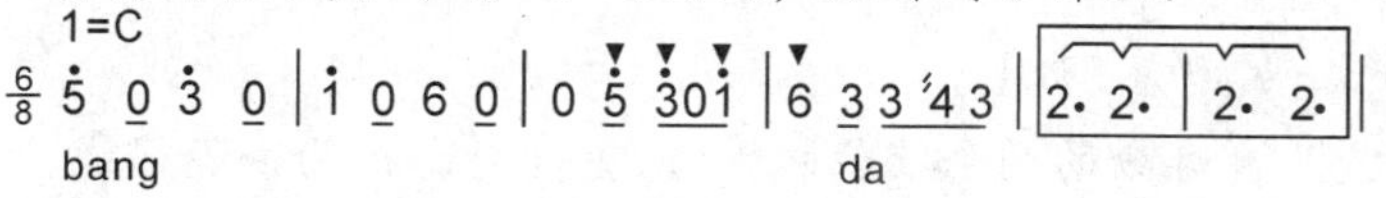

学生回答:“听到了门开的声音。”

在音乐中,师生分四组进行“敲门”、“开门”的律动。上半句“bang”处教师“敲门”,下半句“da”处学生“开门”。

评析:这一环节中,让学生通过“敲门”律动,掌握旋律特点:音符之间出现多个休止符,音乐节奏先松后紧再松,旋律音从高到低并重复出现。从而帮助他们更准确地哼唱旋律。

这段音乐是由相同旋律在不同音区反复出现四次而组成的,教师也把学生分成四组,轮流进行哼唱并律动。通过律动,学生很容易地听出这段音乐主体是由四个重复乐句组成的。通过有趣的律动设计，体现了短时值音与长时值音的不同音乐感觉，同时也提高了学生的学习兴趣。

3. 演奏中律动

课例:《天鹅》之大提琴演奏律动

教学片断:

教师模拟演奏大提琴,用夸张不切合音乐感觉的表情和动作来演奏一小段旋律。师:“这样好不好？”学生笑着回答:“不好,太快了。”

师:“可是我是很深情、很投入的啊。”学生又发笑。

师:“请你们来教教我怎样演奏才合适？”

学生随着音乐来模拟演奏。

评析:模拟演奏乐器是平时教学中较常用的手段。但一般是先请学生模拟,再指正学生的演奏姿势,或者是先教授正确的姿势,再请学生模拟。但《天鹅》一课中,正好相反,教师首先把最有可能出现的错误模拟动作进行了示范。这个过程中,并不是以“这是错误的,你们不能做”的姿态出现在学生面前。而是让学生自己去发现不正确的地方,化被动接受为主动思考,从而正确地随着音乐的速度、语气、情绪进行模拟演奏。在看到教师夸张的演奏时,学生都乐了,学习状态因此变得更放松,并且在请学生教教师怎么演奏时,学生都变得很自信、很积极。在模拟演奏过程中,更主动地去关注音乐,并积极地表现出来。

二、图谱类

1. 旋律线塑造音乐形象

画旋律线是课堂中运用较多的一种教学方式,就是这样简单的几条线,也能让教师们变出各种花样来。

课例:《天鹅》之旋律线简笔画

教学片断：

听音乐，学生随屏幕画出旋律线，再将两句旋律线进行对比。

师随音乐画旋律图形谱，变形成一只“旋律天鹅”。

学生随着音乐画一次“旋律天鹅”。

评析：《天鹅》一课中，首先根据 A 部分的两个较长的乐句，重叠勾画出两条旋律线，将旋律的高低起伏及两条旋律之间的关系鲜明地表现出来。更让人赞叹的是，教师最终把这两条旋律线变形为一只天鹅的形状，使音乐形象更直观，大大激发了学生的学习兴趣。

2. 图形谱揭示音乐语气

课例：《牧场上的家》描绘旋律语气的图形谱

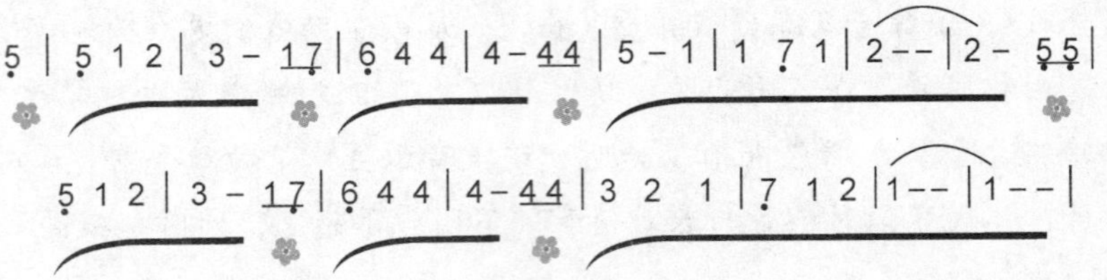

评析：乍一看，这图形谱好像是旋律线，但实际上这是描绘旋律语气的图形谱。漂亮的花朵表示每个小乐句的弱起拍，而像丝带一样的线条从细到粗，从低到高暗示着演唱时的气息要慢慢推进，乐句要唱得连贯，位置要高，声音要松。要有一种如丝带般柔滑、轻盈的音色。

从以上几个课例片段可以看出，根据音乐的节奏、旋律、音色、情绪、风格等特点来设计符合音乐表现的律动方式，根据旋律的进行特点和音乐语气来设计图形谱，能帮助学生更好地感受音乐，认识音乐，熟悉音乐，记忆音乐，理解音乐。

教无定法，贵在得法。只要能从学生的认知规律出发进行教学设计，那么，音乐课堂上必定会出现更多的精妙之笔。

（刘俊丹）

当 Espresso 邂逅 Tea

——市优质课《致音乐》观摩有感

编者按：该教学评价，带有一种散文的味道。作者从《致音乐》一课中的“心动”和“气质”两处教学细节入手，展开了关于教学之道的评述。最终悟出关于文化知识、专业基本功和敬业精神三者之间的关系。

Espresso，意式浓缩咖啡，味醇且苦却回味悠长，很多花式咖啡以此为基础进行调配。喝的人极少，但喜欢饮用它的人却是一世钟爱。我想，艺术歌曲也是如此吧。

Tea，茶，清心，清神，中国文化的代表之一。

《致音乐》，让我感动，让我震撼，让我感受到了 Espresso 般的醇味悠长，更让我感受到了 Tea 般深沉的文化积淀。

感动的是执教者的用心至深，震撼的是一首艺术歌曲深厚的文化积淀拨动了我内心深处的琴弦，余音绕梁而三日不散。

我想其他听课的教师都会有感触。《致音乐》的开头，那段“心随着音乐的脉搏在跳动”的律动，令人难忘。骆老师温婉的声音牵引着心跳，若不是她用心至深，我想也无法感动别人。就如同一位演员，要演好一个感动人的角色，那么，自己必须先感动自己。执教，也是如此。人是情感的动物，当执教者全身心地投入到了音乐中，那么，听课者也同样会被感染，同样会有感触，只要你有心。

到底要多用心，在于执教者。

至于听课者到底有多少收获，多少感触，那就如人饮水，冷暖自知了。

授课用心是本质，但更重要的是韩愈《师说》里开头说的那般：“师者，所以传道授业解惑也。”

音乐课蕴含了深厚的文化感，就如 Espresso 邂逅了 Tea。

《致音乐》这堂课中，骆老师一句话我印象特别深刻，她问：“这首歌的气质是怎样的？”

她用了“气质”一词。我个人而言，很喜欢用这个拟人化了的词去形容一首歌曲，而且从艺术歌曲的角度出发，把歌曲提升了高度。这个词想必也是骆老师在备课过程中反复推敲出来的。

令人陶醉的 40 分钟，传了文化之道，授了音乐之业，解了《致音乐》这首歌曲之惑。这是我对《致音乐》这堂课的理解。

道为先，业为中，惑才是排在最后的。教学的深度大概在此吧。

自我审视，我总是把惑排为先，业为中，道常常忽略。肤浅的教学，自然无法感动自己，感动学生，更别说提高到文化与美的结合层次了。

然而，解惑虽排最后，其过程却也值得推敲。在此次比赛中，很多课都是由浅入深，由点及面，条理清晰，抽丝剥茧。

若不是授课者反复推敲歌曲，又怎能真正连细枝末节都到位地去解惑？

有怎样的文化积淀，便有怎样的传道之法；

有怎样的基本功，便有怎样的授业解惑之术；

有怎样的心，便有怎样的课。

（王　馨）

第三节 论文写作能力

音乐教学论文是指针对音乐教学某一领域中的某些现象和问题进行系统考察、分析与研究后所撰写的文章。

要写出一篇音乐教学论文来，需要两个方面的基础：一是考察、研究的基础；二是书面表达能力的基础。没有对音乐教学领域中的问题进行考察、探讨、研究这个基础，等于“无米之炊”，即使有高超的写作能力，也写不出有内容的论文来。同样，尽管有了考察、研究的积累，如果没有书面表达能力也不行。所以说，考察和研究是基础，表达是手段和工具。

音乐教学论文的种类，按研究方法和文体属性，可分为思辨性论文、实证性论文、思辨—实证性论文等基本类型。思辨性论文是作者运用分析、综合、推理、归纳等对音乐教育教学及其理论问题进行深入辨析、研究后的一种书面理论总结。实证性论文是作者通过实地考察、访谈、实验、观测等对音乐教育教学现象进行描述、说明、比较的一种书面报告或理论表述。思辨—实证性论文是作者将思辨与实证两种手法相结合进行论证写作的一种文体，它要求论点、论据、论证的完美统一。

一、选题

选题是论文写作的基础，是明确研究的目标和方向的关键。如何选择课题呢？

（一）根据客观需要，选择有科学价值的课题。选择亟待解决的问题；科学上的新发现、新创造；空白的填补；通说的纪正；前说的补充。

（二）根据主观条件，选择有利于展开的课题。对选择的课题要有浓厚兴趣；能发挥专业特长；大小适中（在个人能够操作的范围内）。

二、撰写准备

撰写论文的课题选定之后，不要马上动笔写作，还需要进行深入的研究（实地考察，进行实验，查阅资料等），做好写作准备。

（一）制订写作计划（搜集资料，鉴别材料，确定中心论点，选取材料，撰写论文提纲，正式写作，修改定稿），按计划写作。

（二）利用图书馆和网络搜集材料（要掌握图书分类法和网络查询法），为写作提供必要的资料。

三、开始写作

（一）编写写作提纲

写作提纲项目见下列逻辑结构图：

写作提纲
中心论点

- 标题
- 中心论点
- 内容提要
  - 一、大项目
  - （一）中项目
  - 1. 小项目

1. 标题要醒目。标题要能揭示中心论点，或揭示研究的问题。

2. 中心论点要明确。中心论点是论文的核心、灵魂，必须集中、突出、明确，不能多中心。

3. 内容纲要逻辑性要强。首先，写出以中心论点为统帅的大项目论点；然后，逐个拟定每个大项目以下的下位论点，安排好文章的段落结构，做好布局谋篇。论文的项目标题序号要按“一、（一）、1”的顺序标出，并且起行的项目标题句末不能加标点符号。

（二）论文的基本结构

1. 标题。要根据文章的中心主题，把标题提炼准确。

2. 姓名。一般署于标题的正下方。

3. 内容提要。概述论文的主要内容，一般200~300字为宜。

4. 关键词。体现论文主要内容的词语。

5. 基本内容
- 绪论
- 本论
- 结论

6. 引文和加注。引文有段中引文和提行引文，可根据引文的长短和重要程度自行选择。

7. 参考书目。注在文章的末尾，按书名、作者、出版时间和版次写明。

四、修改定稿

（一）中心突出，具有科学性

1. 论点：符合客观规律，鲜明突出。

2. 论据：占有材料，准确反映论点和支持论点。

3. 论证：要逻辑严密，概念明确，推理严谨，层次分明，由浅入深，由表及里。

（二）观点新颖，具有创造性

(三)指导实践,具有适用性

(四)表达形式要规范

论文的内容和表达形式要做到完美的统一,表达形式要规范,语言、文字、标点、符号都要做到准确无误。

附:教学论文例选六则

把"咬文嚼字"请出音乐课堂

"咬文嚼字"的本意是指过分地斟酌字句,本文中引申为对音乐教学语言和歌词等文学性内容的过度关注。虽然"关注音乐"的倡议已提了几年,但音乐课堂上仍然有不少"咬文嚼字"的现象,为了给顽疾下猛药,本文用了比较强调的语气——把"咬文嚼字"请出音乐课堂。

一、当前音乐教学中存在"咬文嚼字"的现象

2010 年在北京举行的第 29 届世界音乐教育大会上,国内外音乐教师所展示的歌唱课之间存在明显的不同之处是:国内教师的音乐课多通过精妙的教学语言和对歌词的"咬文嚼字",来深化音乐教学内涵,揭示音乐的表现力,以此丰富音乐课堂。而国外教师的音乐课则多通过对音乐本体的教学,揭示音乐的结构特征、旋律特点等,以此来帮助学生掌握音乐的规律,直到完全熟记音乐。如一位匈牙利音乐教师在教匈牙利学生学唱中国民歌《猜调》的旋律时,便采用了由局部到整体的旋律排序法来帮助学生逐渐认识音乐旋律的全貌,然后又采用由少到多的旋律背唱法,帮助学生记忆旋律。其主要过程如下。

1. 出示打乱小节顺序的《猜调》旋律的"零部件":

2. 分别唱一唱各片断旋律,并分析特点。

3. 弹出歌曲的开头部分旋律片断 ,学生听辨并调整旋律顺序。

4. 继续弹出下一节小旋律,学生听辨并调整旋律顺序。

5. 同上,逐渐增加小节数,直到弹出全部旋律后,将旋律排成正确的顺序:

6. 师生按小节顺序轮流接龙视唱旋律。

7. 即时指定一位学生视唱第一小节旋律,全体学生重复该小节,再即时指定另一位学生视唱下一小节,全体重复演唱……直到唱完全部旋律。

8. 全曲视唱。

9. 遮住第一、第二小节旋律，学生视唱全曲（被遮住部分旋律采用背唱法）。

10. 增加被遮住的小节数，并视唱全曲（被遮住部分旋律采用背唱法）。

11. 遮住所有旋律，全体学生背唱全曲。

12. 为旋律配上各种节奏进行唱奏综合练习。

以上教学过程中，第 1～5 步采用先化整为零，再由局部到整体进行旋律排序的方法来获得旋律的认知。第 6～7 步则对每个小节进行视唱和重复演唱练习，强化局部的旋律印象。第 9～11 步采用由少到多的旋律背唱法来获得旋律的记忆。经过以上过程的教学，学生不仅熟悉了音乐旋律，还记住了音乐旋律。而教学过程中的语言，并无多少“出彩”之处，只是提示和说明应该如何学习而已。以上教学过程再加上围绕《猜调》旋律的节奏练习，足足用了 28 分钟的教学时间，期间无半句多余的话，甚至没有调节学习气氛的话（因为学生一直在音乐活动中，思维高度活跃，根本没时间分散注意力）。整个教学过程始终紧紧围绕音乐而进行。

而同样在第 29 届世界音乐教育大会上，一些参加展示的中国音乐教师的音乐课，与外国音乐教师的音乐课比起来，则显得语言多而音乐少，音乐外的手段多而音乐内的手段少。国内音乐教师在教学语言上的盘、绕、秀，对歌词文学内涵进行深入“挖掘”等现象在音乐课堂上随处可见，甚至一些听课的教师也冲着这些“妙语连珠”式的师生对答和“咬文嚼字”式的歌词处理而来，师生对答越精彩，歌词挖掘越深入，便觉得音乐课越好。

不仅如此，时隔一年后，在 2011 年 11 月 29 日至 12 月 1 日举行的第六届全国中小学音乐课现场评比活动中，一些“秀语言、秀文采、秀口才”的音乐课同样大受听课教师们的欢迎，甚至场面轰动，进一步反映出音乐教师们对“咬文嚼字”现象的认同心理。可见，目前仍有相当一部分音乐教师，把“咬文嚼字”作为提升音乐教学品质和效率的重要手段了。

但我们应该清醒地认识到，任由这样的现象发生，必将导致重文学轻音乐教学观的泛滥，造成学科教学的本末倒置。对这类现象不加以制止和引导，即使世界音乐教育大会和全国性音乐课展评活动刚刚盛大举行过，即使新课程改革轰轰烈烈进行了十个年头，我们仍将偏离音乐教学的正常轨道而进入歧途。

二、“咬文嚼字”现象的形成背景

（一）在历史进程中，文学语言是比音乐语言更能保持其传承的延续性的。古代的劳动人们在劳动、生活中创作了大量音乐作品，但今人却难以听到其原声。如《诗经》中收录了西周初年至春秋中叶 500 多年的诗歌 305 篇，这些诗歌其实是音乐作品。其中的“风”是指各地方的民间歌谣，其中的“雅”大部分是贵族的宫廷正乐，其中的“颂”是周天子和诸侯用以祭祀宗庙的舞乐。但流传至今，只见文字，不闻曲调。这是由于声音比文字更难以保存传承的特征所致，并造成文学在传承过程中比音乐更强势。

（二）特定时期的特殊创作手法，强化了文学在音乐创作和表演中的作用，削弱了音乐的作用。比如宋代的曲子词（即宋词），创作手法主要是“倚乐填词”，即按某一曲牌的格律，注重词的句数、字数、韵律、平仄，一个曲牌，可以用来套填很多首词（如苏轼的《赤壁怀古》和文天祥的《水天空阔》等都是对同一个《念奴娇》曲牌进行填词创作的），这就导致对词的创作“咬文嚼字”

而对曲的创作却相对忽视了。即使到了20世纪初，李叔同等人所作的学堂乐歌也多是根据已有曲调进行填词，无形中承袭了宋词的创作方法。人为的“倚乐填词”创作手法给音乐套上了自由创作的枷锁，却加强了“咬文嚼字”在音乐创作表演活动中的影响力。

(三)新课程改革以来，音乐教学观念经历了较大的变革，但期间也走过一些弯路，如一度因提倡学科综合而导致对文学性的过度渲染。国人本就有“咬文嚼字”情结，一旦发现音乐新课程理念中有“提倡学科综合”的说法，再加上某些课例的启发，“咬文嚼字”便堂而皇之地登上音乐课堂并被一些教师发挥得淋漓尽致了。从刚刚结束的第六届全国中小学音乐课现场评比活动中出现的上课和听课教师均对“咬文嚼字”一致认同的现象可以看出，曲解学科综合理念、过度强调文学在音乐教学中地位作用的现象还是较普遍的。

可见，“咬文嚼字”现象的形成是有复杂的历史文化背景的，甚至已成为一种思维习惯了。但不能以习惯为理由，任由“咬文嚼字”在音乐课上盛行。为了使音乐课真正体现音乐学科的本色，真正实现与国际接轨，我们应该把“咬文嚼字”请出音乐课堂。

三、怎样把“咬文嚼字”请出音乐课堂

(一)要规范宣传和舆论导向的言辞

在通过报刊、杂志、网络等媒体进行宣传，通过讲座、研讨等途径进行引导的言辞上，要表达清楚，不可模棱两可。历史的教训表明，由于以前的表达中存在不规范现象，才容易造成曲解。

(二)要发挥评价的引导功能

在各级课堂教学评比中，提倡和鼓励纯音乐教学，引导音乐教学走上正确的轨道。不要为顾及方方面面而做好好先生，放松评价的尺度，不然，就是自己打自己的耳光，并会把教师引入歧途。

(三)要为纯音乐教学创造更多的手段和方法

之所以“咬文嚼字”泛滥，除了环境、观念、习惯上的原因，也有纯音乐教学手段和方法不够多样的原因。或许有人会说，音乐语言本来就抽象，远不如文学语言可以充分挖掘和提升内涵。那么，就让我们来看看国外音乐教师的做法吧。

仍以上文所述第29届世界音乐教育大会上一节由匈牙利音乐教师执教的音乐课中28分钟的音乐教学过程为例，其采用的音乐教学方法有：音程模唱、柯尔文手势辅助下的音程视唱、先找出相同节奏的旋律谱再视唱、根据教师的钢琴演奏找出对应的旋律谱并视唱、听节奏短句后找出对应的旋律谱并视唱、听教师的哼唱后找出对应的旋律谱并视唱、师生接龙视唱全曲旋律、教师点节拍(二拍子)学生看谱念出全曲节奏、边拍边念全曲节奏、一部分学生点节拍另一部分学生边拍边念全曲节奏、随意指定一名学生唱某一小节其余学生重复演唱该小节直到唱完全曲旋律、点节拍视唱全曲旋律、遮住一小节旋律后学生背唱该小节旋律、遮住相同和相似旋律片段后学生背唱旋律、交替使用点拍法和拍手法背唱(视唱)全曲旋律、拍手并背唱全曲旋律、听到信号后迅速交换点拍法和拍手法背唱全曲旋律、听到信号后迅速交换点拍法和拍手法并用“啦”哼唱全曲旋律、拍出固定节奏型并用“啦”哼唱全曲旋律、学生创编节奏型后用打击乐器伴奏并用“啦”哼唱全曲旋律等，达 20 种之多。这些手段方法都是紧紧围绕旋律学唱的，并且相邻两种方法之间都有前后联系，可谓环环相扣、层层递进。

外国音乐教师的教学方法对我们的启示是：不依赖“咬文嚼字”，同样可以将音乐课上得非常精彩，并且更有音乐性，这为我们把“咬文嚼字”请出音乐课堂提供了成功示范。因此，我们应该以音乐为本，立足学生的实际，结合学习的规律，借鉴国外先进、科学的音乐教学方法（但不是生搬硬套），为学生的音乐学习创造多样化的手段和方法。如此，才能减少对文学性的依赖，加强对音乐性的关注。

四、结语

本文在表述“把‘咬文嚼字’请出音乐课堂”的观点时，使用了“请出”而非“踢出”，意在既传递出“请将过多‘咬文嚼字’的时间省下来进行更有音乐性的教学”的呼声，又希望在具体操作上采用合适的方式而不是极端的方式。我们不能因此而把必要的教学语言，必要的歌词学习等全部去掉，那样还如何上音乐课呢？

本文的观点是与吴斌先生在 2005 年博鳌亚洲教育论坛上提出的《关注音乐》的观点一脉相承的。笔者也注意到，《中国音乐教育》杂志 2006 年第一期刊出了《关注音乐》的演讲稿全文，随后又陆续刊登了多篇相关文章，这表明，广大音乐教育工作者确实已经在接受并运用“关注音乐”的观点，音乐课堂的音乐性也得到了加强。但当我们的音乐教师在国际、国家级活动上展示的音乐课还不时出现“咬文嚼字”的现象，且听课教师普遍有津津乐道的反应时，则反映出尚有相当一部分教师还沉浸在“咬文嚼字”式的教学中，还在继续为教学语言如何表达得更出彩，教学内涵尤其是歌词等文学性内容如何挖掘得更深入而投入大量精力，从而影响了对音乐本体教学的关注度。因此，本文旨在引起大家对“关注音乐”问题的重新认识，并用“请出音乐课堂”的处方，来对“咬文嚼字”的顽疾下药，如此，才能还音乐课堂以更纯净的音乐环境。

学习新课标，把握新方向
——对《音乐课程标准》2001 版与 2011 版的比较与思考

自 2001 年实施的新一轮基础教育课程改革，是一场声势浩大的教育改革。十年的改革历程，给我国的基础教育带来了巨大变化。这些变化同样反映在音乐教育领域中。在中小学音乐课堂教学中，从教学目标的设定、教学理念的渗透到教学过程的实施和教学结果的呈现，均显现了全新的面貌。

一个新事物的诞生和发展往往要经历曲折的过程。从 2001 年实施的“音乐新课程”，在过去的十年里，经历了实施初期曾遭质疑，解读过程中曾被曲解，推进过程中曾陷迷茫的曲折历程。但是，音乐教育人用坚定的信念和坚实的步伐，走出了一条全新的音乐教育改革之路。通过第四、第五、第六届全国中小学音乐课现场评选活动，2009 全国中小学课堂唱歌教学展示与研讨活动，2011 全国中小学器乐教学展示与研讨会等全国性活动，交出了一份份自信的答卷。通过 2005 年博鳌亚洲教育论坛和 2010 年第 29 届世界音乐教育大会等国际性活动，向世界展示了中国音乐教育界的思索和成果。如今，音乐教育人又用边改革边反思的精神，为十岁的“音乐新课程”量身订制了一套新装——《音乐课程标准》2011年版。穿上这套新装的“音乐新课程”，将行走得更稳健，将把未来的基础音乐教育引向更高更新的境地。

2011年版《音乐课程标准》(下文简称《新版》)是在2001年版《音乐课程标准(实验稿)》(下文简称《旧版》)的基础上修订的。《新版》与《旧版》在体例上没有太大的变化，但在一些关键内容上作了增删，体现了十年课改后的新思索，对今后的中小学音乐教育具有重要的指导意义。本文将通过《新版》与《旧版》的比较，追溯十年课改的历程，引发对音乐教育的新思考。

一、对新、旧课标“音乐课程基本性质”的比较与思考

《旧版》中对音乐课程的基本性质是这样表述的：“音乐课是人文学科的一个重要领域，是实施美育的主要途径之一，是基础教育阶段的一门必修课。”其关键词可提炼为“人文”、“美育”、“必修”。

《新版》中对音乐课程的基本性质除了“音乐课程是九年义务教育阶段面向全体学生的一门必修课”的一句话概述，还在“人文性”、“审美性”、“实践性”三个方面作了具体表述，其中，新增的“实践性”尤为引人注目。关于“实践性”的具体表述如下：“音乐音响不具有语义的确定性和事物形态的具象性。音乐课程各领域的教学只有通过聆听、演唱、演奏、综合性艺术表演和音乐编创等多种实践形式才能得以实施。学生在亲身参与这些实践活动过程中，获得对音乐的直接经验和丰富的情感体验，为掌握音乐相关知识和技能、领悟音乐内涵、提高音乐素养打下良好的基础。”

经过比较后发现，《新版》首次将“实践性”确定为音乐课程的基本性质，首次提出了“音乐音响不具有语义的确定性和事物形态的具象性”的说法，首次采用了“音乐课程各领域的教学‘只有’通过聆听、演唱、演奏、综合性艺术表演和音乐编创等多种实践形式‘才能’得以实施”的条件性语气。

对课改历程的回顾：在课改过程中，一度片面夸大了文学性的表述功能，造成对音乐的“咬文嚼字”现象。在2010年第29届世界音乐教育大会上展示的中外音乐课中，中国师生在音乐课上擅长描述音乐感受和音乐联想，而外国教师则重点进行音乐实践，虽然语言不通，但生动的音乐实践活动却牢牢吸引住了学生和听课教师。通过中外音乐教育的比较，人们开始关注音乐实践在音乐教学中的重要性。2011年第六届全国中小学音乐课现场评选活动中，实践性在音乐课中明显得到了增强，音乐课的特质也得到了更多体现。

对音乐教育的启示：在音乐教学过程中，应明确“不具有语义的确定性和事物形态的具象性”这一音乐的本质属性，避免对音乐作过多具体的解释和物化的关联，应重视音乐课程的“实践性”，并应通过聆听、演唱、演奏、综合性艺术表演和音乐编创等多种实践形式开展教学活动。如此，才能将“咬文嚼字”请出音乐课堂，还音乐课堂以实践本色。

二、对新、旧课标“音乐课程基本理念”的比较与思考

《旧版》中的十大基本理念为：1. 以音乐审美为核心；2. 以兴趣爱好为动力；3. 面向全体学生；4. 注重个性发展；5. 重视音乐实践；6. 鼓励音乐创造；7. 提倡学科综合；8. 弘扬民族音乐；9. 理解多元文化；10. 完善评价机制。《新版》中的五大基本理念为：1.以音乐审美为核心，以兴

趣爱好为动力；2.强调音乐实践，鼓励音乐创造；3.突出音乐特点，关注学科综合；4.弘扬民族音乐，理解音乐文化多样性；5.面向全体学生，注重个性发展。

经过比较后发现，《新版》的每一条基本理念中，其实包含着两层意思，相当于也有十条理念，但"新十条"与"旧十条"相比，可发现一些新的变化：

1. 将《旧版》的"重视音乐实践"改为《新版》的"强调音乐实践"，加强了"音乐实践"的语气。

2. 将《旧版》的"提倡学科综合"改为《新版》的"关注学科综合"，弱化了"学科综合"的语气。

3.《新版》中新增了"突出音乐特点"，明显地表现出对"音乐性"的强调。

4.《新版》中删去了《旧版》的"完善评价机制"，淡化了"评价"，但并非取消"评价"，在"实施建议"的"评价建议"章节中，有关于"评价"的具体建议。

对课改历程的回顾：在课改初期，由于对"提倡学科综合"理念的片面理解，音乐课堂上一度出现了过度的学科综合，导致对音乐教学主体内容的迷失，而把音乐课上成了地理课、历史课、语文课等。直到 2005 年由吴斌先生提出关注音乐的倡议，才逐渐将音乐教学从偏执的学科综合中拉回正道。但在随后几年的课改中，学科综合过度的现象仍偶有发生，如在 2011 年第六届全国中小学音乐课现场评选活动中，《打字机》一课便出现了幽默语言占主导而音乐语言退其次的现象。因此，《新版》教学理念第三条中将"突出音乐特点"和"关注学科综合"组合起来进行表述，很有必要。

对音乐教育的启示：《新版》中对基本理念的调整，是对十年课改过程中出现的问题所作的针对性调整。其中，将"突出音乐特点"和"关注学科综合"组合起来进行表述的提法，更具有深刻意义。在教学中，应在"突出音乐特点"的前提下"关注学科综合"，而不可再颠倒主次、喧宾夺主。应通过强调实践性和音乐性，纠正不当的学科综合观，使音乐教学回归音乐主体地位。

三、对新、旧课标"音乐课程核心理念"的比较与思考

《新版》与《旧版》都将"音乐审美"确立为核心理念，但其内涵有所不同。

《旧版》对"以音乐审美为核心"的诠释是："……强调音乐的情感体验，根据音乐艺术的审美表现特征，引导学生对音乐表现形式和情感内涵的整体把握，领会音乐要素在音乐表现中的作用。"《新版》的诠释是："……音乐的情感体验，应从多样化的文化语境出发，根据音乐艺术的表现特征，引导学生对音乐表现形式的整体把握，领会音乐要素在音乐表现中的作用……"通过比较可以发现，《旧版》中的"强调音乐的情感体验"在《新版》中表述为"音乐的情感体验"，删去了"强调"一词，《旧版》中"引导学生对音乐表现形式和情感内涵的整体把握"在《新版》中表述为"引导学生对音乐表现形式的整体把握"，删去了"情感内涵"一词。这样的调整，带有"适当淡化情感"的意味。

《新版》在"核心理念"上对《旧版》做减法的同时，还做了加法。如《新版》中有这样的表述："音乐审美指的是对音乐艺术美感的体验、感悟、沟通、交流以及对不同音乐文化语境和人文内涵的认知。""音乐的情感体验，应从多样化的文化语境出发……""音乐基础知识和基本技能的学习，应与音乐艺术的审美体验及不同文化认知有机结合。"《新版》在音乐课程核心理念中多次提到的"文化语境"、"文化认知"，在《旧版》中是没有的，表现出《新版》对音乐课程"人文性"

特征的重视。

对课改历程的回顾:音乐作品往往具有特定的思想感情,在挖掘音乐作品的思想感情过程中,一些教师避开音乐直接通过非音乐手段来唤起情感。如2010年第29届世界音乐教育大会上,《让世界充满爱》一课中的学生被“感人的故事”感动得热泪盈眶,并在“感人的故事”中畅所欲言,其所获得的情感共鸣主要来自音乐外而非音乐所致。此类通过非音乐手段来唤起情感的做法,曾一度被认为是情感教育的妙招,但其实是削弱了音乐的表现力。另一方面,由于缺乏对音乐文化语境的有效关注,对音乐作了不当的诠释,同样不利于音乐作品的正确处理。如2007年第五届全国中小学音乐课现场评选活动中,《乃哟乃》一课的歌曲处理中,教师未切合土家族的人文环境,而按一般的处理方式对歌曲进行艺术处理,使作品的文化属性和艺术特色打了折扣。

对音乐教育的启示:《新版》通过对《旧版》的加法和减法,重新诠释了音乐课程的“核心理念”,适当弱化了“情感内涵”,强化了“文化语境”。在具体教学中,一方面要注重通过音乐语言唤起音乐感情,引发情感共鸣,防止过度依赖非音乐手段来渲染情感。另一方面要立足不同的文化语境去揭示和表现音乐的美,获得审美体验。但在处理弱化与强化关系时,应防止二元对立,避免从一个极端走向另一个极端。

四、对新、旧课标中“音乐素养”关键词的比较与思考

教育的根本目的在于提高人的素质,音乐教育自然承担了提高人的音乐素质的任务和使命。《旧版》与《新版》中都有关于“素养”、“素质”的表述。经统计,《新版》与《旧版》中出现的关于“素养”、“素质”的关键词的类型和数量如下:

关键词	音乐素养	文化素养	道德素养	全面素质	基本素质	素质教育
《新版》	9次	3次	1次	1次	1次	2次
《旧版》	3次	3次	0次	0次	1次	4次

由上表可以发现,《新版》中“素养”、“素质”关键词共出现了17次,《旧版》中出现了11次。其中,《新版》中“音乐素养”的关键词共出现了9次,是《旧版》的3倍。

经过比较发现,除了在“课程目标”、“教学建议”、“教材编写建议”中均各出现1次“音乐素养”的关键词外,《新版》较之《旧版》在“课程性质”、“课程基本理念”、“课程设计思路”中新增了6处关于“音乐素养”的表述。如在“课程性质”中有这样的表述:“……为掌握音乐相关知识和技能、领悟音乐内涵、提高音乐素养打下良好的基础。”在“课程基本理念”中有这样的表述:“……领会音乐要素在音乐表现中的作用,增进音乐素养……”“……激发学生对音乐的兴趣,不断提高音乐素养”“通过音乐艺术实践,有效提高音乐素养……”在“课程设计思路”中有这样的表述:“强调音乐知识、技能的学习和所应达到的标准……其本身就是学生音乐素养的组成部分。”“义务教育阶段……是增进音乐素养,促进身心健康发展的重要时期。”

以上在“课程性质”、“课程基本理念”、“课程设计思路”中围绕“音乐素养”所作的6处表述,均是《新版》中新增的,不但在数量上体现了“增加”,更在语气上体现了“强调”。无疑,《新

版》中对“提高音乐素养”的强调是有深远意义的。

对课改历程的回顾：在课改初期，曾经出现过以人文素养代替音乐素养的错误倾向，也曾经将“适当降低音乐知识技能的难度”片面理解为“大幅降低”，出现了以兴趣爱好代替知识技能的低效甚至无效的音乐教学。这些错误倾向，都是对“通过音乐教育提高音乐素养”的重要性认识不足造成的。

对音乐教育的启示：在音乐教学过程中，应当将提高学生的音乐素养放在十分重要的位置，将之作为音乐教育的根本任务和特殊使命。如此，才能减少和避免教学中的片面性，提高音乐教学的正确性和有效性。

通过从四个维度对新、旧课标进行比较，揭示了《新版》在《旧版》基础上所作的增删的含义。又通过对课改历程中典型事件的回顾，引发了对音乐教育的新思考。希望此文能有助于对《新版》的进一步理解，有助于对音乐教育新方向的正确把握。相信在 2011 年版《音乐课程标准》的指导下，中小学音乐教育将迎来又一个春天。

交流·比较·思考
——第 29 届世界音乐教育大会教学展示课的启示

2010 年 8 月份在北京举行的 29 届世界音乐教育大会为我们提供了难得的学习机会，使我们亲眼目睹了当今世界音乐教育的成果，同时，也给了笔者一个将国内外音乐课堂教学进行比较的机会。通过对中外音乐课的比较，笔者认为存在三方面的差异：

一、音乐教学关注点的差异

我国的音乐课，在教授音乐内容之余，往往会让学生回答“懂得了什么道理，引起了什么情感体验”等问题，有时甚至宁可省略一些音乐内容的教学，也不忘“通过音乐进行思想教育”的“规定动作”。而国外教师的音乐课，则通常是“除了音乐还是音乐”，几乎很少有涉及音乐之外的东西，音乐教师不要求学生在音乐课堂上回答诸如“通过音乐学习懂得了什么道理受到了什么启发”之类的问题，而把主要精力放在带领学生一起参与音乐活动上。

二、音乐教学手段的差异

我国音乐教师在教学过程中，操作电脑的时间较多，很多演示过程都通过播放预先制作的课件来进行，且课件制作精美，这也反映出我国教师教学中对课件的依赖性较大。而国外音乐教师的音乐课，虽然也会用课件，但比较简单，教学中对课件的依赖性较小，而更多的是通过亲身教学演示来组织教学。

三、学生表现的差异

我国音乐教师执教时，学生有较强的“配合”教师回答问题的意识，并常以“妙语连珠”式的回答赢得满堂喝彩，这在某种程度上成了本届大会国内音乐教师执教音乐课的标志式场景。国外音乐教师则由于受语言的限制，自然难以取得“妙语连珠”的效果，但他们课堂上的学生却表现出较强的“被音乐吸引的感觉”，学生会自然地在上课教师的演示和引领中进入纯音乐活动中。

由此，笔者产生如下思考：

一、由音乐教学关注点的差异引发关于所持美学观的思考

在学界存有思辨主义、形式主义、表现主义（或称表情主义）三种美学观点。思辨主义(Referentialism)认为，音乐在多大程度上使你联想到一种非音乐的体验，它就在多大程度上是一部成功的音乐作品。形式主义(Formalism)认为，艺术作品的意义绝无仅有，音乐中的音响仅仅意味着它们自己，这种艺术体验主要是心智的体验，是为了形式的需要而认识并欣赏形式。表现主义(Expressionism)结合了思辨主义和形式主义中积极的部分，在"去往艺术的何处得到艺术的赐予"这个问题上，表现主义者和形式主义者都认为，必须深入到使作品成为一件艺术作品的那些创作素质之中，但表现主义者将非艺术的影响和思辨因素也作为一个内在的部分包括进来，并强调只是在符号融入作品的艺术性时才起作用，而形式主义者却将它们排除。回顾人民音乐出版社社长、《中国音乐教育》主编吴斌先生2006年在亚洲艺术教育论坛上的发言（详见《中国音乐教育》2006.1）可知，我国在制定音乐新课程标准时是综合借鉴了上述三种美学观点的。对思辨主义的借鉴是，音乐学习的价值在于音乐之外；对形式主义的借鉴是，音乐学习更应该注重音乐形式要素的敏锐感受；对表现主义的借鉴是，确立以审美为核心的教学理念和价值观念。可以说，我们的"课标"汲取了三种美学观点的长处，把"在完成'知识和技能'教学的同时实现'情感态度与价值观'的洗礼，并通过'过程与方法'为学生提供良好的学习体验"的美好愿望都寄托在音乐课堂中。但是，由于我们在意识形态上长期受思辨主义美学观的影响，导致我们在理解"课标"时，过于关注"情感态度与价值观"目标的实现，甚至存在其他两个目标围着"情感态度与价值观目标"转的倾向，于是才出现了我们的音乐课总要千方百计地将教学的关注点归结于对音乐外意义的理解的现象。

当然，不同国家有不同的主导美学观，或偏向于思辨主义，或偏向于形式主义，或偏向于表现主义，甚至各国的各专家和学派也会持不同观点。但从发展的角度来看，表现主义美学观是在取前两种美学观之长的基础上确立的，并在一些发达国家（如美国等）得到了较广泛的认可。如20世纪70年代美国音乐教育家雷默在《音乐教育的哲学》一书中提出倾向于表现主义美学观的观点后，对美国及其他国家的音乐教育都产生了影响（雷默为一年级到八年级编写的一套音乐教科书在过去的20多年里是美国和世界上其他国家使用最广泛的一套教材），这对我们重新梳理音乐美学观和确立音乐教学关注点是有借鉴作用的。

二、由教学手段的差异引发关于音乐教师基本功的思考

音乐教师的音乐基本功有哪些？不外乎音乐感受力、音乐表现力、音乐创造力、音乐知识面和理解力等，当然，与音乐相关的姊妹艺术（如美术、舞蹈、戏剧、文学等）和其他学科的知识能力（也包括电脑操作技能）也是作为一个音乐教师所应该具备的。但作为音乐教师，最重要的基本功自然是音乐方面的知识和技能。而我们不少音乐教师却热衷于对课件制作的关注，在分配制作课件和进行音乐基本功练习的时间方面，有重课件轻基本功的倾向。另外，中小学音乐教师的音乐专业能力水平现状仍不容乐观，仅以对本地区近几年新就业的音乐教师的音乐能力调查可知，音乐教师的视唱听音能力、演奏能力和音乐理解力普遍较低，一些刚从学校毕业的

音乐教师的音乐知识技能水平难以令学生和同行信服。由于课件能帮助音乐教师摆脱现场表演的尴尬,所以,课件在音乐教学中的作用被不断发挥,常常会出现花了好几个小时制作课件,而只有少量时间练习音乐表演的情况。久而久之,原本不太强的音乐基本功逐渐退化了。而从对国外几位音乐教师的观察中可知,他(她)们都有较长的音乐学习经历,并在平时教学中常常以"亲身演示"为主要教学方式,因此,音乐基本功自然较扎实而全面,节奏感、音准感、键盘能力、即兴表演和创造能力等均有不俗表现。笔者曾在2005年亲身参与过一期德国音乐教师执教的培训班,该教师在一周的教学中,除了少量时间播放CD和DVD音乐片段外,其他时间都是亲身演示唱、奏、跳等基本功,并通过教师的亲身演示组织大家进行音乐学习。在本届音乐教育大会上展示的国外音乐教师也有类似表现,有的能不看键盘(眼睛始终关注学生的表现)而在钢琴上作复杂演奏,有的能在固定节奏伴奏下进行复杂的非洲鼓节奏加花演奏,有的能进行瞬间移调视唱等。这与我国音乐教师常见的较依赖于点击鼠标的教学行为产生了鲜明对比。

三、由学生学习表现的差异引发关于音乐学习方式的思考

音乐是听觉的艺术,无论创作、表演、欣赏等各类音乐活动都离不开聆听,聆听是音乐学习的最主要途径。关于音乐应该在"听中感受"还是在"听后言说",在本届教育大会的音乐课堂上有两种不同的倾向。我国音乐教师在进行音乐教学时,固然也重视聆听过程中的感受体验,但更倾向于对"听后感"的言说,国外音乐教师在教学中,固然也重视听后的"回味",但更倾向于在聆听过程中的音乐感受。两种不同的倾向产生两种不同的学习方式,并造成不同的教学效果。倾向于"聆听后言说音乐"的学生,会在聆听时积极地思考并揣摩音乐所表达的含义,其想象和联想能力,以及哲学性的思考能力得到了较多发展。在这种情形下,学生言语能力的强弱较大程度上影响了课堂教学的"出彩度"。如果遇到班上有一些"能说会道"的学生,音乐课会有较高的"出彩度",这在本届大会的一些国内教师的展示课上得到了证实。倾向于"聆听中感受音乐"的学生,会在聆听时更投入、更自由地用身体和心灵感受音乐的进行,每位学生在聆听中获得共性的聆听感受的同时,也获得了较多的个性化的感受,学生在聆听时不需要有太多的音乐外思考,只需要尽情享受瞬间的音乐感觉。例如对一段欢快的波尔卡音乐的聆听或演奏,只要让身体的每个细胞充分感受轻快的节奏、流动的旋律等形式要素带来的愉快感并通过身体释放出快乐的信号,便完成了音乐学习的大部分(非全部),而无需刻意思考"这段音乐是在什么背景下创作的,通过这段音乐使我的内心受到怎样的启发"等问题(但并非绝对排斥对和音乐相关内容的关注)。如果比较两种学习方式下学生的心理压力,"聆听后言说音乐"方式下学生的心理压力会比"聆听中感受音乐"的学生来得大。因为,即使学生在聆听过程中被音乐所感染,如果在聆听后"说得不好",将得不到教师和同学更多的认可。相反,"聆听中感受音乐"的学生的心理压力则轻松很多,他们既可以按教师或其他同伴的提示来感受音乐,也可以按自己的方式来感受音乐,他们想感受多深就多深,不必通过"言说音乐感受"这个环节来表明他们获得了真正的音乐体验。

上述对中外音乐教学差异性的比较和思考,仅立足于本届大会中的部分展示课,视野不一定全面,但所反映出来的三方面的问题,不啻为当前音乐教学中亟待关注的问题。音乐美学观

决定了音乐教学的“方向性”,教师基本功决定了音乐教学的“专业性”,学习方式决定了音乐教学的“过程性”,当我们以主办者的形象向世界各国传递我国的音乐教学“特色”时,更需要从世界音乐教育的高度来反思我们的方向是否正确,专业是否突出,过程是否表现了音乐的动态特征。只有通过我们对中外音乐教学进行客观的比较后,才能从中发现中外音乐教育之间的差距,并正视差异,不断改进,尽早实现国内外先进音乐教学理论和教学实践过程的对接。

影响合唱队音准的因素和对策

影响班级合唱队音准的因素有多种,但不外乎来自学生内部和外部这两类。

一、来自学生内部的影响

1. 来自学生自身的影响。学生个体的音准能力,是影响合唱队音准的重要因素。

2. 来自本声部的影响。理想的单声部齐唱声音应该是非常准确和谐的,这需要每一个学生都唱得非常准。但很多情况下,普通班级中的学生总存在音准能力的差异,一些音准感不太好的学生总会不自觉地在演唱中不断寻找“准确”的声音作为依靠,然后在演唱时努力靠近这些准确的声音。一旦这些学生的周围没有稳定的参照音源,则会使习惯了“跟随”的学生找不到依靠而不知所措,从而产生音准问题。或当身边的同学唱“跑调”了,也容易使习惯了“跟随”的学生跟着一起“跑调”。

3. 来自其他声部的影响。以二声部合唱为例,当进行合唱时,两种不同的声音便相互产生了干扰,其中一个声部成为了另一个声部的干扰源,从而造成对本声部的音准缺乏信心,出现音准问题。

二、来自学生外部的影响

1. 指挥的不当提示。当教师在指挥时运用了不正确的提示或未在应该提示的地方进行提示时,会给学生的演唱带来误导,从而产生音准不稳定的现象。比如,当指挥在高点音处采用了过高的手势,并有让合唱队员继续唱得高一些的暗示,就会使合唱队员将音唱得比实际的更高。指挥情绪过于紧张或过于松弛也会影响合唱队员的演唱情绪,从而影响音准。当指挥临时忽略了对某一处难点音(如变化音)的提示时,也会使合唱队员找不准正确的音高等。

2. 伴奏的不当提示。当钢琴伴奏为了“帮助”某一个声部而过于突出该声部旋律时,往往会造成另一声部的学生被“带过来”的现象。当钢琴伴奏采用的和声与合唱声部不相符时,也会影响学生的音准。

有关对策:

一、合理布局

1. 将音准感较好的学生均匀地分布在声部中,使每一个需要帮助的学生都能找到依靠,以便增加音准感较弱学生的演唱自信心和音准稳定性。

2. 在合唱教学的不同阶段采取不同的队形间距,即在合唱的初学阶段拉开不同声部队伍之间的距离,减少声部间的影响,待熟练后,再缩小声部间的距离。

3. 在声部与声部的相邻处,安排音准稳定性较好的学生,将音准稳定性较差的学生安排在离其他声部较远的地方，以减少干扰。

4. 在条件许可的情况下，采用圆弧形队形，使处在队形两端的学生能相互听到对方声部的声音，这有利于合唱的整体音准。

5. 由于声音主要是向前传递的，可将音准感好，并且声音较亮的学生安排在后排(比如第二、第三、第四排)，以便在演唱中给前面的学生提供音准支持。

二、科学训练

1. 变以横向思维为主为纵横结合的思维方式。在合唱教学中，传统的方法是分声部学唱后再进行合唱，这样的方式下，学生采用的是以单声部为主的横向思维方式，习惯从横向上寻找本声部的旋律感，而不习惯从纵向上找声部间的和声感，因此，只注重各唱各的声部，难以顾及声部间的和谐。如果在关注横向旋律的同时关注纵向的和声感，则会有利于合唱声音的和谐。因此，需要改变以单旋律入手先分后合的传统教学习惯，增加几个声部同时演唱和声的练习。可以提取合唱歌曲中较长时值的和弦音进行练习，使学生熟悉这些和弦音的纵向和声感觉，并使学生在演唱到这些和弦音时加强对纵向和声效果的倾听和声音调节，从而提高合唱的音准稳定性。学生的和声思维运用得越熟练，合唱的和谐度越好。

2. 变以模唱为主为模唱与构唱相结合的演唱方式。模仿演唱是歌唱学习中的最常见形式，也是最容易实现的。模仿演唱总是先听到样本声音，再利用短时记忆唱出正确的音高，不易于学生养成稳定的音高感。为了提高音准的稳定性和自信性，应该增加构唱练习。所谓构唱，是指在给出一个音的音高提示后，学生能以此音为基准构建上方或下方的音程，练习方法可以从两个音的构唱逐渐过渡到多个音的构唱，从小音程的构唱逐渐过渡到大音程的构唱，从自然音程的构唱逐渐过渡到变化音程的构唱等。学生的构唱能力越强，音准的稳定性也越强。

3. 变整体聆听为主为整体聆听与分解聆听相结合的方式。在合唱曲的欣赏过程中，学生通常只对歌词内容、情感、音色等作整体的关注，而对合唱中单个声部的旋律走向缺乏分解聆听的习惯。可以先从听辨教师的钢琴声开始，如教师从一个音开始同时演奏反向进行的一对旋律短句，请两个声部的学生模唱出两个不同的旋律，然后再改成听辨和模唱斜向进行的一对旋律短句，再改成听辨和模唱同向进行的一对旋律短句，以提高学生对同时结合的两个旋律的分解听辨能力。除了利用旋律的对比来训练学生的听辨能力外，还可以利用节奏对比、音色对比等，先进行高区分度的听辨练习(比如从一个音开始的一对反向旋律短句的听辨，由于一个旋律上行，一个旋律下行，区分度较高，就较容易听辨)，再过渡到低区分度的听辨练习。当学生具备初步的分解听辨能力后，可以请学生听辨合唱歌曲的某个乐句并模唱出各自的旋律，这样，能提高学生的音准识别和纠错能力。

4. 变整体教学为整体与部分相结合的方式。传统的班级合唱教学中，通常只注重对全体学生或某一声部的全体学生进行指导，而缺乏对局部学生的指导。如果抽时间对各声部中起到骨干作用的学生进行指导，提高骨干学生的音准稳定性和演唱自信性，则会带动整体队伍的演唱音准。

三、正确指挥

1. 在长时值音处保持动作的稳定。一些教师习惯从头至尾不停地划拍，这在关注了节拍特点时忽略了旋律的进行特点。实际演唱中，当学生在唱较长时值的音时，最希望得到教师肯定的动作提示，比如在某个高度上静止不动或平缓地作水平方向的移动，能给学生唱得平稳的提示，相反，如果在长音处仍旧进行频繁的上下挥动，则无助于对学生的音准起到提示，甚至会产生干扰。

2. 在发现音准偏离时及时调整。学生在演唱中，难免会出现音准偏离，而刚出现音准偏离时，也是最佳的纠正时机，一旦偏离时间过长，就难以"拉"回来了。当教师发现学生出现微小的偏高(或偏低)现象时，要及时在动作上作出下压(或上抬)的提示，尤其要利用唱较长时值的音时，用手势和表情提示对学生作声音的细微调节，并在调整到合适高度时给出肯定的表情。因此，教师灵敏的听觉反应和及时准确的提示是影响现场合唱音准的重要因素。

3. 注意调控演唱情绪。学生在情绪激昂时，容易出现音越唱越高的现象，反之则反。因此，教师要在演唱前和演唱中注意观察学生的表情，对学生的情绪给予适当的"升温"或"降温"提示，要慎用"火上浇油"的方式，即当音乐需要情绪激昂时，并且学生也已经表现得较激昂时，教师过于夸张的表现，可能会使学生的音唱得偏高。因此，在指挥中，要根据音乐的情绪特点，适度控制学生和教师自身的情绪，保持音准的稳定性。

4. 提前给出起始音或关键音的音高预示。首先，在单声部演唱时，对每个乐句的第一个音，尤其是整首歌曲的第一个音的高度，要给出明确的音高预示，通常在该音的提前半拍或提前一拍处进行预示(并结合着节拍、速度、表情等要素)。对乐句中的关键音，如最高音、最低音等，也需要作类似的预示，并在演唱该音时，作适当的强调加以明确。在此基础上，当多声部结合时，学生才能看得懂教师同时作出的几个声部的音高提示，从而保证各个声部的音准。

四、正确伴奏

1. 尽量用正谱伴奏。经过专业人士编配的伴奏谱对音乐的风格、和声的编排、伴奏型的选择等都有较完整考虑，应该成为教师首选的钢琴伴奏谱。如果考虑部分内容的演奏难度和表现需要，需要减少或增加一些内容时，则应在不破坏原有和声结构和风格特点的前提下进行改编。

2. 慎用旋律式伴奏。在合唱教学过程中，常会采用对某个声部的旋律进行强调性演奏的方式，以帮助该声部唱准音，但在合唱表演时，过于突出演奏某声部的旋律，容易扰乱声部间的平衡关系，因此，要慎用旋律式伴奏。即使根据需要一定要演奏旋律片断时，也宜采用简化的旋律，而不是完整的旋律，以免给另一声部造成过多干扰。

3. 为关键音设计好过渡短句。伴奏的其中一个作用是引导歌唱者顺利找到音准，因此，可以对关键音设计一些过渡短句，以帮助该声部找准较难唱的音高。如在唱完两拍的"1"后要向上跳进六度唱"6"时，可以在"1"的第二拍处演奏"2345"作为过渡，就能使学生顺利地唱准"6"的音高。

4. 控制好音量平衡。过弱的音量会使演唱者找不到标准音高而容易唱偏音，过强的音量又会盖过演唱者的音量而听不出合唱声音。伴奏与演唱的音量应该是一个动态的平衡关系，做到该出来时冒出来，该进去时隐进去。前奏、间奏、过渡句等处应该冒出来一些，以给演唱者正确的音高提示。演唱过程中应该隐进去一些，使演唱者有表现空间。高潮处时应该起到烘托作用，随音乐的发展而“推一把”，使演唱者唱得“过瘾”，但同时也要强调一下某些骨干音，起到“拉一把”的作用，不至于演唱者因过于激动而把音唱偏了。

以上是有关影响班级合唱队音准的主要因素与对策的分析，在实际教学中，影响音准的因素还有很多，解决的办法也有很多，需要教师们边实践，边调整。

巧妇能为无米之炊
——竖笛套笛乐队演奏作品的拓展与创编

八孔竖笛（Recorder）是一件历史悠久、造型美观、结构科学、音质甜美的欧洲木管乐器。它起源于15世纪的意大利，十六至十八世纪盛行于欧洲各国。它以入门容易、音色明亮、有固定音高、能演奏十二平均律，可任意转调的特点，目前成为了我国中小学开展器乐教学的首选乐器，普遍应用于基础音乐教育。

中国教育学会音乐教育分会秘书长吴斌老师提出：“器乐教学要以合奏为主要教学形式。”欧洲八孔竖笛是系列乐器，常见的有五种，从小到大，它们分别是超高音、高音、中音、次中音和低音。将这些乐器组成乐队，能演奏丰富多彩、交响性的合奏音乐作品。但随之而来的问题却是，目前鲜有提供给竖笛套笛乐队使用的合奏乐谱，教材的匮乏是教师们面临的普遍问题，这也在一定程度上制约了套笛乐队的进一步发展，正所谓巧妇难为无米之炊。

笔者在竖笛教学实践中就如何进一步拓展竖笛演奏曲目，如何改编、创编套笛合奏作品进行了一些尝试。

一、来源于经典四声部的音乐作品

在浩瀚的乐海中，大量的四声部经典作品是随处可见的。巴洛克时期的教堂音乐、巴赫的钢琴十二平均律、古典主义时期的弦乐四重奏、经典的无伴奏混声四部合唱等。这些作品的四声部与套笛乐队的高音竖笛、中音竖笛、次中音竖笛、低音竖笛音区接近，作品结构相似，我们可以直接把这些作品拿来，拓展为竖笛套笛乐队的曲谱使用。

巴洛克时代是竖笛最辉煌的时期，因此，巴洛克时期的音乐作品是最接近竖笛原本风格的。巴洛克时期的教堂弥撒曲和世俗的康塔塔及重唱大多为四声部，巴赫的钢琴十二平均律大多也是四声部的。这一时期其他的作曲家，如亨德尔、泰雷曼、维瓦尔第等作曲家的四声部作品都是很好的选择。

弦乐四重奏是古典主义时期最重要的室内乐形式，也是室内乐中最理想、最融洽、最经典的组合，弦乐四重奏完美的合奏默契更能表现出音乐本身丰富的内涵。“弦乐四重奏之父”海顿的84首弦乐四重奏，贝多芬的16部弦乐四重奏，莫扎特的23首弦乐四重奏，浪漫主义时期的舒伯特、门德尔松、舒曼等的弦乐四重奏小品也都是非常经典的器乐作品。

混声合唱的音区与套笛乐队的音域非常接近，尤其是无歌词，仅用哼鸣演唱的一些著名的混声无伴奏合唱，作为套笛演奏曲目十分适合。如《牧歌》、《梦幻曲》、《圣母颂》、《摇篮曲》等，丰富的和声色彩，缥缈空灵圣洁，在套笛上同样可以呈现出这种空灵深邃之感。

二、改编于器乐合奏曲的音乐作品

器乐宝库中的各类合奏作品数量不胜枚举。但各类器乐合奏作品根据合奏乐器的性质不同，会各有侧重。我们可以根据它与竖笛套笛乐队的相似程度进行筛选，然后进行适当的改编，让它成为套笛乐队的演奏作品。

竹笛是我国历史悠久的具有浓郁特色的民族乐器，中国的竹笛艺术瑰丽多姿，而它又与竖笛同为吹奏类乐器，连指法也有许多相似之处。笛子名曲众多，为竹笛创作的合奏作品较为丰富，我们可以把竹笛合奏（或笛子独奏与伴奏或笛子协奏）作品进行适当的改编，使它成为套笛合奏作品。

可以将竹笛吹奏的主旋律直接放在高音竖笛声部进行演奏。乐曲中间如果出现对比复调或模仿复调时，根据声部所在音区特点，把它放在中音竖笛声部或者次中音声部，与高音竖笛声部的旋律形成对比，使两个声部的旋律具有相对的独立性。然后，分析作品的和声进行，把分布在各个乐器声部的和弦音一个个找出来，归纳总结到和声语汇中，再把这些和弦音按照一定的和声走向，分布到中音竖笛和次中音竖笛声部。合奏作品中的低音声部往往是现成的，可以直接搬到低音竖笛声部演奏，遇到个别超出音区的音稍作调整即可。

其他类别的器乐合奏作品，如管弦乐合奏、民乐合奏、铜管乐合奏也可以照此方法进行操作，适当改编后，使之成为套笛合奏作品。

三、创编各类风格的套笛合奏作品

来源于经典四声部和改编于器乐合奏作品的竖笛曲目，有时由于受到学生的实际吹奏水平的约束，曲目的选择会比较受限。如果教师自己能够创编竖笛合奏作品，那么适合学生年龄特点、适合学生演奏水平、大量耳熟能详的音乐作品都可以经过创编，成为套笛演奏作品，我们的套笛乐队演奏曲目将大大增加。

以下是笔者在教学实践中尝试过的几种简单实用的创编方法。

（一）节奏相同的主调编配法。

在改编中，把熟悉的旋律声部放置于高音竖笛声部，然后安排一下和声进行，在中音、次中音、低音竖笛声部中安排三个节奏相同的和声性声部。四声部有丰富的和声语言材料可以选择。由于是四个声部，在纵向可以构成完整的正、副三和弦，还可以运用完全的七和弦、省略五音的九和弦和其他非三度叠置的和弦。这些和弦可以用原位形式，也可以用转位形式。四个声部节奏虽然相同，但在旋律进行中，可以综合运用同向、斜向和反向的进行，这样可以使各个声部都有一定的独立性。这种使用节奏相同的主调编配法多用在抒情性的音乐作品中。如下面谱例：

《山丹丹花开红艳艳》

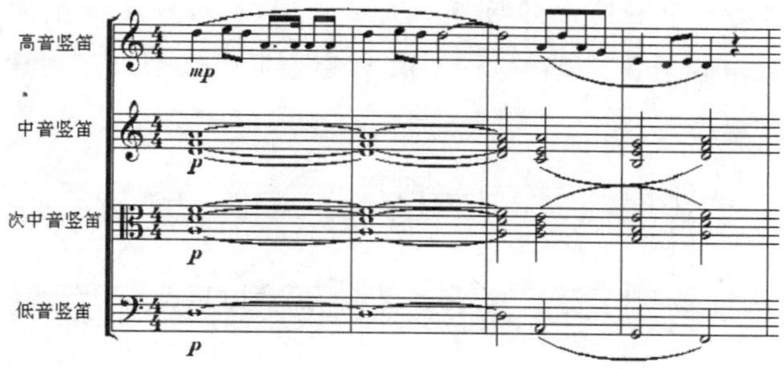

(二)伴奏音型的主调编配法

当主旋律放置在某一竖笛声部时,将另外三个声部构成和声性伴奏型织体,用来衬托主旋律,可以使整体音响丰满,旋律清晰突出。由于竖笛音区的特点,主旋律放置在高音竖笛的情况比较多,当旋律置于高音竖笛时,伴奏音型较多使用的是,低音竖笛在强拍或弱拍强位上,则中音、次中音竖笛在弱拍上,营造一种活泼轻盈的情绪。如下面谱例:

《春节序曲》

或者三个声部同时出现形成一种固定的音型,给人以铿锵、肯定的情绪。如下面谱例:

《瑶族舞曲》

这种使用伴奏音型的主调编配法多用在活泼欢乐性的音乐作品中。

(三)对比模仿复调编配法

套笛乐队乐曲改编中还可以使用复调编配法,使两个或多个声部的旋律具有独立性。其中,对比复调和模仿复调是常用的复调类型。

对比复调可以运用句子起落交错、节奏疏密交错、你切我不切、你休我不休等手法,使几个声部的旋律具有相对独立性，还可以利用旋律形态中的斜向进行和反向进行，来增加声部之间的对比。对比复调可以是一个竖笛声部与另一竖笛声部，也可以是一个竖笛声部与另外两个竖笛声部。下面谱例中的中音竖笛声部与高音、次中音竖笛声部形成了对比复调。

《大海啊，故乡》

模仿复调运用比较普遍，模仿可以在四个竖笛声部之间进行，也可以在其中两个或三个竖笛声部之间进行；模仿的材料可以是一个乐句，一个乐节，也可以是一个动机；模仿的音程距离可以用同度、八度、也可以用四、五音程；模仿时间可随时接入，也可随时停止。下面谱例中低音、次中音竖笛声部与高音竖笛声部运用的就是八度的模仿复调。

《瑶族舞曲》

如果是卡农式的模仿复调，要注意所选的旋律声部的节奏应该是疏密相间，其次在横向模仿时间上要找到一个合适的点，这个点要使旋律声部结合时旋律的节奏要形成你疏我密、你长我短、起落交错的状态，才能达到好的效果。下面谱例中高音竖笛声部与中音竖笛声部形成的卡农式模仿复调效果良好。

《扬鞭催马运粮忙》

在套笛合奏作品创编中，声部的安排、旋律的进行、和声的运用、织体的选择，往往是依据作品表现的内容需要、学生的实际演奏水平而定的。实际运用中还需要综合考虑各方面的因素，各个环节都要经过精细地推敲、构思，方能获得良好的艺术效果。

我们只有在竖笛套笛乐队合奏教学上积极尝试，不断拓展、改编、创编演奏作品，丰富竖笛套笛乐队的演奏曲目，才能让套笛乐队获得进一步发展，焕发出新的生命力。如此，我们的教师就是“巧妇能为无米之炊”了。

（任丽莉）

如何形成小学音乐课堂器乐文化框架中的乐器感知
——以三个教学片断为例

歌唱是小学生喜爱的音乐表达方式，因为它有鲜明的旋律线条、具体的歌词表述，并且可以运用嗓音这个媒介主观地加以表现而获得较为直观的音乐体验。相对而言，器乐的感知与情感获得就显得抽象与不确定了。首先，器乐是非语义性的，对于形象思维占学习主导位置的小学生来讲，理解并认同其表现的过程具有因“触摸不到”而产生的模糊感；其次，聆听感悟是具有独立个性的，但是目前班额较大的集体授课形式还是会淡化很多学生的独立思维，形成“人云亦云”的体验假象；最重要的是，器乐是依托乐器演奏来实现的，而认知每件乐器，熟悉其音色特点与演奏特征，进而初步获得其音乐表现特色，这是一个全新的知识范畴，而在达到这一认知之前，谈感悟乐器表达的器乐作品，无异于用陌生的语言表述陌生的情感世界。在实际教学中，为拉近学生与器乐间的距离，我们会通过旋律图示、体态律动等手段来辅助，并获得一定的显性效果，但是如果我们再进行根源性的深入思考，是不是可以有一种直达学生知识能力构架的乐器文化感知教学，使学生掌握一定的“乐器知识储备”、能听懂并自主地运用可利用资源表现相关的“乐器语言”、拥有让学生踏着“乐器之音”进入器乐文化世界，从而开启聆听感悟之门呢？

我们先来描述三个教学片断。

【片断1】人音版第一册第七单元《法国号》

《法国号》是一首轻快明朗的三拍子童谣，完成歌曲学唱之后，教师通过《莫扎特第四圆号协奏曲》的演奏视频使学生感知圆号的演奏形态，并运用图片模型模拟演奏使学生获得演奏经验，之后聆听管弦乐曲《蓝色多瑙河》引子片段、交响童话《彼得与狼》中“狼”的主题、管弦乐《出发》中表现号角的乐段，通过音色比对感知圆号在乐队中的丰富表现。拥有对圆号的立体感知后，一年级学生的演唱更加热情，孩童独特的投入表现说明，他们“记住了”法国号。

【片断2】人音版第八册《打字机》

《打字机》是美国作曲家安德森的管弦乐作品，其第一主题是由弦乐演奏连续的十六分节奏形成的旋律，一台真正的老式打字机用和主旋律相同的节奏参与演奏。教师在使学生感受该主题旋律特点时运用了三层手段：

①聆听并用“teke、ding、ca”模拟打字机演奏节奏与音效：teke | teketeke teketeke | teketeke te teke | teketeke teketeke | ding ca ……

②用“en”模唱弦乐组旋律，熟悉主题。

③观看视频，关注小提琴在演奏音乐中的十六分音符时采用了小幅高频的分弓，在演奏乐段结束处的四分音符重音时采用了较大幅度的下弓奏法，并指导学生随音乐模拟演奏。关注打字机与乐队协同演奏的打字过程，聆听打字机的音效及相关节奏，并指导学生随音乐模拟打字。

经过三层活动，学生在多次聆听、观察、模拟演奏、模拟打字过程中直观感知了音乐特点，积累了直接音乐经验。

【片断 3】人音版第六册《我是小音乐家》

《我是小音乐家》是一首美国儿童歌曲，歌曲运用 F 大调的Ⅰ级和Ⅴ级和弦行进，歌词提及小音乐家可以演奏“吉他、提琴、法国号”等乐器。在熟悉主旋律后，教学展开如下：

①选取提琴家族中的低音提琴，观看具有美国特色的弹唱视频，在“看到”具体演奏形态的前提下关注拨弦音色，用较多的胸腔共鸣“bong”进行音色模拟演奏，运用根音旋律 1 5 | 1 5 | 1 5 | 1 0 | 与歌曲合作。

②现场演奏吉他的扫弦技法，并用轻而短的“za”进行音乐模拟演奏，所唱的 1 5 | 5 5 (bong za bong za) 音为“5”。与低音提琴形成伴奏型，并与歌曲进行合奏。

③通过观看演奏视频使学生感知圆号演奏的长音音色特点，指导学生用“du”模拟圆号音色，用“5”的长音旋律为歌曲的第三乐句伴奏。

④将上述三种乐器的伴奏模拟分派给三个小组，再将主旋律演唱任务分派给第四个小组，就形成了简易的四部表现形式。虽然每个声部的任务不是很重，但是学生在演奏与等待的过程中学会了关注音乐，在“边奏边唱”的模拟中，体验了“乐队化表现”的过程。

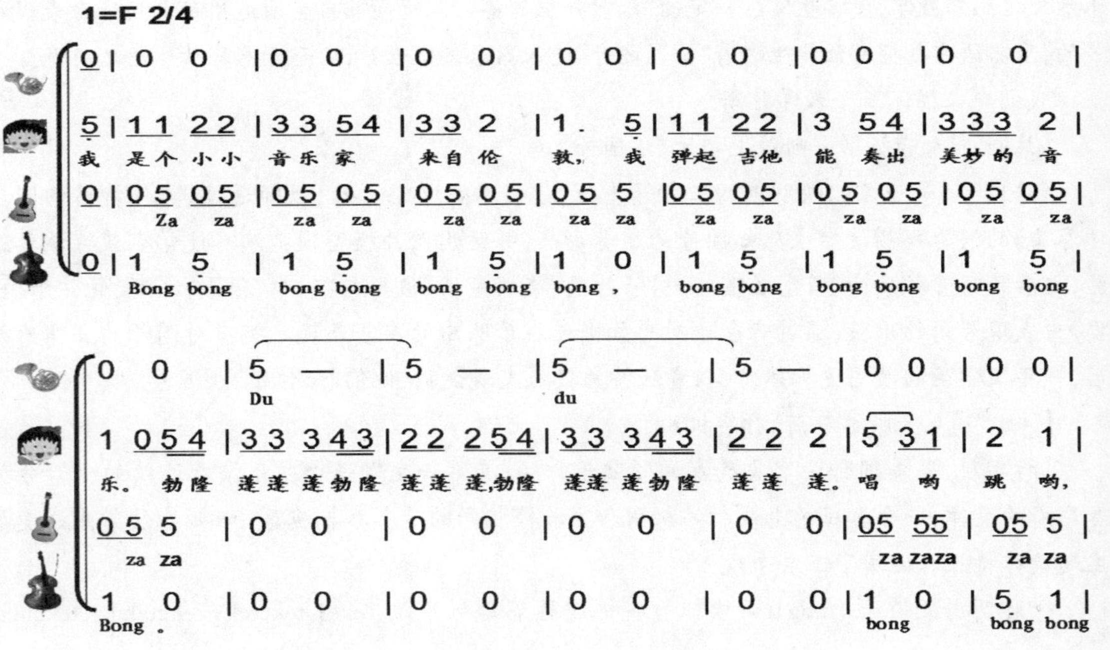

构建小学音乐课堂器乐文化框架中的乐器感知，包含结合器乐作品与器乐活动认知相关乐器，能对乐器音色进行敏感的听辨，并在一系列“器乐化”的音乐活动中，理解乐器在器乐表达中的价值与意义，在不断的活动感悟中积累能够形成文化知识框架的记忆体系。同时，将乐器的感知置身器乐表达之中，使所建构起的记忆体系与相关器乐紧密相连，这样，乐器就不单单是一个物质存在，而是具有了音乐性的丰富生命力，从而能够激发学生形成自主进行拓展学习的内心动力，引发绵延不息的音乐感悟之路。

以上三个教学片断并不全是纯粹的器乐作品聆听课例，但是在这三个片段中我们发现，建立乐器与器乐的知识构架，我们可以有多方位的教学参与。

(一)“精”用聆听，渐入式建立“乐器库”

我们使用的人音版小学教材中，有大量的器乐独奏作品，但是仍存在学生到了四、五年级还是不能熟练地叫出常见乐器的名称、听辨不出乐器音色的情况，看到小号叫“喇叭”、听到提琴说“二胡”的现象说明我们在津津有味地分析旋律、感受情绪的同时，忽视了对该乐器的个性文化建构。所以我们强调精确化聆听，让每一件在课堂中出现的乐器都具有丰富的表现力和独特的魅力，使学生思维中的“乐器库”不断得到扩充与巩固。

比如片段 1 的教学内容《法国号》，虽然这只是一首关于法国号的童谣，但是该教学为圆号的感知搭建了细听感悟的舞台。圆号被称为现代管弦乐团中最美观最迷人的乐器，其音色表现既可以拥有铜管乐器的辉煌，又可以像木管乐器一样柔美，我们怎样让学生记住它呢？《法国号》是小学教材中第一次出现的乐器，歌词中有“嗡巴巴”象声模拟，教学中在此基础上再选择《蓝色多瑙河》引子中圆号宽广平和的歌唱、《彼得与狼》中三支圆号的不协和和弦表现、普罗科菲耶夫的管弦乐《出发》引子中明朗向上的演绎，使学生形象化地感知“晨曦初露的多瑙河”、“阴森凶险的狼”和“朝气有力的号角”等音乐形象，也使“法国号”这件乐器的形象在一年级学生的记忆中像个“讲故事高手”一般屹立起来。

片段 3 中也充分体现聆听在音乐活动中的价值。对于需要学生表现的每一件乐器的音色，都进行具象化的聆听，聆听乐器在演奏中的音色表现，使每一次的音乐活动都建立在充分的听觉感知基础上，同时，由听觉转化为音乐模拟的过程也在刺激着学生对于这件乐器的认知与感悟，形成固定化记忆。

在逐步加深对每一件乐器性格表现的理解与记忆过程中，我们遵从渐入式原则，将乐器进行分类，理清教材中每一件乐器的教学脉络，使“乐器库”有序形成。比如建立单簧管的“记忆库”我们可以做：在二年级《龟兔赛跑》时认知单簧管外形并初步听辨单簧管音色，在三年级《加沃特舞曲》与《单簧管波尔卡》中理解单簧管的发声原理并能音色听辨，在四年级《彼得与狼》中进一步体会单簧管独具个性的音乐表现，经过几年的逐渐增加感知深度的认知过程，形成相关记忆。片段 1 所进行的“法国号”记忆，正是学生对于圆号这件乐器的感知开端，形成对这件乐器的初步印象，在接下来第五册《同伴进行曲》、第八册《水上音乐》和《彼得与狼》、第十册《北京喜讯到边寨》、第十一册《魔法师的弟子》、第十二册《火星——战争之神》和《太平洋 231》中逐步加深对圆号的熟悉与理解。

（二）“实”用视觉，具象式呈现音乐表现

音乐是听觉的，音乐的感知过程应遵循听觉为先原则，同时，小学生接受过程具有形象到抽象、感性到理性的特点，所以，我们在立体感知乐器的过程中，可以让直观的器乐演奏视觉来辅助听觉，让听觉在视听结合中得到提升。

片段 2 的《打字机》第一主题感知，在初步感悟音乐表现后，请学生观察视频中弦乐组的演奏特点，并找到与旋律表现吻合的视觉感觉。通过视听结合，学生发现了小提琴演奏中运弓的幅度非常小，频率非常快，只有到乐句结尾时才有微微长一些的运弓，并且结束得非常干脆，所以形成 xx | xxxx xxxx | xxxx xxx | xxxx xxxx | x 0 | 的旋律紧密行进、结尾干脆利落的乐句表现。整个过程在使学生关注音乐“然”的同时，积极引导学生关注“所以然”，即在关注音乐音响的同时关注音乐产生的物理依托——乐器及其性能与演奏技法，当学生真正关注到乐器的演奏表现时，力度、速度、音色、旋律等等要素的感知都用最直观的视听得到具象化的解决。

在片段 3 中每一件乐器的出现，都伴随着视觉。通过“看到”音乐的“产生过程”，再进行模拟演奏，这样，学生也“演之有物”，加深了对该乐器的理解。

视觉的参与，丰富了教学的实效性，使器乐与乐器以物质存在的形式留在学生的思维中。尤其是器乐视频，大大填补了教学资源的不足，赋予教学更多的提升空间。同时，大型乐队表现的器乐作品，赋予每件乐器新的表现力，学生在“看”的过程中，关注自己熟悉的乐器与音色，找寻不熟悉的乐器与陌生的音色，更加提升学生内心音乐文化的形成空间。但是器乐视频的选择，应精挑细选，同时切忌视频运用时“空、炫、多”，让学生走马观花般地观看视频，降低学生的内心感知。

（三）“巧”用模拟，人声式展现乐队性作品

任何乐器的学习都需要一个漫长的过程，哪怕是一件课堂小乐器，都涉及一系列的演奏法要求。所以，对大多数学生而言，要掌握多件乐器的演奏是不现实的，这也是大多数学生对器乐作品敬而远之的缘由之一。而嗓音是每个人与生俱来的，对它稍加修饰来模拟乐器参与乐队演奏，使学生在表现过程中完成“因为参与而熟悉、因为熟悉而认同、因为认同而喜爱”的过程。

片段 2 中的人声模拟具有三层步骤，一是用“teke、ding、ca”模拟打字机音效做为音乐的节奏骨架参与乐队表现。二是模拟弦乐主旋律参与演奏，选用模拟音是“en”，要求发声位置靠前，喉头松弛，有助于轻松地哼出快速且在较高音区的旋律（但由于音乐的速度很快，学生短期内难以唱准每个旋律音，更不可能像小提琴快速分弓演奏那样清晰地唱出来，“en”的拟声主要是使学生便于跟上音乐的速度哼唱）。三是将打字机的操作、弦乐的模拟演奏与音乐聆听结合起来，理解乐曲所表现的打字员忙碌的工作情景。在上述过程中，学生的感知角度发生了变化，由听众变成了演奏者，由“听到怎样的声音”转变成“演奏出怎样的声音”，在演奏的过程中加深对音乐表现的理解与共鸣，同时，把“与乐队合作”作为一种课堂音乐表现形式，真正达到学生与作品零距离接触。

片段 3 中的课堂定位为“以Ⅰ级、Ⅴ级和弦行进为基础，运用三种乐器的人声模拟与主旋律形成四部对位的表现形态”，是器乐“人声化”与歌唱“乐队化”的有机结合。我们可以积极引进

流行音乐中的B-box表现(用嘴巴、嘴唇、舌头和嗓音来模仿鼓声、节奏以及音乐的一种新型艺术),使人声表现更具时尚元素,提升学生参与热情。

人声模拟器乐,通过嗓音表现,直观地体现学生对于乐器的熟悉与理解程度。人声模拟的乐队,不仅仅是声乐的表现形式,更是借用人声的多变性表现相关乐器及器乐的乐队形式,在国际舞台上享有盛誉的king's singers、the voice messengers等都有精彩演绎,为我们表现器乐拓展更广的舞台。当然,小学音乐课堂中的人声模拟乐队,应是一种低坡度、小步子的过程,以提高对乐器和乐队的认知,提升器乐文化框架的形成。通过人声模拟器乐的过程,把对人声模拟的感悟嫁接到器乐作品的聆听与赏析中,使学生对于器乐作品的鉴赏具有内在知识构架的支撑与推动力,形成良性循环。

【结语】

乐器是器乐的起点,同时,它必将回归器乐,在器乐表现中展现无穷的生命力。以人声表现为媒介,以模拟乐器为手段,拉近学生与器乐的距离,探索器乐作品文化内涵,建立音乐课堂器乐文化活动机制,形成具体的立体化器乐文化,又将为音乐教学创造一片新天地。

(骆琴琴)

第四节　案例写作能力

教学案例是教师在教育教学过程中，收集典型事例而写成的书面材料。它比较详细地叙述了一段具体的教育教学情节，一件发生过的事实，向人们提供人物、场合、过程和结果，引发大家的思索。它呈现特定的问题情境，探讨问题产生的原因和影响，并作一定的分析和反思，希望引发讨论，探讨适合教育对象的教育教学方式。教学案例的特点是事件的真实性、典型性、针对性。

案例在写作结构上没有严格的形式限制，内容决定形式，形式反映内容，不同的教学案例，可以不同的形式表达。教学案例的一般写作结构由标题、正文和附录等组成。

一、标题

案例标题要与案例内容相符。一般多以案例事实为标题。标题正下方写作者姓名。

二、正文

（一）案例背景

案例首先必须提供充分而必要的背景材料，说明人物行为或事件发生的历史条件、现实环境及与周围事物的联系。因为教育教学的策略、教育教学的过程、方式和方法是根据背景材料提出的，所以提供背景材料非常重要，它有利于抓住事件，突破关键，深化主题。

（二）案例描述

主要是写事件产生、发展和矛盾解决的过程和最终结果。要注意事件的真实性、典型性和针对性。案例描述要按事件发生、发展的顺序写，要层次清楚，语言准确。

（三）分析与反思

根据事件的过程和结果进行分析和反思，要从理论和实践的结合上进行分析说明，或加以点评，或写出自己的体会和感受。说明事件成败的原因，寻找科学的规律，揭示其案例的意义和价值，语言要简洁概括，突出主题，使人读后深受启发。

三、附录

根据案例的需要,决定附录的内容。有的案例须在正文后附录相关的资料,对某一背景加以说明,起注释作用。附录的内容要精当,一般是由于文字较多而不宜在正文中叙述的内容。有的案例在正文中能表达清楚,则不需要附录。

附:教学案例例选三则

笑声背后的思考
——对 2011 年全国优质课《打字机》的微格分析

【案例背景】

2011 年底在重庆举行的第六届全国中小学音乐课现场评选活动中,集中展示了近几年我国中小学音乐课堂教学的成果,是我国在音乐新课程推进过程中又一次新的标志性事件。在活动现场,专家们主要从宏观出发,联系课改十年来的发展历程,对参评课中显现的共性问题进行了综合评析,令广大教师了解了课改的新成果、新经验,也认识了当前音乐教学中存在的新问题,明确了今后音乐教学的新方向。为了巩固学习成果,提高对音乐教学具体问题的分析能力,提高课堂教学效率,笔者从微观出发,对其中一节课进行评析,以探究具体课例中的教学有效性。

笔者选取小学四年级欣赏课《打字机》一课作为评析对象。该课以幽默风趣的教学个性,营造出轻松愉悦的课堂气氛和平等和谐的师生关系,在教学现场引起了数千名听课者的热烈互动——笑声不断。据统计,该课教学过程中共引发了听课者 10 次大笑(持续 3 秒以上),26 次持续 1~3 秒的笑,37 次 1 秒以内的会心的笑。该课不但成为教学现场笑声最多的一堂课,而且也是令听课者广为议论的一堂课,除了课中议论,课后也议论不止,有人看好,有人质疑。为何该课会如此“引人注目”呢?笑声背后到底有怎样的教学智慧?又有哪些潜在的教学问题?本文将运用定性与定量相结合的分析方法,通过对《打字机》一课中五个教学片段的微格分析,解答上述问题,展开教学评论。

【案例描述和分析】

一、笑声背后的教学智慧

课例描述(一):

在课的开始部分,教师用嘴发出一个由低到高由弱到强的上滑音“嘟……”,同时用手在空中划出弧线,以此来代替钢琴弹奏的上行音阶,提醒学生起立。学生第一时间没有反应过来,但 1 秒钟后,有学生站了起来,并带动其他学生站起来,又过 1 秒钟,会场中出现一阵笑声(约 40 分贝)。当完成了常规的师生问好过程后,教师又用相反的声势提示学生坐下,此时,学生第一时间作出了反应,会场也即刻发出一阵强度更大的笑声(约 80 分贝)。起始阶段的组织教学过程共用时 13 秒。

课例评析(一):

该课起始阶段具有如下特征:

1. 时间简短——从学生起立,师生问好到学生坐下,共用时 13 秒。

2. 材料简洁——未借助乐器、文字、图片,仅用教师的身体语言徒手“演奏”钢琴。

3. 个性鲜明——手口并用、声势联动的“钢琴演奏”,将一个富有幽默感的教师形象展现在学生面前。

4. 启发想象——学生将这两声“嘟……”与平时课堂上教师弹奏的钢琴上下行音阶联系起来。在关闭文学符号思维通道的同时,打开了音乐联想思维的大门。

5.“笑”果明显——13 秒中共引发了两次笑声,且第二次比第一次的反应速度更快,声波强度更大。表明已将学生的学习注意力“调”到了“接收信号很强”的“波段”。

拓展思考(一):

高效的教学就是用更少的时间,更简洁的手段生成更大的教学成果。该课的起始部分在很短的时间里就将学生引入到轻松的音乐学习氛围中,将学生的注意带到“期待学习”的大门口,为接下来的教学打开了局面。除了用很少的时间和很简洁的手段完成师生问好这个基本教学程序外,还生成了新成果——两次令学生意料之外的幽默效应,且一次比一次更强烈,迅速消除了师生间的生涩感,活跃了课堂气氛,增加了学生对后续教学过程的期待。如此导入,自然是新颖别致,趣味高效了。同时,还展示了融音乐性和表演性为一体的声势语言在音乐教学中的独特魅力,带给听课者新的启示。

受此启发,如果在音乐课的起始阶段,从学科特点出发,设法快速吸引学生的注意力,快速激发学生的兴趣,那将为音乐课节约更多的组织教学时间,为学生赢得更多的音乐学习时间,也使学生在注意集中、兴趣激发的基础上产生更强的学习动力。

课例描述(二):

在教学进行到第 4 分 20 秒时(此时学生已经通过观看视频认识了打字机的工作状态,聆听音乐片断了解了乐曲中打字机发出的特殊音响),教师在课件上出示了“打字机”、“管弦乐 [美]安德森”两行文字,并问学生:“发现了什么?”一位学生回答:“《打字机》是由管弦乐美国的安德森演奏的。”(该学生的回答存在语法毛病和演奏常识错误)教师接着用平静的语调说了一句:“美国的安德森(略停顿 2 秒后又接着说),他一个人演奏不了管弦乐队。”语气中带着一种冷幽默。这句评语,引起听课者持续不断的隐隐的笑声和议论声(共持续了 21 秒,笑声和议论声的强度约在 30~60 分贝之间),直到学生在教师的引导下清晰地认识了“安德森是一位作曲家、指挥家,他创作了管弦乐曲《打字机》,乐曲是由管弦乐队演奏的。”这一串涉及作者、作品、指挥、演奏形式的知识为止,会场中的笑声和议论声才停止。

课例评析(二):

此教学片断有如下特征:

1.即兴生成——在此教学片断中,学生的这个回答是意料之外的。面对突如其来的答案,教师采取了“续旧、停顿、出新”的步骤,先复核学生回答中的内容“美国的安德森”,再经过 2 秒钟的停顿(在快速思考该如何评价),最后也出其不意地爆出一句“他一个人演奏不了管弦乐队”,源于学生的答案,又质疑学生的观点,引发更多学生展开思考。无论是学生还是教师,都在这个过程中即兴生成了新的教学资源。

2.轻松交流——在问答过程中,遇到学生答错时,通常会出现尴尬场面。此教学片断中,教师化尴尬为轻松,教学始终在轻松的气氛中进行。

3.平等对话——教师与学生的关系越平等,对话便越顺畅,观点便越能达到一致。在此教学片断中,当学生说出一句“《打字机》是由管弦乐美国的安德森演奏的”不正确的答案时,教师不是高高在上地进行纠正,而是顺着学生的思路,用“他一个人演奏不了管弦乐队”和学生“耍起了嘴皮子”,将全体学生引入平等和谐的对话语境中,最终达成了涉及作者、作品、指挥、演奏形式的共识。

4.“笑”、“议”结合——“他一个人演奏不了管弦乐队”这句幽默评语中隐藏的教学机智,并不是所有教师都瞬间领会了,而是有先后的。因此,笑声便有先后了。一些反应较慢的听课者经过其他听课者的解释,随后陆续加入到笑的队伍中来,并在笑后又讨论这句评语的妙处,形成了“笑”、“议”结合的效果。

5.主次分明——虽然听课者的笑声和议论声延续到该问题圆满解决为止,长达 21 秒,但由于其音量不大(约在 30~60 分贝之间),并未喧宾夺主,而是主次分明,师生间的对话仍然可以不受影响地进行。有隐隐的笑声和议论声衬托的师生对话,更显出一份特有的课堂生机。

拓展思考(二):

平时的课堂上,当学生出现“《打字机》是由管弦乐美国的安德森演奏的”这类错误回答时,缺乏经验的教师通常会直接纠正答案,并将“你答错了”的“评语”表现在语言上或脸上,令答错的学生产生心理压力。有的教师会采用将问题抛给其他学生的方式,如“谁能再来说说看?”虽然转移了问题对象,但把答错问题的学生抛在了不置可否的尴尬境地,也会影响其学习积极性。如果另一位学生又答错,就会进入又一个新的错误问题情境中。有经验的教师则会采用更温和的方式过渡,如“你的意思是在说‘《打字机》是由管弦乐队演奏的,作者是美国的安德森’吧?”帮助答错问题的学生“体面”地坐下,同时将正确的答案告诉全体学生。但正确的答案只是以普通的方式呈现,难以令学生有深刻印象。而本课教师在面对学生答错问题的情况时,用了“美国的安德森(停顿 2 秒),他一个人演奏不了管弦乐队”的评语,没有正面对学生的回答进行评价,避免了学生受到“答错了”的心理压力,又将问题转移给更多学生,使答错问题的学生得以“脱身”,并使全体学生对“安德森是干什么的?一个人能演奏管弦乐队吗?管弦乐队是怎样演奏的”等一组问题产生好奇,引发讨论。

受此启发,在面对复杂的教学问题时,应迅速将学生的问题有效提炼,再将学生引向可控的新的问题情境中去,使课堂教学拥有更大的生成性教学资源。上述教学案例中,教师的评语打破常规,在幽默中包含着机智与体贴(平静的语调中所蕴含的冷幽默对答错问题的学生是很好的保护),不但理顺了学生答案中的逻辑,又关联起了一个围绕作者、作品、指挥、演奏形式进行讨论的问题情境,具有很强的课堂生成性和教学针对性。不但让学生对知识的印象更加深刻，而且让听课者在笑声之余对教学艺术产生讨论，这正是该教学片断的可贵之处。

课例描述(三)：

在教学进行到第 20 分 50 秒时(此时已经完成了 A 段的深入欣赏，进入到全曲结构的听辨教学了)，教师请学生带着“主题旋律出现了几次”的问题聆听全曲。在音乐播放时，教师在黑板上同步画出了乐曲的图形谱。

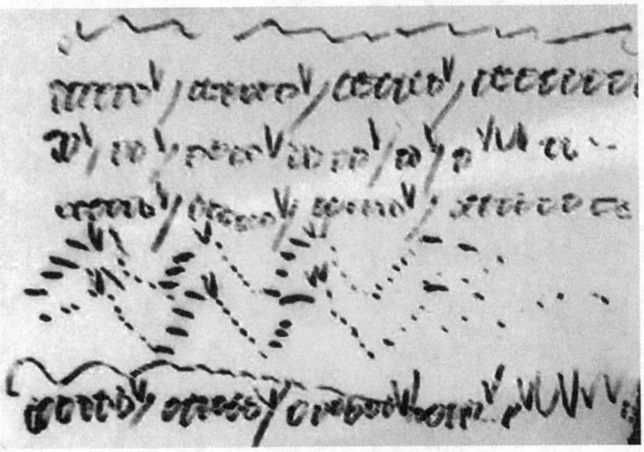

(根据教学录像视频进行截图)

在音乐的引子部分，教师先用惯用的右手来画图形谱，当音乐播放到 A 主题的第一乐句结束处时(如下图)，教师突然改用左手画图，用另一种颜色的粉笔画出与打字机的铃声“ding”和

倒机声“kua”对应的“V”和“/”，这一新变化即刻引起了听课者的笑声。当第二乐句结束处再次用左手画出相同的图形时，笑声更多，并开始有少量掌声。当第三乐句结束处时，在笑声的同时还响起了一阵掌声。随着音乐的进行和教师的现场画图，会场中不时出现听课者的笑声和赞叹声。在音乐播放到 A’段时，随着图形谱即将完成，听课者纷纷拿起相机或手机进行拍照。当最后一个音符奏完，教师画完图形谱回转身来时，会场响起了热烈的喝彩声和掌声，持续时间达 10 秒以上。

课例评析(三)：

此教学片断有如下特征：

1. 音画结合——教师是在音乐进行中同步画出图形谱的。音画同步，更能吸引注意力。

2. 左右开弓——在画图形谱过程中，左右手并用，尤其将打字机的铃声和倒机声交给不常用的左手来完成，引起人的兴趣。

3. 定格音乐——音乐是以声音为存在介质的，虽然具有音高、时值、节奏、力度等属性，但只能在音乐进行过程中感知，音乐一停，这些特征便也随之消失了。而通过图形谱，可以将音乐进行过程中的重要特点“定格”下来并分门别类，便于“回放”，便于“归纳”。

4.“幽”表“技”里——如果说教师第一次突然改用左手来画铃声和倒机声是一种幽默举动

的话，则教师一气呵成完成整首作品的“蓝图”更展现了高超的教学基本功，需要有很好的音乐节奏感和快速准确的书写能力，以及创造性地设计图形谱的能力。因此，左手画图引起的幽默效应只是表象，扎实的教学基本功才是令听课者啧啧称赞直到鼓掌喝彩的本质原因。

拓展思考（三）：

图形谱是用图形来揭示旋律形态、节奏特点、力度变化、曲式结构等音乐要素的一种独特的“乐谱”，它具有较强的直观性，既能动态地演示音乐的发展变化，也能以定格的图形来凝固音乐，便于对音乐进行分析。在该课的教学演示中，教师不但在快速的音乐进行中画图，还采用了左右手并用的方式，尤其在出现打字机铃声和倒机声的同时，突然改用左手和另一种颜色的粉笔来画“V”和“/”，颇具新意，且教师的画图动作与音乐的同步性较高，其演示具有很高的“技术含量”。在音乐中快速准确地画图形谱本非易事，左右开弓更显新颖，一气呵成尤为可贵，这些自然引起听课者产生从不笑到笑，从部分人笑到全场人笑，从不鼓掌到鼓掌，从部分人鼓掌到全场人鼓掌，从啧啧赞叹到忘情喝彩的听课反应。

受此启发，在进行图形谱设计和呈现时，突破习惯性思维，将色彩、线条、结构等在音乐声中同步、多方式组合呈现，不失为教学的新策略。

二、笑声背后的潜在问题

课例描述（四）：

在教学进行到第5分20秒时，教师请学生思考两个问题：“仿佛来到了什么地方？仿佛看到了什么？”并聆听全曲。听完后，教师问：“仿佛来到了什么地方？”一个学生答：“仿佛自己在打字机旁打字。”（学生未按教师的问题回答），接下来的一组充满幽默的师生对话，便是在教师与学生“各执一词”的情况下展开的。

师追问：“你在哪儿打字的？”（指向地点）

生答：“通过打字机打出来的。”（指向行为）

师逗趣地追问：“打字机在哪儿啊？”（继续指向地点）此时学生停顿了一下（说明学生正在思考），但观众席已经有笑声了（说明观众比学生理解得快，并为学生竟然连“打字机在哪儿都答不出来”而觉得好笑了。）

不等学生回答，师又追问同样的问题：“哪儿有打字机啊？”（继续指向地点），此时观众继续笑。

生迟疑了一下回答：“桌子上。”

师又逗趣地追问：“哪个桌子上？”（继续指向更精确的地点）观众笑声更响。

见观众笑，师便又问一次“哪个桌子上？”（这显然是在和观众进行“互动”。）

生想了一下后又重复了刚才的答案：“桌子上。”（说明学生并未有“在哪个桌子上”的思想准备，只能再重复一次答案。）

师用调侃的方式学着学生的语气复述了一句：“桌子上啊。”（观众继续笑）然后快速地表扬学生“你说得非常好”后结束了与这名学生的对话。

教师继续就此话题在其他学生中间进行展开讨论，并且幽默叠起，笑声不断，直到第10分

50 秒才结束，共用时 5 分 30 秒，共出现 12 次笑声。

课例评析（四）：

该教学片断有如下特征：

1. 指向不同——教师的提问指向地点，学生的回答指向行为。

2. 以大欺小——教师和听课者均是成人，理解力强，学生一时未理解教师的问题而答错是很正常的，但教师用不断的追问制造幽默效应，听课者用连续的笑将学生逼到更窘迫的境地，便属于以大欺小了。

3. 偏离音乐——5 分 30 秒的教学时间中，虽然换来 12 次笑声，但围绕的教学问题却是"仿佛来到了什么地方？仿佛看到了什么"的情境问题，而非音乐本体问题。

拓展思考（四）：

上述环节中，幽默效应的起因是教师与学生"各执一词"。这样的幽默效应是否值得营造？教师明知学生的错误回答是受到之前所提的第二个问题"仿佛看到了什么？"的影响所致，但仍抓住"打字机在哪儿"的问题不放，进行连续追问，利用成人与学生间的理解力差异营造幽默效应。这样的追问，虽然逗乐了听课教师，却并没有让学生笑起来。虽然教学过程充满幽默，但教学内容偏离了音乐。可见，教学过程中大量的"幽默性投入"并未有助于教学目标的"音乐性产出"。

受此启发，在教学中，教师（包括听课者）应更多地站在学生的视角提问，并考虑到学生的认知特点，不可以大欺小，也不可只为了追求幽默效应而偏离音乐本体。有笑声的音乐课固然精彩，但脱离音乐的笑声便如离开土壤的庄稼，是不具有生长潜力的。

课例描述（五）：

在教学进行到第 29 分 50 秒时，在乐曲中段（B 部分）的教学中，教师在启发学生进行音乐情境的联想时，有如下教学过程：

师：如果前后两段音乐表现了打字机和打字员在热火朝天地工作的话，那么中间这段音乐表现了什么呢？

生 1："打字员在呼呼睡大觉。"

生 2："打字员在休息吃饭。"

生 3："打字员在喝咖啡。"

教师默认了学生的回答，并进一步启发学生进行歌词创编，要求学生用"四字句"对应上句旋律"0 5 6 7 | i 0 0 0 |"，用"六字句"对应下句旋律"0 6 5 4 | 3 0 2 1 |"。学生经过思考，有如下答案：

生 1："吃得怎样？""吃得挺好的呢！"

生 2："你累不累？""我非常非常累！"

生 3："还有纸吗？""还有一点点纸。"

教师指导学生演唱歌词后，又出示预设的歌词：

"你辛苦啦！""你也很辛苦啊！"

“你歇会儿吧！”“你也快歇会儿吧！”

“谢谢你啦！”“客气啦没关系！”

“让我们加把劲，加把劲，继续工作吧！”

并指导学生演唱歌词。

以上教学过程共用时7分10秒，期间因师生间的幽默对话引发了16次笑声，没有听过一次音乐，出现了三次歌词演唱，但没有音乐伴奏，音准、音色缺乏美感。

课例评析（五）：

该教学片断有如下特征：

1. 文学为主——7分10秒的教学时间里，没有听过一次音乐，除了三次歌词学唱属于音乐活动外，大多数时间都在进行文学性的歌词创编活动。

2. 歌声不美——教师指导学生演唱创编的歌词时，没有音乐伴奏，音准、音色缺乏美感。

3. 解读不当——教师将乐曲的中段解读为打字机在休息。其实，在中段音乐中，代表打字机工作状态的击键声、铃声、倒机声一直存在，只是节奏较松而已。

拓展思考（五）：

以上教学过程中虽然有创编活动，但强调的是字数是否达到规定数量和情景是否有趣，属于语文课中的造句过程，并非真正的音乐创造活动。虽然希望通过歌词创编丰富学生的音乐想象，但并未在合理的音乐语境下展开想象，虽然依旧笑声不断，但未将兴趣和注意力引导到对音乐问题的关注上。

受此启发，在进行作品分析时，要按创作思路进行，不可曲解创作意图，不能在脱离音乐的基础上去任意发挥想象。在进行学科综合时，务必把握好尺度，不可将非音乐内容置于音乐之上，不可削弱音乐的主体地位。即使在欣赏教学中的歌唱，也应该坚持用音乐美的标准去歌唱，不能将唱与听割裂开来，只重听出音乐中的美而不重唱出音乐中的美。

【总结】

笑是调节课堂气氛、融洽师生关系、排解教学困惑的有效手段，这可从上述前三个课例中得到证实。这三个课例中的笑，体现了教学预设中的精妙构思，也体现了教学生成中的精妙处理。笑声背后，蕴含着丰富的教学智慧，给我们带来很多有益的启示。但是，唯笑为上，只为了追求幽默效应，而不顾教学对象的认知特点，不顾教学内容的主体特征，则难免进入误区。上述第四、第五个教学片段中，便在幽默的表象下，潜伏着学科综合过度、音乐主体地位缺失、音乐解读不当的问题。这些，也给了我们警示。

教学是由许多个细节组成的。通过对本课的微格分析，我们看到了笑声背后的教学智慧和教学问题，并从这些细节中得到教学启示和警示，这便是从微观视角进行教学分析的意义所在。

（刘俊丹）

重拾音乐教学中的音乐性
——《苗岭的早晨》带给我的启示

【案例背景】

不知几时开始，音乐课变得如此多姿多彩、五花八门，学生在音乐课上，学得很开心，教师自然也很得意——课堂教学气氛是多么好啊！要问好在哪里，可以说出一大堆“亮点”，如师生互动好，学生学习热情高，学生学得很快乐，课件很丰富、很美观，有机综合了其他学科等。可上述亮点中，唯独没有一个是关于音乐性的亮点。

什么是音乐性？简单地讲，就是音乐学习内容在课堂教学中的比重。具体来说，是指有效音乐学习的时间长不长，有效音乐学习的内容多不多，有效音乐体验的程度深不深等问题。

音乐教学中应该突出音乐性，这是毋庸置疑的，但是，在实际教学中，尤其是新课程改革的前几年中，音乐课中的音乐性却被有意无意地忽略了。而当前，音乐性问题又开始受到专家和教师们的重视了。

【案例描述和分析】

如在欣赏课《苗岭的早晨》中，有这样的教学过程：

1. 教师先请学生看大屏幕，观看苗族的风景、服饰等视频。

2. 再欣赏音乐《苗岭的早晨》。

3. 再请学生用笔画出苗岭的早晨。

这个教学过程，是吴斌老师在2009年3月26日的讲座中提到的课改初期的一个音乐教学案例，也是我以前曾经采用过的方法，而且，我周围的同行中，也有不少人表示采用过类似的方法。也就是说，这种教学设计，具有代表性。我试着追寻它发生的根源。

在课改未进行之时，那时我刚从师范毕业，才开始进入音乐教学领域，那时为了提倡新型的教学模式，我县推出了一些音乐美术综合课，我在音乐课上看到过“音乐声中画画”的教学场景，也在美术课上看到过“边画画边配乐”的教学场景，不但音乐和美术进行综合，也有语文与音乐进行综合的，如用音乐伴读等。但那些只是一种较简单的学科组合，使用的目的，多是为了使公开课更好看一些。

在课改初期的头几年，我在一些公开课场合看到过更加明确的音乐与美术综合的课例，大致的教学模式，基本上属于前文中提到的“三段体”结构，就是先了解相关文化知识，再学习音乐，再综合美术(或其他姊妹学科)进行拓展。于是，我也在课堂中开始使用这个方法。在教学中，我发现，学生很喜欢这样的方法，我每次运用这种方法，效果都不错。看着学生在音乐声中愉快地画画，很为自己能熟练运用这样的教学模式而高兴。

在课改进行了几年后，在一次与外地音乐教师交流的活动上，我看到了另一种音乐教学模式，我记得，一位外地教师在上《生日蜡烛》时，把其中的休止符也教得很深入，一次次地让学生体验，找休止符中的音乐性。这样的教学方式对我们来说无疑是很新鲜的，但也有不少教师表示不认同，觉得这样上课，学生不够愉悦，课堂气氛不够活跃。到底应该追求学生的快乐学习和课堂的活跃气氛呢，还是追求音乐课的音乐性呢？我陷入了思索。

在最近一两年里，关于音乐性的话题，越来越多，我在多次教研活动场合，听到专家对重视音乐性问题的呼吁，我也从原来的半信半疑，到后来的彻底坚信——音乐性才是音乐教学的根本。

在2008年的县音乐优质课评比中，我执教了一堂二年级歌唱课《快乐的音乐会》，在备课中，我在突出音乐性上做了不少努力，并获得了县优质课评比一等奖，还在市教研活动中进行了展示。

回顾我的音乐教学经历，我对音乐教学中的音乐性问题的认识，是经历了从片面的认识，到矛盾的思索，再到完全领会并能运用到音乐教学中的过程的。伴随着我对音乐教学理念认识的不断加深，对音乐教学手段运用的不断熟练，我对驾驭音乐课堂也有了更多的信心。

于是，在2009年3月26日吴斌老师的讲座中，当他举出上述教学案例时，我立刻产生了共鸣，并在专家举出的第二个案例中，再一次找到了认同。吴老师给出的关于《苗岭的早晨》的正确的音乐教学过程为：

1. 先听音乐《苗岭的早晨》。

2. 再用色彩或线条表达你对音乐的感受。

3. 再结合音乐，探讨为何这样画，即探讨音乐在表现什么。

在上述教学过程中，音乐性被放在很重要的位置，体现在：

1. 重视了聆听。音乐教学的第一步，便是对音乐的直接聆听，而不是以往的为了营造情境，采用很多音乐外的内容进行铺垫的方法。这样的过程，强调了聆听音乐的重要性，把学生的注意力吸引到音乐听觉上来，培养的是学生的音乐听觉思维。

2. 重视了对音乐的自主感受的表达。这里虽然也用到了“画音乐”的手法，但这是用色彩或线条表达的对音乐的“感受”，并非是第一个案例中所画的对苗岭早晨的具体形象。凡是感受的内容，多是感性的，不确定的，甚至是多变的，这符合音乐意义的多义性、不确定性的特点。

3. 重视了对学生为何这样画的追问。虽然在第一个案例中，学生画好了苗岭的早晨后，也可以追问，但学生的回答，通常会较笼统，并不是紧扣音乐形象的解释，而更多地带有随意想象的成分。而在第二个案例中，对于由学生在感受音乐的过程中画出来的色彩或线条进行“为什么这样画”的追问时，学生会直接与音乐的表现要素联系起来。虽然“画”不如第一个案例中的好看，但却是在真正地“画”音乐，真正地用“画”表达对音乐的感性体验。

可见，判断音乐教学是否有效，是否具有音乐性，不是看学生的学习过程多么愉悦，学生的“习作”多么好看，而是看学生对音乐的关注多不多，音乐体验深不深。像上述第二个案例中，学生始终围绕着对音乐的感受来进行，所“画”的音乐，也是受到音乐的力度、速度、音色、旋律等要素而启发的，对于“为何这样画”的追问和讨论，更可将学生从视觉的画与听觉的声联系起来，从而更好地理解音乐。

【拓展思考】

由上述两个教学案例的比较中，再结合自身多年来对音乐教学的理解和专家的启示，我对音乐教学中的音乐性有如下新认识：

1. 在音乐教学中，丰富的手段，可以调动学生的多种感觉器官，激发学生的学习积极性，但在视觉、听觉、触觉、动觉等多种感官中，听觉，尤其是音乐听觉的刺激和训练应放在首要位置。

2. 音乐教学中，应该让学生充分地聆听音乐，并且要为学生创造良好的音乐聆听环境，要给学生听优美的音乐。

3. 教师的演奏、演唱，甚至教学中的一切行为举止，都要具有浓浓的音乐味，只有教师全身带着音乐味，才能引导学生喜爱音乐，享受音乐，表现音乐。

4. 要唤起学生对音乐的体验，要引导学生在动态的音乐声中，触摸和感受音乐要素的变化，把握和理解音乐形象，体验音乐的美。

5. 要紧紧围绕音乐来谈论音乐，无论在“画”、“念”、“演”等过程中，都要有一根主线是直接与音乐问题相连通的。

6. 要在重视音乐性的过程中，有机结合教学的愉悦性，让学生愉快地学习音乐，并由愉快转向喜爱，由喜爱变为热爱。

（林　燕）

由一堂失败的音乐课所想到的……

【案例背景】

作为一名初中音乐教师，我最大的愿望就是能够在有限的 40 分钟课堂里带领学生徜徉在音乐的百花园中，也一直认为，作为一名教师，我应是课堂教学中的主宰，在教学中应处于控制与支配的地位，学生应紧跟着我的教学思路来学习。但实际上，由于一些主观或客观原因，学生们学习音乐的劲头时常受到阻碍，而我作为教师的权威性更是经常受到冲击和挑战。在本学期期中阶段，我就上了一堂非常失败的音乐课……

【案例描述】

那是一个非常普通的日子。因为多媒体教室临时有教研任务，我便把音乐课改在教室里上。和往常一样，我带着精心准备的教案、课件在课间提前走进了教室。

虽是课间时间，但很多学生还在教室里埋头做作业。其中一学生（平时较调皮）看到我拿着教具走进来，忙问：“老师，音乐课在教室里上吗？”得到我的肯定后，那学生竟然欢呼：“哇，太棒了，老师万岁！”咦？我有这么伟大吗？我忙叫住他：“你为什么会这么开心？”没想到那学生说：“因为快期中考了，今天作业很多，晚上还得去外面补习电脑，在教室里上音乐课我就可以节省跑来跑去的时间了。”我哑然。

上课了。导入，引出课题，正当我准备讲授新课时，忽然发现有点不对劲：很多学生还低着头。仔细一瞧，很多学生的课桌前虽是摆放着音乐书，但下面却压着作业本。原来，学生们正在忙着完成他们的作业，甚至还有个别同学在交头接耳讨论着！

看到这情形，我心中有股火“腾”地冒上来了：“这怎么得了？我这么认真地备课、做课件，还千方百计地跟其他教师调出课来，为的就是准时、按时上音乐课，学生竟然不领情？音乐课上做作业，这岂不是太不把我音乐老师放在眼里了？”

正要发作时，我忽然想到昨晚刚看过一篇博客文章《发火前请深呼吸三秒钟》，一想：不行，我现在不能发火。尽管我发火后学生肯定不敢再做作业了，但他们的内心可能并不真的能放下作业，他们的心思肯定还游离在音乐之外，这不是我想看到的音乐课堂。如果我现在大发雷霆，虽然学生们表面上会乖乖地继续听课，但谁知道他们的心里又在想什么呢？而且发火时难免会说出一些不当的话语，这不但不能解决当前的问题，反而还会把师生关系搞僵。一句美言能暖人心，一句恶语却会让人心冰凉冰凉啊。发火不能真正解决问题。看来这堂课不能按计划完成了。我得想个法子。

于是，我强压住火气，故作轻松地说：“看来这堂音乐课我们上不下去了。”一听到此话，同学们都把头抬起来看着我，刚刚还埋头做作业的学生忙停下笔，偷偷收起了作业本。

我笑了笑：“今天大家是不是有很多作业？”同学们点点头，一些学生则不好意思地笑了。“那这节音乐课怎么办呢？要不改成自修课，让大家做作业？”几个同学忙说“好”，但同时也有几个声音叫起来：“不要，我们要上音乐课！”一下子，课堂里热闹了，几个声音开始争论起来。

我站在讲台上，并不急着打断学生们的争论。直到争论声慢慢小下去了，我才不急不缓地说：“刚才同学们争论得很激烈，但争论得不够有风度，也不够有深度。”学生们笑了起来。

“作为音乐老师，我很想赶快把这节音乐课上下去。”我继续说，“因为这是我们的音乐课，每周才一节课。但我又不能不考虑同学们的意见，硬要上课恐怕大家会不服气。目前大家已形成了两大阵营，要不我们来辩论一下，看看谁能说服谁？话题是——在繁忙的初中生活中，我们上音乐课有没有必要？”

话音刚落，学生们就开始摩拳擦掌了。于是，我按正反双方把学生分成了两大组，并给了十分钟的准备时间。教室里开始热闹了……

十分钟过后，短小的辩论会开始了：

正方：我们初中生上音乐课很有必要，否则课程表上干吗安排音乐课？

反方：我们初中生太忙了，作业太多了，少上、不上音乐课无所谓。

正方：正因为我们作业太多了，更需要音乐课的调节。（呵，把音乐课当休息课了。）如果我们连每周一节、时间已经少得可怜的音乐课都要随意改成文化课、自修课，那我们的音乐课不是更没有立足之地了？

反方：音乐课反正不中考。多上一节文化课，以后中考时多拿几分，对我们学生岂不是更有用？

正方：那照你的意思，我们初中生就只要把考试考好了，那就万事OK了？那我们不成了考试机器了？我方的意见是学生学习音乐不是有必要，而是很、很、很、很有必要！因为音乐在我们的生活中是必不可少的，它给我们带来了快乐。而通过音乐课，我们能学到更多的音乐知识。所以，我认为中学生很有必要上音乐课！（教室里响起了掌声。厉害，都快成专业辩论手了。）

正方：音乐能陶冶人们的情操，能提高人们的欣赏水平，能培养人们的艺术情怀，能提升人们的生活品位。音乐课上虽然没有很多的流行音乐，但我却从中学到了比流行音乐更优秀、更耐听的古典音乐，而且我还学到了很多欣赏方法，我平时也能用这些方法去听更多好听的音乐，这不是哪一节语文课或数学课所能办到的(教室里再次响起掌声)……

下课铃响了，同学们的争论却在还激烈地进行着。我走上讲台，学生们安静了下来。我非常真诚地说："非常感谢大家的讨论。虽然我们的辩论不是很规范、很专业，但却说出了自己的心里话。理越辩越明。虽然这堂课的内容我们要留到下节课再上，但通过刚才的辩论，对于"在繁忙的初中生活中，我们上音乐课有没有必要？"这一话题，相信每个同学心中都有了自己的看法，相信以后大家对我们的音乐课有新的认识。如果你的意思还未表达清楚，你可以把你的感想写下来，发到我的邮箱，我们共同来探讨……"夹起书本，我走出教室，身后又响起了热烈的争论声……

【分析与思考】

课后，我思考了很多。从孤立的一节音乐课来看，这是一堂失败的音乐课，因为既定的音乐内容没能顺利完成。但如果当时我大声呵斥那些做作业的学生，没收他们的作业本，并且不顾学生的心理，一味地完成自己的教学任务，这堂课就成功了吗？

其实，学生对我们的音乐课有如此的心声，并不是说他们不喜欢上音乐课，说到底是与学生所处的音乐学习环境、学生的音乐审美发展心理变化有关。

由于目前中考、高考仍以文化课成绩为至上，家长、学校、社会纷纷都以文化课成绩的好坏来判断一个学生的能力、素质的高低。而学生受这些方面的影响，他们学习音乐的目的也或多或少带有实用功利的色彩，使音乐审美态度的发展出现了复杂的情况。就像上述事件中，部分学生就认为"音乐课只是放松课，多上一节、少上一节无所谓，不如多完成作业"，因此，学生们有如此反应就不难理解了。

而学生们在辩论会上的表现则是让我有点意外了。学生们对音乐、对音乐课的认识远远超出我原先的印象。他们逐渐有了自己的见解。课后，我收到了一些邮件：

"我认为中学生学音乐是有必要的。因为中学生在忙完一大堆功课后，选择内容和情调健康的音乐，更易使紧张的大脑皮层得到休息，并使情绪稳定。更何况造物主给了我们听觉，就是要让我们去欣赏音乐。民族音乐家冼星海说过：音乐是生活中的一股清泉。当我们感到疲惫的时候，打开录音机，闭上双眼，让克莱德曼那如诗似画的音乐，像清泉一样流进心田，洗尽尘世的尘埃，让心灵变得更加纯洁，纯得像泉水一样清澈，洁得像云彩一样飘逸。"(杨碧艳)

"音乐在人一生的成长中起着举足轻重的作用，应该说是一个规律。有成就的政治家、军事家、科学家大都有着较高的音乐素养——例如爱因斯坦喜欢拉小提琴。因为，音乐是打开心灵之门的金钥匙。任何工作都不像音乐那样具有开拓性、创新性，音乐本身对人有着特别强的陶冶作用，它鼓舞人们去奋斗、去前进。应该说懂得音乐才能更好地懂得人生。所以，人生这个乐章需要音乐谱写出更美妙的旋律，这样的人生才更有意义。而音乐课是我们学习优秀音乐的一大途径。"(杨帆)

"我喜欢音乐课，因为在课上我能欣赏到许多优美的乐曲。宛转悠扬的琴声，旋律优美的乐曲，能使人得到美好的精神享受，使人精神愉快；节奏鲜明的乐曲，可以激发人的精神与体能；

舒缓浪漫的乐曲，有助于使人趋于安定。在进行曲中前进，精神饱满，步伐轻快；在悠扬的抒情曲中休息，不仅使人感到轻松愉快，而且能较好地缓减疲劳。"(张海德)

"我喜欢音乐，是因为她带给我美的享受。听音乐很舒服，能让我的心安静。我喜欢流行音乐，但自从上了初一后，我又喜欢上了古典音乐。我觉得很好听。"(蒋蓉)

……

多么质朴的话语，多少真诚的心灵。假如我当时没控制住火气，一上来就是劈头盖脸地一顿训斥，那会浇灭多少心灵火花？又会让多少学生成为音乐课的旁观者、抵触者和厌恶者？我不禁为自己教学行为的转变而感到欣喜，也让我再次审视自己在处理师生关系时的认识。

联合国教科文组织的一份报告中指出：未来的学校必须把教育的对象变成自己教育自己的主体。也就是说，教师的职责不再是一味地传递知识，应越来越多地激励学生学会思考；教师将越来越多地成为一位顾问，一位交换意见的参加者，一位帮助发现矛盾焦点而不是拿出现成真理的人。

诚然，经过几年的新课程教学，我们对"以学生发展为中心"这种关系的认识也不是一天两天了。但对于大多数音乐教师来说，我们已习惯了传统音乐教育理念、教育方式和教育技术，在教学方式上仍有着"我教你学"、"我讲你听"的传统方式，也不自觉地认为教师在课堂上应处于绝对优势地位。在设计课堂内容时，则以音乐教师为中心组织教学，课堂各个环节都由教师控制，不允许学生主动参与教学，不允许学生挑战自己的权威地位，因此学生很难有自己的思想与见解，而这一切都是不利于学生的成长和发展的。

那该如何正确认识我们的音乐课呢？学生们的邮件内容已很好地回答了这个问题。而要让学生真正认识音乐课的重要性，真正理解音乐，真正喜欢上音乐课，这就要靠教师的个人魅力去调出师生间和谐的关系：教师要乐观、宽容、大气、和蔼，还要幽默、风趣、善于诱导。更重要的，教师要让学生欣赏到更多的优秀音乐，借助音乐独特的魅力搭建起让学生内心走向音乐的桥梁。

【总结】

由于受社会、学校、家庭的影响，学生学习音乐的目的或多或少带有实用功利的色彩，使音乐审美态度的发展出现了复杂的情况。在新课程中，教师与学生的关系也正在发生质的变化，教师不能一味地要求学生"唯师是从"。只有在教师个人魅力的影响下、努力下，充分发挥音乐独特的审美价值，我们的学生才能走近音乐、走进音乐！

(朱红曙)

第五章　团队研修篇

教师的职业属性是传播思想，传递文明，传授知识与技能。教师既是学生成长路上的导航者、引路人，同时，自身也是走在求知路上的学习者。教师在源源不断地输出思想情感、知识技能时，也需要不断地补充能量。以团队形式开展研修活动，正是教师充实自我的重要途径。在交流、学习、培训、进修过程中，教师的知识结构和能力素养得到了梳理和提升。

中小学音乐教师在学校里由于人数较少有些学校只一、二位，平常工作期间专业教师之间交流会很少，因此有必要组建区域间校校联会的专业研究团队，同时，各级音乐教研员有责任加以组织、指导。

高效的研修团队，是教师学习提高的必要条件。本章将从专业化研修团队的建设、“特级教师带徒”研训团队活动、音乐教师专业成长方式的探究三方面展开论述。

第一节　专业化研修团队的建设

教育的改革和发展最终需要教师的实践得以实现，这已是世界各国普遍认同的观点。据有关专家研究表明，教师个人专业成熟程度与教学效能成正比。因此，教师专业化发展已经成为当前和今后世界各国教育界所共同关注的一大热点问题。

为落实教育规划纲要，促进教师专业发展，建设高素质教师队伍，教育部研究制定的《小学教师专业标准（试行）》（征求意见稿）和《中学教师专业标准（试行）》（征求意见稿）中，提出了"以生为本、师德为先、能力为重、终身学习"的理念，并要求各级教育行政部门将标准作为教师培养、培训、准入、考核的重要依据。

教育的改革和发展呼唤教师专业化水平的提高，并对教师专业化研修团队的建设提出了更高要求。但传统的科层式的学科管理显然不适应专业化团队的建设需求，因此，必须建立一种新型的管理组织形式，着力于不同层级组织和每一个教师个体角色创造潜能的焕发，才能使专业化研修团队拥有活力和源泉，才能有效促进教师专业化发展。

一、专业化研修团队的运作机制

专业化研修团队运作机制是支持课程实施与常态教学正常进行的有力保障。旨在通过开展课程建设与发展、教学过程的研究与指导、教师专业能力的培养等工作，提高教师专业素养，保证课程教学正常高效地开展。

运作机制可以分成三个层面。一是由各级教研机构运作的区域研修，二是以教研组为基础的学校研修，三是在一定区域内组建的介于区域研修与学校研修之间的校际合作研修。三个层面从不同侧面强化教师专业化发展研修，通过专业引领、日常研修、主题研修的重点突破，实现专业化研修团队的建立。

（一）教研组研修团队的建设

教研组是学校重要的教师组织，是同学科教师实现交流协作、资源共享、智慧碰撞的重要场所。教研组工作开展的成效，直接影响学校的教育管理与教学质量，直接影响教师的专业化成长。在新形势下,教研组应有机融合教、研、训,重视教师的学习、研究、合作、反思,将教研组建设成为教师协同共进的幸福家园。

首先,要规范制度,养成“研修习惯”。“无规矩不成方圆”,教研组建设,要以发展为目标,明确具体的研修制度,努力创造适应学生、教师发展的空间。通过研修制度规范教师的教学行为、提升教师的研修意识,努力创造良好的研修氛围,使教师们进入“我要听课”、“我要议课”、“我要学习”、“我要研究”的良好状态。教研活动就不再是教师教学工作的一种负担,而是提高教学质量、促进学生全面发展的一个捷径,是教师成长的一条通道。

其次,要善于引领,创建“学习之家”。教研组应当成为教师最基本的、现实的、主要的学习型组织。要营造各种文化氛围,倡导终身学习的理念,使每位教师确立自主发展的成长意愿,学会学习,学会协作,在民主开放、交流共享中感受到“学习共同体”的温暖,使教研组成为一个智慧共享的学习之家。

第三,要积极实践,研究“教学问题”。科学策划研修活动,让活动真正成为教师成长的有效抓手,是教研组活力的源泉。因此要充分发挥教师的参与积极性,选择教师们最关心的教学话题,最困惑的教学问题,最需解决的疑难问题等,运用不同形式的研修让教师们从中体验教学与研究的乐趣。教研组应重视开展日常研修与主题研修。日常研修即教学常规管理方面的研修,包括集体备课、日常学生活动开展、教师专业能力培训等;主题研修即针对教学中的实际问题,开展主题化、系列化的研修活动,可采用围绕主题的行动研究和案例研究等。

学校好比一个有生命的肌体,教研组好比肌体上的细胞,如果没有健康的细胞,就谈不上健康的肌体,只有加强教研组的建设,搭建起行之有效的各种教研平台与教师专业化发展的舞台,才能引导、激励每一位教师向专业成长的目标挺进,才能把课程改革推向纵深。

附:学校教研组建设案例

象山县实验小学音乐教研组建设经验

1. 和谐的团队氛围是教研组工作拥有活力的基础

我们学校一直以来就有学科独立的办公室,相同学科的教师在同一办公室里的一个最显著的好处就是,可以相互交流,并且在交流中增进了解,在了解中相互信任、相互理解。我就是在这样的氛围中成长的,从最初的陈玉凤组长像母鸡带小鸡一样般呵护,到接下来石守蓉组长细致周到的风格感染,再从后来调入的原石浦小学教研组长吴清水和原西周小学教研组长翁伟女身上,我深深体会到一点,教研组是我们待的时间最长的一个地方,甚至多过家人,所以,如果你能够放心地坐在这个办公室里,形成相互鼓励、相互包容的办公室氛围,那会是我们业务成长、人格成熟的有利条件。

我们目前有音乐教师 7 名,年龄层次基本具有“70 后”、“80 后”、“90 后”的特点,七个人各具相应年代的特征,并且性格各异,但是很庆幸我们的团队没有代沟,对于做事基本上能够保持一致的风格,那就是团结沟通,尽量把事情做圆满。

本着这样的原则，这学期我们组承办了两次县级教研活动，第一次是2011年10月23日的“小学音乐新教材研讨暨骨干带徒活动”。这次活动首先要感谢翁伟女老师，由于当时石守蓉老师在请假，所以我请她作教材分析讲座，翁老师真的是非常认真细致地做准备，PPT制作水平不高的她，在那段时间，几乎常常可见她一旦看见办公室里其他老师有空就抓住机会问，然后两人就趴在电脑前一一琢磨。然后感谢徐媛媛老师，刚上一个月班，就被我们“抓住”上县级教研课，期间也是不断磨，不断调整，徐老师性格很好，吸收能力也很强。当然最要感谢的是刘俊丹老师，在上次论坛中，大家也对她有了新的认识，我除了感谢与佩服，不多说了。特别要感谢吴清水老师，她是我们组里的秀才，文字能力很强，所以，作总结、写反思等活儿，她是最快也是质量最高的，她在我们组里扫尾工作做得最多。第二次是学期末2012年1月9日的“音乐教师课堂教学展示暨骨干带徒活动”，在本次活动中，我们组内6位教师参加了上课或是评课的任务，同时也承担了下午三节课的场地安排任务，同样，排班、调课、安排场地，不用有人刻意去组织或是分派任务，谁方便谁就做了。所以两次活动完成得非常顺利，这个顺利里有我们长期以来形成的默契与信任。

2. 踏实的工作态度是教研精神永葆青春的源泉

实验小学教研组是一支热爱生活的团队，但是我们本着“张开翅膀生活、沉下心来工作”的原则，踏实对待工作，理性完成每一项任务。

2012学年第一学期音乐组教研工作紧紧围绕全员研教活动，结合县级立项课题《小学音乐课堂引进“人声乐队”提升对位模式合唱能力的探究》，关注“业务素质提高”与“课堂实践探究”两手抓，逐渐形成“理论学习—教材研究—课堂实践—反思提升”一体化的系类研教模式。

（1）坚持理论先行

没有理论支持的教学研究会迷失方向，或者犯经验主义的差错，所以，我们的音乐教研工作在开展教学实践前，坚持“理论先行”，用《义务教育音乐课程标准》（2011版）课标把握教学导向，用《奥尔夫教学理论与实践》等著名音教体系丰富教学内涵。本学期围绕“理论先行”主题，开展以下活动：

①第三周周五（9月14日）教研活动时间，学习最新的《音乐课程标准标》（2011版），比对2001年的《音乐课程标准标》（试行版），分析新版课标的具体变化与相关表述，明确教研方向，传达本学期教研重点，并根据教研重点制订教研计划。本次活动由骆琴琴老师主持。

②第五周周二（9月25日）早上，为《小步舞曲》的主旋律编配四声部人声乐队谱。本项活动由骆琴琴老师主持。

③第九周周二（10月23日）上午，根据2011版课标精神指导，分析解读一年级新教材，通过比对老教材，明确新教材的编排意图与形成体系的知识技能教学的循序线条。本项活动由翁伟女老师主持。

④第十二周周五（12月16日），组织学习《奥尔夫教学理论与实践》第一、第二、第三篇章，从奥尔夫生平入手，感知其教育思想，了解奥尔夫音乐教育实践在中国传播及其本土化。本项活动由吴清水老师主持。

⑤第二十周周五(1月11日),继续学习《奥尔夫教学理论与实践》之"奥尔夫音乐教育实践在中国传播及其本土化",结合奥尔夫课例《交通工具类字词》、《三条短句的节奏练习》、《小白兔》,分析我们可以借鉴与运用的理论。本次活动由吴清水、马晓燕两位老师主持。

书籍学习是一种习惯,坚持"理论先行",打造有所依托的教研与教学,是我们需要长期坚持的。

(2)坚守课堂大本营

课堂是音乐教师的大本营,课堂实践是所有理论内涵的显性表现,课堂实践研究是理论结合实践形成优化教学的最主要途径,所以,坚守课堂大本营,是最重要的教研工作形式。本学期开展的教学实践活动有:

①第九周周二(10月23日上午),结合"一年级新旧教材比对与分析"活动,推出一年级研教课《动物说话》、《节拍的感知与体验》,从"情感态度与价值观目标有效形成"、"过程与方法目标有效落实"、"知识技能目标系统性可持续发展的实现""一年级音乐课堂常规有效形成"等四个方面进行教学评价。此项活动由石守蓉老师主持。

②第十四周(11月28日、29日),依托"全员研教"活动平台,围绕"对位模式人声乐队"课题,推出《我是草原小牧民》、《龟兔赛跑》、《快乐的音乐会》、《摇篮曲》、《母鸡叫咯咯》、《过新年》等研讨课。分析编排教材,对教材内容的再创造,编配人声乐队谱,整个研讨过程体现集体力量与个体智慧的优化组合。此项活动由集体研课、个体呈现的形式实现。

③第十六周周二(12月18日),以小学区域音乐教研组为平台,组织全员教研活动,研讨《顽皮的杜鹃》、《森林的歌声》现场展示课与《龟兔赛跑》说课。三个大组介绍汇报研教工作,促进交流,开阔视野。此次活动由石守蓉老师主持。

④第二十周周三(1月9日)结合"象山县音乐教师课堂教学展示暨骨干带徒活动",推出新教师徐媛媛老师展示课《咙咚锵》,石守蓉、骆琴琴、翁伟女、马晓燕、林峥老师参与活动的评课、录像、总结等工作。本次工作由教研员组织。

课堂大本营的坚守工作,除了课堂实践,教学反思工作的有效开展也是必不可少的,所以,每次的教学研讨工作后,上课教师会及时撰写教学反思,听课教师会认真作活动记录与教学评价。具体体现为:

①吴清水老师作"小学音乐新教材研讨暨骨干带徒活动"记录。

②徐媛媛老师撰写《第一次公开课体会与听课心得》。

③马晓燕老师撰写《音乐教师的教态美》。

④全体成员撰写全员研教活动教学反思与活动体会。

⑤石守蓉、骆琴琴老师在"象山县音乐教师课堂教学展示暨骨干带徒活动"中,分别任展示课《拍手拍手》与《春天举行音乐会》的主评课者,评价"教学程序设计对教学效果的作用"。

⑥翁伟女、林峥老师在"象山县音乐教师课堂教学展示暨骨干带徒活动"中,分别任展示课《咙咚锵》、《剪羊毛》的第二评价者,评价"教学示范的有效性"。马晓燕老师在"象山县音乐教师课堂教学展示暨骨干带徒活动"中,任展示课《春天举行音乐会》的第三评价者,评价"音乐学习

习惯与兴趣”，并作活动记录。

以教促研，以研促教，相互依托，循环上升。

(3)坚定专业发展信心

音乐专业技能的提升是音乐教师得以成长的先决，音乐教学论文的撰写是对教学经验的高效积累，音乐教学课题的研究是专业发展的重要途径，所以音乐教研工作，在坚持理论学习、坚守课堂实践的同时，更应关注专业发展，有效提升与积累教师自身涵养。

①结合课题《小学音乐课堂引进“人声乐队”提升对位模式合唱的探索与研究》，学习专业书籍《对位法》，编创人声乐队版本多声部乐谱《小步舞曲》，并由石守蓉、翁伟女老师任声乐指导，音乐组成员分别在第十二周、第二十周的组内教研活动中，组织排练人声乐队版本的《小步舞曲》，提升声乐表现能力、和声能力与合唱能力。

②推出“对位模式人声乐队探究”阶段汇报活动。以“单声部歌曲‘人声乐队’对位形态编配与创作”为主题，汇报与交流在编创过程中的和声思维与“多元化”对位形态，开发可利用资源与可提升空间。

③骆琴琴老师撰写论文《如何形成小学音乐课堂器乐文化框架中的乐器感知》获省音乐学科论文比赛三等奖。

④配合教研员准备与开展第八届音乐教学论坛工作。

⑤组织与辅导学生参加第十一届县艺术节三独(独唱、独奏、独舞)比赛，其中独舞《蓝天绿草间》获一等奖，《摆手女儿家》《印度女孩》获二等奖，独唱《堆满吉祥的山》《蒙古包是我的家》获二等奖，《少年努尔哈赤》获三等奖，钢琴独奏《C 小调奏鸣曲第一乐章》《放牛娃的春天》、古筝独奏《彝族舞曲》分获三等奖。马晓燕老师获誉优秀指导教师。

⑥组织与辅导学生参与县第十一届艺术节汇报演出，原创舞蹈《美丽的春天》、独舞《蓝天绿草间》参演。

⑦积极促进舞蹈团与合唱团的建设与发展。目前拥有舞蹈团、合唱团各三个，依照分队训练，合作排练的原则，实现梯队化，保证团员的无缝衔接。

2012 学年第一学期工作主题鲜明、节奏紧凑，基本完成预设计划。2012 年第二学期，将继续进行如下重点工作：

①课题研究的资料量化积累与课堂精品课打造，完成 6 月份的结题工作。

②完成全员研教活动县级赛课环节的工作，打磨参赛课。

③继续坚持理论学习、课堂研讨、反思评价一体化的教研体系，形成有理可依的生动课堂。继续坚持专业技能提升与第二课堂指导工作，形成“人人有专长”的积极氛围。

总之，我觉得教研组是一块耕地，如果土壤深沉肥沃，水源清冽充足，空气明净自由，那定会令种子发芽长大。那么作为这块耕地里的一粒种子，学会在汲取养料时根茎努力向下生长，更学会在枝繁叶茂的生长过程中适当地谦让旁边的枝叶，也就是说我们每个人在探究钻研时进一步、在个性锋芒上退一步，我想，每个人都会在教研组这块土地上成就属于自己的参天大树。

(骆琴琴)

(二)联片式研修团队的建设

联片式研修是指在一定区域里,介于区域与学校研修之间的校际联合教研、科研和培训的一种组织形式。这些研修组有的是在教育行政部门宏观调控与教育业务部门具体指导下,按照一定的规则和程序把若干相近学校联合成片确立的,有的是几所学校根据实际自觉自愿组成的。有的是学校层面的协作,有的可能是教研组层面的协作,也有的是教师个体之间的协作。

这些不同形式的联片研修是提高教师专业能力、拓宽教师专业视野、展示教师专业技能、促进教师专业成长的重要平台,是一种资源共享、优势互补、分工合作的研修运作机制和活动方式,也是全面提升教育教学质量、推动学校均衡发展的重要举措。它以教师发展为目标,构建"学习共同体"、"研修联合体"的工作机制,解决了过去教师研修工作中的各种矛盾和困难。联片式研修上接区域研修,下联校本研修,它影响力强、受益面广,为区域研修工作注入了活力,增强了亲和力,不但有利于促进教师群体的共同发展,还可以在立足校本研修、充分发挥各校各学科的主动性和创造性的基础上,营造"资源共享、借力发展、共同提高"的校本研修区域合作的研修文化。音乐学科普遍存在各校教师人数少,或师资分布不均衡等问题,在校本研修中往往与综合组、体艺组等合并一起,很难进行专业方面的研修与探讨。联片式研修组织形式弥补了这些缺憾,为教师们开展学科专题研修、专业能力训练等搭建了平台。

附:联片式研修团队建设案例

农村学校音乐教师区域学习共同体建设的探索

在农村学校,音乐学科因教师人数少,"势单力薄",自然地归属于"小"学科。虽然可以将音、体、美等几个"小"学科联合起来组成"综合学科组"(这也是很多学校较普遍的做法),但非同质的联合并不能改变学科专业力量薄弱的劣势。因此,如何提高农村学校"小"学科的专业地位,如何加强农村学校"小"学科的专业团队建设,一直是学校教研管理中悬而未决的问题。

既然有问题,就应该寻求解决问题的办法。"综合学科组"既然暴露出"形聚神散"的弱点,就应该对症下药,变不同学科的异质组合方式为相同学科的同质组合方式。这就引出了将不同学校相同学科的教师归为一组的组织形式——区域型教研组织。

因为是同质组织,所以区域音乐教研组具有较为单一的结构特点——组员均为音乐教师,"人多势众",这为开展同质教研创造了条件。但另一方面,组员是来自不同学校的志同道合者,凭的是兴趣、热情和相互信任,在没有行政纽带的维系下,如何以公民社会的契约精神培养个体成员对区域教研组织的认同感、归宿感、荣誉感、使命感,是一个需要通过实践探索的具有挑战性的现实课题。

区域音乐教研组是我们音乐教师的区域学习共同体。共同体的成员大多来自象山县的"西部"学校,因此,我们将自己的组织命名为"西部学堂",它是我们的精神家园。

1. 改革教研组性质为"伙伴共生"式

(1)学习共同体——"西部学堂"的组建、运行与完善。

A.“西部学堂”的组建

西部学堂是由地处象山西部的农村中学音乐教师自发组建的,采取以成员间“兵教兵”为主要学习方式,并不定期聘请专家进行指导,以提高每个成员的音乐专业技能和教学水平的学习共同体。

在课堂教学中,我们越来越感觉到从学校学习获得的一些专业技能、知识随着时间的流逝荒废很多,一些教师产生自信心不足的困惑,如不进行补充学习,将不能适应新时代的教育。在教研活动中,我们发现,虽然我们处在县城西部的一些学校名义上属于“西片区域”,但这一“行政区划”并未能真正改善教研现状,我们的教研活动通常只是以区域为单位在每学期进行一两次听课评课活动的形式,其他时间仍以教师参加校内的综合教研组活动为主,这很难对音乐教师的专业成长提供帮助,教师们普遍渴望能在一个良好的团队中进行学习。

我们认识到终身学习的实现仅仅依靠教师个人学习是远远不够的,依靠教育部门举办的一些培训也不能起到“对症下药”的效果。只有在自己的团队中,才能做到真正的共同学习、共同进步、共同发展。鉴于此,西片组组长吴瑞红老师于2006年发起成立了“西部学堂”,实为“西片”初中音乐教师学习共同体。

B.“西部学堂”的运行

展开调查,了解特长与需求。我们采用问卷调查及谈话等方法,了解各位组员的想法。问卷的问题设计有“对自己专业发展的满意程度”、“专业发展的目标”、“认为最有效的学习途径”、“自己的特长”、“自己的所缺”、“学习时间”等。

如下表,为教师学习需要调查表,由每位教师填写自己的特长和需求,并进行汇总统计。

教师学习需要调查总汇表

四大主题	成员	特长	进一步发展的需要
丹城二中	芊蔚青青	理论、舞蹈	歌唱、即兴伴奏、钢琴演奏
丹城二中	紫秋千	合唱指挥	歌唱、即兴伴奏、舞蹈
滨海学校	香奈尔	舞蹈	歌唱、即兴伴奏、说课
西周中学	萤火虫	歌唱、钢琴	歌唱、说课、乐器、作曲
墙头学校	紫风铃	舞蹈	歌唱、说课、乐器、作曲
泗洲头中学	小乔丹	吉他	歌唱、即兴伴奏、作曲
滨海学校	石华丽	舞台化妆	歌唱、即兴伴奏、钢琴演奏
滨海学校	youzijian	歌唱、键盘	说课、乐器、作曲
东陈中学	linling	文学	歌唱、即兴伴奏、钢琴演奏

作为音乐教师,音乐技能是至关重要的。特别是“歌唱”、“键盘”、“即兴伴奏”是必需中的必需。从教师们的调查中发现组员们普遍存在此方面的缺陷。由此确定了“西部学堂”第一轮课程内容。

从调查中还发现:成员有强烈的学习愿望;教师之间在知识结构、智慧水平、思维方式、认知风格上存在巨大差异。差异正是共生的基础;在“认为最有效的学习途径”中选择中,“与同事讨论”、“上网查找”、“请教教研员”等都有,90%都认为与“同伴讨论”、“参加团队交流”是最喜欢的途径。由此确定“伙伴共生”式活动模式是我们组织性质的必选。

发挥特长,开展互帮互学。在对调查内容进行统计分析后,我们针对成员的各自所长和所短,制定了“兵教兵”的培训方案,开始了第一期的共同学习活动。

“西部学堂”学习课程安排表

课程	指导教师	课程时间
歌唱	王灵琦	2007 年度上半学期 2007 年度下半学期
舞台化妆	石华丽	2007 年上半学期
即兴伴奏	胡海红	2007 年下半学期
校园歌曲创作	吴瑞红	2008 年上半学期
乐器进课堂	杨永生	2008 年上半学期
合唱指挥	朱红曙	2008 年下半学期
舞蹈	薛　霁	2009 年上半学期
钢琴演奏	王灵琦	2009 年上半学期
评课、论文写作	吴瑞红	2009 年下半学期

当我们在进行团队内的互帮互学活动后,我们均获得了进步,同时,也渴望学习更多知识和技能,学习内容从最初的专业技能,也拓展到教学技能,教学实践中的阶段性问题等。

C.“西部学堂”的完善

在进行学习过程中,我们逐渐形成了成员间的默契,大家大多能准时参加学习活动,并完成自己的工作任务。但偶尔也会出现学员缺席,不能如期进行活动的问题。为了更好地体现团队的凝聚力,表达团队的愿望,形成团体的合力,开始着手制订西部学堂的章程。

我们进行更细致的调查与讨论,如学习时间的选择、活动的频率、教师与学员的责任与义务等。全体组员共同讨论协商,达成共识。如学习时间的确定,从调查中发现时间要求多样化:50%选择“晚上”,10%选择“双休日”,10%选择“上班时间”,30%选择“随时空出”。最后协商确定为“西部学堂每两周活动一次(时间为晚上或周末等课余时间)”。

2007 年 3 月 20 日经区域教研组全体组员会议通过,《西部学堂章程》出台了。

关于命名:因为我组人数少,自己戏称为“西部少数民族”,由此引申而得名——“西部学堂”;象山“西片”初中音乐教研组教师学习型发展组织的正式名称为“西部学堂”。西部学堂于 2007 年 3 月筹备,2007 年 5 月 11 日正式成立。

西部学堂的宗旨:引用多元职能理论,自主互助,以学习求发展,提高教师素质;关注教师幸福,促进教师专业化发展;推动校际间的专业交流,构建研训一体的教研团体。

关于权利与义务:规定一分为二:成员作为指导教师的职责,每位根据自己特长承担一个学习内容的指导工作,随时听取其他成员的正确建议,根据实际情况制定教材,备好活动计划,并及时反思调整活动方案,改进活动教学,提高活动效率;作为学员的职责:为每一次西部学堂活动的正常开展，听从会长安排，在活动前后分担一定的工作，适当时外请专家。

关于组织：教研组长任会长；县教研员、教指站长为荣誉会长，每学年列席会议，莅临指导；设西部学堂领导小组，由会长、副会长、一名成员组成，为最高权力机构；“西部学堂”会长、副会长、各培训内容指导教师，均由全体会员选举产生，罢免时同。

关于经费：西部学堂经费主要来源为成员自筹，每学期100元；其他来源为：教指站资助和优秀教研组奖金等。

西部学堂章程的建立，大大加强了成员的归属感和主人翁意识，大家很有成就感，也充满了继续学习的热情。但需要说明的是这个章程并不是正规的行政性章程。

(2)团队精神的形成

团队精神是西部学堂之“魂”。有魂才能产生巨大的凝聚力，从而激发创新思维和工作热情。

人性中原本就存在荣誉感与成就感，只要加以发扬光大，就能产生良好的辐射效应，其意义不亚于物质奖励。这些鼓励来自组长与成员之间、成员与成员之间、教研员与成员之间，有时是一个短信，有时是一朵鲜花，有时是一句称赞，有时是一个眼神，一个微笑，再依靠每一位成员“拾柴”赋予的温度，依靠每一位成员“浇灌”盛开的芬芳，于是，“家”的感觉越来越浓。久而久之，“互助、责任、鼓励、坚持、忘我”的团队精神就这么形成，她温柔地载着这个团体，大家感觉此中之妙，并产生同在一家的归属感。通过几年的融合，我们组员间说得最多的话是“真幸运，我在这个家里”。县内同行与教研员评价：这是一支团结、务实、奋进的团队。

2. 完善教研组功能为“研训一体”式

(1)教研组功能研训一体是新课改发展的要求

以前的教研组功能定位以“研”为主，研训少结合：只研不训、教学依旧——教是教、学是学。教育改革的深化与师资培训的相对滞后这对矛盾已越来越突出。随着新课程的不断推进，教师遇到了前所未有的问题和困惑。这些问题和困惑如不及时解决，将严重制约新课程的推进和教学质量的提高。这些问题的解决和困惑的澄清，都离不开教师的研究和培训，而学校教师的教学任务重，学校经费紧张，教师脱产学习、离岗培训几乎不可能。因此，教研组义不容辞担当起这个责任，使研训一体化，解决教学中的问题，使教师从中得到实实在在的提高。

西部学堂重“训”。针对本组教师音乐技能相对落后的特点，第一轮学习课程以音乐教学最需的歌唱、即兴伴奏等为主。因为最贴近教师，是“自己的训练基地”，知所需，知所法，所以取得很好的效果。

我们探索在其他教研活动中，同样体现研训一体，使教研组功能完善。

(2)“研训一体”式的活动模式探索

A. 活动式备课

备课是每种学科教研组都在进行的常态活动。有“三备”：备学生、备教材、备教法，通常情况下以“研”为主流。根据音乐教学的特殊性，除“三备”，还有很重要的是训练“教师音乐技能”。我们尝试进行活动式备课，让“研训一体”，也由“要我备”为“我要学”，提高了备课活动的参与主动性,完善活动功能。

在确立了备课活动的学习性质后,我们又根据“区域”、“合作”、“音乐”的特点,通过分工合作,有效、有趣地开展人人参与的集体备课活动,营造研究性、学习性、合作性的集体备课氛围。

备课活动方案主要包括:一学期安排三次活动内容,活动定时间、定地点、定主题。每次活动追求“有效的准备”与“生动的进行”,让组员“人人有事做,人人有话说”。

B. 有效地准备

活动前,组长负责细致的安排,一周前根据每位组员的特长与经验,分配每人的任务。组员各自按分工积极准备:深入分析音乐作品;准备讲稿;制作 PPT 等有关资料;准备歌曲的演唱与钢琴的伴奏;有关舞蹈的代表性动作示范等。例如关于人音版十六册第四单元《走近歌剧》的备课:活动前两周,组长网上公布活动方案。前一周,电话告之每位组员各自的分工:组员 1 准备关于歌剧起源与发展等有关知识介绍;组员 2 和组员 3 准备欣赏曲目《卡门序曲》的乐曲分析,组员 2 从宏观方面把握,组员 3 从微观的细节欣赏入手;组员 4 准备教法交流,从目标、重难点确定,到教学建议;组员 5 和组员 6 准备歌唱曲目《猎人合唱》的歌唱、伴奏与合唱指挥,等等。分工细致,并具操作性。

C. 生动地进行

活动中,按照“欣赏作品赏析”、“演唱作品表演”、“教材教法讨论”等板块展开。一会儿由甲分析教材,介绍作品的作者、创作背景、主题思想等内容;一会儿由乙哼唱旋律,感受各主题的变化发展;一会儿由丙演唱歌曲;一会儿由丁演示伴奏……组员们轮番上阵,活动中高潮迭起,气氛好不热闹。在各自演示结束后,大家还纷纷就自己在平时备课时所碰到的疑问拿出来共同探讨,在大家的讨论中基本得到了解决。

D. 人人有事做,人人有话说

分工合作,人人参与式集体备课激发了每个成员的潜能,给每人提供了表现空间,同时又是一个广阔的互学平台,是真正意义上的集体备课,受到了大家的欢迎。如东陈中学林玲在参加备课活动后说:“我是农村教师,学校里音乐教师只有我一人,平时在备课时如有问题产生想找个人商量就会有麻烦。一个人研究总会有很多问题要遗漏,今天是个很好的机会,通过集体备课,有问题大家商讨,气氛非常活跃。在商讨中很多疑问迎刃而解,同时也产生了一些启发性的新思考……”

为寻求更有效的活动方式,在基础方案的同时,尝试改变活动进程中的细节,丰富其内容。如备课常与研讨课结合,进行先备课,再上课,再集体讨论,再上课的组合活动;尝试在期间进行某单元“我的得意之招”或“我的疑难问题”等主题研讨。成员把个人的“缄默知识”通过集体备课的情境,让大家捉摸到,从而转换成共享的知识,成为音乐训练的集中营,提高了从备课中学习的效率。

3. 拓展教研时空为“无孔不入”化

(1)拓展时空的茶吧式

活动空间的定点与轮换:西部学堂活动地点总部设在象山丹城二中音乐教室,分部是其他学校的音乐教室。在学期教研计划中，组长统筹考虑以总部为中心，兼顾其他分部的涉及，两年内每个学校至少到一次。一方面轮换地点使成员有新鲜感；另一方面让每个学校的音乐教师做一次主人，在其他学科教师面前为音乐教师"扩充门面"：音乐教师是有"娘家人"的！同时可以了解各学校的音乐教学实际情况。

走出教室，走出学校，让更广阔的场所成为我们更好的教研之地。教研活动地点单一，形式单调势必影响成员活动的兴趣与积极性。营造良好温馨的教研氛围，把西部学堂真正建设成"教研小家"，需要做转换活动场所的研究。我们尝试着做了。其中用得很好的是休闲茶吧式：同样的活动内容，不一样的活动地点。我们拿着笔记本电脑到咖啡屋，边喝茶，边进行，茶的可口和音乐的动听结合在一起，令大家兴致盎然，感觉到别样的温馨。

(2)不拘一格的"非正式"

教研组大多是正式的活动，紧紧围绕音乐教学进行。要增加凝聚力，就要把活动形式变得活泼、生动，有时可以采取"非正式"形式，给予机会"众乐"。

例如，学期结束的小组小结活动"温暖火锅"，在热气腾腾的气氛里，大家畅谈所获，颇有说"年"的感觉。

每逢有成员因调动而离开，我们会组织"留旧迎新"活动，融融的气氛中使欲走之人"身外心留"，记得自己的"户口"还在西部学堂；使刚进之人马上能够感染"家庭"的温暖，马上拥有"我是一员"的意识。

在某农村学校开展"歌唱教学研讨"之余，抽空去爬山，组员在活动小结中不禁写道"原来歌唱教学的探索如爬山，看似无路，去探索，才会到更高"。

(3)自愿组合的游兵散打式

以上所述几种活动模式都以小组对话方式为主。同伴共生的学习方式即可以集体进行，更有一对一的对话研讨。因为跨校，各人的课程安排不同，全体集中式活动的次数有限，不然就会影响正常教学。教师本人主动与教学伙伴进行研讨，这种研讨如游兵散打，不拘时间、不拘地点、不拘形式，进行多样化组合，可随时发生，也可随时结束。

"青蓝对"：青年教师与老教师的师徒结对。如朱红曙老师与青年教师游志坚老师的结对。游志坚老师原来在老年大学授课，转入初中音乐教学，教学中不免存在成人化的现象，也有一定的随意性。如何使之很快进入角色，适应初中音乐教学。通过《在中亚细亚草原上》一课的磨课，师徒互相听课评课达8次，徒弟的进步很大，成长效果显著。游老师带着此课参加了赴新桥中学的送教活动，也在县中小学套餐培训活动展示，均获得好评。

"共青对"：就近的或趣味相投的青年教师之间的结对，没有年龄距离，共同的爱好、相似的困惑皆成为研讨的话题；如王灵琦与薛霁两位教师，从相同的艺术学校毕业，趣味相投。一起玩乐器，玩作曲和音乐制作。

"蓝蓝共研"：教学经验比较丰富的教师之间结对，讨论相对比较深入的话题，共议教研组建设的对策。

这些组合采用电话讨论、互相听课等多种方式，牵涉到的人数不多，形式自由，地点灵活，取得了很好的效果,更灵活实现了“伙伴共生”。

(4)随时随地的网络互动式

因为“区域”,面对面的实体活动次数是有限的,怎么办?信息时代为我们解决了这个难题。把教研活动架设在互联网上,提高了教研活动的开放性和实效性。我们设立了教研组QQ群,构建了网络教研平台,实现了“随时随地”的教研。

具体做法是:由专人负责开辟小组博客、QQ空间及QQ群组,建立共享的教学资源库,发布活动通知,开展专题讨论,进行网上备课等,以拓展教研空间,方便教师的学习与教学。

如在一次歌唱教学研讨活动之后,大家体会还有很多,热情还在延续,于是大家通过网络作再度交流。(以下为网络回帖)

主题:奉献热情,形成合力

回帖1:教学研讨不是通过一次活动就使大家得到秘诀。如爬山,既体力充沛又得路径才能快捷到山顶。每一次教研探讨就像一次会诊,执教者在别人诊断下找到各自不足和前进的方向;每人症状不同,或体力不足,或不得路径,今后改进就有目的。课者也对应自我,从而得前之经验或引人之不足为戒。更必需的还是研究后尝试。所以我提倡人人上课,一起进步!

回帖2:我曾经听一位我们温州教研员,特级教师说:“作为一位音乐教师,你可能不会跳舞,不会演奏,但你一定要热爱歌唱,因为学生喜欢音乐课,往往先从喜欢音乐老师开始的。”

回帖3:我在上课前的晚上一直没睡着,肯定是紧张了。我分析了下原因,其中一个是惰性太强。很多活动能躲就躲、能避则避,很多想法也是能藏则藏,不愿去表达。因为惰性而失去了很多锻炼的机会,我想今后应该多参加各种活动,多锻炼,紧张会慢慢消除的,上课就能自如了。

回帖4:此次教研活动真是让人难忘,不仅是爬灵岩山的过程,更是三节课带给我的启示:“在前行中,我们有可能一开始找错了道,走了不少弯路,但只要认准方向,只要我们随时纠正方向,我们总会到达我们的目的地。”

回帖5:第一次搞专题的歌唱教学的活动,感觉收获是很大的!

通过以上形式,教研渗透到了各个角落,各个层面,成为了“无孔不入”式的教研。

(三)区域研修团队打造的新探索

区域研修团队的整体水平是关系到整个区域教育质量的重要因素。教研员要从调查研究、学术研究、工作研究、政策研究的高度整体筹划区域学科团队建设,从课程的规划、建设、实施、评价的完整过程来找寻学科教学改进的规律,从学生的学、教师的教以及教师的有效研修来实现学科教学改进的目标,从教师专业技能和专业知识的培训、学科主题研修的实施、梯队式学科团队的建设等多途径来提升教师专业能力,打造具有活力的专业化研修团队。

1.双线并进,精心规划研修活动

《中小学教师专业发展标准》明确了一名合格的中小学教师的道德坐标、知识坐标和能力坐标,它是我国教师专业化进程中的重要里程碑。根据这个“标准”设置的“专业理念与师德”、“专业知识”、“专业能力”三个维度要求及音乐教师的专业现状,我们可以把教师专业知识和专业能力的培养作为重点,双线并进,精心规划研修活动。如下表:

课程	指导教师	研修内容	研修形式	研修载体	研修时间
专业知识	学科知识	钢琴即兴伴奏	讲座与实践	项目培训	一学期
		合唱指挥与训练	讲座与实践	项目培训	一学期
		校园剧编创	讲座与实践	项目培训	一学期
		音乐作品赏析	讲座与交流	日常研修	不间断
		小型音乐作品编配	讲座与实践	项目培训	一学期
	学生发展知识	学生学习心理学	专题讲座与读书活动	区域日常研修	一学期
	教育教学知识	音乐教育学	专题讲座与读书活动	区域日常研修	一学期
	通识性知识	人文素养提升	专题讲座与读书活动	区域日常研修	不间断
专业能力		体验式音乐欣赏教学策略系列研修	讲座与课堂教学研讨	区域主题研修	一学期一次

教师专业知识研修，以学科知识为重点，并通过学生发展知识、教育教学知识的必要积累及通识性知识的必要补充整体提升教师素养，体现鲜明的时代精神和教育发展的特点。同时，结合丰富的学生音乐活动及课堂教学研究，促使教师将所学知识运用于自己的教学实践中，不断丰厚底蕴。

教师专业能力研修，以课堂教学研究作为载体，从教学设计、组织和实施、激励与评价、沟通与合作、反思与跟进中帮助教师树立正确的教育教学理念，不断提高交流协作能力，在反思与研究中不断发展自己的专业能力。

2. 建立梯队，分层开展研修活动

适合的才是最好的，不同阶段的教师有不同的特点与发展需求，为帮助不同层次教师获得更快发展，可以开展团队分层研修，通过不同目标、不同内容的研修策划与实施，建立梯队式研修团队。如下表：

研修团队	参加对象	研修目标	研修内容	研修形式
新教师研修班	新招聘的见习期教师	1. 完成教师职业角色转换。	1. 专业理念与师德教育专题。	集中研修 专题研修 校本研修 个体研修
		2. 熟悉学校教育教学工作，掌握学科教学原理和方法。	2. 学科专业知识专题。	
		3. 领会学科教学先进思想，掌握各项常规工作的要求。	3. 专业能力专题。	

续表

研修团队	参加对象	研修目标	研修内容	研修形式
青年教师研修班	教龄5年以内的教师	1. 具有良好的教师职业道德和较强的敬业精神。 2. 掌握本学科的知识体系与教学教材体系。 3. 具有科研意识和科研习惯，具备基本的教学能力和研究能力。 4. 能正确把握新课程理念，不断跟进教学行为，明确个性化发展方向。	1. 教师职业道德和教学常规。 2. 教学原理和学科专业素养。 3. 新课程视野中的课堂教学。 4. 新课程视野中的教学研究。	集中研修 小组研修 个体研修
名师带徒研修班	名师带徒学员	1. 提高教育教学理论水平，把握教育发展趋势和新课程前沿方向，学会以理性的目光审视课堂教学的改革，提高教学反思能力。 2. 注重课堂教学研究，提高分析与处理教材能力、课堂教学组织调控能力，逐步形成具有个性化的教育教学方法。 3. 加强课题研究，学会基本的教科研方法。	1. 教育教学理论专题。 2. 以课题引领的课堂教学研究。	集中研修 导师带教 个别辅导 个体研修
学科骨干研修班	优秀的学科骨干教师	1. 培养具有一定理论水平、创新能力，教学业务精湛的名优教师。 2. 发挥示范作用，引领市级、教研组学科发展方向，推动教师队伍整体素质的提高。 3. 加强课题研究，以科研促教研，深化教研成果，形成一批优质教育科研成果。	1. 通识类培训：包括中外教育思想、教育心理学、教育科研、课程开发、教学论文(案例)写作、研修活动组织策划等。 2. 以课题统摄下的学科专业知识专业能力培训。	集中研修 小组研修 个体研修
名师骨干高端研修班	市名师、骨干教师等	1. 具有系统坚实的基础理论、专业知识，开阔的学术视野，并能用以指导教育教学工作、指导培养教师或进行教育教学研究。 2. 严谨治学，形成鲜明的个性化的教育教学风格。	1. 了解当前的研究热点与重点，并能结合自身的实践选择研究课题。 2. 深化课程开发、有效教学、课堂评价与教师发展的理论学习，提炼个性化的教学特色。	参与式研修 专题式研修 导师带教面对面辅导

梯队式的研修团队建设既强化教师的全员培训，更关注优秀骨干教师的培养与扶植，点面结合，方式灵活，同时通过优秀教师以点带面引领辐射作用的发挥，促进全体教师的共同发展。

3. 创新载体，有效提高研修质量

不同层级的研修机制规范了教师研修的时间空间，保证了研修工作的正常有序开展，也有效促进了教师的成长，但也不乏部分教师被动研修的现象。为充分调动教师自主发展的意识，特别是一部分青年骨干教师的成长需求，形成和谐快乐的研修氛围，应该不断创新研修载体，如开辟网络研修平台、名师工作室、爱乐俱乐部等，不断开放研修时间、研修形式，吸引更多教师主动参与研修，有效提高研修质量。

（吴瑞红）

附：区域研修团队建设案例

奉化市音乐教师"爱乐俱乐部"研修记录

2010年11月，奉化市成立了中小学音乐教师"爱乐"俱乐部。该班成员共有20名，都是音乐学科的名师、骨干和后起之秀。如何使爱乐俱乐部的活动真正体现"爱乐"内涵，打造一批学科骨干力量呢？我们探索课堂以外的四大途径，多方位提升青年骨干教师的音乐专业素养。

1. "读书交流"，提高青年骨干教师的理论素养

读书是人类重要的学习方式，精神的提升和传承需要强化阅读。实践也证明，音乐教师要在专业发展上有新的突破，必须潜下心来博览群书，研读教学专著、悟透课标教法、修炼读书习惯等。那么怎样的读书活动才是有成效的呢？

（1）读书因"点滴记录"而深刻

在读书活动中，音乐课程标准和两本核心月刊《中国音乐教育》、《中小学音乐教育》是我们俱乐部每位学员的必修读本，几年来这几本书籍已然成为了学员们的良师益友，也成为学员们教育教学的方向盘，让学员们时刻紧跟教学改革的新步伐，了解课堂教学的新动向，领会课改精神的新理念。因此，在阅读的同时倡导学员们能及时记录书籍中的关键词、语句或段落。在阅读与摘记的不断积累中，多方面提升学员的教学专业理论素养。

（2）读书因"智慧分享"而感悟

除了专业教育教学杂志，我们分学期为学员们精心挑选教育经典、教育教学专著，先后组织阅读了维克多·伍顿的《音乐课》、戴维埃利奥特的《关注音乐实践》、柯达伊《柯达伊教学法》、李欧梵的《音乐札记》、美国音乐教育家格雷珍·希尔尼穆斯·比尔编著的《美国音乐教育理念》与教学案例的教育专著《体验音乐》等书籍。每学期我们都组织学员开展"我的读书感悟——智慧分享"读书报告会，学员们从不同书籍、不同视角和大家分享品经典、亲大师、悟其道、促成长的感悟与智慧。通过交流分享，促进了思维的碰撞，萌发了深入的思考，更享受了阅读的快乐！

2. "音乐沙龙"，提高青年骨干教师的人文素养

"音乐沙龙"是我们爱乐俱乐部的又一个活动形式，紧张繁忙的教学工作之后，学员们围坐

一圈，泡上一杯咖啡，播放一段音乐，确定一个话题，畅谈自己的教学得失、发表自己的教学建议，互相聆听、交锋争辩，倾诉烦恼，在分享思想与智慧的同时也进行着思想的碰撞与交流。

（1）“沙龙”因“话题式随聊”而获知

沙龙活动以“聆听天籁之音、共享心灵律动”为话题进行，交流音乐名家、名曲。学员们谈及古今中外的音乐家，谈及音乐家罕为人知的音乐故事、创作风格，谈及我们崇拜他的理由和对自己的影响。从巴洛克、古典主义、浪漫主义到现代乐派，从巴赫、贝多芬到聂耳、冼星海，华彩乐章一一呈现。教师们带来了一个个鲜为人知的音乐家的故事，让在座的其他同行大开眼界、一饱耳福。我想，这些大师用自己的一生倾注着自己对音乐的热爱，引导我们把对音乐的喜爱融入我们对自己生活的热爱、对工作的热爱、对学生的热爱！从古典到流行、从激昂到抒情，让我们沉郁的心情变得轻松，让我们浮躁的心情变得平静，让我们干涸的心情变得滋润，让我们平静的心情掀起奇妙的波澜。在这美丽的聆听之旅中，学员们倾听到了音乐家灵魂深处的声音，也体验到了音乐带来的感动和力量。

（2）“沙龙”因“主题式剖析”而释疑

俱乐部学员的专业成长需要同伴互助、需要个体反思，更需要专业引领。我们多次开展了以“关注音乐本体，优化教学设计”为主题的音乐沙龙活动。经常邀请名师专家作指导点评。如宁波市名师、宁海县音乐教研员印滢斐老师为学员们作过题为《独特的音乐，独特的课堂》主题讲座，以主题式的阐述与剖析来解答我们在欣赏教学领域中遇到的阻碍与困惑。通过“独特之音乐气质、独特之音乐要素、独特之创作手法、独特之体验感受”这四个维度深入剖析各种课例，使教师们领悟到教学设计要从多种音乐要素上去介入与展开，要找准符合音乐本身且最能触及学生、听课者的脉搏的关键点，才能更加贴近音乐本身的气质。沙龙中专家的引领与指导、同伴的研讨互动与观点碰撞，有效破解了学员们在教学中遇到的难题与困惑。

3.“欣赏采风”，提高青年骨干教师的艺术素养

为了能让青年骨干教师有机会现场聆听与欣赏经典音乐，感受高雅艺术的魅力，不断提高自身的艺术修养，爱乐俱乐部每学期组织俱乐部教师走进大剧院、音乐厅等艺术殿堂，走近大师、聆听经典、陶冶情操。

（1）“采风”因“走进高雅殿堂”而宽阔

人音版教材中有很多古今中外音乐大师的经典之作，其音乐体裁、音乐流派、音乐风格及世界各国的音乐文化等方面的内容涉猎也极为广泛。俱乐部的教师虽然在音乐沙龙活动中，也谈及自己“心中的音乐大师”及“大师的音乐作品”等，但是在实际的音乐教学活动中还是存在教学流程“公式化”、作品解析“教参化”、内涵挖掘“浏览化”等现象，以至于学生喜欢教材里的作品不多，更别说能哼唱部分音乐主题、听出乐曲的演奏形式及演奏乐器等。因此，俱乐部还开辟了“采风”路径，即组织俱乐部学员前往宁波大剧院欣赏与聆听各种音乐会，此举不仅开阔了俱乐部教师的音乐视野，对音乐作品的解读更具纵深，还能将文本中的音乐解读与舞台上的作品演绎在现场音乐会中交融，全身心地浸润于音乐音响中，真正实现穿越历史的音乐对话，用自己最直接、最真实的音乐感受去架构更灵动的欣赏课堂，唤起学生与作品对话的音乐思绪。

(2)“采风”因“寻找音乐足迹”而凝厚

“采风”的第二条路径就是以课题为领航,一路寻找音乐驻足的痕迹。俱乐部以多个教研课题为研究主题,以《奉化吹打在中学音乐课堂中的实践与研究》为例,我们在课题实施阶段就以“寻找奉化吹打音乐的特色”进行了采风行动,第一步:前往奉化布龙的集中地,从老一辈的口中得知了“奉化锣鼓”和“奉化吹打”的相关历史;第二步:上网搜索并观看了浙江省歌舞团在20世纪50年代就响遍世界的民族器乐节目《丰收锣鼓》,与奉化九韶堂的《十番锣鼓》进行对比;第三步:俱乐部学员还前往奉化市萧王庙中心小学实地考察了该校“奉化吹打”学生社团的开展情况,并共同参与了奉化民间艺人给学生作行奏、坐奏等表演形式的授课活动;第四步:组织观看了奉化吹打的代表曲目录像。以上的采风行动使课题组成员对所研究的奉化吹打的历史、形成、特色、代表曲目及当地学生的学习传承情况有了深入的了解,为下一步的理论学习和实践操作作了较好的指引,“采风”行动成为俱乐部学员学习、研究的有效途径。

4.“基本功切磋”,提高青年骨干教师的技能素养

扎实精湛的音乐技能是音乐教师从事音乐教育教学工作的重要基石,更是音乐教师促使自己向专业化发展的必修课程。在爱乐俱乐部中,学员们定期举行音乐技能的展示与交流活动。

(1)“技能”因“演绎课内作品”而广博

技能的广博不仅仅是各项技能的程度有多高,更是各项技能进行综合性艺术表演的表现能力和创造能力的集中表现。音乐课程标准中提出,教师要有良好的示范与指导,帮助学生更好地感受与体会作品的情绪与情感。为了实现音乐课堂中教师“范唱美”的目标,我们也尝试在爱乐俱乐部中开展“唱响教材、精彩演绎”等表现课内作品的综合性艺术表演活动,教师们结合人音版教材内容,采用多种艺术表现的形式,如自弹自唱、重唱、独唱、组唱、合唱、表演唱;用钢琴、竹笛、手风琴、单簧管或口哨等来演绎欣赏作品的主题音乐等,教师用自己巧妙的构思与扎实的音乐技能,对作品进行了个性化的加工、处理与表现,在展示自己专业技能的同时更赋予了音乐作品独特的风格与艺术魅力。

(2)“技能”因“实现修炼自觉”而精深

音乐教师应具备的基本技能有声乐、键盘、自弹自唱、舞蹈及合唱指挥等,扎实、精湛的音乐技能不仅是音乐教师进行课堂教学的有力保证,更是音乐教师得以长足发展的软实力。所以我们爱乐俱乐部也经常开展青年教师音乐基本功大赛等活动,有效搭建各种平台让音乐教师在各种交流、评比、展示活动中提升专业技能,但是比赛与展示总是带有一定的阶段性、突击性与偶然性,并不能代表所有教师的真实水平。因此,我们俱乐部学员根据自身现阶段各方面的技能水平制订了有关音乐技能发展方面的个人规划与技能练习安排表等,俱乐部也适时邀请专家指导俱乐部教师的音乐专业技能。只有实现修炼音乐技能的自觉性与持续性,才能真正触动教师们的音乐神经,用自己对音乐的那份执著与热情来激发自己、监督自己、从而全方位地提升自己。

通过“读书交流、音乐沙龙、欣赏采风、基本功切磋”等课堂以外的研修途径来熏染俱乐部教师的爱乐热情,鼓励俱乐部学员通过专家引领,投身教学实践、阅读教育经典、夯实专业技

能，充分发挥俱乐部骨干教师的示范作用，以点带面，辐射全市，引领市级、教研组学科发展方向，推动教师队伍整体素质的提高，最终实现青年骨干教师专业自主成长。

二、主题化研修模式的探索与实践

（一）主题化研修模式的范式

面对教育改革日新月异的变化及推进，各级研修活动如何更好适应新形势的需要，如何真正体现教师成长及学生发展的实际需求，是值得思考的重要话题。反思传统的研修活动，发现确实存在着一定的局限性，例如，我们可能更关注教师参与研修的态度和行为，不注重活动前期的策划、介入及后期的反思与跟进；研修组织机制往往呈现单一化、行政化的特点，不利于学校及教师的发展；研修活动往往以听课为主要内容，“蜻蜓点水、重复研修”的现象频繁发生；研修过程往往以个别教师的展示及少数人“隔靴搔痒”式的点评而走过场。如何调动每位教师的研修积极性，让他们在研修活动中都有收获呢？应从教师专业发展的需要出发，重视研究、合作与反思，以促进教师自主发展为目标，改变过去单一的、观摩式的研修方式，探索持续性、系列性的“主题化”研修运作模式，以“研修主题”为统领，通过不同研修方式的有效互动与整合，努力形成研修共同体。

根据主题化系列研修的特点，分前期策划和具体实施两个阶段，前期策划阶段包括明确方向、提炼主题、剖析主题、制订方案四个环节；具体实施阶段分学习思辨、自主实践、交流研讨、反思提炼四个环节。

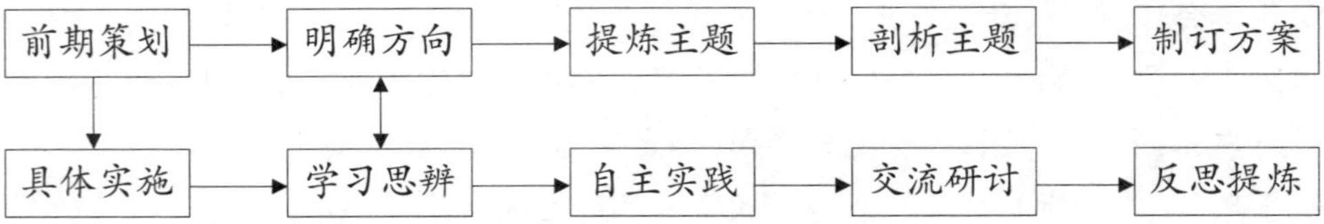

1．前期策划阶段

前期策划阶段是研修活动能否有效开展的关键。本阶段的主要任务是组织相关理论学习，讨论提出活动主题、明确主题活动的形式内容和任务。此阶段一般又可以分为“集中讨论、确定主题方向——分散搜集、学习相关理论资料、提出个性化主题——集中讨论、交流并确定活动主题与活动展开方案”等环节，这些都需要有一个比较充足的时间保障。

（1）明确方向

就一次主题研修活动来说，活动研究的范围不能太宽泛，应有一个大致的选题方向。我们可以根据省市教研重点、学校教学现状以及教师和学生在教学实际中面临的问题和困惑有计划有步骤地进行研讨。

（2）提炼主题

有了研修的方向，并不等于有了一个明确的主题，还必须根据研修团队的实际情况进行主题的提炼。教育教学改革中产生的问题，往往处于“原始状态”，有着多、杂、乱、不成系统的特点。教师需要理清问题间的关系，将提出的问题整理、筛选、归纳，提炼出研修主题，这是一个复杂而艰辛的过程。这就需要教师们带着问题阅读相关资料，带着问题进行交流与探讨。如关于歌唱教学中学生的音准问题、情感表现问题，通过交流，大家普遍认为歌唱教学的关键是如何真正提高学生的歌唱能力，这些能力不是一蹴而就的，而是需要长期有序的积累提高的，因此我们必须进一步强化年段目标，首先在低段进行学生音准能力培养的系列研修，这样，研修主题的选择就更有针对性了。

(3)剖析主题

为了使主题研修活动能够深入展开，并使它具有较强的可操作性，必须对确定下来的主题进行剖析，使团队中的每一位教师对主题有比较深入的思考。如"提高低段学生音准能力"的研修团队，为了能更清晰了解低段学生音准问题，对二年级两个平行班各55名学生进行了前测，从听辨音高、模唱单音、模唱音程、模唱旋律等方面了解学生音准情况，经过比较分析决定从听觉训练、模唱这两个方面进行具体的研修，具化了研修细节。通过这一环节的深入剖析，每位教师对所选择的研修主题有了明确的认识，为后续实践研讨的顺利展开奠定了非常重要的基础。

(4)制订方案

研修团队在集体剖析基础上，讨论确定各自的研修任务，并围绕主题目标形成研修实施方案，包括施教内容、个体实践与集体研讨的时间与形式等，以保证研修活动有序高效实施。

前期策划阶段的有序展开强调每位教师的主动介入，研修的主题应该是团队教师的共同意愿，因为研修目标适应了教师的发展需要，从某个角度讲就能更好地调动教师研修的主动性和积极性。

2. 具体实施阶段

主题化研修的第二阶段是具体实施阶段，其主要任务是对确立的研修主题进行多种方式的实践研究，以形成一定的研修成果。本阶段的"学习思辨、自主实践、交流研讨、反思提炼"几个环节并不是一成不变的，可以根据实际需要作多轮循环运作。

(1)学习思辨

巴黎圣·维克多修道院的休在《学习论》中提到，"修炼的学习，不是借助知识去控制和支配外界和他人，而是在于治愈并丰富自己的内部世界所欠缺的部分。修炼的学习将导致快乐"。伊利奇《在教科书里的葡萄园》中这样描述：犹如在教科书这样的葡萄园里，品尝葡萄这样快乐。教科书的一页页就好像是葡萄园，一行行就好像是葡萄房里挂满葡萄的葡萄棚，一个个词汇就是葡萄。读书学习就是徜徉在葡萄园(书)，把一个个词汇作为熟透了的"葡萄"加以品尝的"快乐"。这样享用的葡萄(词汇)，不久发酵，带来恩惠，酿成香醇的葡萄酒(丰硕的人生)。这个比喻是多么的惟妙惟肖。因此，教师要养成学习的习惯，在"快乐学习"中不断修炼自己，针对确定的研修主题，教师进行自主学习，提高对所要研究的问题的认识，并结合自己的实际写出学习心得。

如"提高学生歌唱情感表现"的主题研修，教师们在第一环节学习、讨论的基础上，对教学行为改进策略进行了预设：①教师不仅在课前要将自身的演唱纳入备课内容，而且在课堂上要达到表演层次的基本标准，即：面对全体学生准确而富有表情地演唱，可以边弹边唱，也可以清唱,但必须要与学生有情感交流。②歌唱教学必须体现学生的主体地位,关注学生的情感态度,能够通过多种方法和渠道调动他们的歌唱兴趣和热情,并创设一定的情境,使其保持于教学的全过程。③必须重视和改进歌词教学。要在有限的时间内通过多种方法的灵活选择,让学生准确把握歌曲情感。

(2)自主实践

本环节是在学习思辨基础上,教师运用理论指导自己的教学实践,这是把理论内化为教学行为的第一步。每位教师根据研修团队共同确立的研修内容,还要经过“深度解读教学内容——结合研修主题及有关策略预设确定教学思路——精心设计教学方案——课堂教学实践与尝试——反思教学行为——调整教学方案——课堂教学再实践”等几个步骤。自主实践环节强调教师个体研修的自主性,要求每位教师有自己独立思考与实践的过程,并通过反思有后续的行为跟进。

(3)交流研讨

交流研讨的主要方式是课堂教学的展示研讨。这个环节是教师自主实践基础上对主题研修内容的进一步研讨。为进一步提高研讨效果,组长要统筹安排,细化要求,围绕研修主题给每个教师布置活动任务(主持人、主讲人、统计员等),引导教师主动、全程参与活动,并能围绕主题展开理论思考和实践研讨,使主题研修能层层推进,步步深入,体现连续性和系列性。同时要增加课堂观察的技术含量,因为关注课堂、诊断课堂既是发展课堂的关键,也是教师专业成长的关键。在课堂教学研讨中引入课堂观察技术,提高课堂观察的针对性,使我们的研讨活动成为有合作任务,有证据推断和有研究的有效实践。

在具体的研讨过程中还要经历课前、课中、课后三个步骤。

课前主要解决“观察什么”“怎么观察”两个问题,要根据研修主题,细化观察视角,设计观察量表。如“合唱教学中教师的有效引导”主题研修,可以从引导指向、引导方法与引导效果、反馈评价与生成引导、教师与学生的活动时间等四个维度对歌唱教学基本训练、歌曲教学、情感处理等几个环节进行观察,并把参与活动的教师分成四组,明确观察重点,安排观察位置。

课中主要解决记录证据的问题,要求每位教师根据观察视角从丰富的情境中找到焦点,从复杂的信息中提取证据,及时进行观察记录。

课后主要的任务是分析研讨,首先是上课教师说上课后的感受,然后是观课教师统计分析观察数据,最后是围绕主题的深入研讨。

通过有理有据的分析研讨,教师对所研修的主题有了深入理解和真切感受,在反复研磨中真正对主题有所思、有所悟、有所行。

(4)反思提炼

这是对整个主题研修过程的总结与提升,包括两个方面,一是对研修主题的反思,要求对研修过程中形成的共识进行结构化的提炼,使之成为物化的成果,这样的阶段性研修成果,既利于改进并优化研修过程,更利于后续教学研究以及教学经验的推广应用。每位教师都要写出总结体会,组长在教师总结基础上对形成的经验作总体的概括提炼,对研修中出现的困惑或未解决的问题作进一步的梳理，以利于后续的跟进研修，促使研修活动系列化展开。另一方面是对研修形式的反思，对研修过程中有效的做法作总结，以利于在今后的研修中借鉴应用。

反思提炼环节既是一次主题研修活动的终结，更是下一次研修活动的起点，是主题活动系列化的桥梁与纽带。面对研修过程中出现的问题与困惑，需要在这个环节中作进一步的梳理，为后续跟进研修提供方向。

附：主题研修活动案例二则

"合唱教学中教师的有效引导"主题研修活动交流研讨案例

课前观察维度："反馈评价"、"生成引导"

课中观察记录：

教学环节	反馈评价			生成引导	
	不作评价	肯定评价	否定评价	有效	无效
基本训练	11 次	17 次	3 次	5 次	
歌曲教学	4 次	12 次	4 次	6 次	
情感处理		4 次	1 次	4 次	

①"反馈评价"维度的研讨记录

在基本训练环节中，教师不作评价 11 次，肯定评价 17 次，否定评价 3 次。比如，在肯定评价中，"真棒""非常好""很好" 等这类语言极大地鼓励了学生，使学生对学习音乐变得兴致盎然。而在否定评价时，"这个音准吗""可能是口误吧""灌木林好像快要凋谢了"……对学生的不足之处教师很委婉地指出，既纠正了错误，又保护了学生的自尊心。

在歌曲教学环节中，不作评价 4 次，肯定评价 12 次，否定评价 4 次。比如"刚才有小朋友音提早了""好的，感觉找到了""有点感觉，很不错了"，当学生唱准了和声，教师及时给予肯定。又如"用明朗的声音唱高声部""用深情柔和的声音唱低声部"，很明确地告诉学生高低声部的演唱应该怎样处理。

在情感处理环节中，肯定评价 4 次，否定评价 1 次，如"长大了开心吗？开心就该表现出来""蓝天非常亲切，歌声中体现出来""欣赏了影片中的歌曲，你觉得小鹏他们长大了吗"对歌曲演唱时的情感教学，教师在潜移默化中非常自然地渗入，使学生在演唱歌曲时情感处理非常恰当。

②"生成引导"维度的研讨记录

在基本训练环节中，有效生成 5 次；在歌曲教学环节中，有效生成 6 次；在情感处理环节中，有效生成 4 次。整个教学过程中没有出现无效生成。

在教学中，教师用非常生动形象的语言对学生课堂上的表现进行了生成引导。如用"3"像小树的叶子张开来了，"1"像小树的根往下扎。当学生的声音不够饱满时，提示"有的树叶干枯了,请让它亮起来,发出光彩"等。这些语言既充分肯定了学生出色的表现,同时又及时指出了学生的不足之处,使学生在具体、形象的引导下,适时调整自己的声音状态和音准,教学效果非常明显。

③研讨结论

综观整节课的教学,教师的课堂评价具有承前启后和导向指示的作用。在课堂上,善于发现学生对不同教学刺激的反应,通过评价的方式,努力将学生在学习过程中所表现出来的不足,往有利于教学活动良性展开和教学目真正达成的积极方面引导,生成更好的教学结果,使本节课教学的立意深刻而高远。而这所有的一切又是那么自然,这不得不归功于教师巧妙的评价以及生动的引导,真可谓"润物细无声"!

"提高学生歌唱情感表现"主题研修活动总结反思案例

情感是一个永恒的话题,需要音乐教师在课堂教学中不断地研究,不断地探索。因为只有这样,才能让学生在歌唱艺术中得到情感的满足,获得美的熏陶。而研修活动则是一个在真实的教学情境中进行的,让教师真诚地投入,并对自己的教学行为进行深刻的反思,在不断的进步与成长中,以集体的智慧创造教学实践的过程。同时,通过教师个人、集体和专家指导的有机结合,使主题的研究得到理论层次的提升。通过一系列的主题研修活动,教师们对教学中情感的有效体验进行了尝试、探讨和反思,对歌唱教学有了较深的理解,并在如何提高歌唱教学情感体验的有效性方面达成了如下共识:

①就一堂课而言,教师自身的情感是取得课堂教学成功的前提。教师发自内心的、充满感情的范唱可以很自然地把学生带进一个极富想象的审美空间,使学生不仅仅获得了美的享受,而且更让学生领略到动人的情感世界。所以,我们认为教师的范唱必须做到以下三个要素:准备到位;情感到位;范唱后讨论到位。

②创设教学情境,营造良好的教学氛围,激发学生的情感是课堂教学成功的外部条件。心理学家认为:情感的再次培养需要一定的情境。在本次研修活动中,教师从以下几个方面进行了情境的创设:一是利用多媒体课件创设音乐活动情境;二是巧用语言带入音乐活动情境;三是运用图谱展示音乐活动情境;四是通过表演体会音乐活动情境。在情境中合理解决了教学中的难点,帮助孩子理解音乐,唤醒孩子内心的情感,把音乐教学活动演绎得更加精彩,更具生命力。

③教师要善于挖掘歌词的情感因素。要在有限的时间内通过启发谈话、问答等多种方法,并用形象直观的材料辅助教学,让学生准确而简要地了解歌曲的内涵,最后再进行有感情地朗读歌词,使学生不仅加深对歌曲的理解,而且还有助于情感体验的深化。具体有以下两种做法:一是运用体态律动,帮助学生形象地理解歌词;二是重视体验感叹词等衬词的作用。

同时还提出有待进一步研修的问题:

①音乐学科在培养学生审美能力和挖掘情感潜能上有什么特殊的作用?学生情感世界"熏陶感染"的基本途径还有哪些?

②如何把握学生情感体验的度?教师指导和引导的最佳时机是什么时候?

（二）主题化研修模式的特点

主题化研修模式不是固定不变的程式，研修过程可以根据实际需要对各个环节作适当的调整，另外还可以产生不同变式，如课题研修模式、同课异构教学研讨模式、一人多轮上同课模式、课例研修模式、沙龙研修模式、诊断反省模式、问题研修模式、骨干引领模式等，这些个性化、特色化的学科主题研修模式，不管形式如何变化，其内涵实质始终突出这样几个特点：

一是凸显主题价值。研修活动的所有过程都是在主题的统领下展开的，既有关于主题的理论学习，又有基于主题的教学实践，更有针对主题的研讨、交流、反思、提炼。因此主题就必须是与教师教学、学生发展密切相关的，是教师们觉得有研究意义的内容，这样不仅有利于提高教师参与研修的积极性，更能解决实际问题，提高课堂教学质量。

二是关注前期介入。前期介入包括教学实际问题调研、研修主题确立、围绕主题的理论学习、针对主题的自我实践等。充分的前期介入，改变了过去"走马观花"式的研讨交流模式，带着思考带着问题走进教学现场，能促使教师不断地通过观摩别人，反观自我，不断地通过展示自我，提炼创新，不断地通过研讨互动，开拓提升。

三是强化首席意识。一方面，每位教师都可能成为展示的主体，成为一个被解剖的"麻雀"；另一方面，每位教师在参与研讨过程中又成为诊断者。展示与诊断的双重身份，使得每位教师都成为研修活动的首席，这为教师之间平等、互助、深入地探讨交流创造了条件。

四是注重反思跟进。教师专业化的本质就是发现教师自身，让教师意识到自身在专业成长中的力量和自主发展的角色任务。主题化研修模式强调教师在各个教学环节中的反思意识，通过反思积极改进自己的教学行为，有效促进教师主动对教育教学行为进行探索和研究。

（三）主题化研修模式的优势

一是实现了理论与实践的紧密结合。整个过程既关注理论的学习，又关注实践的探索与研究，给理论与实践架起了沟通的桥梁，避免了研修中理论与实践"两张皮"现象的产生。能用理论解释教学行为是专业化的重要特征，通过学习思辨的强化，使教师的教学行为有了很好的理论支撑。

二是强化了问题意识。教师成长非常重要的是要有问题意识。做任何事都要有问题意识，要问一问为什么？从主题化研修的范式来看，经历"发现问题——解决问题——发现新的问题"的过程，就是强化了教师的问题意识。在不断发现问题中反思，在不断的实践中改进教学行为，这本身就是一种研究，它更加科学更加有针对性，能更快地促进教师专业发展。

三是有利于教师合作共同体的建设。主题化研修模式构架了平台，营造了氛围，成了教师们精神交流与分享的高地，学科专业交流的家园，教师教学智慧分享的殿堂，个人教学特色展示的舞台，观点的碰撞、智慧的分享、思想的凝练，使主题化研修活动充满灵动的文化场，成为教师团队之间合作与专业对话的温暖之家。

（陈红久　周进进）

附:主题化研修案例二则

《提高小学生音乐主题记忆能力的策略研究》主题研修

教研活动对于提高教学质量,促进教师专业成长有着极为重要的作用,教而不研则退,研而不教则空,在瞬息万变的知识年代里,教师同学生一样都是学习共同体中的一员,没有理论的积累,没有实践的探究,也就不能适应时代的发展。新的课程理念、新的教学形态、新的教学方法,如同一条崭新的主旋律呈现在我们面前,如何让主题研修这一主旋律能在"变奏"中展现它的精彩,凸显它的作用,让每位教师成为变奏中"骨干音",让这一变奏成为教师快乐研究中的根源,也成为教师课堂快乐展示的硕果,这应是我们在教学研究中思考的问题。

1. 精选研修主题,课题有效生成

我们以螺旋递进的形式从教学困惑中寻求研究点，搜索教学中共同存在的迫在解决的问题。首先从市研修主题《体验式音乐欣赏教学策略实践与研究》为切入口,动员组内各教师调查各自学校在欣赏教学中存在的困惑,从学生对音乐的兴趣出发,对学生的主题音乐记忆能力做了系统的调查。

调查流程:

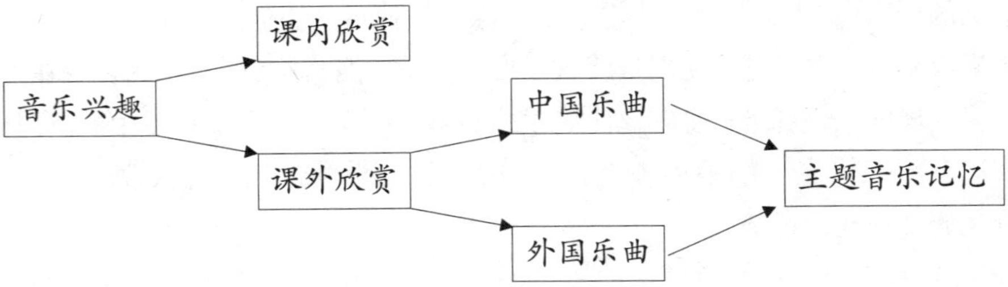

调查结果表

喜欢音乐85%	喜欢课外音乐75%	喜欢中国乐曲75%	能哼唱所听过音乐主题63%	能说出听过的作品名称40%	能听出乐曲演奏(演唱)形式24%	能听出主奏乐器42%
		喜欢外国乐曲25%	能哼唱所听过音乐主题37%	能说出听过的作品名称32%	能听出乐曲演奏(演唱)形式26%	能听出主奏乐器34%
	喜欢教材音乐25%	喜欢中国乐曲68%	能哼唱所听过音乐主题43%	能说出听过的作品名称33%	能听出乐曲演奏(演唱)形式35%	能听出主奏乐器40%
		喜欢外国乐曲32%	能哼唱所听过音乐主题25%	能说出听过的作品名称30%	能听出乐曲演奏(演唱)形式25%	能听出主奏乐器37%

从上述数据可以看出，学生在音乐欣赏过程中存在不少问题，学生对课外音乐的喜爱程度远远超出教材中的作品，学生对作品主题音乐的记忆能力与对乐曲分析能力普遍偏低，很多学生认为在音乐欣赏中听不懂音乐，怕回答错问题，总是反复听反复唱没有意思……

分析其产生的原因：

(1)欣赏教学往往仅仅局限在听的范围内，学生聆听注意力不能持久集中。

(2)教学内容单一，缺乏对音乐多方面的体验与正确引导，学生对音乐要素的感知趋于形式化，不能深入理解作品内涵，导致聆听无兴趣。

(3)重形式轻成效，教师惯于用自己的语言解释音乐，忽略学生对音乐的感受与表述。

在调查统计中发现学生对音乐欣赏教学的兴趣远远比不上歌唱教学。在欣赏作品中，主题音乐是整首乐曲或一个段落中的基本性格面貌的体现，音乐欣赏课应该如何让学生感受主题、体验主题、记忆主题？经过思考讨论，我们将《提高小学生主题音乐记忆能力策略研究》作为研修主题。

2.广博教学理论，提炼教学精髓

俗话说："独木不能成林，单丝不能成线。"教师只有在参与中共识、共享、才能共进。当我们看到指挥家手中的指挥棒轻轻一挥，美妙的音乐便从乐师不同的演奏乐器中倾泻出来，这种默契的合作如此完美与和谐。在活动中整个组就是一个精湛的乐队，它需要教师能够学会和他人交流、磋商、合作，才会在研修中学会寻找、开发，学会整合，在自主学习中快乐成长。研修主题确立后，组内教师打破教师间自我封闭的藩篱，在合作中展开了对主题的系列研讨活动。首先每位教师结合自己的教学经验以及自主学习方式，在欣赏教学中对主题音乐体验过程中所运用的最有效的教学方法进行梳理，并运用网络研修平台实现教研活动零距离的互动。

教师评课部分摘录：

梁老师：唱是参与音乐欣赏最常用的方式，唱的过程是获得音乐形象的过程，它能培养学生独立的判断感受能力和表现音乐的能力。通过模唱、对比、听辨等方式能让学生在不同的体验中加深对主题旋律的印象。

刘老师：在单纯听的过程中，学生会过早厌倦音乐，所以在日常教学中，运用图谱能起到把抽象的音乐材料简单化、形象化的作用，让学生不仅从听觉的角度，同时还能从视觉的角度更直接、更直观地感受旋律的特点。

丁老师：小学生注意力容易分散，爱玩爱动，所以在欣赏音乐的同时可以让他们根据音乐的变化在教师引导下或用自己的身体有控制地做出各种简单的动作，以提高对音乐旋律的记忆效果，在运用体态律动与多种感官的参与中，使眼看、耳听、嘴唱、身动与积极思考相结合，对旋律会有更为深刻的印象和更深入的体验。

自主发展的首要前提是要有一个愉悦的探讨与研究的氛围，我们通过分组对教学案例的搜集与各自在教学中对主题音乐记忆的教学策略的积累，汇总整理了欣赏教学都普遍运用的现有的主题音乐记忆的教学方式：

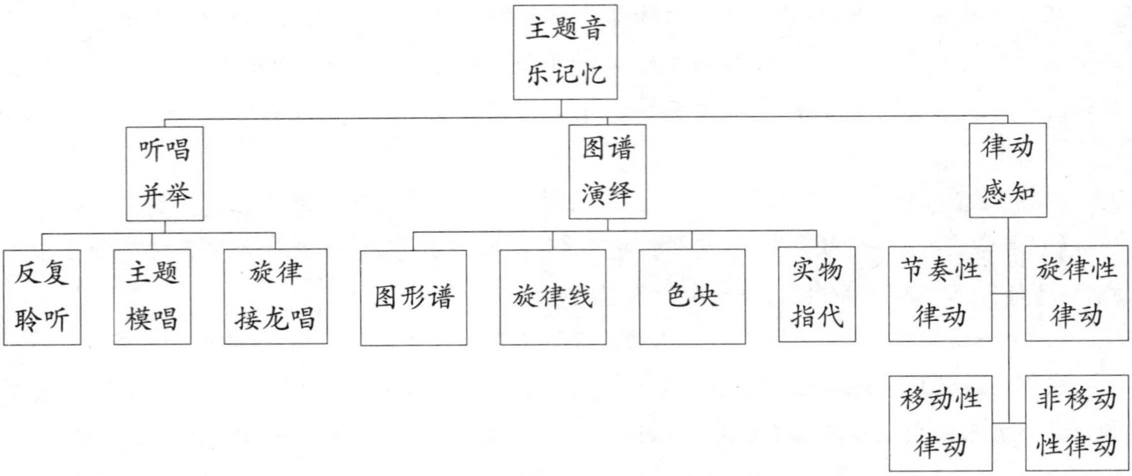

为进一步深化教学策略在课堂中的有效运用,我们精选了(美)格雷·希尔尼穆斯·比尔《体验音乐》一书进行分层学习探讨,借鉴国外的优秀理念,逐步充实与完善自身的教育理念。

我们的体会:听音乐应该是一种快乐的体验过程,对于音乐的体验应渗透在各种音乐的活动中,大多数人在聆听音乐的过程中只是停留在音乐表面,在教学中作为教师要非常了解音乐,能够针对不同作品聆听的需要创生一些有助于引导学生聆听的体验方式,只有在乐曲聆听的过程中采用若干种体验的形式,使学生能够主动要求多次的重复聆听,教师对学生的引导也就迈出了成功的第一步。

3.深入作品内涵,锤炼“百变”课堂

教师成长 = 经验 + 反思,这是美国教育心理学家波斯纳曾提出的一个教师成长的公式。备课—上课—改课—再上课—再改课,这个过程就是磨课,磨课是一个人人参与、相互协助、有效解决课堂教学存在问题的过程。首先我们确立了研究课例欣赏作品《羊肠小道》进行小步子的课堂实践探究,将理念转化为教学行为的方法与策略,从各自深入教材解读入手,充分挖掘作品内涵,并实践在各自的课堂教学中。在组内第一次集体研讨活动中采用新老教师按年龄分段抽签上课形式,课前要求每位教师都能对教学作精心的准备,首先采用这一活动形式唤醒每位教师的教育思维,新老教师各一名的教学展示起到了以老带新,以新促学的目的。在本次抽签上课的过程中由周琼老师和张莉莉老师分别执教了《羊肠小道》一课,针对两节课我们设计了主题音乐记忆方式记录分析量表,分别对教学中教师在乐曲主题音乐记忆过程中体验的方式、体验的遍数、体验的效果和主题记忆能力的检测作了系统的观察与小结。

课堂观察表:教师运用主题记忆方式记录分析量表

课题________ 执教者________ 观察者________ 时间________

序号	主题音乐	体验遍数	体验方式					体验效果		记忆能力检测	
			听唱	律动	图谱	对比	其他方法	有效	无效	检测方式	检测效果
1	小毛驴主题										
2	旅行者主题										

(注:①请在“体验遍数”、“体验方式”与“体验效果”表格内打“√”。②“其他方法”与“记忆能力检测”请用文字表述。)

从所有教师的课前准备至观摩所抽到教师的课堂展示，让教师们在参与的过程中都能用探究的心态去解读,用发散的思维去构思,用研究的眼光去观察,用敏锐的感知去点评,使教师能够更加积极有效地发现问题、提出问题、思考问题及解决问题,大大提高活动的实效性,从本质上也实现了人人都上公开课的宗旨。有了各自的教学见解与思维铺垫,教师的教学视角更为宽广,层次更为清晰,思维更为灵活,课后的研讨也从之前的鸦雀无声变得热火朝天。

教师评课部分摘录:

蒋老师:两位老师都关注了《音乐欣赏作品主题音乐体验与记忆教学策略》的多样性与有效性,做到了以聆听为突破口,巧妙引导学生参与音乐活动(如引导学生用弹舌的方式参与体验第一主题),感知音乐所表现的形象,运用多种方式记忆主题音乐。周老师还引导学生对“牧童的主题”进行分析比较,抓住音乐的速度、力度和情绪等要素去感悟每次主题出现所带来的不同音乐形象。深刻感受了作曲家所描绘的“音乐山水画”。个人建议还可以加强一些管弦乐的音色比较,更深地挖掘教材,引导学生采用多种方式从多个角度去感受辉煌丰富的管弦乐所描绘的迷人景色。

梁老师:两位老师都对“毛驴”和“旅行者”两个主题采用了多种体验方式来帮助学生对主题的记忆,通过弹舌、哼唱、举手等举措激发学生聆听的兴趣,学生参与积极性高。尤其是周老师对主题 1 的教学更为细致,对主题 2 进行了三次不同背景音乐的重复聆听,从演奏乐器的不同与速度的变化,来分析音乐的不同,带来的情绪不同,使学生熟记两个主题的音乐,感受了管弦乐的宏伟壮丽。我个人觉得两节课的音乐性还可以再突出些,如双簧管吹奏的“毛驴”主题具有的爵士乐风格特点和圆号吹奏的“旅行者”主题在节拍、节奏等音乐要素及配器的不同,带给欣赏者的视觉与听觉的不同感官体验,可以再挖掘得深入一点。

教师讨论中的疑难问题：

(1)在教学参考书中乐曲分为三部分，但每个乐段长短存在很大的差异，这种结构安排似乎不符合音乐的发展规律，也不利于学生对音乐的分段体验，是否可以重新梳理归纳划分乐段？

(2)乐曲的音调与学生的演唱音域有较大差距，体验过程中学生是否一定要根据乐曲中所规定的音高来模唱，在模唱的过程中如何更好地把握学生的音准？

(3)乐曲篇幅较大，聆听一遍需7分钟左右，如何能让学生在一节课对乐曲有较为透彻的感受与体验？

(4)聆听过程中如何更为巧妙地引导学生感受乐曲中所涉及的管弦乐器的音色特点，以及爵士乐风格特点、乐曲主题的节拍对比、复调的创作手法等音乐要素的体验？

善学才能善研，善研才能善教，在教师共同参与的过程中充分展现了各自创造性处理教材的能力，活动中重点对教师在教学中对音乐欣赏作品主题音乐体验与记忆教学策略运用的多样性与有效性进行评价，并通过再次研讨进行教学再设计，在反复磨炼中完成了课题前测实施过程。打破闭门造车那种孤立的个体发展形式，在层层深入的研讨交流中，“怕上课”的畏惧感也从教师们心中渐渐消逝，教学思路更为清晰地呈现在每个人的心中。磨课如同一条穿起思维的线，它串起散落在每个人心中最为闪光的思维瞬间，教师们用集体的智慧造就了一节大家公认的好课，在人人参与的快乐体验中，教师教学能力得到了锻炼，专业水平得到了提高。

4.专家携手引领，提升动态课堂

为进一步提升教师专业发展的层次，在市研修活动中我们请张越琼老师作了精彩的专题讲座《体验式欣赏教学的再畅想》，欣赏了张老师精彩的示范课《幽默曲》。在专家的引领下，组内教师共同研讨后对《羊肠小道》进行再次备课，之前的教学设计进一步得到改进，为下学期的延续研修打下基石。

通过一学期的实践研究，我们提炼了在音乐欣赏教学中有效引导学生聆听音乐的四个方法：听唱融合法、体态律动法、图谱演绎法、要素感知法。

（王　英）

“音乐知识与技能在教学环节中的设计与落实”主题研修
——奉化市初中音乐第一协作组研修案例

【主题生成】

2011版新教材在原有的歌曲、欣赏、实践与创造等内容之外，还新增知识与技能、学习评价两项内容。由此可见，新教材对音乐知识与技能教学提出了更具体的要求。

曾经我们也经历过“双基教育”，在音乐课堂教学中非常注重知识与技能的训练与培养，但太多机械式的、灌输式的教学使学生失去了对音乐课的兴趣，于是我们经历了“新课程改革”，新课程改革的确给课堂教学带来了很大变化，它更关注学生学习的兴趣，教师与学生之间的交流和互动更为密切，音乐课堂的氛围也有了很大的改变，但几年下来，我们又发现如今学生的音乐知识与技能越来越差了，教师的基本功也在逐年退化。如今，音乐知识与技能的教学再次被提至了重要位置，那我们该怎么来操作与实施呢？

通过征询小组内各位教师的意见，最终我们确定了本学期协作小组研修活动的主题为——“音乐知识与技能在教学环节中的设计与落实”。

【活动宗旨】

根据教研室的工作安排和研修要求，结合音乐教材内容及学科特点，再结合本协作小组的实际情况，最终我们确定本次小组主题研修活动以“同课异构”模式为切入点、以教研室提出的“一个主题四个阶段”为研修流程来展开主题研修系列活动。希望通过活动前期的自主学习、实践，活动中期的听课、交流、讨论，活动后期的再实践、总结等过程，在具体的研修活动中探索“音乐知识与技能在教学环节中的设计与落实”的多种有效策略和手段，强化协作组教研工作的计划性和实效性，提升本组教师常态课堂的教学质量，提高本组教师的教学能力与教研水平，促进组内教师的共同进步。

【活动过程】

一、学习思辨　交流碰撞

九月份，小组研修主题确定，研修组内教师围绕主题通过网络查阅、阅读专业书籍、阅读《中国音乐教育》、《中小学音乐教育》等杂志进行自主学习。经过一个月的自主学习，教师们对“音乐知识与技能在教学环节中的设计与落实”有了一些新的认识和想法，比如：

李老师：不要一味地强调对音乐的感知，而忽略对音乐知识与技能的学习和掌握。在课堂上应注重对学生识谱、节奏、音准的学习与训练，运用多种手段使其更好地贯穿于我们的课堂当中，只有这样才能对学生欣赏音乐、学习歌曲有更多的帮助。

毛老师：要把音乐知识与技能的学习放在具体的音乐实践活动中，只有当学生参与到音乐活动中，与音乐融为一体，对音乐知识与技能的真正理解与掌握才会成为可能。

王老师：音乐知识和技能的训练不能忽略学生的学习过程和学习方法成为枯燥的传授和机械的训练，应放在丰富生动具体的音乐实践活动中，通过体验、探究、合作等方式来完成。

在自主学习的基础上，我们还借助“初中音乐第一协作组”QQ 群，通过网络平台讨论、交流自己的想法与心得，在交流与碰撞中我们小组成员在认识上逐渐达成共识：

1.如今的“音乐知识和技能”有别于我们以前所说的“音乐知识和技能”，它涵盖的内容更丰富，它不但包含了以前我们印象中的乐理知识、识谱能力、节奏能力、歌唱技巧等，还包括音乐感知、音乐表现、音乐创作等多种能力。

2.“音乐知识和技能”在我们的音乐课堂教学中必须进行有效的渗透与落实，因为没有音乐知识与技能的音乐课就如浮萍，无所依托，必要的音乐知识与技能的学习与掌握是提高学生音乐素养、进行持久学习的重要保障。

3.在具体操作中，教师应避免以往单一机械的教学，尽量通过多种手段让学生充分聆听、充分体验，在具体的音乐实践中进行引导、教学，让学生学得轻松，让教学取得更好的效果。

鉴于此,我们提出了下一步的具体实施策略:音乐为本、兴趣为先、手段多样、体验充分。

二、自主实践 探索感悟

我们首先集体确定了七年级上册第五单元“劳动的歌”的音乐知识点:中国民歌的体裁分类、劳动号子(包括了解劳动号子的特点、作用、演唱形式、种类等,能听辨平水号子、见滩号子)、中国五声调式音阶。

在第一阶段学习交流的基础上,根据期初制订的计划,10月份各小组成员对“劳动的歌”单元进行了自主设计,要求着重关注“音乐知识与技能在教学环节中的设计与落实”,将自己在上一阶段的所学所思所想实践于自己的实际教学之中,以理论来指导自己的实际教学,同时通过实践来验证自己的所思所想,提高自己的理论素养与实际教学能力。

在各教师自主精心设计教案进行课堂教学实践的同时,我们也建议同校或相邻学校教师之间相互听课,展开自评与互评,主要针对本节课中“音乐知识与技能”在教学环节中的设计与落实是否到位?学生对本节课中应掌握的“音乐知识与技能”是否理解与掌握,还可以采用哪些方法使学生学得开心愉悦?通过哪些手段能使学生自主获取知识等。在此阶段我们小组的每位教师都通过备课、上课、改课、再上课等过程不断完善着自己的教学设计、有效地解决了课堂所存在的各种问题,许多教师还借此机会在自己的学校以公开课的形式展示了自己思考实践的成果。

10月底各教师将修改完成的相关教学设计上传至网络研修平台。

三、交流研讨 精彩呈现

11月16日,金丽红、许珊珊以及最后从第一协作小组所有成员中抽签出来的傅玲玲三位教师以同课异构的方式进行了教学展示。听课教师根据课堂观察表,围绕研修主题进行仔细观察并详细记录。

课堂观察表

音乐知识与技能	教师采用的方法与手段	学生参与情况	取得的效果	存在的问题

教学片段一

师:同学们,上课之前我们先来玩一个游戏,一起轻松一下,顺便也让老师们见识一下你们班同学的模仿能力与小组配合默契程度如何,怎么样?

师:请大家看一张图片,你能说说这些人都在干什么吗?(拉纤)你能模仿一下纤夫们拉纤的动作吗?我们每一小组后面一位同学用你的右手搭在前面同学的肩上,左手向后伸,一起拉着船前行吧,我喊预备起,看哪一组同学拉得最好。

师:同学们的动作好像不太整齐,那怎样能让动作整齐有力呢?谁来想个办法?(喊口号)

师:加上口号再试试,一人喊口号,其他人用“嗨哟”和。

师:再请大家看一幅图片,他们又在干什么?请你们也来模仿一下?(划船)(师喊口号,生划动并加上“嗨哟”声。)

师：总觉得喊口号有点单调，很想唱上几句，麻烦同学用“嗨哟”帮我和上几句吧。“乘风破浪嘛……”

生：嗨哟……

师：谢谢我们同学的参与，你们知道吗？就刚才，我们已经唱出了一种很特殊的音乐，这种音乐它叫劳动号子，属于我国汉族民歌的一种，我国汉族民歌有这么几种（出示PPT）：号子、山歌、小调，刚才我们又唱又拉又划的，下面我还想请我们同学帮我概括一下有关劳动号子的一些知识，劳动号子产生于（人们的生产劳动中），它有什么作用？（统一节奏、协调动作、调节情绪、振奋精神），在演唱方法上经常采用像我们刚才这样的（一领众和），当然也有其他演唱形式：如独唱、齐唱等。那么在船上担任领唱的人被称为号工，其他的人都得根据号工的速度节奏等来应和、劳动。

评析：在这一环节的设计中，教师通过游戏，一步步引导着学生从最初的混乱到后来的整齐协调、从最初的随意到后来的振奋精神全情投入，从最初的简单动作到后来的边唱边动作，学生的注意力被紧紧吸引，课堂参与激情被充分调动，在充分的实践体验中，本节课中的一个知识点——劳动号子的产生、作用、主要演唱形式由学生自主归纳得出，教学重点被轻易解决，现场取得了非常好的效果。

教学片段二

师：同学们，劳动是什么？劳动就是生活，生活中的很多有意义的事情我们都可以当作音乐的素材来歌唱，请同学们思考一下，在你的家庭以及学校生活中有哪些很有意义的事情可以歌唱？

生1：洗衣服

生2：跳绳

生3：拔河比赛……

师：是的，生活中有很多事情值得我们歌唱，那么对于我们正在做的事情，你能尝试着用《军民大生产》的旋律来唱一唱吗？

师生一起创编：同学们呀么嗬嘿，唱起歌呀么嗬嘿，唱起那歌儿咿咿咿咿呀呀呀呀嗬嗬嗬嗬嘿，心欢畅呀么嗬嘿！

师：刚才我们一起即兴地创编一段歌词，其实这也是劳动号子的第三个特点——即兴顺口创编。

评析：在这一环节中涉及的音乐知识为劳动号子的另一个特点——即兴顺口创编，许老师并没有直接告诉学生这一知识，而是让学生自己去尝试创编，在学生实践的基础上再告诉学生，虽然这一知识点是由教师提出而非学生自主获得，但因为有自己的实践参与，所以学生很容易就理解与掌握了。在实际课堂教学中，虽然学生的参与有那么点害羞，但也有那么点小激动，最后在师生的歌声中还是达到了预设的效果，而且在这一过程中，学生的音乐表现与创作能力得到了训练。

教学片段三

师:同学们,刚才我们说过劳动号子的主要演唱形式为“一领众和”,那么你们听听,在这段音乐中,“和”的部分在哪里呢?(聆听“上滩号子”音乐)

生:“和”的地方在那些“嗨哟”上。

师:那我们也来试试吧,我来“领”你们来“和”。

师:乘风破浪嘛

生:嗨哟……

师:奔大海呀么

生:嗨哟……

师:我们合作得很愉快,如果我们同学的“嗨哟”声能再有力点,我想效果会更好。(师生再次合作)

师:确实有力多了,不过有力可不是喊唱,而是用气息带动着来歌唱。(教师示范、学生模仿)

师:让我们再来合作一次,看看我们的船工们有多齐心合力。(师生第三次合作)

师:让我们尝试着和船上的船工们一起边唱边划吧。

评析:学生歌唱技巧的培养和训练需要教师运用多种手段去进行,而教师的示范可以避免教学中机械枯燥的讲解,师生互动更是拉近了师生间的距离,使歌唱教学取得较好的效果,边玩边学可谓寓教于乐,在课堂中学生的歌声有力而动听。

在以上三个片段中,教师对于所涉及的音乐知识与技能的教学都不是机械的出示与讲解,而是通过游戏、创编、示范模仿等方式在学生充分体验的基础上,尽量由学生自主获得,这样的设计使学生对该知识易于理解与掌握,而且不易忘记。教师教得有艺术,学生学得就愉悦。

在本阶段活动中我们以公开课为平台,通过听课、说课、评课、围绕研修主题展开讨论,交流各自在学习与实践中的见解与感悟,加深了组内教师对本次研修主题的深入理解,在思维的碰撞中寻求着多种有效手段及方式。

四、总结提高 促进成长

在不断地学习、实践、反思中,我们尝试着以多种教学手段、教学形式来加深对研修主题的认识和理解,并以文字的方式记录自己的反思和收获,将其上传至研修平台,供组内成员共同学习交流,进一步提升本组教师的理论水平与实际教学能力。通过后续的反思、总结、交流,结合我们之前的教学实践,我们小组成员一致认为:

1.音乐教学中必须渗透“音乐知识与技能”的教学,如何将这些原本枯燥无趣的知识技能较好地落实到教学环节中,需要我们教师在前期教学设计中不断思考多种教学方法与手段,并在实际教学中不断尝试、不断探索、认真总结,让我们的音乐课堂更加丰富而有效,让学生们在我们的音乐课堂中能实实在在地学到一些知识与技能,并且愉快地接受。

2.在“音乐知识与技能”的教学中,我们应遵循循序渐进的原则,在设计时注意知识的梯度,由浅入深、层层化解,慢慢引导学生理解、消化这些知识点,不要急于求成,更不能满堂灌。

3.在实际教学中教师应该运用多种教学手段，比如游戏、图谱、聆听、身体律动、自主创编、想象、教师示范等，充分关注学生的音乐体验，寓教于乐，在恰当的氛围中将学生真正带入到音乐中，在具体的音乐实践中适时对学生进行知识与技能的传授。

【活动反思】

本次研修活动以协作小组为依托、以课堂教学为平台、以“音乐知识与技能在教学环节中的设计与落实”为主题，通过学习思辨、自主实践、交流研讨、总结提高四个阶段，使活动开展更具目标性、系统性。通过对同一主题下不同教学内容的分析、理解、把握、整合、设计与实践，更是激发了每位教师的积极性、主动性，通过“一个主题四个阶段”的研修活动，协作组成员在共同参与中加深了对主题的认识与理解，切切实实提升了小组内每位成员的专业素养和课堂教学能力。

当然在本次活动中，还引出了一些新的问题，比如怎样才能让学生对学过的知识技能记忆犹新呢？在学生整个初中三年的学习中，如何让音乐知识更具系统性，让学生学到完整的一个知识面而不是支离破碎的一些知识点呢？这些都将是我们今后继续深入进行研究的问题。

（何培琴）

第二节 “特级教师带徒”研训团队活动

强国必先强教，强教必先强师。特级教师（名师）带徒活动是为了更好地发挥特级教师在教书育人、教育科研、培养教师等方面的引领、辐射、示范作用，是为年轻教师搭建向特级教师（名师）学习、借鉴教育理念和教学艺术的平台。

宁波市的“特级教师带徒”研训团队活动开始于1991年，两至三年一届，遵循“培养骨干教师、促进专业发展”的宗旨，为我市基础教育界培养高端教育人才开辟了一条独特的道路，并形成了一系列创新的制度体系。“特级教师带徒”制度规定每个特级教师所带的徒弟不能是本学校教师，由于每位特级教师各有自己的风格和特长，为使年轻教师能尽可能多地得到学习，规定“带徒活动”形式上采用“集体带徒”与“个别结对”相结合制度，这样能充分发挥教学上的“杂交”优势，学员们不仅能通过“集体带徒”形式从宏观上领略不同特级教师的风采，又能根据自身教学需求，结对适合自己的特级教师，有专攻地提高自身教学、科研水平。在带徒过程中，注重理论与实践相结合，既注重对学员的教学能力培养，也注重相关的教学理论指导，除了学科内的探讨，还保证每年都能举办几次大型的教学展示与研讨活动，以此来供师徒们集中研究讨论。“特级教师带徒”活动是促进教师队伍建设、促进教育内涵发展的一项重要举措。

音乐学科特级教师带徒活动开展得如火如荼，一批批青年教师得以迅速成长。学员们的足迹遍及市内各地，还先后到杭州、无锡、沈阳等地参加省级活动和全国性活动，内容涉及面广，从教学理论、教学设计、课堂教学、教学观察与评价到教学基本功等，全面提升了音乐教师的专业水平。多位学员在国家级、省级音乐教学竞赛活动中获奖，在各级专业期刊上发表多篇教学论文，其中的佼佼者，也陆续获得市骨干教师、市名教师称号。目前，音乐学科特级教师带徒团队已拥有3位省特级教师、6位市名教师的导师阵容，以及更多县市区级名教师和骨干教师的中坚力量，形成了教学理念先进、教学业务精湛、教研氛围和谐、梯度衔接合理的特色。

以下是音乐学科“第八届特级教师带徒”研训团队活动的部分记录。

一、开班仪式

2009 年 10 月 18 日下午,宁波市第八届特级教师(名师)跨区域带徒仪式在花园宾馆隆重举行。宁波教育学院白晓明院长、市教育局陈文辉副局长、教育局人事处王旭峰处长、全市 123 位带徒导师、419 位学员、11 所特级教师协会学术基地学校校长和市教育局教研室全体人员出席了会议。会议由市教育局教研室周千红主任主持。

会议在周千红主任回顾特级带徒工作取得的辉煌成绩的可喜氛围中拉开序幕。教育局人事处王旭峰处长宣读宁波市中小学(幼儿园)第八届特级教师跨区域带徒文件;特级教师协会会长姜水根老师宣读协会"学术基地"及"学科组长"文件;导师代表黄孟轲老师、基地学校代表低塘小学边佳楣校长和第七届学员代表周丕芬老师、第八届学员代表岑颖老师作了发言。有关领导给"学术基地"授牌,发放第七届结业证书,导师和学员当场签订带徒结对协议。

会上,市教研室副主任褚树荣老师充分肯定了第七届带徒工作的成效,指出了第八届带徒活动的亮点,还从计划系列化、活动高效化、交流学术化、考核规范化、展示成果化五个方面对第八届带徒工作提出了建议。

最后,市教育局陈文辉副局长作了重要讲话。特级教师(名师)带徒活动是促进我市教师队伍建设、促进教育内涵发展的一项重要举措。陈局长要求各级各部门各有关人员更加完善制度,确保带徒导向落到实处;用心实践,珍惜机会,切实提高学员和导师的全面素养;充实过程,彰显效果,最终为深化宁波教育改革,提升宁波教育内涵发展水平作出更大贡献。

感言:"如释重负"般地长吁了一口气。我注视着那页薄薄的、签有师徒双方姓名的协议书,仿佛感觉到手中的分量变得"越来越沉"!"如释重负",是因为终于能够有幸成为特带徒的一员,让我既开心又骄傲;"越来越沉",那是因为我深知作为一名特级教师带徒学员的义务和责任。

这一期的特级教师和宁波市名师带徒,音乐学科的导师是浙江省特级教师、黄伟平、吴帧映老师和宁波市名师印滢斐、周琦老师。共有学员 17 名。

开幕式后,师徒进行了隆重的签约仪式。师父们对我们提出了今后学习的要求和方向。我们也纷纷向师父们表示了自己学习的决心和信心!

二、学习足迹

(一)浙江省 2009 年中学音乐课堂教学评比观摩活动

"你就像那一把火,熊熊火焰温暖了我!你就像那一把火,熊熊火光照亮了我……"冬天里的一把火,点燃了一场教学盛会——2009 年 12 月 1 日至 2 日,在桐乡求是实验中学奏响了"浙江省 2009 年中学音乐课堂教学评比"的交响乐章。来自全省各地的近 800 余位音乐教师尽情地观赏了各地选送的 13 堂高质量的现场音乐展示课,尽情地品味在这寒冬里闪烁着热烈火焰的"新音乐课堂"交响旋律。

纳天地之灵气,展文人之情怀。桐乡历史悠久,人杰地灵,悠久的运河水哺育了吕留良、茅盾、丰子恺、徐肖冰、金仲华、钱君匋等一大批名人贤士。组委会把浙江省中学优质课堂教学评比赛场设在桐乡,这无疑为音乐教学研讨注入了文化元素。徜徉其中,感受当地丰厚的文化底蕴,对我们音乐艺术工作者来说是一次心灵的洗礼。

赛课在桐乡教育局陈爱秀副局长对桐乡教育和风土人情的介绍、教育研究院领导欧益生对音乐教育现状的剖析、桐乡求是实验中学校长张国良对学校的介绍以及浙江省音乐教研员吴锐淼老师对与会教师提出的要求和对未来音乐教育的展望中拉开了序幕。

吹拉弹唱话千秋。“音乐有血一样的炽热,有无以言表的激情;我们聚坐在一起,领悟着自己的心声。”(阿·西蒙斯)在这里,有贝多芬对全人类的自由和解放、胜利和欢乐、团结和友爱的向往与呐喊,有俄罗斯忧郁的民族风情、中华大地飘逸的南国风,有颠覆传统音乐的现代主义告白,以及那瑰丽的电声和铿锵的鼓乐。那心灵的迸发与碰撞,就在这灵动的课堂中一幕幕地呈现。我们和张伟老师一起《感知舞韵》,走进世界著名的音乐大师柴可夫斯基的艺术殿堂,享受这位艺术大师奉献给人类的富有力量的艺术思想和精神魅力;我们在黄岩中学黄莹老师淳朴的《乱弹寻踪》里听黄岩阿婆、阿公的“雪白的豆腐变银子,银子用来办婚事”;看上校与玛利亚和孩子们的天伦之乐;在《波莱罗舞曲》中踢球与漫步,那份怡然自得的悠闲让人留恋不已……

唱念做打亮功底。“艺术的真正意义在于使人幸福,使人得到鼓舞和力量”(海顿)。季慧君老师的吉他弹唱令全场的教师情不自禁,徐静老师的“妹娃要过河是哪个来推我”让人心中激情回荡,黄莹老师的“黄岩乱弹”风趣质朴,张伟老师的足尖芭蕾古朴典雅,张研老师的课堂表现机智幽默、处变不惊……无一不体现出赛课教师深厚的艺术功底和涵养。

愚公移山赛毅力。“宝剑锋从磨砺出,梅花香自苦寒来”(朱熹)。上课的13位教师年龄都不大,参加工作的时间都不长,但是在赛课的过程中,不管是从教师的教态、教学语言的组织还是上课内容的容量以及课件的设计和基本功的展现,无一不显示出他们付出的艰辛与汗水。我想说的是:不管今天成功与否,我们都为你喝彩鼓掌。

付出总有回报。宁波外国语学校音乐教师张研以一堂初三音乐欣赏课《波莱罗舞曲》荣获一等奖,浙江省的第一名——多么来之不易啊!正是由于她不断地学习、更新,不断地积累、磨炼和坚持不懈地努力,才能取得今天骄人的成绩!同时,作为一名观摩者来说,听课收获颇丰,日常音乐教学中的一些疑难问题,也被一一化解,真是受益匪浅。

“你就像那冬天里的一把火,熊熊火焰温暖了我的心窝……”这把音乐课改之火,将继续燃烧在每位音乐教师的心中。

(二)2011直属义务段音乐教师“疑难问题解决”培训活动

2011年7月7日至8日,由宁波市教育局教研室组织的2011市直属级学校音乐“疑难问题解决”专题研训活动在宁波华茂外国语学校举行。来自宁波市高新区、东钱湖开发区及直属中小学近40多名音乐教师,聆听了几位专家的精彩讲座。

“讲座犹如一桌盛宴,你虽不能把它一餐全部吸收,但是你一旦记住或者对某个观点达成共识,这就已经对你的工作有了很大的帮助。”(摘自黄伟平老师的一段话)而此次讲座,更是多角度剖析了音乐教学中的诸多难题,使我收益颇多。

先谈谈象山教研员单森权老师的讲座吧。单老师的讲座涉及面广、思路清晰、案例丰富，再配上幽默得体的肢体语言，给人留下深刻的印象。从1934年的教学大纲的切入，就吸引了所有听课者的眼球。从大纲的目标：生活即教育，社会即学校，教学做合一……再到今年他对象山中小学生期末抽测录像的播放，并请听课者一起体验一组音乐试题，都体现了单老师对工作的一丝不苟的精神。尤其是他设计的抽测题目让我大开眼界。笔试题有样题、学生题、教师题，同样的音乐提出不同角度的问题，因人而异设置问题。在播放的抽测录像中，学生的歌唱、演奏、教师的伴奏、指挥等项目，反映了各个学校的音乐教育的实况，使我陷入深深的沉思中：我们该如何做好音乐教学工作？怎样来教音乐？如何来建立正确的教学观？一石起激起我的千层浪啊！

接着是来自镇海区教研员杨晓波老师的讲座。杨老师的讲座让我感受最深的就是她的语音语调特别煽情，尤其是她哼唱《秋收》主旋律让我们感觉音乐的起伏带来不同妙处，形象生动，让人如身临其境。我想，作为一名音乐教师，想传递给学生的音乐信息，首先自己就要投入到音乐中去，并深刻体会音乐带来的不同感受，这样的音乐课，才会精彩，才会与众不同。

鄞州区音乐学科骨干教师张艳娜老师的讲座题目是《"出彩提问"在音乐聆听处"不可替代"》。提问是一门科学，是一种教学艺术，是提高教学质量的有效手段，也是教学过程中的一个重要环节。张老师结合上课实例中的一些细节，提出音乐课堂中出现的提问误区，启发大家注意音乐课堂中提问的有效性，让我也从提问的方法和技巧上得到了很大的认识和提高。

最后市教研员黄伟平老师给我们作了总结性的发言，从怎样听讲座、音乐课堂教学的几个关注点、怎样选材，谈到音乐的教学语言，教学激情、教学态度及创新教学方法、音乐教师人生规划等问题，给我们很大启示。两天的学习时间虽短，但带给我的启示很大，着实令我受益匪浅！

（三）宁波市特级教师基地学校教研活动

2011年12月23日，在鄞州区姜山镇初中举行了宁波市特级教师基地学校教研活动。上午的三节课，教师们从多角度出发，运用多种教学手段，充分调动学生视、听、唱、想、肢体等多感官的音乐体验，给大家留下了深刻的印象。下午，导师的点评更是令人收获颇丰。

本次教研活动主题是"探索课堂教学中的构课规律"。来自姜山镇初中王金珊老师和鄞州区李关弟中学朱伟成老师采用同课异构的方法，执教了《溜冰圆舞曲》。王老师从"圆舞曲"的特点切入，层层对比欣赏了几个主题，带学生领略了这首作品的魅力。朱老师从"儿子的爱好——溜冰"切入，用形象的手法，让学生从音乐中感受了溜冰的情景，最后拓展到《女学生圆舞曲》，吸引了学生的眼球，激发了学生想进一步探索约翰·施特劳斯作品的兴趣。

来自奉化溪口中学的张蕾老师执教的是《新世界交响曲——第二乐章》。张老师直接从音乐主题切入，一下子把课堂带入到了一种淡淡的思绪之中，然后介绍作品的背景、生平，分段介绍主题。教师扎实的语言功底，使课堂的教学环节浑然天成，给学生们和听课教师们留下了深刻的印象。

课后进行了研讨活动，大家分别对三堂课进行了分析和点评，使三堂课进一步完善。宁波市音乐教研员黄伟平老师对初中音乐教学中欣赏课型的题材选择、教材整合、教学设计等作了深入的讲解,又对唱歌课的编配等教学手段,向教师们介绍了实用、有效的方法。黄老师要求大家狠抓教师基本功的训练,力求音乐常态课的有效性,关注音乐,关注学生,提升课堂教学的质量。

(四)观摩全国中小学歌唱教学研讨会

2009 年 11 月 24 至 27 日,我有幸参加了在沈阳举办的全国中小学歌唱教学研讨会,三天的活动,满满的 24 堂课,让我们在惊喜、惊奇、佩服和矛盾中度过。每位上课的教师都有各自的绝活和亮点,都有值得我们学习的地方,每堂课都是让我们值得思索和反思的案例。不管是欢快的,还是优美抒情的歌曲,学生们都在"众目睽睽"之下快乐地歌唱着。都说兴趣是学生最好的老师,兴趣是激发学生学习的最大动力,作为音乐教师我们都想让学生在歌唱活动中获得至高无上的快乐和满足。让学生能够自觉、自信地表达自己的情感,能让音乐真正走进学生心灵深处,感动学生,从而喜欢唱歌,喜欢音乐。这次的沈阳之行,更加让我体会到要让学生能够对歌唱活动感兴趣,不再是被动、机械地跟着教师学唱歌曲,重要的一点是能让音乐真正感动学生,使他们愿意主动亲近音乐,从而热爱歌唱,发现音乐之美!

那怎样才能让歌曲走进孩子的心灵,让他们用心演唱,自信而快乐地歌唱呢?

1. 创设意境,走进歌曲

导入歌曲的方法有很多,在沈阳的全国歌唱教学研讨课中每位教师也都使出自己的"十八般武艺",让学生在教师预设的意境中亲近音乐。有谈话导入,聆听歌曲导入,也有教师的范唱或自跳舞蹈导入等,不管是运用什么方法,教师都想在上课的一开始就紧紧抓住孩子们的注意力,对课堂中所学的歌曲感兴趣,让音乐走进孩子的心灵,愿意主动亲近音乐。如来自福建的教师在《鼓浪屿》中是这样导入的:"同学们,我给大家听一段特殊的音响,请说说你听到了什么声音?"接着教师拿出装满豆子的盘子,豆子滚动的声音很快让在场的所有人清晰地感受到了海浪的音响,仿佛我们一下子就来到了蔚蓝的大海边,感受着大海的气息。良好的铺垫和设计创设了特定的意境,让学生自然地走进歌曲,激起他们热情歌唱的欲望。

2. 聆听音乐,感受歌曲

要让音乐打动学生,使学生愿意主动聆听音乐,对歌曲产生浓厚的兴趣,正确的聆听方法和习惯很重要。"音乐最不怕的是重复,最重要的是重复",因此,应在聆听中,让学生主动去挖掘歌曲中表达的思想感情,体会歌曲描绘的意境。此次的展示课中,一位教师的重复聆听手法给我留下了深刻的印象。她让学生完整聆听三遍歌曲,在聆听的同时请学生跟着音乐轻轻地哼唱自学歌曲,这样既让歌曲很快走进了孩子的心灵,也让孩子们在自学的过程中主动去发现歌曲中的难点,激起了学生急切想学唱歌曲的愿望。还采用让学生比较聆听几首不同风格的歌曲,感受草原的不同表情的做法。在聆听中,动听的歌曲已经深驻孩子的心灵,并真正感动了他们,从而能在演唱中做到动情歌唱。

3. 用心歌唱,演绎歌曲

很多展示课中,教师特别注重歌曲表现中的情感投入,教师在范唱时的用心歌唱,感染了学生,并产生了很好的情感连锁反应。师生们的真情演绎,一次次激起听课教师们的掌声。当学生在歌曲中找到快乐的源泉,就能建立他们演唱歌曲的自信,对歌曲的演唱就会来自他们的心灵深处。通过一系列的聆听活动,通过教师生动形象的教学语言,优美逼真的肢体语言,活泼动情的声势语言,真情投入的示范演唱,激起学生把歌曲唱好的愿望,使学生在歌唱活动中得到艺术的享受和情感的升华。

总之,每个人都会唱歌,都能唱歌。我们要让学生把唱歌当做一种文化资源来学习,让音乐真正感动学生,震撼学生的心灵,让他们真正做到用情用心地演唱歌曲,喜欢歌唱活动,从而能够在歌唱中找到属于自己的自信和快乐,在和谐的音乐情景和氛围中、在情感和艺术结合的天地中自由地驰骋!

(五)宁波、无锡二市音乐、美术学科课堂教学交流活动

"烟花三月是折不断的柳,梦里江南是喝不完的酒……"

微风轻缓地拂过面庞,春的叮咛捎带着温暖如约而至,三月的江南踏着细碎的脚步姗姗来迟,似赶赴一场期待已久的盛会!

2012年3月18日,参加宁波市音乐、美术学科第八届特级教师带徒考察活动的一行44人,"乘着歌声的翅膀"来到了诞生于"抗日战争烽火岁月"的江苏无锡五爱小学。

1. 一次心灵洗礼

走进五爱小学,"革命传统、代代相传"的题词进入眼帘。五爱小学是江苏省普教系统的一所"名小学",她诞生于抗日战争烽火岁月,前身是雪枫干部子弟学校和华东干部子弟学校。

走进校史陈列室,我们仿佛回到了那烽火岁月。战争留下的历史沧桑在摆放有序的玻璃橱柜中显得格外的醒目,那一件件锈迹斑斑的"历史遗物"见证着五爱小学从战争的磨难中一路艰难走来!那些定格在"历史相框"中慈祥的教师面孔震撼着在场参观的每一位教师。在那些饱经战争磨难的教师的坚毅的目光中我读懂了"教师职业的含义"——为了中华之崛起!

"五爱人"一路走来,经历了抗战的屈辱、内战的痛楚,走过了"文化大革命"的动荡,迎来了教育的春天。在"五爱人"一代又一代的努力拼搏下,五爱小学既保留了革命的优良传统,又在教育教学改革的大道上奋发图强、不断创新。你看,那充满艺术灵气的校园长廊,布置别样精致的艺术教室以及处处散发着浓郁文化气息的校园……无一不令人陶醉,令人赞叹!

怀着对革命先者的缅怀和无限崇敬,带着"新五爱人"对艺术的向往与追求,同行音乐教师19人踏进了五爱小学的音乐课堂。

2. 两节课堂观摩

课堂一:无锡五爱小学周帅老师的音乐展示课

周帅老师,年轻而又帅气的东北小伙。我们很难想象这样一位有着东北汉子豪放性格的小伙儿,是怎样和一群不满10岁的儿童通过音乐亲密接触的!

课堂中，周老师以教唱《牧童之歌》作为本堂音乐课的主要教学内容。一开始，新颖的“QQ牧场”情境导入，让学生在牧场情境中感受到了不同音色的打击乐器所表现的不同动物的音乐形象，并通过节奏练习，为歌曲教学中的打击乐器伴奏奠定了良好的基础。

接下来的教学环节中，周老师一边引导学生有节奏地朗诵歌词，一边通过律动让学生在音乐与肢体语言相结合的过程中直观地感受歌词所描绘的音乐形象，并让学生跟旋律用“噜”模唱的同时展开丰富的音乐想象与联想，既丰富了学生的音乐体验，又使得歌曲教学事半功倍！为了让学生能够感受到音乐要素——速度的变化所呈现的不同音乐形象，周老师现场用吉他弹唱了快速与慢速的两种不同速度的《牧童之歌》，师生在吉他的伴奏声中享受并感悟音乐所带来的独特魅力。而把这堂课推向高潮的则是“牧场音乐会”音乐探究环节，教师弹奏吉他，学生们则分别用自己小组的打击乐器为歌曲配上伴奏并演唱，令人更为惊奇的是“dong qi ta qi”人声模拟爵士鼓的伴奏加入，则更加为歌唱的表现增添了不少色彩……

课堂二：宁波高新区王静老师的音乐交流课

如果说要用一句话来评价这节课的，我觉得学生最有发言权：“老师，再听一个‘波尔卡’！”这是王静老师课堂结束时学生们发出的强烈要求。

课堂伊始，王静老师为了消除异地借班上课带给学生的距离感，便引导学生和自己一起做了一个热身律动。有趣的“勾——收——提”律动，既有助于学生的肢体和精神放松，更是为课堂教学知识点——“波尔卡”的节奏与舞步埋下了伏笔，这足以显示出王老师的睿智！

在这一节课中，令人印象最为深刻和最值得提倡的是“图形谱”的有效运用，以及音乐主题的“不断反复”聆听。在图形谱中，王老师先利用铁锤来表现“小铁匠”打铁时发出的“叮当”声，给学生形象地提供了一个“看得见”、“听得到”的铁匠音乐形象，有利于学生音乐的想象与联想；大小铁锤与曲线相结合的图形谱则为学生模唱音乐主题提供了直观的音乐联觉，为学生更好地演唱以及更直接地获得音乐体验带来了“神奇力量”。而在聆听音乐主题过程中，8遍主题A与5遍主题B的聆听，王老师更是展示了其自身对音乐非凡的见解以及多样的教学手段。每一遍的聆听和感受音乐，王老师都对学生提出了不同的问题与要求，由浅入深、由点到面、丝丝入扣，为学生感受和理解音乐形象提供了有效的手段与方法，引领学生通过音乐真实地走进了“铁匠铺”中铁匠们快乐的生活。

“老师，再听一个‘波尔卡’”下课时孩子们这样要求。我想，这大概就是一个音乐教师值得骄傲的地方了。

感谢以上两位老师给我们带来两堂精彩的音乐课！正是有了这两位教师的音乐课，才使我们的相聚变得有意义；也正是因为这两堂课，才使我们的思想碰出了激情的火花！

3．三个焦点碰撞

为保证探讨的真实再现，聚焦问题均采用发言者原文，供大家品读。

焦点一：歌唱教学的关注点在哪里？

浙江省特级教师、宁波市音乐教研员黄伟平：现在的合唱教学中的“音准”教学方法是值得我们探究的。

无锡市音乐教研员张莲：歌唱教学的过程中要注重围绕歌曲表达的内容为主线来进行教学;能够在具体的歌唱教学中关注重难点的教学和突破。

宁波市音乐名师单森权:应该加强对学生综合音乐感的培养,培养学生多维度的、力度感丰厚的综合性音乐感受。

浙江省特级教师吴帧映:不同的教材(宁波采用人音版,无锡为苏教版)呈现了不同的课堂,提供了相互借鉴的机会。

浙江省特级教师周琦:在教唱的过程中要体现“反复性”歌唱教学的方法。

焦点二:义务段识谱教学应该采用“简谱”还是“五线谱”?

浙江省特级教师黄伟平:简谱在中国的大量使用成为中国音乐文化走向世界的绊脚石！今天令人欣喜的现象是我们看到了歌唱教学中周帅老师使用了“五线谱”,这是值得音乐课堂教学推广的。

无锡市音乐教研员张莲：有一个同事从英国学习回来告诉我，英国的音乐视唱都唱的是“音名”,这令我很惊讶！我们的中心学校、挂牌学校、艺术特色学校都必须用“五线谱”版本教材,其他学校可灵活选择,目前的五线谱教学并没有全部推广;另外,鉴于升降记号太多学生不容易掌握,所以1~6年级都是无升降记号谱例出现的。

宁波市音乐名师单森权:我通过课堂观察发现,上课时周老师弹的是降B大调,而供学生视唱的是C大调记谱,并且教师也没有强调读谱,这和五线谱教学还是有冲突。

浙江省特级教师周琦:这样的教学方式(鉴于升降记号太多学生不容易掌握,所以1~6年级都是无升降记号谱例出现)形成的固定调和无调号的读谱习惯是否对学生以后的五线谱教学带来束缚?

焦点三:当前音乐教材的使用问题

浙江省特级教师黄伟平:我们正在寻求更加有利于学生音乐学习、有利于我们音乐教师教学的教材,期待我们的音乐教师有创新精神,能够自主地开发一些适合我们自己音乐课堂使用的教材,也期望有能力的教师能够勇于创新!

无锡市音乐教研员张莲：江苏版教材最有特色的是内附教学资源包，这个资源包的特点是:资源包中的教学资源非常丰富;可以根据实际的教学情况直接在资源包里修改,满足了不同层次的教学需要。

……

时间在不知不觉中流逝！锡、甬两地音乐教育、教学交流碰撞所迸发的火花把江南的春天点缀得更加绚丽。

（杨晓芳　潘丹妮　张　蕾）

三、教学设计

歌剧《图兰朵》教学设计

课　题	走进印象歌剧——《图兰朵》	课　型	欣赏课
教材分析	在浩瀚的歌剧艺术长廊中，普契尼的《图兰朵》犹如一颗璀璨的明珠，它以中国的元朝作为时代背景，虚构了一位美丽而冷酷的公主——图兰朵的故事，并把《茉莉花》作为该剧的主要音乐素材之一。西方人用东方的题材创造了歌剧神话，而东方人又用自己的方式诠释了发源于西方的歌剧艺术。歌剧艺术经历了两百多年的历史，她的成长充满了高贵与华丽的气息！		
设计理念	"先学后教"的教学理念。通过课前学生对歌剧基本知识的自我学习与了解，大大提高了课堂教学的有效性，使学生的学习由被动变主动，节省了有限的课堂教学空间。		
教学目标	1. 通过歌剧《图兰朵》的学习，能够在了解剧情发展后深入体会音乐的美感，并对歌剧有兴趣，乐于学习歌剧有关的音乐文化； 2. 在视、听、唱相结合的教学过程中感受歌剧中不同声乐形式所塑造的不同音乐形象对剧情发展的推动作用； 3. 掌握歌剧的基本知识，了解什么是歌剧，掌握歌剧欣赏的基本知识与方法。		
重难点	理解歌剧艺术的声乐形式；对歌剧及其音乐文化的理解，欣赏歌剧的方法。		
教学方法	1.先学后教；2.听、辨、唱来诱导学生积极参加教学活动；3.直观的视听法。		
课前准备	文本资料：歌剧知识；《图兰朵》人物形象、曲目汇编		
教学流程	教师活动	学生活动	设计意图
导入	1. 课间播放《茉莉花》，音乐中自学歌剧相关知识； 2. 简介歌剧涵义； 3. 欣赏《东边升起月亮》唱《茉莉花》：《图兰朵》创作背景介绍——走进《图兰朵》。	1. 聆听感受《茉莉花》，默读自学关于歌剧的相关知识； 2. 歌剧知识发言； 3. 同唱《茉莉花》。	1. "先学后教"，对歌剧的感性认识； 2. 加深歌剧知识的印象； 3. 激发学生探究《图兰朵》的兴趣。
新课教学	1.《图兰朵》剧情介绍：出示剧中人物形象、曲目介绍； 2. 欣赏《图兰朵》片段 (1)《异乡人，你听好》： a. 教师逐一地给出谜题，引导学生聆听； b."宣叙调"的特点：教师模唱——"同学们，请告	1. 听剧情，想人物形象及其将要唱的曲目，根据剧情介绍为剧中人物搭配形象； 2. 欣赏 (1)听辨： a. 从歌剧惊心动魄的剧情中找出谜底； b. 归纳出"宣叙调"的特征，	1. 用"故事法"吸引学生的学习注意力，帮助学生更好地了解剧情； 2. 走进《图兰朵》 (1)结合惊心动魄的剧情了解"宣叙调"的特点，从演唱中感受"宣叙调"的音乐特征并从中获得艺术审美体验；

续表

新课教学	诉我宣叙调是什么……” (2)《今夜无人能睡》: a. 师唱自己改编的“咏叹调” b. 欣赏《今夜无人能睡》 c. 歌剧中的声乐形式:宣叙调、咏叹调、重唱、合唱(教师唱,学生和); d. 歌剧主题:世界充满阳光、世界充满爱。	并体验“宣叙调”的唱腔;(生唱:“宣叙调”含义) (2)感受“咏叹调” a.聆听,找出“咏叹调”与“宣叙调”区别; b.聆听感受“咏叹调”; c. 在教师引导及片段欣赏中小结歌剧声乐形式; d.体会歌剧表达的主题。	(2)a. 对比并感受“宣叙调”与“咏叹调”调的区别; b.加深对“咏叹调”印象; c. 探究歌剧中的声乐形式及不同的声乐形式塑造的不同音乐形象; d. 立意提升。
拓展	欣赏张艺谋版本“终场合唱”:(西方人用东方的题材创作,东方人用自己的形式演绎了西方人的作品)1. 歌剧走出歌剧院;2. 中国音乐、文化走向世界。	1. 欣赏外景歌剧,感受歌剧焕发出的新的生命力; 2. 体会中西音乐文化大融合的魅力。	激发学生的民族自豪感,体会中国音乐艺术、中国文化与西方音乐艺术、西方文化融合的时代性与必然性。
小结	1. 歌剧艺术的魅力; 2. 作业:完整观看《图兰朵》; 3. 世界名歌剧。	明确歌剧的艺术地位,感悟歌剧的艺术魅力。	总结本课的教学内容,达成教学目标,激发学生对歌剧艺术的热爱之情。
板书设计	1. 歌剧知识;2. 普契尼、创作背景介绍;3.《图兰朵》剧情介绍;4.《图兰朵》主题;5.歌剧中不同的声乐形式塑造的音乐形象;6. 中国歌剧艺术走向世界。		
作业设计	1. 完整观看《图兰朵》;2. 了解中国歌剧的现状与发展;3. 了解世界歌剧艺术。		
课件设计	1. 课前音乐《茉莉花》;2. 歌剧知识简介;3.《图兰朵》片段——《月圆之夜》;4.《茉莉花》曲谱;5. 普契尼介绍;6. 剧情介绍(展示人物形象及基本曲目);7.《图兰朵》片段:《异乡人你听好》——宣叙调;8.《图兰朵》片段——《今夜无人能睡》——咏叹调;9. 歌剧中的声乐形式(不同的形式塑造不同的音乐形象);10. 张艺谋《图兰朵》版本片段:终场合唱;11. 课堂小结(作业)。		
教学效果预设	1. 容量太大,在一节课中讲清楚歌剧的所有知识点可能会导致顾此失彼的低效现象; 2. 以故事情节为主线的教学设计思路能吸引学生课堂的注意力,但应随时关注课堂的音乐性; 3. 应该考虑的是:在课堂教学过程中学生怎样参与音乐的互动,消除学生对歌剧艺术的陌生感和畏难情绪。		

(张　蕾)

四、说课实践

(一)认识说课

所谓说课,就是授课教师在有限的时间内以口头或书面的形式,向同行系统地阐述自己对某一节课的教学设想及其理论依据。说课是以课堂教学为背景,以教材中的单元(或章节)教学内容为课题,在正式上课之前,以现代教育理论与教学原则为指导,来探讨一节课的组成部分(教学要素、方法、手段)的最佳排列与组合,并合理地规划教学程序,使它们在课堂教学的时空中形成一种优化的结构形式。它不失为一种考查教师教学基本功的有效方式,具有很强的操作性和实用价值。

说课要说的内容是多方面的,但主要是从教材的编排体系和知识结构上,说对教材的理解、处理、使用的方法和策略;说本节课采用什么样的教学方法向学生传授知识和技能;说出学习指导方法,即采用什么方法和什么措施让学生爱学、会学、会用;说怎样组织整个教学过程以及这样做的理论依据。

说课的主要步骤:

1. 说教材

(1)教材的地位和作用:①所授学科内容在整个知识系统中的地位如何?②与前后知识的内在联系如何?这部分内容是学生在学习了哪部分知识的基础上学习的?是对哪些知识的运用?有什么发展?又是后面学习哪些知识的基础?③对学生知识能力方面的培养有什么作用?对学生将来的学习有什么影响?

(2)教学目标:情感态度与价值观、过程与方法、知识与技能目标。

(3)教学重点与难点的确立:①课程标准的具体要求;②学生实际;③教材的逻辑结构和教学体系。

能起到提纲挈领、举一反三作用的是重点;难点则是因生而异、因校而异的。

(4)教材的处理:教师驾驭教材的能力。

2. 说教法

教学有法、教无定法、贵在得法。为什么要采用这种教学方法?在具体课堂教学中如何有效地运用这种方法?预计达到什么效果?选择哪些教学手段?

3. 说教学程序

包括新课导入、新课讲解、评价教学效果、巩固新课等。

(1)导入:故事、歌曲、名言、明知故问(换位思考)。用什么方法导入?有什么好处?能有什么效果?

(2)过程:①教师通过什么方式提出哪些问题?如何促进学生积极思考?教师起到什么作用?学生参与到什么程度?哪些是学生独立完成的?②在新课讲解过程中,要培养学生哪些方面的能力?达到什么目标?学生在学习时可能会出现哪几种思维结果?有哪些思维定势须克服?如果学生没有按教师的思路去做,有什么补救措施?③如何使学生真正变成学习的主人,让学生不仅学会,而且会学。这是教学的关键,也是教学的精华。

(3)评价教学效果:不仅仅是课堂练习,还包括提问。练习要有针对性(重点、难点)、系统性(知识的内在联系)、可操作性。

(4)归纳总结:重在把本课知识纳入已有的知识系统中,加强知识之间的联系,还可提出一些带思考性的问题,承上启下。

(二)领会说课

(1)抓住一个"课"字,突出一个"说"字

说课者要根据课型抓住这节课的基本环节去"说"。说思路、说方法、说过程、说结构、说内容、说训练、说学生,无论说什么,都要说得有理有据,使听者叫好,达到"听君一席话,胜读十年书"的目的。

要特别注意以下几点:

"说课"不等于备课,教师千万不能照教案去说;

"说课"不等于讲课,教师不能视听课对象为学生去说;

"说课"不等于背课,教师不应将事先准备好的"说案"一字不漏地背下去;

"说课"不等于读课,教师不能拿着事先写好的材料去读。

因此,教师在说课时,要紧紧围绕一个"课"字,突出"说课"的特点,完成说的过程。

(2)遵循"课"路,选准"说"法

教学思路是教师课堂教学思想的具体体现,是教师实施教学过程的基本构想。教师讲课时,要紧紧围绕教学思路进行,教师在说课时,当然也要环环扣住课堂教学思路展开。能否围绕教学思路实施"教"法,能否围绕教学思路展开"说"法,无疑是教师授课和说课成败的关键。

(3)变换"说"法,找准"说"点

说课的对象是听众,而不是授课的对象学生。这些听众可能是说课的评委、本学科的教师、教研员或其他人员等,这些听众都会站在学生角度去对待说课者所说的课,去审视说课者说课时的一字一句、一举一动,包括教法的采用,教学重难点的突出、突破,教学环节的把握以及教学语音、语气、表情等。因此,说课者必须置于听众思维和学生思维的变化处,站在备课讲课的临界点,变换"说"位,编写"说"案,研究"说"法,找准"说"点。

(4)把握"说"度,把课"说"活

说课的重点应放在说清思路、说清教学过程、说清教学方法;而讲课的重点则应放在实施教学过程、完成教学任务,反馈教学信息,提高教学效率。换句话说,说课重理性和思路,讲课重感情和实践。因此,用极有限的时间完成说课,必须详略得当。

总之,为了说好课,教师要认真学习现代教育教学理论,研究教法和学法,掌握课堂教学规律;要钻研教学大纲,全面熟悉教材,细致了解学生,认真撰写说课提纲与讲稿。

"拨散云雾见太阳",感谢两位师父为徒弟们搭建的教研平台,使徒弟们对"说课"有了新的认识,让我们又一次地在实践活动中得到了历练。

(张　蕾)

(三)说课案例

1.《桑塔露琪亚》说课稿

(1)说教材

今天我说课的内容是人民教育出版社的七年级第十三册中的第三单元：欧洲风情中的意大利民歌《桑塔露琪亚》。

《音乐新课程标准》的基本理念中就已经强调：音乐教学应以音乐审美为核心，以兴趣爱好为动力，重视尊重多元文化。《桑塔露琪亚》是一首意大利那不勒斯的著名船歌。这首曲子结构规整匀称，旋律婉转抒情，3/8 拍的节奏富有动感，加上吉他的和弦伴奏，生动描绘出海面上宁静的月光、摇曳的小船和深情的歌者，使学生徜徉在世界民族音乐的美妙之中。所以，我根据新课程标准的基本理念、教材的特点，结合初中生好动、求新、求美的特点，来制订本节课的教学目标：

①使学生对欧洲民间音乐感兴趣，并喜欢不同民族不同艺术风格的音乐。

②能用自然圆润的声音有感情地演唱《桑塔露琪亚》。

如果说教学目标是美好的愿望的话，那么科学有效的教学方法是实现目标的有力保障。所以在本节课中，我决定以“唱”为基础，以“情”为灵魂，以“动”为载体，以“美”为追求，让学生的情绪始终沉浸在美妙的音乐之中，并从中感受到世界民族音乐的博大与精深。

根据教学目标与实践的经验，本节课的教学重点是：体验与感受船歌的音乐情绪和风格，从中对欧洲民族音乐产生兴趣。难点是：学生在创造中与姊妹艺术的结合与融洽。

(2)说教法

许多美学家认为，音乐是最富有情感的艺术，同时又是最讲究形式结构的艺术。对于初一学生来说，音乐情绪与形式几乎都能诱发其天然的审美冲击与兴趣。所以在教学中，应采用各种教学方法，使学生在充分体验中既受到感情的熏陶，又激发其潜在的创造欲望。本节课的教学方法是：

①视觉图像法。用多媒体技术来播放欧洲旖旎的自然风光：意大利的风土人情、威尼斯的水上城市等，把学生带到一个异国他乡的神秘而又美丽的地方，从中对欧洲风情有一种感性的认识。

②对比欣赏法。聆听三位歌唱家演唱《桑塔露琪亚》，从中让学生感受到三位在演唱风格上的不同，并对比欣赏我们已学过的《让我们荡起双桨》等，体会不同的音乐风格的意境之美。

③合作体验法。美国教育家苏娜丹戴克曾说过：“告诉我，我会忘记，做给我看，我会记住，让我参与，我就会完全理解。”所以为了让学生更进一步感觉歌曲的意境，我就让学生把听后的感觉用肢体语言、绘画、诗歌、乐器等表现出来。这一学习方式，不仅为学生创设了宽松、民主、自由的一个展示自我的舞台，更激发了学生的创新思维，增强了学习音乐的自信心，通过合作，学生在群体中的协调能力得到了发展。

(3)说教学程序

①创设情境，激情导入

俗话说:良好的开端是成功的一半。因此,我首先播放欧洲的建筑、意大利的风光、威尼斯的小船的画面,并让学生互相交流一下所知道的欧洲的各种地理概貌、历史文物等,最后用个特写镜头,把画面定格于那一艘艘在夜幕中摇曳的小船上,并能很自然地引出今天所要教学的内容。

②初听歌曲,整体感知

让学生初步聆听三位歌唱家所演唱的《桑塔露琪亚》,然后分组讨论:歌曲的情绪、船歌体裁的特点、听了歌曲之后的感受与想法等,让学生对歌曲有一个总体的了解。

深入浅出,学习歌曲。大调,3/8 拍,有两个乐段组成。歌曲的旋律优美而流畅,钢琴的伴奏模仿吉他的风格,再加上词曲间的有机结合,给人以无比美好的艺术享受。教学难点为:变化音的处理与两声部的合唱。对变化音的处理我是采取了三步走的方法:先不加变化音,学唱;其次加上变化音有什么区别;最后加上变化音一起唱。对两声部处理为在都会唱后,教师或再加几个音乐感比较好的同学一起唱,最后就让学生可以随着音乐做一些摇荡的律动感。

③创造结合,引起共鸣

"新标准"强调,创造是艺术乃至整个社会历史发展的根本动力,是艺术教育功能和价值的重要体现。所以,我就让学生根据音乐的意境,分组用诗歌、用肢体语言、用绘画等来表达你所想到、听到的音乐意境,并让学生分组登台亮出自己的创造结果。这样一再彰显学生的个性,发展学生的想象力,增强学生音乐表演的自信心,让每个学生都能享受表现音乐和创编音乐所带来的成功感和愉悦感。

综观整节课的教学过程,我始终以学生为主体,以音乐为中心,让学生在"唱"中感受音乐,在"议"中了解音乐,在"动"中感受音乐,在"美"中享受音乐,让音乐真正走进每个学生的心田。

(朱伟成)

2.《如歌的行板》说课稿

(1)说教材

我说课的内容是人音版十三册教材中第五单元《金色乐章》中的《如歌的行板》。柴可夫斯基的弦乐四重奏《如歌的行板》是一首俄罗斯音乐风格作品,它宛如一副美丽、忧伤的风景画,不仅仅是一首有深度、难度的乐曲,而且它那悠长缓慢、情感真挚的旋律又非常富有内涵。所以,教师本身对作品理解的情感深度是至关重要的。然而教师的情感深度又是建立在教师自己的音乐修养、艺术趣味、人文素养和综合艺术素质的基础之上,因此,教师必须对作家和作品有自己真实的感悟与体验,对作家和作品的风格有准确、独特的认识与把握。

根据本单元的教学要求和所选择教学内容的特点,我制订以下三个方面的教学目标:

①让学生感受《如歌的行板》中深情、宁静和伤感的音乐风格,体验柴科夫斯基音乐作品中所表现的沙皇统治下俄罗斯人民的苦难生活。

②引导学生用心灵感受音乐,引起共鸣与联想,能把乐曲忧伤、压抑、冥想的情感,通过各种形式(包括形体、动作、语言、音色、乐器等)表现出来。

③能让学生背诵《如歌的行板》的主题旋律，了解弦乐四重奏的知识。

(2)说教法

而在完成以上三个教学目标的过程中，用心灵感受音乐，引起学生共鸣与联想，把乐曲中忧伤、压抑、冥想的情感，通过各种形式(包括形体、动作、语言、音色、乐器等)表现出来以及体验作品中俄罗斯人民的苦难生活则是本节课的教学重难点。为了顺利地完成教学目标，既要突破教学重点和难点，又要避免让学生感到枯燥、困难，进而充分激发学生的兴趣，让学生想学、乐学、好学。为此我精选了以下几种教学方法：

①视觉图像法。这是一种最直接的视听结合的有效教学方法，可使抽象的内容变得具体形象化。

②层层相扣的递进式教学法。

③体验感受法。音乐审美中要求体验到音乐的意境。在教学中多运用语言这一独特的艺术的魅力，口头引导创设情境，让学生在优美、诗意的语言引导下，完成对音乐作品的体验和感受，从而达到最终的审美效果。

④"引导—激情—拓展"法。通过这一模式的课堂教学，使课堂结构有理有节，抑扬得当，从而使学生能够紧紧地围绕教师的课堂设计自觉有序地进行有效性学习。

通过以上四种教学方法使学生在学习过程中达到一种润物细无声的教学效果，体现了学生是学习的主体的教学理念，让学生在教师的设计中进入一种无意识学习状态，使学生自主地得出学习结论，从而完成能力目标，最后通过亲身体验验证出自己的结论。

(3)说教学程序

①导入教学

由于本课是以欣赏一首既有深度又有难度的乐曲《如歌的行板》为教学内容，为此我采取了"视听"结合的激趣导入：课间播放《青少年管弦乐队指南》现场演奏视频，享受丰盛的音乐大餐，营造轻松的学习氛围，在视听中自由回答管弦乐中所认识的乐器。复习后分别播放弦乐——小提琴、中提琴、大提琴演奏视频片段，从辨听弦乐器音色过程中逐步引导学生建立弦乐四重奏概念，再播放了精彩的弦乐四重奏《快乐的萨利哈》片段，感受弦乐四重奏独特魅力，从而导出作品《如歌的行板》，体现了兴趣爱好为动力的教学理念。趁着学生热情未褪之余，接着播放柴可夫斯基简介视频，了解柴可夫斯基及作品背景，教师饱含深情地演唱《夜歌》，引导学生把握音乐基本风格和音乐情绪。

②作品欣赏

在欣赏过程中，首先欣赏主题一。在主题一的三次聆听中感受音乐情绪上的压抑之感，体会好似用语言在诉说愁绪的艺术效果以及俄罗斯人民的苦难与无奈的音乐形象，加深学生对俄罗斯音乐风格与音乐情绪的理解和感悟，也为主题二的欣赏做好了铺垫。

在聆听主题二时，引导学生从"三连音、倚音、休止符"等音乐要素中来体会音乐中"哀伤的祈求"情绪，并在第二次聆听中一起演绎音乐所表达的不安、烦闷以及祈求的情绪，进而过渡到第二部分第二段旋律的欣赏——从弦乐出现的高音区新的音乐素材上，引导学生感受俄罗斯社会底层人们的呐喊与抗争。

为了进一步突破“对音乐内涵的理解”这一教学重难点，在欣赏再现部分时我通过聆听音乐和小组讨论，引导学生大胆地用形体、动作、语言、音色、乐器、绘画等形式来感悟和体会音乐所表达的俄罗斯人民渴求、期盼以及心灵呼喊的情感内涵，尽可能挖掘学生所能达到的情感深度。并以配乐诗朗诵《假如生活欺骗了你》为这段音乐作一情感的提升！

最后，引领学生完整欣赏作品，充分体验、感受作品的艺术魅力，感悟和体会音乐所表达的情感主线，从起初的“诉说苦难与无奈”到“哀伤的祈求”、抗争到最后的“渴求、期盼以及心灵的呐喊”，从而揭示作品的主题：“从这首乐曲里，我已经接触到忍受苦难的人民的灵魂深处。”

总的来说，这是一堂注重培养学生对音乐自主感受能力和充分发挥学生的研究性、自主性的学习探索精神，展现出学生们的艺术素养的音乐课。教学内容紧凑丰富，课堂气氛生动有趣而富有吸引力，但同时也存在着很多的不足与缺点，这也正是我今后要努力的方向！

（张　蕾）

3.《祭献之舞》说课稿

(1)说教材

今天我要说课的内容是十五册人音版教材第一单元《我们同属一个世界》中的《祭献之舞》。本单元在教学内容上有一定难度，涉及西方现代音乐、流行音乐、爵士音乐和摇滚音乐四种音乐风格流派，所以，我在安排课时的时候，选择《祭献之舞》这一部作品为一课时的教学内容。

20世纪是一个大变革的时代，是一个多元化发展的时代，是一个向着更伟大的艺术鼎盛时期过渡的时代。《祭献之舞》是20世纪西方现代音乐的代表作之一。艺术是相通的，从美术、音乐两类不同的艺术领域，让学生了解现代主义的特征，从熟悉的毕加索导入到“音乐界的毕加索”，更能使学生增加兴趣，关注课堂。所以我设计的课题为《音乐界中的毕加索——斯特拉文斯基》。

课型定位为欣赏课。欣赏世界优秀音乐作品是音乐教学中的一个重要组成部分。通过欣赏音乐，加深学生们对西方现代音乐作品的了解，扩大音乐视野。对于初二的学生来说，他们已经初步掌握了音乐的基础知识，但他们理解音乐、表现音乐的能力，还有待于进一步培养和提高。

本节课的学习目标：

①通过欣赏《祭献之舞》，引导学生感受、体验音乐中的野蛮、恐怖、怪诞的气氛及现代音乐的风格。

②了解作曲家斯特拉文斯基，并引导学生对现代音乐的表现方式感兴趣。

③通过本课的学习，初步了解现代音乐的相关音乐文化内涵及社会背景。

教学重、难点：

聆听《祭献之舞》，体会音乐中的情绪、速度、节奏等方面塑造音乐形象的作用，同时体会20世纪现代音乐的一般特点。

(2)说教法

①情境法。我选择一开始就采用“情境法”教学,这是音乐欣赏教学的主要方法。在教学开始过程中,播放背景音乐德彪西的《大海》,画面中出现毕加索《三位舞者》的画,从视觉和听觉上,感受20世纪的艺术。以多媒体为辅助教学手段,通过创设情境,使学生处于一种舒适、富有乐趣的情境之中,这样既陶冶了情操,也不知不觉地体验到音乐表现的意境,从而提高学生对音乐的感受、欣赏能力。

②感知、理解、对比、想象法。从初中生的欣赏心理分析,音乐欣赏一般都是由感知欣赏开始的,感知只能获得表象认知,因此还必须引导学生在这个基础上不断提高,进入对其本质的理解。无论是理解音乐,还是表现音乐,都是一个创造新形象的过程,而创造新形象必须借助于想象。所以,这节课我采用“感知、理解、对比、想象”的欣赏教学模式,并结合“情境法”等教学方法,使学生感受音乐的情感表达,并展开丰富的联想。

③设问法。教师从不同角度提出问题,使学生每一次听音乐都有相对的关注点,激发学生的兴趣,能提高学生的参与热情。

(3)说学法

在学生学习方法上,我选择欣赏法、讨论法。日本教育家铃木认为:“天赋不是天生固有的,音乐的耳朵可以在听力训练中得到,多练习就多出效果。”音乐欣赏是发展听觉才能的一种强有力的手段,通过欣赏,能使学生获得更多的感性认识和审美经验。在整个教学过程中,我只做简单提示,给学生尽可能大的空间,让学生自己来发现问题、解决问题。

(4)说教学程序

在这一节课中,我主要设计了以下四个环节:创设情境,兴趣引入;初听乐曲,获得感知;分段理解,感受想象;整体欣赏,拓展了解。那么,今天我就把第三部分——细听《祭献之舞》、分段理解作品这个环节详细地来说一下。

前面已经进行了创设情境导入,从美术界中的毕加索引到音乐界中的斯特拉文斯基,学生对20世纪的文化背景有了了解。初步感受了一遍《祭献之舞》,并了解《祭献之舞》的基本情绪和风格。我告诉学生们首演时人们对这部作品产生了强烈的反应,并设问:“为什么听了,有如此大的反应?音乐家用了哪些手法?那是一部什么样的作品?”让学生们带着问题一起来分析音乐,激起学生的求知欲。

《祭献之舞》是舞剧《春之祭》最高潮部分的音乐,音乐中没有实际的分段,我在多次反复聆听中,发觉里面的音乐包含有少女的忐忑不安心情、祭献死亡主题音乐等内容,而且这段音乐有复杂多变的节奏、独特的配器、对比强烈的强弱变化、阴森恐怖的表情等特点,那么怎么让学生理解音乐中的特点,怎样了解音乐家的作曲手法,是解决这节课重难点的关键。

我首先选了最有代表的三段音乐,第一段音乐利用谱例,采取直观、对比、模仿、想象教学法,让学生欣赏完音乐后,仔细观察谱例中的节拍种类、重音、顿音记号、旋律的走向等方面,来让学生体会少女忐忑不安的心情。教师不同角度提出问题,使学生每一次听音乐都有相对关注点,激发学生的参与热情。

第二段我还是利用谱例、视频欣赏等直观教学法，让学生仔细聆听旋律是用哪些乐器来演奏的，旋律的音区是如何表现的，同时用比较手法，论证斯特拉文斯基精妙的配器手法。

第三段也是谱例作为辅助教学的手段，先请学生唱一遍这段旋律，然后用比较法仔细聆听死亡主题的发展变化，用讨论法、情感教学法，提升音乐和人生的教育意义。

（杨晓芳）

4．《在中亚细亚草原上》说课稿

(1)说教材

本课是人音版十五册第四单元音诗音画中的内容。《在中亚细亚草原上》是由俄国作曲家鲍罗丁创作的一首交响音画，当时是作为一次以俄罗斯历史为题材的活动画景的背景音乐而创作的，后来活动未举行，但是这首美妙的乐曲一直作为一首独立的作品获得了广泛的传播。这首交响音画描绘了在单调的、黄沙滚滚的中亚细亚草原上，传来了宁静的俄罗斯歌曲的奇妙旋律，接着听到渐渐走近的马匹和骆驼的脚步声，以及古老而忧郁的东方歌曲音调，一队土著商队在俄罗斯军队的保护下，穿过广袤的草原和沙漠，又慢慢远去，俄罗斯旋律与东方古老的旋律和谐地交织在一起，在草原的上空长久地萦绕回荡，最后在草原上空逐渐消失。

乐曲有两个主题，一个是代表俄罗斯军队的第一主题，气息宽广，具有俄罗斯歌曲特有的舒缓悠长的风格；另一个是代表土著商队的第二主题，悠扬迷人，具有浓郁的东方色彩。本着"审美为核心，音响感知为前提，情感体验为中心，能力培养为主线"的新课程教学理念，我对原教材作出进一步挖掘与拓展处理，设计了以聆听交响音画《在中亚细亚草原上》为主的欣赏教学课。

初二学生对音乐作品的分析和理解能力有了一定的提高，音乐知识也有了一定的积累，但是他们的自我意识也越来越强，加上青少年的叛逆心理，导致许多学生不愿意主动回答教师所提出的问题。所以教师的引导作用显得尤为重要。

由于受社会大环境的影响，更多学生乐于接受和喜爱流行音乐和通俗歌曲，对于交响音乐会有一种排斥的心理，加上这个年龄阶段的学生更愿意接受平等互动的教学方法，因此，创设轻松、自在的教学环境非常重要。

基于对教材的理解和学情的分析，我将本课的教学目标定位为：

①能够对标题音乐感兴趣，并愿意主动参与聆听，培养学生热爱和平，崇尚友谊的情感。

②聆听《在中亚细亚草原上》，能够感受、体验乐曲中音乐要素（如节奏、速度、力度、音色等）在表现音乐情绪，刻画音乐形象方面的作用，哼唱主题，理解音乐的内容和意境。

③了解俄国作曲家鲍罗丁的生平及主要贡献，初步了解交响诗及交响音画的一般特点。

在完成以上三个教学目标的过程中，我设定本课的教学重点为聆听音乐，感受不同音乐主题所表现的音乐形象和风格特点。教学难点为引导学生理解不同的音乐主题所表达的不同的音乐形象和意境。

(2)说教法

为了顺利地完成教学目标,既要突破重难点,又要避免让学生感到枯燥和困难,遵循音乐教学应以兴趣爱好为动力的新理念,充分激发学生的兴趣,让学生乐学、想学,为此我精心选择了以下几种教学方法:

视觉图像法、创设情境法、环环相扣的对比欣赏法、体验感受法。

(3)说教学程序

①创设情境,走进音画(导入环节)

让学生通过听音乐片段来选择合适画面的教学内容。经过学生讨论和教师总结,最后出示此段音乐最合适的音乐标题——《瀑布与溪流》。(在导入环节,我采用创设情境的方法,激发学生兴趣,使学生乐于主动参与聆听音乐。让学生通过视频画面,既吸引了学生的注意力,又对接下来的教学内容作出一个方向性的引导,能达成自然引出课题的效果。这样的设计体现了以音乐审美为核心,兴趣爱好为动力,音响感知为前提的新理念。)

②聆听音乐,感受音画(新授环节)

我设计了以下四个步骤来完成教学目标和对重难点的突破:分段聆听,对比欣赏,并哼唱主题音乐;完整欣赏作品的 FLASH 版本;介绍作品的创作背景;介绍俄罗斯作曲家鲍罗丁以及他的主要贡献。(此环节的教学是为完成本课的教学重难点而设,教师通过层层引导,从聆听到哼唱音乐主题,从对比欣赏到完整聆听,由浅入深地引导学生对《在中亚细亚草原上》的音乐风格进行反复地感受与体验,理解不同音乐主题所表现的不同的音乐形象和画面,有利于提高学生的音乐鉴赏能力。)

首先我出示这节课所要欣赏的标题音乐作品《在中亚西亚草原上》的结构图,使学生对作品的曲式结构有了最初的整体印象。

第一主题欣赏。聆听第一主题音乐,学生讨论、回答问题,最后教师评价总结,通过哼唱主题音乐,感受宁静而悠扬的俄罗斯音调。(欣赏之前提出音乐中描绘了怎样的画面的问题,此问题的设置是以音响感知为前提,通过聆听音乐,让学生在音乐中感受画面,体现音乐是一种听觉艺术,以音乐审美为核心的理念。)

连接部分欣赏。请学生聆听音乐中的脚步声,感受在草原上出现了怎样的场景。当法国号在另一调上重复一遍之后,我们便可以隐隐约约地听见从远处传来行进队伍的骆驼脚步声,这是有低音提琴和大提琴相隔八度交错拨弦而产生的效果。

第二主题欣赏。聆听第二主题音乐,通过跟第一主题比较讨论,教师总结,并哼唱富于东方色彩的第二主题音乐。(在此环节中,我通过设置问题,学生之间的讨论、互动和环环相扣的对比欣赏法让学生能够感受、体验乐曲中音乐要素,如节奏、速度、力度、音色等在表现音乐情绪、刻画音乐形象方面的作用,完成了能力目标的实现,并体现了以音乐审美为核心,面向全体学生的教学理念。)

聆听两条主题音乐和谐交织的音乐片段,设置“你在音乐中感受到了怎样的场景”的问题,通过个别提问到教师的总结评价。(此环节中学生通过聆听音乐,感受和体验了俄罗斯音调与东方古老的旋律和谐地交织在一起的音乐，培养学生热爱和平，崇尚友谊的情感。完善了情感目标，提高了学生对音乐的领悟能力。）

接着是完整欣赏《在中亚西亚草原上》的 FLASH 版本、介绍作品的创作背景、介绍俄罗斯作曲家鲍罗丁以及他的主要贡献。

③拓展延伸，理解音画（拓展环节）

学生通过欣赏俄罗斯作曲家鲍罗丁的作品《在中亚西亚草原上》，充分领略了迷人的俄罗斯和东方音调的旋律，教师出示交响音画的概念以及其他优秀的交响音画的曲目。（通过前面一系列环节的铺垫，教师充分挖掘教材中“美”的因素与创造性因素，在开放与动态的学习活动中，引导学生在听赏音乐——感受体验——探索实践中了解交响音画，能够对标题音乐感兴趣，并乐于聆听、了解交响音画，更好地落实了知识目标。）

④课堂总结，作业延伸（小结环节）

交响音画是一种与交响诗相类似的音乐体裁，类似这样的优秀作品有很多，希望同学们通过这节课的学习，能够喜欢标题音乐，课后多去聆听多去了解优秀的音乐作品！（课堂总结和课外作业的布置，让学生在喜欢流行音乐的同时，认识世界各国音乐文化的丰富性和多样性，尊重和热爱高雅艺术，拓宽了审美视野，培养了学生正确的审美观和人生观。）

（潘丹妮）

第三节 音乐教师专业成长方式的探究

一名新教师需要经过各种形式的学习锻炼，练就过硬的教学本领，才能成为一名学有专长、业有专攻的教学能手。青年教师，正处在由新教师成为教学能手的关键时期。这个时期的教师，其知识与技能水平、学习与思维能力、探索与创新精神通常处在整个教师生涯的最高峰。因此，探索高效的青年音乐教师的专业成长方式，显得尤为重要。

本节将介绍几种结合了教学研究与教师发展的教研模式，其特征是多方面调动青年教师的积极性，多方式促进教师的专业发展。

一、"小组引领持续跟进"教研模式

"小组引领持续跟进"教研模式为青年教师的专业成长提供了一个相互交流、相互学习的平台。教师通过信息共享、交流经验、共同研讨，既解决了教学中遇到的困惑，又总结了经验，获得了共同发展，并将先进的课程理念落实到教师的实践和行动中，从而实现教师专业水平的提高。然而，我们也深刻地认识到，传统型的教研活动方式在一定程度上限制着区域性青年音乐教师的整体专业成长。例如，江东区共有中小学音乐教师 62 名，每月最多只能安排 1~2 次全区性的教研活动，以公开研讨教学为例，传统的活动操作模式是：教研员对开课的教师进行一对一、点对点的单独指导；把课推向全区教师；组织全体教师评课。这种教研形式的弊端是：1.辐射性不大。教研员在培养指导教师的过程中真正受益的只有个别上课教师，不同背景和层次的青年教师不能同时得到发展。在一年中，教研员点对点，有目的培养的教师人数非常有限。2.这种单一的，一次性"观摩式"的活动过程往往使教研效果"浅尝辄止"，没有持续研究性可言。受上海市教育科学研究院顾玲沅教授行动研究的启发，借鉴校本教研中"连环跟进式"的教研方式，结合本区的实际特点，我们近几年在区域教研活动中创新地尝试了"小组引领，持续跟进"的教研方式，即先组建"先导小组"，以有主题的课例作为研讨切入点，通过"先导小组"引领的方式，发挥骨干教师的群体智慧，先行开展连环、持续跟进式的研究活动；再把研究的成果推向全区教师，造成全区的研究态势，进行一次、再次的、不断反复的滚动式实践，以此扩展到面上，形成真正意义上的持续跟进。这种新型的教研方式一方面使"主题式"教研活动具有了全程性、系统性、辐射性、相对延时性等特点，对解决问题过程和方式的探究更为深入，另一方面使不同背景和层次的教师都同时得到发展。

（一）"先导小组"的建立方式

先导小组意为引路者、向导，它是由一群不同实践智慧、优势互补的先行研究者组成的教研群体。小组给每个成员提供一个在互动中学习，在学习中互动，在互动中发展的机会与条件，旨在帮助小组保持学习活动的有效性，通过成员之间的互补与合作，有效地提高教师理论学习的质量，最终提高先导小组成员的专业水平。

先导小组成员的确定经过了两个程序，由教研员有目的地选择和教师自我推荐相结合的方式进行。他们是由部分愿意敞开自我、敢于质疑、善于反思、勇于引领、具有理性思考和实践经验的成熟教师和有悟性、有活力的青年教师组成的团队，它的作用是榜样、示范、专业引领。它起到两个层面的跟进作用。第一个是先学先行——实践、研究、反思、总结，形成小组内的连环跟进；第二个是以典型课例的研究，引发不同层次的教师深入思考，从而引领全区音乐教师的共同研究，促进教师的专业成长。

（二）"引领与跟进"的操作模式

1．把握本质"炼主题"

教研主题是教研活动的灵魂，以有效地解决课程实施中的教学问题为主题，立足课堂教学，围绕主题研讨，让理论与实践联姻，不但可以使教研活动更有成效，也能不断促进教师的专业成长。

（1）梳理归纳，提炼主题

教研员深入基层了解发现教师在教育教学过程中遇到的问题与困惑，通过梳理归纳，提炼确定为教研主题。例如，近几年来，我们根据新课程发展的不同阶段分别确立了"关注有效的音乐参与方式"、"欣赏教学如何体现音乐性"、"聆听在音准教学中的作用"、"低段学生多声部节奏的培养"、"享受常态教学"、"音乐教学中教师示范的重要性"等相关教研主题，这些主题都是教学中普遍存在的问题，是教师能研究且应该研究的问题，是通过教师的行为跟进能够解决的问题，其追求的价值是满足教师的内在需求，提高教师群体的专业素养。

（2）学科借鉴，提炼主题

提炼主题时，我们不仅可以从自身的学科教学问题出发，还可以整合各学科的资源来提炼教研主题。恰当整合学科资源，可以极大地提高主题的信息量，达到提纲挈领的作用。

例如，在一次与中学语文教研员的工作交流中，语文教学研究中的"文本细读"一词引发了我的兴趣和思考。何谓"文本细读"？就字面意义是仔细地、认真地阅读文本，即读者通过作品文本的详细阅读，进行细致、精确的语义分析，从而实现对文本意义准确、透辟的解读。如果把它引申到音乐欣赏教学中呢？"文本"——音乐，"细读"——细听感悟，即仔细地、认真地聆听并感悟音乐。教师和学生从节奏、旋律、音色、配器等音乐材料的聆听入手，细致分析音乐语言的表达手法，层层解剖音乐作品内在的表现形式，全力开掘音乐的多侧面内涵，从中获得审美的体验和感悟。于是，我把2008年上半年的音乐教研活动主题都确定为“探究音乐欣赏教学中的文本细读”，每月又分设小专题。“文本细读”这个主题的提炼对长期以来我们音乐欣赏教学存在的模式程式化，教学手段公式化，分析音乐粗线条化的现象提供了很好的借鉴作用。

2．行动跟进“研主题”

教研主题确立后，如果没有行为跟进的研究策略，教研仍然是纸上谈兵。教研一定要紧密围绕主题，立足课堂，通过持续、连环跟进式策略，从教师个体和群体两个层面异步推进，不断深化。“先导小组”引领下的持续跟进式教研，在组织活动中常用的基本操作模式是：先导小组选择与主题相关的典型课例小组内集体异构—实践反思—改进设计、再实践反思……（直到比较完善）推向全区音乐教师—引发全区面上滚动式的实践反思……我们以2008年3月份的“探究音乐欣赏教学中的文本细读”这个教研主题为例，谈谈具体的操作步骤：

先导小组内的持续跟进

(1)自主备课，集体异构

2月29日我们召开小组内第一次集中会议，对现行的欣赏教学存在的弊端提出各自的见解，提出“细听感悟”的教学理念，经过讨论选定小学四年级的《三首舞曲》作为研讨课内容，确定林颖老师和张浩英老师为同课异构的执教者，但是也要求其他组员自主备课，集体异构。

(2)双线运行，首度跟进

3月5日，我们进行了小组内第一次的集体教学实践，两位老师执教后，小组成员分别对两种不同教学设计中就“细听感悟”方面存在的问题展开热烈的讨论，发现主要问题体现在：①教学内容的详略处理不当引起教学时间的紧张，无法更好地实现音乐主题的“细听感悟”。②“细听感悟”的教学手段方式还是过多地停留在教师与学生语言的分析，讲解上，音乐并没真正进入学生的心灵。③部分设计的音乐参与活动无效。

提出改进建议：①舍弃部分主题，抓住重点主题进行细听感悟，关注音乐的细节部分，突出重中之重。②将无效的表面热闹的律动参与方式调整为其他有效的方式，参与力求关注音乐本身。

(3)自主学习，提高认识

(4)再次实践，二度跟进

3月12日，我们在小组成员回去进行个体学习实践后，又进行了小组内第二次的集体实践，并采用了现场同步录像的方式，以便在讨论中能更细致地分析教学过程。第二次的教学效果明显比第一次进步了许多，许多第一次实践中出现的问题得到了有效解决，经过研讨，最后确定较成熟的一种方案，小组成员又进一步在课件和预设保证等方面对执教教师提出了一些建议，以求将更完美的教学效果展示给全区教师。

先导小组的引领和面上的跟进

(5)课堂展示，引领跟进

3月19日，我们在华茂外国语学校向全区中小学音乐教师展示了我们先导小组研究的音乐欣赏课，听课前，要求教师们带着问题边听边思考：①对音乐进行细听感悟的方法有哪些？课中的哪些教学环节、教学方法给了你启发。②对音乐作品进行细听感悟可以从作品的哪几方面入手？课后，教师们对"细听感悟"的教学理念表现出强烈的兴趣和热烈的研讨，并充分肯定了示范研讨课。

(6)总结提升，持续跟进

为了让教师们对音乐欣赏教学中的"文本细读"这个教学理念作更为深入的探究，我们紧跟现场教研活动，又安排了一次网上论坛，力求每一位教师参与讨论，在这次的网上论坛中，执教教师和参与先导小组的教师们谈了一次次教学实践的感受，听课的教师们结合自己对"文本细读"的理解，提出了更多的思考和建议，特别是对寻找欣赏教学中"细听感悟"的切入点展开了详细的探讨，很多教师根据学习所得开始在课堂上进行实践……

以上案例的"持续跟进"形式是共同发现问题，小组内集体连环跟进，解读理念；个体尝试后再回到集体讨论研究，最后推向全区进行实践反思。这一"连环跟进"的优势是充分体现了教师个体经验的唤醒并在群体合作中，通过群体实践智慧梳理、整合、提升教学经验。相对来说，花费的时间和过程较长。

在实践中，我们还尝试了另外两种跟进形式：一是执教者展示——专家、听课教师研讨交流课堂上的问题——紧接执教者借同年级的班级根据讨论所得再次跟进教学——全体教师再次研讨提升理念。这种"跟进形式"的优点是在一次教研活动时间内就能实现连环跟进，但是对执教者的领悟能力要求相对较高。二是在展示教学中当堂发现执教者始料未及的教学问题，听课者当堂提出改进意见，当堂解决。事后，执教教师回顾教学，以一个旁观者的角度对教学问题作反思。这种跟进形式的优点是让教师明白当堂发现问题，并且解决了问题的教学，事后也需要"跟进"。这种"跟进"应成为教师教学生涯中不可缺少的一个部分，只有这样，教师才能温故知新，逐步成为反思的实践者。但这种形式一般适用于先导小组内的"即席点评研讨"型的活动中。总之"持续跟进"的形式不是机械的，一成不变的，它需要因事而异，灵活掌握。

(三)"小组引领，持续跟进"教研方式的成效

1．改变教研策略，提升教研活动的实效性

教研活动是改进教学、提高教师专业水平、活跃学术气氛的有效形式和载体。真正的源自教师实际需求的教师专业化发展的教研活动才是最具有活力、最有效的！

我们在进行"现有教研中，哪些能有效地帮助教师提升专业能力"的调查时，很多教师提到："每月一次的教研活动对于我们一线教师来说，最好的学习方式是听课，虽说听成功的课和不成功的课同样能给我们带来启示和收获，但是在有限的学习时间和机会中，我们更渴望听到优秀的，能够真正给我们带来示范引领作用的教学。""我们渴望得到专家、骨干的指导，可是仅仅一次的听课评课对我们真正地促进提高又能有多少呢？"实践证明，"小组引领，持续跟进"主题式的教研活动，改进并拓展了教研活动的组织方式与策略，同一个教学内容通过连续几个有效的教学循环，能使之成为指导广大教师"将先进的教育理念转化为教学行为"的、能举一反三的核心课例，帮助教师解决教学中遇到的困惑或问题，满足他们的基本需求。而实践、反思、调整、改进等一系列行为的跟进，又实现了在行动中研究，在研究中提升的目的，真正提高了教研的实效性。

2．唤醒主体意识，提高教师之间的合作能力

传统观摩性的教研活动，往往把广大教师视为一个被动的接受者。开展以“小组引领，持续跟进”的教研方式为载体的课例研究，打破了这个误区，使教师的主体意识得到充分的唤醒。特别是在先导小组内，教师自始至终都是研究的主体，在与专家、教研员对话，与其他教师结为学习伙伴的过程中，一方面得到专业引领，一方面又是进行平等的合作，使富有经验教师的隐性知识能够被保存和传播。而且，教师本身还是一个重要的培训资源，他们的经验、学识、品质、情感，在解决问题中发挥着重要作用。一个先导小组的成员说：“虽然我并不是这次活动的执教者，但是在先导小组内一次次的反复实践过程中，我获得了和执教教师一样的收获！每一次的实践反思，就像我自己要亲临讲台，对音乐作品不断地进行‘细听感悟’，努力思考教学设计中的点点滴滴，当我们遇到一个难以解决的问题时，我们一遍遍地尝试各种方法，讲台上授课的是教师，座位上的学生也是教师，在扮演学生的教师越来越雀跃，开始像孩子一样争着上台参与表演时，我知道我们离成功不远了。”

由此可见，成功的“课例研究”它并不是指教师执教的“课例”本身成功与否，更多的是指教师们通过一同的合作努力，最终收获了什么，这才是课例研究的真谛。

3．发挥引领作用，促进青年教师专业成长

“先导小组”内不同层次、不同结构的教师组合为小组内的引领提供了可能。一方面小组内的骨干教师引领作用被充分发挥，青年教师有机会得到专业引领。另一方面，持续跟进式的教研规律，不但为教师的专业发展营造一个自由、宽松、民主的文化氛围，又迫使青年教师不断加强自我学习、反思，提升水平。例如小组内，听课者要发表有质量的意见，就必须提高自身的素质，学习相关的教学理论，对教材要有深刻的理解，对教学方法要有研究，对自己平时的教学要进行不断的反思；另外听课时要作详细记录，要整理、归纳、思考，才能发现提炼出有指导意义的东西。如此，在教研过程中学会学习、学会反思、学会研究，使教师的实践智慧不断得到提升，加快了青年教师的成长步伐。

另外，“先导小组”又是全区教师的榜样、示范。他们展示的研究成果，帮助全区教师加深对教研主题的领悟，使不同层面的教师都有不同的收获，最终促进了教师群体教育行为的转变，引领着全区音乐教师的专业成长。而他们的研究热情又感染辐射给广大教师，促进区域教研文化的形成。一位音乐教师说：“看着先导小组的成员们那掩饰不住的探究热情，看着区内教师们那高涨的研讨氛围，我突然为我是一名江东的音乐教师感到幸福。期待以后每次的教研活动都能有如此大的收获，也期待今后有机会成为先导小组的成员之一。”

通过近几年的探索，我们深深感到，“小组先导，持续跟进”的教研活动，不仅培养了教师以平淡求真的研究心态和以实效为准的求是作风，而且有效地培养了教师的问题意识与研究意识，使青年教师在实践与反思中不断总结提升，不断感悟创新，其过程是螺旋式上升，持续不断生长的。日积月累，使不同层次、不同背景、不同专长的青年音乐教师都得到长足的进步，最大

限度地推动了他们的专业化发展。

二、“研训组合”教研模式

“研训组合”是在完成常规教研活动内容之后，外加一个纯音乐内容的学习活动作为教研活动的补充，以提高青年教师音乐素养的教研模式。该模式具有结构简单，操作便利的特点。

（一）背景分析

在 2009 年 12 月 23 日针对小学青年音乐教师视唱能力的调查中发现，小学青年音乐教师的视唱能力存在“三高一低”现象，即不及格率高、调高感不稳定率高、节奏音准出错率高，流畅率低。为了提高青年音乐教师的视唱能力，笔者计划采用“研训组合”的方式，在每次常规教研活动中加入视唱练习内容。为检验“研训组合”教研模式的成效，笔者选取了 A、B 两位小学青年音乐教师作为实施对象。

A 教师的教龄一年，B 教师的教龄 10 年，均在城区学校任教，且均在同一个教研组——“东片”小学组，能在教研活动中接受同等程度的视唱学习。她们第一次的视唱内容如下：

第二十条—— 二拍子　A教师

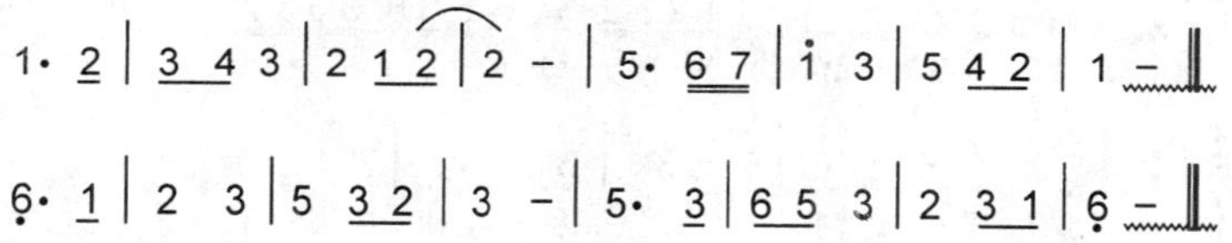

第三十九条—— 二拍子、三拍子　B教师

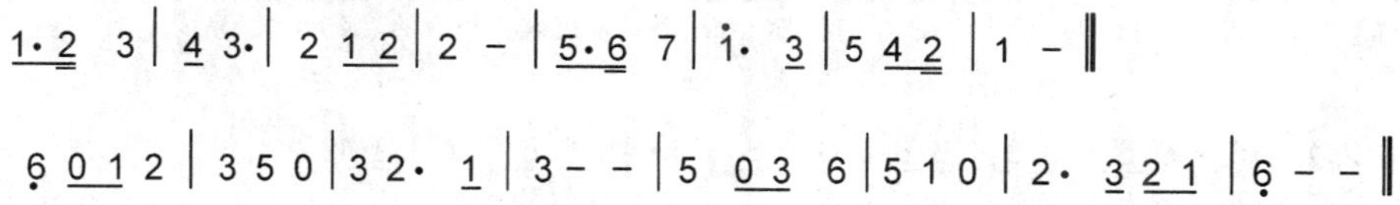

经过对视唱录音进行分析，结果如下表：

表 1

姓名	节奏音准	调高	流畅	速度	表现力
A 教师	第 2 小节起出现节奏错误，第 3 小节起出现音准错误，其后多次唱不准音	第 9 小节起出现调高和调性错误	停顿次数 5 次以上	速度不稳前快后慢	较差
B 教师	正确	首音高了小三度	较流畅	稳定	较好

从表 1 中可知，A 教师在视唱时的节奏音准、调高、流畅度、速度、表现力均较差。而 B 教师主要错误是首音高了小三度，其他均较好，也较流畅。

（二）“研训组合”教研模式的实施

从 2009 学年第二学期起，开始在“东片”小学组实施“研训组合”教研模式。由组长负责。视唱内容以音乐教材内容为主。每次活动时先进行常规的教学研讨，然后进行视唱练习。视唱时，除集体视唱外，还要求青年教师进行个别视唱。一学期中，该教研组进行了 5 次“研训组合”活动。

（三）“研训组合”教研模式的实施结果

在“研训组合”模式实施一学期后，笔者于 2010 年 6 月 28 日和 2010 年 6 月 30 日，分别对 A 教师和 B 教师进行了第二次视唱测试。A 教师视唱的内容与上一次相同，B 教师视唱的内容增加了难度，曲谱如下：

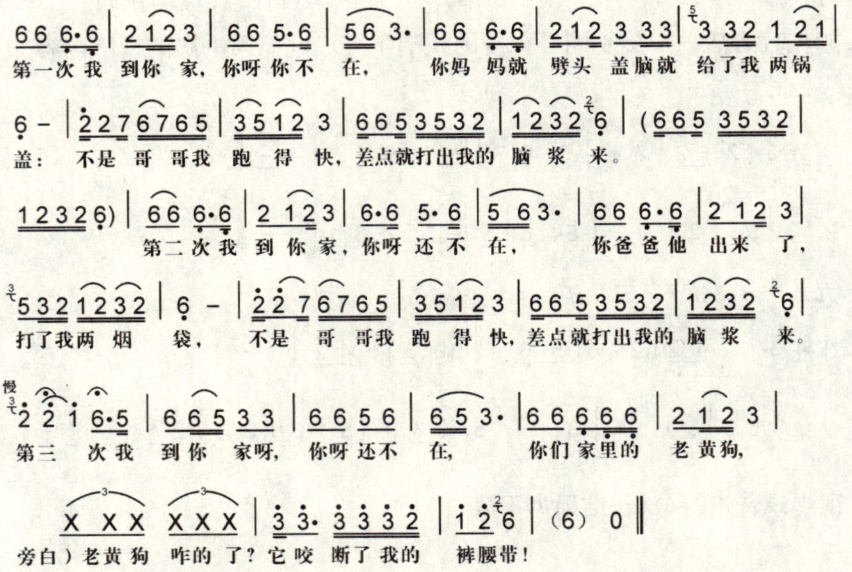

两位教师第二次测试成绩如下表：

表 2

姓名	节奏音准	调高	流畅	速度	表现力
A 教师	第 3~4 小节的延音线未唱好，第 11 小节的“mi”不准	正确	有二次停顿	较稳定	一般
B 教师	正确	正确	较流畅	稳定	较好

测试结果，A 教师的视唱虽然还存在一些问题，但已能在演唱中及时调整出现的错误，音准感、流畅性和表现力方面都有不同程度的提高；B 教师的演唱比较完整。

(四)结论

通过对表1和表2的比较,发现两位教师在实施"研训组合"教研模式后的视唱能力均比实施前有不同程度的提高,其中A教师的提高幅度尤为明显。从上述个案实施的结果可知,"研训组合"教研模式对起点水平较低教师的视唱能力有较大的促进作用,对起点水平较高教师的视唱能力也有一定的促进作用。

以上是"研训组合"教研模式在提高教师视唱能力方面的运用。同理,该教研模式也适用于针对其他教学素养和能力方面的训练课题。由于其组合方式灵活,针对性强,操作便捷,可以广泛应用于各级教研活动中,对提高青年教师的音乐素养具有较明显的促进作用。

三、"研训渗透"教研模式

"研训渗透"模式是在常规教研活动中渗透音乐性练习内容,将教学研究和音乐素养培训进行有机整合的教研活动模式。该模式需要组织者作好较充分的前期准备,在选取教研内容时,就要考虑将音乐训练内容结合进来,在教研活动中,要处理好教学研究与培训学习的渗透结合问题。

(一)背景分析

为了解小学青年音乐教师的课堂歌曲演唱指导和伴奏能力,笔者于在2010年5月上旬作了"小学青年音乐教师课堂歌曲演唱指导和伴奏能力的调查",要求任教三年级的青年音乐教师上交一份由自己为学生演唱作钢琴伴奏的录音。共收到24个录音。对24个录音分析后,得出下列数据:

表3

	"较好"的人数及比例	"一般"的人数及比例	"较差"的人数及比例
歌唱音色	6人,25%	9人,37.5%	9人,37.5%
节奏音准	20人,83.3%	4人,16.7%	0人,0%
伴奏编配	2人,8.3%	9人,37.5%	13人,54.2%
表情处理	6人,25%	10人,41.7%	8人,33.3%

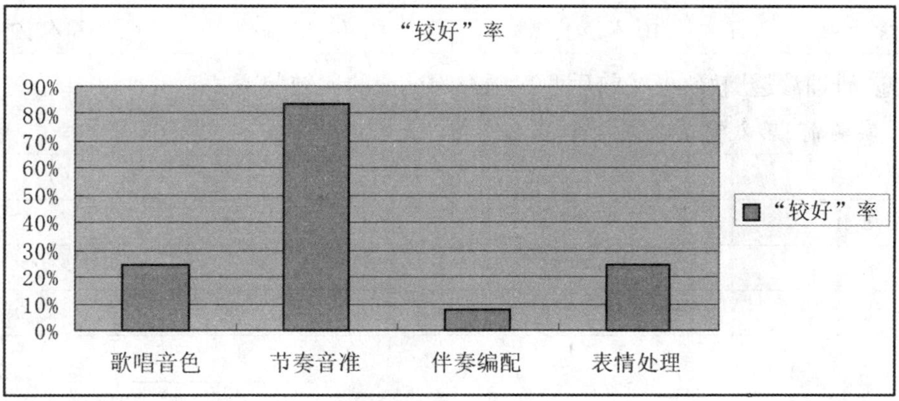

图1

从表3和图1中可知:被测教师的伴奏编配能力最差(“较好”率只占8.3%),音色指导和歌曲演唱处理能力也不够强(“较好”率都为25%),但“节奏音准”的正确率较高(达到83.3%),说明青年教师在平时教学中对音准节奏关注较多,而对歌曲演唱音色、歌曲伴奏设计和歌曲表情处理关注得较少。

(二)“研训渗透”教研模式的实施

2010年6月15日,笔者运用“研训渗透”教研模式组织小学三年级青年音乐教师进行了活动,先由一位青年音乐教师在音乐课上展示三年级音乐复习课的教学过程,内容包括学生演奏课堂乐器,视唱指定歌曲,演唱自选歌曲并由教师钢琴伴奏等。在教师教学展示过程中,教研员及时介入,对教学中的“问题环节”进行现场点评和示范,主要关注如何提高音乐教师音乐示范的准确性和教学指导的科学性,即既有教学问题的研究,又有音乐问题的指导。教研员重点演示了乐器演奏、划拍视唱、二声部指挥、歌唱处理等音乐问题的教学技巧。

在教学活动结束后,教研员又进一步作了专题讲座,就教学目标的确定和达成办法等教学问题和歌曲伴奏中的和声设计等音乐问题向青年教师们作了介绍,并对教师们上交的三年级歌曲演唱录音作了分析,指出了存在的问题,提出了改进建议。主要包括:听辨分析歌唱录音中的音色问题和讨论统一音色的办法;听辨分析歌曲录音中的伴奏问题;听辨分析歌曲录音中的表情处理问题并指导青年教师进行现场演唱等。

通过运用“研训渗透”模式,将“歌唱指导和伴奏能力”渗透在教研活动中,引起青年教师们对歌唱指导和伴奏编配的关注。

(三)“研训渗透”教研模式的实施结果

2010年6月30日,笔者对任教三年级的音乐教师进行了第二次测试,通过对音乐教师们的钢琴伴奏录音进行分析,得到如下结果:

表4

	“较好”的人数及比例	“一般”的人数及比例	“较差”的人数及比例
歌唱音色	8人,33.3%	9人,37.5%	7人,29.2%
节奏音准	22人,91.7%	2人,8.3%	0人,0%
伴奏编配	6人,25%	13人,54.2%	5人,20.8%
表情处理	10人,41.7%	8人,33.3%	6人,25%

对实施“研训渗透”教研模式前后两次调查测试值的比较如下:

表5　实施前、后歌唱音色成绩变化比较表

	“较好”的人数及比例	“一般”的人数及比例	“较差”的人数及比例
实施前	6人,25%	9人,37.5%	9人,37.5%
实施后	8人,33.3%	9人,37.5%	7人,29.2%
变化量	增2人,增8.3%	无变化	减2人,减8.3%

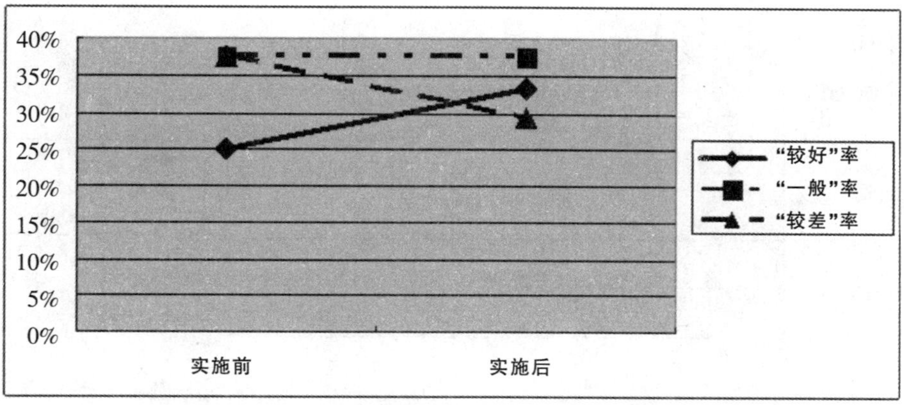

图 2　实施前、后歌唱音色成绩变化比较图

表 6　实施前、后节奏音准成绩变化比较表

	"较好"的人数及比例	"一般"的人数及比例	"较差"的人数及比例
实施前	20 人,83.3%	4 人,16.7%	0 人,0%
实施后	22 人,91.7%	2 人,8.3%	0 人,0%
变化量	增 2 人,增 8.4%	减 2 人,减 8.4%	无变化

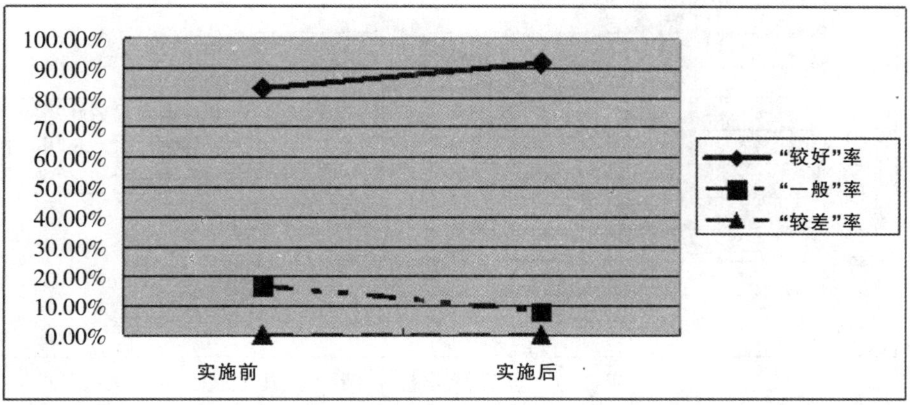

图 3　实施前、后节奏音准成绩变化比较图

表 7　实施前、后伴奏编配成绩变化比较表

	"较好"的人数及比例	"一般"的人数及比例	"较差"的人数及比例
实施前	2 人,8.3%	9 人,37.5%	13 人,54.2%
实施后	6 人,25%	13 人,54.2%	5 人,20.8%
变化量	增 4 人,增 16.7%	增 4 人,增 16.7%	减 8 人,减 33.4%

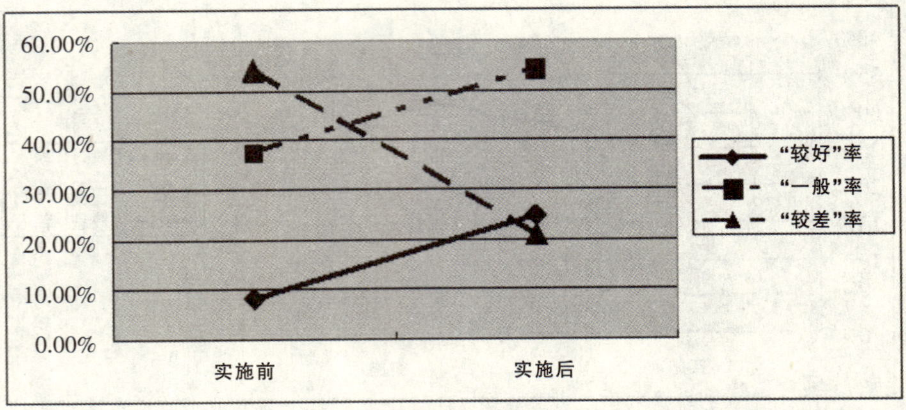

图 4　实施前、后伴奏编配成绩变化比较表图

表 8　实施前、后表情处理成绩变化比较表

	"较好"的人数及比例	"一般"的人数及比例	"较差"的人数及比例
实施前	6 人,25%	10 人,41.7%	8 人,33.3%
实施后	10 人,41.7%	8 人,33.3%	6 人,25%
变化量	增 4 人,增 16.7%	减 2 人,减 8.4%	减 2 人,减 8.3%

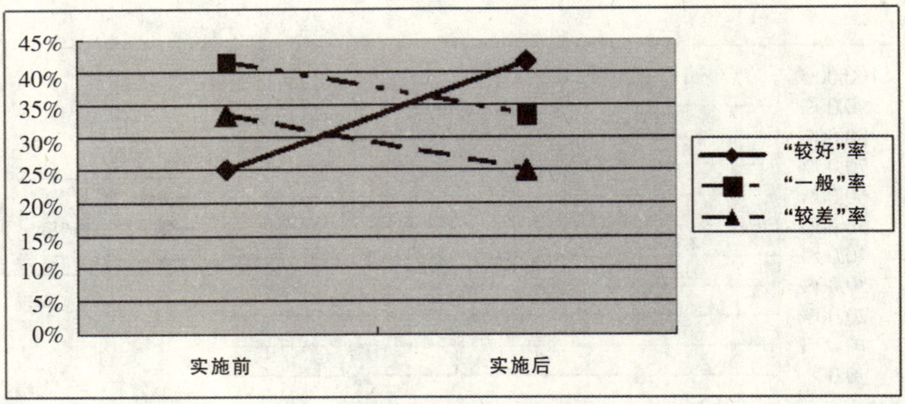

图 5　实施前、后表情处理成绩变化比较图

(四)结论

从上述一组图表可知,歌唱音色、节奏音准、伴奏编配、表情处理的"较好"数,在实施"研训渗透"教研模式后比实施前均有增加,其中,歌唱音色和节奏音准的"较好"数各增加了 2 人,增幅为 8.3%,伴奏编配和表情处理的"较好"数各增加了 4 人,增幅为 16.7%,这表明,"研训渗透"模式的教研活动提高了教师指导学生歌唱的能力和进行歌曲伴奏的能力。

四、"唱奏观评"教研模式

"唱奏观评"模式是一种高效教研的新规范,要求在一次教研活动中完成演唱、演奏、观课、评课四项内容，并要求每位教师都平等、积极、主动地参与其中。该教研模式有助于建立操作规范、发掘教师潜能、提高活动效率，并能有效地提高教师的教研素养、教学素养和音乐素养。

（一）背景分析

新一轮基础教育课程改革经过几年的实践，已初见成效。在传递课改精神、交流教学经验等过程中，教研活动起着十分关键的作用。但从音乐教研工作的现状看，音乐教研活动虽然在形式和内容上有所创新，但在突出音乐学科特色，关注音乐教师音乐素养提高方面却尚欠关注。

在当前的音乐教学评价中，有重理念方法轻音乐实践的倾向。常可见到在音乐教研活动中，教师们大谈教学理念的正确性，教学方法的科学性，却较少关注音乐课堂上师生活动中的音乐性，甚至一些教师上完一节课，竟然未在琴上奏响过一个音，未作过一次极富音乐性的演示。

音乐教研活动应在重视教学理念方法的同时，加强对音乐实践的关注。只有在夯实教师音乐基础的前提下重视教学理念和教材教法的研究，如此才能体现音乐学科特性。

鉴于此，我们以提高教师教研素养、教学素养和音乐素养为出发点，开展了“唱奏观评”教研模式的实践。

（二）“唱奏观评”教研模式的实施过程

以下是一则初中组的教研活动记录：

初中音乐组“唱 奏 观 评”教研模式探索实践活动记录

教 研 组：初中音乐教研组

活动地点：新港中学

活动时间：2010 年 3 月 23 日 8:00~16:00

活动签名：吴瑞红、朱红曙、薛霁、石华丽、游志坚、林玲、杨永生、王灵琦、袁铭灿、陈丹丹、吕洁雪、周燕、陆海英、吴海虹、朱晓晓、鲍美萍、潘乐、施姣君、陈芝、黄贝贝、许丹芬、王为贤

活动主持：吴瑞红

摄　影：许丹芬、朱红曙

场地招待：施姣君、黄贝贝、陈芝

活动记录：吴瑞红

活动过程：

08:30 签到、接待——施姣君、黄贝贝

08:40 “奏”：音乐教师口风琴合奏《浪漫曲》——单森权

09:20 “观”：“唱奏观评”教研模式介绍并进行课堂观察分组——吴瑞红

09:50 “观”：初一欣赏课《鳟鱼》——陈 芝

10:40 “观”：初二唱歌课《猎人合唱》——游志坚

12:20 才艺表演——游志坚、吕洁雪、鲍美萍

12:30 “评”

15:00 “唱”——音乐教师合唱排练《红蜻蜓》

16:00 活动结束

1．根据课堂观察记录分组评课

(1)关注教学方法——朱红曙(组长)、薛霁、杨永生、施姣君、林玲、黄贝贝、王灵琪、石华丽

(2)关注教学效果(以终点看起点)——顾美珍(组长)、鲍美萍、王为贤、陈芝、奚金线、吴海虹、励玲素、周燕

(3)关注教学特色(教学语言、基本功的促进与障碍、教学机智)——袁铭灿(组长)、陈丹丹、陆海英、潘乐、许丹芬、游志坚、吕洁雪、朱晓晓

2．汇报交流——朱红曙、顾美珍、袁铭灿

3．评课总结——吴瑞红

4．专家点评——单森权

活动“回放”：

“唱奏观评”教研模式是针对当前教改形势和我县实际状况提出的一种整合了音乐学习和教学研讨的综合教研活动。根据教研员的工作部署，由我们初中组率先进行实践尝试。

活动经历了20天的筹备，全体人员都参与了前期准备工作。活动进行过程中，各有关人员按工作分工，认真配合，积极参与。活动结束后，又完成了资料的搜集、整理，活动反思等工作。

1．活动前的细致准备

教研员在期初教研组长会议上提出“唱奏观评”教研模式方案，并将第一次活动任务交给初中组实施。

吴瑞红在学习研究的基础上，制订活动方案，经与教研员和教研组长沟通协商后，确定先从三个点开始进行课堂观察。

朱红曙、顾美珍、袁铭灿分别对教学方法、教学效果、教学特色三个点进行学习研究，并搜集了相关资料。

游志坚、陈芝接受上课任务，开始艰苦的备课、试教工作。

施姣君率黄贝贝、陈芝两位组员，认真细致地落实场地、就餐等工作。

陈丹丹为寻找合适的合唱曲花尽心思；袁铭灿接受伴奏任务的第一天开始每天练习伴奏。

2．活动中的默契配合

在活动现场，招待、摄影、听课前分组布置观察视角、课后分组讨论、口风琴合奏、合唱等，一项项工作在大家的默契配合下有条不紊地进行。

3．活动后的认真总结

活动后，听课教师整理课堂观察与评价记录表，上课教师梳理教学反思。

综观本次活动，具有内容丰富，过程紧凑、凝聚力强的特点，大家感受团聚的温馨，体会合作的快乐，共享收获的果实。

从上述初中音乐组的教研活动记录中，可以归纳出“唱奏观评“教研模式的一般操作过程：

1．活动前的准备事项

组织者——制订活动方案，确定观察视角，分配观察任务。这是“观课”的重要准备环节，需要根据展示课的特点和教学研究的特殊需要来确定观察视角，并将观察任务分配给有关教师或小组。

观察者——设计观察记录表。当教师或小组长明确观察任务后，需要对所观察的视角进行分析，并制作观察记录表，以便按特定方式进行现场观察记录。

上课者——围绕观察视角进行针对性的备课。在备课时突出观察视角所对应的内容，以便突出教研的重要话题，使观课评课更有针对性。

参与者——熟悉合唱、合奏曲，进行提前练习。

2．活动中的操作程序

签到、接待人员——做好后勤保障工作。

组织者或指挥——进行合奏（合唱）排练指导。

上课者——按预设方案作教学演示。

观察者——在听课时，按预设视角在观察记录表上作记录。

评课者——结合观察记录表和听课感在小组内进行评课交流。

组织者——在小组评课交流的基础上，组织并主持集体评课交流。

组织者或指挥——进行合唱（合奏）排练指导。

组织者——活动小结并分配活动的后期整理工作。

3．活动后的整理工作

组织者——搜集观察记录表、小组评课意见、上课者教案和教学反思、活动影像资料，进行活动书面小结，发布活动报道。

参与者——配合组织者做好整理工作。

（三）"唱奏观评"教研模式的实施结果

"唱奏观评"模式在实践中，需要教师们具备良好的教研素养，在活动前、活动中、活动后都有较好的配合，这样才能形成"内容丰富，过程紧凑"的特点，并产生"人人参与，个个获益"的效果。这可从教师们的反馈中得到印证。

反馈一：组织者的反思

活动收获与反思

收获。在唱、奏环节中，大家沉浸在合作的快乐中，既提高了演唱、演奏技能，又愉悦了心情，并融洽了关系。在观、评环节中，上课教师的投入教学，听课教师的有目的观察，使课后评价更加"有话可说"，每个组员在分组评论中有表达自己观察体会的机会。三位组长在代表性发言中既对所关注的视角进行了理论阐述，又结合教学案例进行客观性分析，颇具"专业性"。总之，"唱奏观评"教研模式对提高教研活动的"音乐性"和教研分析的"专业性"有促进作用。

反思。由于初次尝试，存在如下问题：所选观察视角偏大，在分组讨论时，有时会离题，有些视点谈着谈着会交叉，如果将视角再缩小一些，可更便于进行针对性的观察和记录；观察的记录单设计得欠具体，需要增加便于量化观察记录的内容；两节不同类型的课同时观察，容易增加评价的难度等。

我们尚需不断探索，不断改进。

（吴瑞红）

从组织者的反思中,可以看出"唱奏观评"活动达到了预期目标——提高教研活动的"音乐性"和教研分析的"专业性",同时组织者也对活动作了改进性思考,以便提高下次活动的效率。

反馈二:一名新教师的听课体会

活动后的感想

时间过得真快,一天的教研活动就在我们的歌声中结束了。我很开心,有机会参加这一次的初中音乐教研活动。

这一次活动的内容丰富多彩。主要可以分成四个方面(唱、奏、观、评)。活动的第一项内容是,单老师带领着大家进行口风琴合奏《浪漫曲》,教师们都非常认真地练习着。唯一可惜的是时间不多,有一种意犹未尽的感觉。接下来是听两位老师上课。这两位老师的胆量很让我钦佩。他们面对这么多的同仁时,依然能很镇定地将一节课上完,而且整节课的流程很清晰连贯。我在想,如果站在上面上课的人是我,我又将会是以一种怎样的状态呈现在教师们的面前。我想我会很紧张,甚至紧张得这一个环节上完后不知道下面要进行哪一个环节。给我印象最深的是滨海学校游志坚老师上的一堂歌唱课——《猎人合唱》。我觉得他在上课时的投入和语言上的幽默风趣是我值得学习的地方。课后,针对两位老师的课进行了评价。在以前的评课中,往往都是很笼统的,但这一次的评课却是很细。组长给我的任务是评上课教师的教态与语态这一块。在这之前,我在网上搜集了一些有关这一方面的资料。但我觉得很惭愧,发表言论时,我却无从下手,当真一片茫然。在评课的过程中,我也只能听其他老师评讲。最后一个内容是由陈丹丹老师负责的合唱《红蜻蜓》。在这一环节中,给我最大的感触就是:不愧是音乐教师,学歌的速度就是不一样,在很短的时间内就能将一首合唱曲的旋律合得很好,声音也很和谐。

通过这次教研活动,我学到了一些东西,也感悟到了很多。作为一个音乐教师,不仅要不断提升自己的音乐素养,更要在音乐教学上有一定的突破与研究。我很期待下一次的教研活动。

(吕洁雪)

从听课者的描述性语言和心理活动描写中,可以获知本次活动体现了如下效果:

增强学习愿望——"口风琴合奏《浪漫曲》有一种意犹未尽的感觉。"

引发换位思考——"如果站在上面上课的人是我,我又将会是以一种怎样的状态呈现在教师们的面前。"

获得榜样启示——"我觉得他在上课时的这一种投入和语言上的幽默风趣是我值得学习的地方。"

提高评价效率——"在以前的评课中,往往都是很笼统的,但这一次的评课却是很细。"

反映排练效率——"在很短的时间内就能将一首合唱曲的旋律合得很好,声音也很和谐。"

以上五点反映出,本次活动特色较鲜明,对听课教师教学上的启发作用较大。

反馈三:观察者的反馈

第一小组围绕“教学方法”视角作的观察记录

小组成员:朱红曙、林玲、薛霁、石华丽、杨永生、王灵琦、施姣君、黄贝贝

观察视角:教学方法的运用

记录人:朱红曙

任务分配:

1. 朱红曙:常见的音乐教学方法介绍
2. 杨永生:讲授法
3. 林玲、薛霁、石华丽:谈话法
4. 王灵琦:演示法
5. 黄贝贝:练习法
6. 朱红曙、施姣君:情境法

小组意见归纳:

音乐教学方法是一定教学思想的体现。音乐知识的传递,学生对音乐由不知到知,对识谱、唱歌、奏乐、欣赏由不会到会并逐步形成技能技巧,都必须通过一定的教学方法来完成。优良的合理的教学方法,能充分调动学生学习音乐的主动性积极性,保证学生能正确地领会和掌握教材内容,有利于培养学生的智力、能力,发展他们的创造能力。音乐教师也能从中积累教学经验,增长教学能力。而教学方法采用不当,音乐教师同样花费很大精力,但收效甚微,甚至会挫伤学生学习音乐的积极性,学生的音乐能力也得不到发展。

音乐教学方法是多种多样的。应该说,每一种方法都有其优势,但也没有一种方法是万能的,音乐教学质量及教学效益的高低直接与方法的取用时机有着密切关系。

下面就综合小组成员的讨论意见,结合两堂课,简要谈谈部分教学法在课堂中的运用。

1．讲授法

又称“口述教学法”,是指教师通过口头语言向学生传授知识的教学方法。它包括讲述法和讲解法两种。通过讲授基本知识,能使学生在较短的时间内获得较多的系统连贯的知识。在听课过程中,我们体验到:运用此法,要讲究时机。运用得当,犹如“雪中送炭”;运用不当,则如“填鸭”式灌输,令学生有种被迫式接受的感受。在陈芝老师执教的《鳟鱼》一课中,就多次使用了讲授法。在课前导入环节,因有“小调查”这一交流方式,学生有了一种“想听个明白”的急迫感。此时,陈老师介绍作曲家——“歌曲之王”舒伯特的故事,此时的知识讲解让学生有种满足感,对音乐家有了较深的印象,可谓“雪中送炭”。但在介绍“变奏”这一概念时,因教师未对关键词解释,也未联系作品中相对应的乐段以阐述“如何变”,学生对这一概念印象不深,此时讲授法的运用效果就不是最佳。

2．谈话法

又称“问答法”、“提问法”,是师生通过相互提问引导学生运用已有的知识和经验,通过推理获得新知识,巩固旧知识,增进记忆的一种方法。它包括启发式谈话和问答式谈话。通过观察

教师在课堂上的问题及提问方式,我们有以下一些体会:

(1)精练巧妙的提问,能激起学生的兴趣。如陈老师在导入部分对问题的设置,效果较好。

(2)对问题的设置,应注意递进性。如陈老师引导学生赏析变奏乐段时,很多问题都相似,学生只关注了要素中的“音色”、“节奏”。为让学生更好地理解“变奏”的方法,教师不妨设置指向不同关注点的问题。

(3)乐曲赏析中,教师常常要引导学生关注不同的音乐要素。如果在问题中直接指向某种要素,这容易把学生的思维框死。不妨先让学生随意交流,发散思考,教师再在学生回答的基础上,采用“补问”或“追问”的方式,集中指向于某种音乐要素的听辨,更利于培养学生的欣赏习惯。

3. 情境法

情境法是遵循反映论的原理,充分利用形象,创设具体生动的场景,激起学生的学习情绪的一种教学方法。在《鳟鱼》、《猎人合唱》这两课中,两位执教教师都采用了情境创设法,这对学生理解乐曲音乐形象、把握演唱情绪等方面起了很大的作用。但我们认为,情境的设置不应过于具体化。

音乐教学方法是多种多样的,没有一种是万能的,每种方法都各有优势。总之,我们音乐教师应根据教学的具体任务,具体内容及学生的年龄特征、班级和音乐教师自身的有利条件,扬长避短,恰当选择教学方法和灵活运用各种教学方法,提高音乐教学质量与教学效益。

从该小组的观察反馈中可知,观察组的教师对观察视角——“教学方法”内容进行了相关学习,并作了细化的分工,在课堂观察的基础上,结合理论,对教学作了针对性评价,提出了改进建议。充分的准备、明确的分工、认真的观察、针对性的分析给提高“观评”效果起到了重要作用。

反馈四:上课者的教学反思

《鳟鱼》钢琴五重奏教学反思

课后大家的评课帮我解决了不少我之前根本没有考虑到的不足之处以及备课时我一直在钻“牛角尖”的问题,比如:

1. 教学环节中问题提得很单一,我自己也感到在这节课中我的问题好像就那么几个,其实最初的想法,是想让学生在同一问题中感受“变奏”手法的,但是课上下来自己都觉得不对劲。

2. 知识点的问题。在教学方法组教师的评课中我知道我用了太多的讲授法,而忽视了学生主体性,其实这些知识点如果是引导学生发现的话那么学生的印象也会更加深刻。在教学效果组教师的评课中,我清楚地认识到我对知识的教学缺乏连贯性,没有渗透到整个课堂过程中,导致没有起到最终的效果。这些好的意见正是我之前没有考虑到的。

3. 主题旋律的学习。通过这堂课以及大家的点评,我感受到对于主题的意境等分析,教师自我体验的太多,没有关注到学生是否能有同样的理解和感受。

4. 学生没有办法回答教师问题。我意识到其实我的教学手段并不是很丰富,以至于最终教学效果达不到预想的目标。还需要今后多向其他教师学习!

5. 对我来说最难解决的还是我的教态问题。很早就有老师说我上课不够有激情,与上课内容、作品情绪格格不入。这是我目前最难攻克的缺点,或许我应该学会上课时脸皮“厚一点”,学会用教师自身的肢体语言去感染学生、表达作品。

其实，上课是一个既锻炼自己，又可以通过自己在备课、上课、大家的评课中发现自身问题的很好的平台，真的是一个先苦后甜的过程！

（陈　芝）

从教学反思中，可以看出上课教师通过本次活动至少得到了五点启示：1.关注提问方式；2.重视知识衔接；3.注重学生感受；4.改进教学手段；5.反思个人教态。并对自己存在的问题有较深的认识。这说明本次教研活动对上课教师的教学理念和教学方法的指导作用较明显。

（四）结论

从组织者、学习者、观察者、上课者的反馈中可以看出，每位教师都较深入地参与到了活动中，并得到了思想、理念、知识、技能、方法上的提高。实践表明，“唱奏观评”模式虽然增加了合唱、合奏的额外内容，但并未影响教学研究，反而因为“唱奏观评”模式的规范性，使教学研究更有针对性，更有成效。在顺利实施“唱奏观评”模式的同时，教师们的教研素养、教学素养、音乐素养都得到了提高。

第六章　成长历程篇

每一位优秀教师的成长历程中，都有一个个动人的故事，这些故事流露着真情实感，述说着成功经验。一则则生动的故事，一个个感人的瞬间，像春风，像细雨，像小溪，像河流，吹拂着，润泽着，盘旋着，流淌着，在我们的心间……让我们从故事中走进他们的内心世界，感受他们的心路历程，解开他们的成长密码，并从中得到启迪。

本章将从成长故事、参赛感悟、研修心得、学习体会四方面展开论述。

第一节　成长故事

一起走过的日子

编者按：从兼职音乐教师到省特级教师，会经历怎样的过程呢？宁波市江东区教育局教研室艺术教研员，浙江省教坛新秀，宁波市名教师，浙江省特级教师周琦老师，将在《一起走过的日子》中，述说那份理想、压力、热爱和执著。

一起走过的日子，有太多的话语需要倾诉；一起走过的日子，有太多的往事值得回忆；一起走过的日子，有太多的感动在心中充盈；一起走过的日子，平凡但不平庸。所以，即使面对失败，我依然微笑；即使面对坎坷，我依然承受，因为一直满怀理想，一直有你们真心陪伴……

记得小时候，最喜欢做的游戏有两个，一个是拉一帮小伙伴排排坐好，我像模像样地学着妈妈的样子做起老师。另一个是每当夏天的晚上，我跳到农民伯伯晒好的谷堆上，开始津津有味地表演起“戏文”来，从不管自己是否唱对，也不管下面的外公外婆、舅舅阿姨们笑得直不起腰来，我始终一副自我陶醉的样子，有人说我是“疯丫头”，也有人对我妈说：你女儿呀！以后做个教唱歌的老师倒挺合适的。

日子一天天地过去，我也一天天地长大，能当上老师成了我学生时代学习的动力和目标。1988 年，我顺利地通过中考进入了宁波师范学校的首届音乐班，在学校里，我用心地学着我从小就喜欢的唱歌、弹琴，参加学校组织的各种演出活动，感觉生活是那么美好，未来是那么光明，我期待着毕业快点来临，这样，我就可以从事自己热爱的事业了。

可就在我快毕业的前几个月，爸爸由于医生不负责任地用药而突然去世了，家里的顶梁柱突然倒塌，使我心里充满了无限的恐惧，尽管在同学面前我表现得很坚强，依然一副乐天派的样子，但是每当夜深人静，总是躲在被窝，偷偷地哭泣。坚强的妈妈挑起家里的一切重担，她总是开朗地对我和弟弟说：“会好起来的，琦琦马上就可以工作了。”

(一)理想,让人充满向往

毕业终于来临,1991 年,我 19 岁,和所有同学一样,从一个学校走向另一个学校。

也许受妈妈也是教研员的影响,那时的我,除了和大多数的同学一样对未来满怀憧憬外,更比别人多了一份坚定的青春理想:若干年后,我一定要,也一定会成为一名教坛新秀。

李惠利小学是一所新办的窗口学校,由于第一年班额没有开足,我只能在执教语文,做班主任的情况下兼音乐教学。但是出于对音乐的热爱,我不放弃任何一次可以锻炼提高自己教学能力的机会,我甚至比其他专职教师更积极主动参加各种音乐教研活动。记得 1992 年参加市里的音乐教师教学技能评比时,我还是一名兼职教师。那时,我总是在忙完班主任的工作后,扎在音乐教室里埋头练琴;暑假里,家里没有钢琴,只好来学校练,音乐教室闷热得像个蒸笼,一个假期下来,我全身都长满了痱子。不过功夫不负有心人,那次的市音乐教学技能评比,我荣获了一等奖。

有一天,区里的语文教研员在听了我的语文公开课后,对我和校长说:"周琦的教学素质非常好,但是人的精力毕竟有限,必须在语文和音乐之间做个选择,到底往哪个方向发展。"想到自己从小的兴趣,想到师范学校里学习音乐的刻苦努力,我毅然选择了音乐教学,而我们的校长也在我工作两年之后让我如愿以偿地成了一名专职音乐教师。

从此,我全力以赴地投入到了音乐教学的研究之中,在这个时期,我幸运地遇到了教学道路上的第一位导师——江东教研员胡金康老师。胡老师是一个在工作上极其严肃认真、说一不二的教研员,我至今还清晰地记得在三楼音乐教室,我满头大汗地在他面前第一次上课时的情景。从那以后,他开始手把手地指导我,带着我去各地观摩,参加各类比赛,展示各级公开课,尽心尽力地打造我,而我自己也紧紧把握住每一次学习锻炼的机会,像一块海绵般尽情地吸收着教学技能的养分。当时的音乐教学模式比较程式化,而且以歌唱教学为主,基本是备好一堂课,很多课就可以套用了,我经常想:怎么样才能上出一点自己的特色,怎样才能让学生更多地获得音乐审美呢? 我在电教馆搜集了陈蓓蕾、刘德昌等著名特级教师的教学录像,开始了学习和模仿的"仿课"阶段。在一节节的仿课过程中,我慢慢地悟出了一点音乐教学的真谛;而后我又通过不断承担各级各类的公开教学进入静心琢磨、用心打磨的"磨课"阶段,将他人经验与自己的实际紧密结合,认真思考、消化,吸收适合自己特点的有益的内核,努力发现和总结自己在教学中的实践经验和教训,以充实自己在课堂上的自立因素。渐渐地,运用情境教学将情感贯穿于歌唱教学的每一个环节和步骤,用教师生动的教学语言,动情投入的范唱,独特到位的演唱处理吸引感染学生,成了我音乐教学的最大特点。

就这样,在师傅精心指导和自己的刻苦努力下,我的业务水平不断提升,迅速地从一名新教师转变为音乐教学的骨干。江东区优秀教师,江东区教坛新秀一等奖,宁波市教坛新秀二等奖,宁波市艺术教育先进个人"晨风"奖,宁波市教学技能评比一等奖,浙江省音乐优质课(录像)评比一等奖,全国音乐优质课(录像)评比三等奖等荣誉接踵而来。

(二)压力,让人更加坚强

1998年,由于胡老师工作的调动,教育局要从本区选一位优秀老师做教研员,因为前几年的不断积累和收获,我成了宁波市最年轻的教研员(但还兼着李惠利小学的部分音乐课),那年我26岁。多少人用羡慕的眼光看着我,多少人感慨命运对我的垂爱,但是又有多少人知道怎样的重担压在了我年轻的肩膀上。

以前,按部就班的上课规律被打破了,第一个月感觉找不到工作的重心。好像有很多事要干,好像又什么都不敢干,因为太年轻,太没有资历了,有时去学校听课,都不太敢主动去和校长打招呼,偷偷地进去,偷偷地出来。

刚开展教研活动时,心中也不太有自信,下面坐着很多资格比我老的前辈们,有的还是我实习时的师傅。最头痛的是,我不但负责音乐教研,还要负责美术教研,虽说艺术不分家,但是隔行如隔山,那可是我从来没去亲密接触过的领域。

1999年,宁波市第七届教坛新秀评比将要开始。教育局为了能在这一届的评比中取得好成绩,要求所有第六届二等奖的教师重新参评,我也成了其中的一员。这让我非常为难,因为当时的市教研员很诧异地说,"你都搞教研工作了,还评什么呀?"我鼓足勇气,小心翼翼地来到局长办公室,向老局长转达市教研员的意图,老局长很干脆地对我说:"你虽担任了教研员工作,但所有的关系还都在李惠利小学,你还兼着一部分的课。你必须参评,必须得一等奖!"我迈着沉重的步伐走出了教育局。当然,我虽是被逼上阵,但是好强的我也很想在这一次评比中有更好的收获,弥补上次的遗憾,因此,我承担着比别的选手更重的压力开始一系列的参评准备,读书,说课,上课,写论文。

1999年对我来说,是个多灾多难的一年,我妈妈突然被查出患了乳腺癌,开刀,住院,打化疗,妈妈是个坚强乐观的人,她一面同病魔作积极的斗争,一边还在病床上跟我交流教学、教研工作上的问题,并指导我说课。母亲的病情让我这个从小不太有主见的人手忙脚乱,因为很多医疗上的决定都要我做出痛苦的选择。偏偏不巧的是在如此繁忙的时期,我意外地怀孕了,更不巧的是在参评的前一星期,我又被查出需要保胎了。人躺在床上,心却时刻牵挂着比赛,我记得当时对妈妈说:"妈妈,我是无论如何都要去参加这个比赛的,即使回来后失去这个孩子。"就这样,时隔三年,我怀着孩子,以一个既是教研员又是教师的特殊身份,再一次站在了市教坛新秀评比的风口浪尖。这一届比赛,江东区唯独我一人获得了一等奖。2000年9月,当我拿到省教坛新秀证书时,妈妈已经不在了,我的儿子快一岁了。

那几年,我真的很感谢我的老师们,他们用宽容的心接纳了我这个稚嫩的教研新兵,很多老师在工作中给了我无微不至的帮助和支持,一起陪我走过了这段令我倍感艰难的时光。我的教研工作逐渐起色,指导教师分别获得了全国电子琴实验项目现场评比二等奖,宁波市优质课,教坛新秀等评比一、二等奖……

(三)热爱,让人满怀激情

2002年,课改的春风吹遍了大江南北,有一天下午,我们教研室新调来的宋洵主任把我叫到了办公室说:“周琦,新课改开始了,你们每一个教研员都站在了同一条起跑线上,你要努力哦!”我深深地记得从主任办公室出来时,心沉甸甸的,既有些许压力,又有无限的动力,主任的话,让我满怀激情地投入到新课改的浪潮之中。

课改形式下的教研员角色、地位及教研方式面临着严峻的挑战,如何以人为本,以教师为本,让教研工作适应新课改,适应新课改形式下的每一位教师,是我那时思索最多的问题。我开始在教研内容、教研形式的创新,教师培养模式的优化上进行了一系列的探索与实践。

以往的教研活动想到什么搞什么,缺乏目的性,也导致实效性不强。在新课程实施过程中,我率先尝试了主题式教研,根据音乐教学的实际情况,设立相关主题,如创设“关注音乐课堂教学“这一大主题,又创设了“关注音乐参与活动的有效性”、“关注小组合作的实效性”、“关注兴趣与技能的契合点”等相关专题,并在专题的牵引下,开展了“系列性”的活动内容。教研活动与主题研究有机地结合起来,以往“浅尝辄止”式的活动形式将得到改善,从单一的、一次性的“观摩式”向持续性、研讨性的“主题式”方向发展,形成“主题化”、“系列化”的良好局面。为提高教研活动效益,我同时借鉴师训中的菜单式培训为教师提供菜单式的教研服务项目,由教师做“顾客”,自主选择教研内容及方式,使教研活动的开展更具针对性。江东区的主题菜单式教研工作在市新课程研讨会上作了专题介绍,受到了广大教师的一致好评。

随着教改的深入,区域性的教研活动已无法满足不同教师的需求,首先一月一次的教研实在难以及时解决课改中时时遇到的新问题;其次,同一所学校里仅有 1 ~ 2 位专职音乐教师,校际间交流又少,难以形成良好的研讨氛围;再次教研室成为各种教改信息的单一发送者,一定程度上压抑了广大教师的主观能动性。因此,为了更好地解决教师身边的问题,我构建了“链状”型的教研网络,即把邻近的学校,或者有同一研究专题的学校组织在一起,教研员及时将当前最新教改动态传递到学科中心教研组,由中心教研组长组织学区内的各校音乐教师定时、定点开展小范围的教研活动,实现教研活动板块化。这种板块化的教研形式大大充实了以往单一的区域性教研活动,充分调动了教师参与教学研究的积极性,促进了骨干教师的成长,也为更多的教师提供了平台。

为了能够让新课程的资源得到共享,2003 年我联合信息技术老师一起建立了江东艺术网(属于学科中最早开发的)。为了信息与资料的尽快上传,我经常是整日整夜地对着电脑。2004 年为了学科的交流更方便,我们又对网站进行全面改版,分别建立音乐、美术学科网站,还开辟教研活动的新途径——网络教研,拓展了活动的时空,这种教研形式既发挥了教师的主体性,又能让教研员进行必要的指导,整个过程中又充满了自由、和谐、轻松的氛围,是常规教研所不能达到的,在“青苹果乐园”论坛中经常是春意盎然,教师们就自己对新课标的认识各抒己见、畅所欲言。2005 年江东区艺术网作为网络教研的典例在全省教研室主任会议上介绍,深受专家与同行关注。

而对于青年教师的培养,我更是全身心地投入,特别是每一次的优质课,教坛新秀评比,感觉是我自己要去比赛一样,和教师一起说课,备课,并经常在和教师研讨的过程中,上即兴发挥的下水课,供教师参考。教师们总是笑我:“周老师,你比我们还要投入呀!”那是一段苦甜交织的时光，有绞尽脑汁也想不出个所以然的痛苦，也有茅塞顿开的喜悦，有活动成功的欣喜，也有活动失败的郁闷，但是，那段时光又是特别幸福的时光，因为我和教师们像朋友，像姐妹一样，既满怀着激情又脚步稳健地投身在改革实践中，我们的教研成果如雨后春笋般冒出来，全国现场课二等奖、省优质课一等奖、市教坛新秀一等奖等荣誉伴随着教师成长，我们的教研境界就如“风乍起，吹皱一池春水”般灵动、和谐、美妙……

新课改，成就了一大批教师，也成就了我自己，如果说课改前我还是一个懵懂的、随大流的教研新兵，那么课改后我开始向有独立思想的教研员转变，为了更好地开展各种活动，敏锐地抓住课改中出现的各类问题，我一边深入基层听课，一边不断学习以加强自身的修养。在课堂教学、研训指导和科研实验中辛勤耕耘，不断反思拓宽整理自己的教研思路，及时总结经验和教训，我为一次又一次的教学比赛加班到深夜，我利用业余时间抓紧给自己“充电”……年轻的我也曾有过犹豫、彷徨、苦闷的时候，也曾有过好好轻松一下的念头，但这些仅仅是一个念头，一闪而过，我依旧坚守着一方净土，执著于一份恬淡，固守着一盏希望之灯。这些年来，我撰写的论文连续获省一等奖、全国二等奖，十多篇论文开始在《中国音乐教育》、《中小学音乐教育》、《儿童音乐》等杂志上发表，2005 年我顺利地通过了小中高的职称评定，也获得了江东区名教师、宁波市名教师、宁波市课程改革先进个人、浙江省优秀教研员等荣誉称号。

（四）执著，让人走向成熟

虽然，我踏入教研工作岗位多年，但是我一直没让自己的课堂教学能力荒废，因为我知道，我既是一个指导者，更是一个实践者，对于教师们来说，教研员的亲身示范往往比纯粹的“指指点点”更有说服力。记得 2006 年初中课刚下放到区里时，初中教师虽然很支持我的工作，但是毕竟我是教小学出身的，能不能胜任中学的音乐教研，他们还是抱有一丝怀疑的心态。有一次，区里要举行一次“关于欣赏教学中细听感悟”为主题的区级研讨课活动，执教老师进行了几次试教后，还是感觉理解接受不了，在讨论过程中，上课的教师突然提出建议：“周老师，要不你把第一主题的欣赏片段上给我们看吧，到底怎样可以把这个‘细听感悟’的问题解决好。”很显然，教师把“球”踢给了我，这是教师对我最直接的考验呀！略微考虑一下后，我接下了“球”。很快，下一班的学生来到了音乐教室，虽然我没有经过精心的语言设计，没有经过周密的教学过程安排，而且从未给初中生上过音乐课，但是由于这个主题的教材内容，教学方法我是深入地思考和研究过，因此我上起来还是得心应手。课中虽出现了一些意想不到的即兴生成，反而由于我的随机应变，成了教学的亮点。课一结束，这位教师由衷地说：“周老师，我很佩服你！”这次的即兴课给了我很大的触动，课堂教学能力永远是教研员最重要的能力之一，一个会上课的教研员更能得到教师们的信服。而我能在离开教学岗位约十年后还能保持这种能力，不仅与我在一线时练就的扎实教学基本功有关，更与我踏上教研岗位后，转换好角色，继续和教师们一起深入地思考问题、研究教材、设计教法有关的。

在 2005 年之前，教研员一律不能参加各类骨干、名师等评选。为此踏入教研岗位多年的我曾暗暗问过自己：“我自身追求的教学高峰就到此为止了吗？我才 30 几岁，绝对不能放弃对课堂教学的追求！”2005 年，宁波市第四届名师评比开始向教研员开放，我报名参加了，虽然，在教学业务和实绩的考核上我成绩出色,但是由于教研员是评比的“严打对象”,我在教研队伍中资历低,甚至没到评中学高级的年龄,我又一次落选了。当我第一时间接到由于教研员的身份而落选的电话时,放声痛哭,儿子呆呆地看着我,他感到很奇怪,平时看起来很坚强的妈妈怎么也会哭得如此伤心。一连好几天,我在痛苦中度过,终于一位前辈的话使我的心安定下来:“上帝是很公平的,它让你在26岁就踏上了别人可望而不可即的高台,那么它也要你现在付出得更多,更高。”

就在那个时候,我又幸运地遇到了另一位教研道路上的导师——黄伟平老师。他的出现,让我们整个大市的音乐教研氛围焕然一新,“躺”着的人坐起来了,“坐”着的人站起来了,“站”着的人跑起来了,他对教研工作的激情感染着每一位音乐教师,他不止一次地开导我:“不要灰心,我都是连评三次,只要坚持,只要努力,一定会成功的!”他的引领与鼓励,让我重新插上了理想的翅膀。在他面前,我工作不敢有丝毫的懈怠。他不断对我的业务水平提出要求,并为我搭建各种展示的平台,让我在市农村骨干教师培训、暑期中小学教师培训班、新教师课程培训班、新课改阶段性总结展示会等公开场合讲座,这极大地促进了我对音乐教学做更深入的思考和研究。2008年,宁波市第五届名师评比又开始报名了,报还是不报,我犹豫不决,真是害怕又一次的失败呀!黄老师的话坚定了我再一次冲刺的决心:“当然要报,不报,将意味着你永远没有机会!”这一次,我成功了!随后,在2010年浙江省第九届特级教师评比中,命运之神又一次幸运地眷顾我,我成了浙江省为数不多的音乐特级之一。

名师、特级给我带来的并不仅仅只是荣誉,也给我带来了更大的压力和动力,我在教学上的研究和探索比以前更热烈,更执著了,教学思想不再是盲从,而是不断在实践中产生自己的观点和想法。2009年12月16日,我面向全大市召开了一次“周琦音乐教学专题研讨会”,这次展示活动正像为我主持会议的局长说得那样:“发挥名师力量,展示名师风采,开展个人名义的专场教学研讨会,这在我们江东的教育史上从来没见过,在全大市全省也是很少见的。”近几年来,“小学低段多声部合唱教学的策略探究”、“区域性青年音乐教师的专业成长模式探究”“基于体验的音乐教学”等研究课题在各级各类评比中获奖,而我上课、讲座的身影也遍布杭州、温州、金华等地。有不少人问我:“你都已经拥有这么高的荣誉了,为什么还这么辛苦?”而我总是笑着回答;“因为热爱!”是呀,因为热爱才追求,因为热爱才执着。在自己热爱的音乐教学道路上前行着,坚持着,辛苦着,又何尝不是一种幸福与快乐呢?

回顾近二十年的教学生涯,我有过彷徨,有过眼泪,但更多的是快乐和感动。“每一份成绩,每一个荣誉的背后都有无数关切的目光,无数扶持的双手”,感谢所有为我的成长付出真心和努力的师长朋友们,我将承载着你们的希望飞得更高更稳。

向来枉费推移力 此日中流自在行

——音乐教师基本功修炼对提升音乐教学境界的感悟

编者按：积20年教学研究之心得，著成《星空下的三分音符》一书。宁波市鄞州中学音乐教师、宁波市学科骨干教师、鄞州区名教师何春芬老师将在《音乐教师基本功修炼对提升音乐教学境界的感悟》中倾诉其独特的修炼经历。

我对电影《她比烟花寂寞》中大提琴演奏家杜普蕾和其丈夫丹尼的一段对话记忆深刻："如果我从此不会拉琴，你还会爱我吗？""不会拉琴，那就不会是你了。"丹尼说。于是，那些无以复加的悲愁、那不似在人间的神情，叠映出我对音乐最初最真的渴望。

很多时候，我总是在问自己，作为音乐教师的我到底有着怎样的自我认知和自我认同的方式？有时候，我觉得自己离音乐很远，离学生很近。刚踏讲台时，我发现教音乐是一件很简单的事，口琴、手风琴、风琴是我对音乐教学的最初记忆，每每坐在讲台上，拉着手风琴或弹着风琴教学生们唱歌的画面，也留在了很多学生的记忆里，甚至成为今后同学聚会时津津乐道的趣事；但有时候，我又觉得自己离学生很远，离音乐很近。在很长的阶段里，那些白天不上课的时间，那些静寂的夜晚，我几乎就钟情着一件事——在音乐里肆意地张扬自己。借着缤纷的音符，那些遥远的人，那些声音，那些呼吸，总会扑面而来，我仿佛只要一挥手，那手指就会律动出另一个世界，使我沉醉其间，不愿醒来。我如一个饕餮之徒，从手风琴走进钢琴，从钢琴又走进了小提琴、古筝……似乎总有一个未知的幽径牵我的手去探引。今天想来，正是那些充盈着乐声的无数个白天和夜晚，开启了我对音乐美的探寻，让我的生活充满了诗意，让我的心灵始终保有美的一席之地。事实上，这样的感觉和记忆几乎是我做音乐教师二十年的象征。

但我知道，我练习的很多时候是在心灵的疼痛中清醒和幸福着的。

因为学科的原因，很多人喜欢把音乐教师定位为能歌善舞、能拉善弹的介于教师和专业演员的那个群体。教育部每两年举行的全国音乐教师基本功比赛中，涉及声乐、钢琴、弹唱、舞蹈或第二乐器、合唱与指挥、视唱练耳、乐理欣赏、音乐史甚至和声、曲式分析、作曲配器等音乐技能和理论课程，而这些音乐技能和理论基本功实际上就是音乐学科的理论和技术水平，是一个合格音乐教师的基础和前提。

我深深记得，2008年1月中国音乐学院指挥系主任吴灵芬教授在浙江教育学院进行合唱指挥培训时的风采。起先，穿着朴素的她，似乎并没有镇住那些自我感觉良好的音乐教师，但是，她一弹琴，其实就是弹一些很简单的合唱总谱，马上就赢得掌声阵阵，钢琴在她手下，音响效果仿佛是一个庞大的乐队，色彩分明，层次丰富，而吴老师挥指浅笑间轻松得就像是哈利·波特在玩魔法。她全身洋溢着的正是她宽广的专业视野、深厚的专业功底赋予她的热情和从容。

而那些给过我深刻印象的音乐课，也是以教师独具魅力的音乐技能基本功取胜的。2006年，在宁波市音乐教研员黄伟平老师的带领下，有幸聆听了无锡一位高中教师执教的《钢琴音乐的奇葩》，他以深厚的钢琴功底娴熟地演绎了肖邦的《革命练习曲》，无须多言，无须PPT，我想他那随时律动的手指就是对这首作品最深的解读;2011 年，在重庆举行的第六届全国音乐优质课比赛中,北京的一节《京腔京韵自多情》,施教老师举手投足间那浓浓的曲艺韵味又感染并征服了多少师生及专家评委……我想,这就是音乐教学独特与魅力独具的地方,正是教师良好的专业技能基本功和舞台演艺基本功使音乐教学的实施有了足够的感染力和自然亲切的韵味。

于是,我是多么感谢那些老师,感谢他们让我始终保持着那份对音乐的美妙感觉以及反观自己后的隐隐痛感。我相信,正是这份美感和痛感在促使着我在不间断地练习技能,同时催促着我不断成长,并逐渐渗入到骨骼和血脉里,最终沉淀为足以爆发的力量。

当我的学生高一进校时还是一个不识五线谱的“音盲”,高三却弹着肖邦的练习曲以专业第一的成绩考入华东师范大学艺术系时,我不得不承认,那种强大的成就感是那样的迷人。十余年带高考艺术生的专业教学经历,同时也丰富着我的音乐课堂教学经验,那种由技能基本功衍生的教学创造基本功,令曾经单一的课堂有了音乐特有的灵动。比如,节奏、旋律的即兴问答接龙重组、为歌曲配简单的节奏音型、为旋律即兴填词、为舞蹈表演选配合适的音乐等。

我也经常以一些看似不可思议的玩笑或者称之为对学生的“诱惑”逼迫着自己。每每接任新一届学生,第一节音乐课伊始,我就告诉学生,若他们能在每次音乐课前与我聊及我所不知道的古典音乐或音乐家,我将为他加一分。我知道,以这样的方式促使学生在课余时间去了解经典音乐,达到音乐学习的自主进而热爱音乐,是音乐教育的终极目标,为了这随时可能送出的一分,我也不得不紧绷着那根音乐学习之弦。

但我不得不承认,在我的音乐学习中,始终有明显的缺陷,那就是缺乏音乐教育专业的理论书籍。由于偏见,在过去的很长时间里,我不愿碰触这些理论书。音乐课标,我只有在评职评优需要笔试的时候才会临时性地记忆一些条条目目;音乐教育类书籍,本就少得可怜,还枯燥乏味,远离实践,缺乏操作性,是我对这些书籍的基本认识,我似乎更多地愿意关注一些音乐史、文学史、教育学甚至语文、历史、地理等其他学科的一些教学经验,肖川的《教育的理想与信念》、凌志军的《成长比成功更重要》等书籍也无不悄然改变着我的音乐教育观……这种长期的关注给予我的好处是在我的音乐课堂教学中表现出来的创意和灵性，有时甚至还有一种妙笔生花、乐不可言的快感……直至去年,因为偶然的机遇,我开始全心接触一些音乐教育书籍,原本的看法竟在不经意的阅读中慢慢地转变了。那些日子,我阅读了贝内特·雷默著的《音乐教育的哲学》,哈罗德·艾伯利斯等著的《音乐教育原理》,杨秋仪、吕忠福编著的《中外音乐教育比较》等书籍,我不敢说我消化了多少,但作者们对音乐教育的使命感、对文化多元主义的呼唤、对教育心理学的新观点给音乐教育的影响所作的深度研究……让我心存敬意。这些书籍向我展示了平和的微笑和素朴的观念。于是,当我再次深深反思自己二十年的音乐教学时,我发现至少在开始工作的前六年,我的音乐课堂仅仅只是千篇一律的传授,这些传授更多的是关于音乐技能的,比如唱歌、弹琴,比如仅仅只是为了吸引学生所作的“音乐欣赏”,却少有与人的心灵发展的东西。也似乎就在瞬间,我庸常的思维有了灵性的光彩,我曾经以为失去信心的音乐教育又有了重新追求理想的勇气和动力。此刻,当我回味自己在全国第二届音乐教育名师大讲堂上，我独自在银川的宾馆里喃喃自语磨炼着那节《聆听“上帝”的声音》时，那种灵魂的参与，精神生命的支撑……我的内心充满了无比的职业幸福感以及随之而来的音乐教育责任感。我想，此后在我的充满感性的音乐技能练习中定会抹上一些理性的色彩，我的天马行空的音乐教育世界也会有了音乐教育理论的介入，我的音乐教育理想似乎瞬间得到了温柔的抚慰。

朱熹有诗：“向来枉费推移力，此日中流自在行。”我想，一位优秀的音乐教师，定然是技能基本功和教学基本功的双管齐下，好比一位武林高手，既要有深厚的内功，又必须有各路招式，如果乾坤大挪移、降龙十八掌、九阴真经等各路招式已玩得出神入化，但是内功跟不上，那么，外在招式再漂亮也会让人觉得是花拳绣腿，反招人笑话；相反，如果光有内功，没有外在招式，总少了些张弛有度的威力，最终黯然落败。我不知这样的比喻是否妥当，在我看来，音乐教师专业基本功好比是武林大师的内功，而教学基本功则是武林大师的外在招式，修炼好了专业基本功，也许就少了些隔靴搔痒式的哗众取宠；修炼好了教学基本功，也许就多了些润泽心灵的鲜活透彻。也只有通过教师不断的内外兼修，才能积蓄起那“一江春水”，达到“此日中流自在行”的教学境界。这内外兼修的音乐教师教学成长路，如一部小说，更如一部奏鸣曲，是每一个渴望成功的音乐教师必达的心灵驿站。

德国哲学家、教育家雅斯贝尔斯在《什么是教育》一书中有过这样的阐述：“教育本身就意味着以一棵树摇动另一棵树，一朵云推动另一朵云，一个灵魂唤醒另一个灵魂。如果一种教育未能触及到人的灵魂，未能引起人的灵魂深处的变革，它就不成其为教育。”如果我真的是一棵树，我想我是多么地渴盼根系发达，绿荫浓密，然后以自然的姿势与我的学生用音乐进行心的交流。正如我的学生陈旦在期末试卷上的感悟：“音乐欣赏就仿佛是与历史进行着促膝长谈。每一节音乐课都是一次心灵的净化，让我从纷繁的学业中走出来，放下心事与负担，与音乐坦诚相待。从巴赫到贝多芬，从爵士乐到阿卡贝拉……我在音乐课上领略到的不仅仅是丰富多彩的声音元素，还有历史长河中流淌的文化关怀与音乐藏古纳今的多元姿态。这真是一门迷人的课，只奈何高中与她相处太过短暂，或许我并未在这一年的课中学到太多的专业知识，没有所谓的音乐造诣，但至少音乐课教会了我如何欣赏她，如何爱上她，如何全身心地沉醉其中。”

二十年过去了，音乐教育之路历历，只是，我已不再年轻。庆幸的是在成为音乐教师的二十年里我始终保持着对音乐和音乐教育最初的痴迷和依恋，而这份痴迷和依恋使我获得的最大收获就是让我始终抱有知识分子的情怀，怀有理想主义的热情，同时又不忘现实主义的忧思和努力。二十年来，我的业余时间几乎都花在这样孤独而美丽的修炼中。长期的修炼所积蓄的养料总会在我失望无力、焦灼无奈的时候在我的体内蓬勃，它们构成了此刻的我。虽然此刻的我，音乐教师技能还不足以炫、视野还不够宽、研究也欠缺一些深度，但我知道，修炼，会贯穿于我生命的所有时刻和所有角色中。

附:学生音乐课后感

音乐欣赏就仿佛是与历史进行着促膝长谈。每一节音乐课都是一次心灵的净化,让我从纷繁的学业中走出来,放下心事与负担,与音乐坦诚相待。古典音乐、现代音乐、歌唱艺术、演奏艺术,从巴赫到贝多芬,从爵士乐到阿卡贝拉,我在音乐课上领略到的不仅仅是丰富多彩的声音元素,还有历史长河中流淌的文化关怀与音乐藏古纳今的多元姿态。这真是一门迷人的课,只奈何高中与她相处时间太过短暂,或许我并未在这一年的课中得到太多的专业知识,没有所谓的音乐造诣,但至少音乐课教会了我如何欣赏她,如何爱上她,如何全身心地沉醉其中。

——高二(一)班　陈旦

经过一年的学习,在我的世界里,音乐原本好像是一块贫瘠的土壤,现在突然成了一个繁花似锦的大花园,而我站在入口,怀揣着一颗兴奋与好奇的心想要前行,去探索远方的美景。爵士、宗教音乐、管弦乐、阿卡贝拉、管风琴、指挥、戏剧……当一个个并不熟悉的石洞接踵而至,在四十分钟里对我小露它们深厚而美丽的内涵,我有说不出的向往。这一学年里,或许我只是在音乐世界中入了个门,但我已知晓它大千美妙,想用一生来相知相随。

——高二(一)班　许可欣

通过本学年的音乐欣赏,我收获颇丰。何老师的课很有意思,她像是给从未接触过这个世界的孩子以最温暖的怀抱。我听闻了管风琴的庞大传奇,我回顾了众多音乐家一生的起落,我看到了这些乐曲背后隐藏的哀伤和音乐的博大精深。我想音乐是上帝给予的最纯净的灵魂,她或曼妙或肆意、或低沉或高昂地存在于天地之间,洗尽铅华,越接近她就越沉迷于她的魅力。我想我本是不能理解音乐家、演奏家、指挥家无限追求的,但我想音乐本身就是最骄傲的艺术,能为之努力是再荣耀不过的事了。谢谢老师带我们走进音乐的怀抱。

——高二(一)班　吴翊婷

第二节　参赛感悟

“炼”课

编者按：一位教龄才8年的青年教师，已先后获得宁波市音乐教坛新秀一等奖，浙江省中学音乐优质课第一名，并被评为浙江省教坛新秀。她的音乐教学有何特别之处呢？让我们在宁波外国语学校张研老师的《“炼”课》中去体会个中奥妙吧。

奥斯特洛夫斯基在解释《钢铁是怎样炼成的》这部作品的标题时说：“钢是在烈火里燃烧、高度冷却中炼成的，因此它很坚固。我们这一代人也是在斗争中和艰苦考验中锻炼出来的，并且学会了在生活中从不灰心丧气。”作者在塑造保尔·柯察金这一形象时，用内心独白、书信、格言警句，揭示了这一形象的内心的全部复杂性和成长过程。儿时在长辈们的督促下，曾对此书有过细致的阅读，然年月久远，故事情节在记忆中早已零碎模糊了，唯有主人公“勇敢，相信自己的力量，并在任何情况下也不怕困难”的精神，深深感动着我，并影响我至今。

无独有偶，在准备《波莱罗舞曲》一课时，我无数次独自聆听音乐，再次邂逅了这种不屈不挠的精神：好像是大树的种子从旋律里破土而出，朝着天空滋长。这正是乐曲的内涵。而这，同时也是在当代中学生身上应当具有的基本品质。我一直坚信，优秀的音乐课堂不仅在于教会学生乐理知识，更应给予学生为人品质的熏陶。于是我把自己对于作品的理解融入课堂，将这种精神传达给学生。在比赛的课堂上，看到他们会心的眼神，沉思的表情，我知道，“波莱罗”这棵大树已在他们心中生根发芽。

比赛结束已有十几天了，激动紧张的心情也渐渐平复，而我还经常会回忆起比赛准备期间的点点滴滴。一节好课的背后，实在有太多的辛苦与无奈：教学内容的取舍，教学设计中的彷徨不定，教案的几易其稿……“炼”课过程近乎于一种折磨。我想，《波莱罗舞曲》中的坚韧，影响的不仅仅是学生，也给了我无穷的力量。

（一）助“炼”

讲台上胸有成竹的45分钟，离不开讲台下整个团队的努力。我相信每位音乐教师都能感觉到这几年宁波音乐教研氛围的浓厚、热烈，我很幸运能成长于这样的好环境。参赛那几天，有老师主动帮我准备课前所需，有老师帮我调整紧张不安的心情，还有老师连我上课的着装也细致关注了。而在备赛期间，这种团队协作的精神更是体现得淋漓尽致，早在九月，教研员就为我参赛的选课指明了方向，之后的几次试教，教研员与市里的几位优秀教师提出了大量宝贵的意见，使我收获甚多。正是在这样反复研究、不断接受来自各方面的意见与建议之后，我的课堂教学才逐步完善。

（二）细“炼”

刀剑须磨其钝处方显锋刃，金玉须磨其边角方显珍贵，课堂须磨其粗糙方显高效。现在想来，《波莱罗舞曲》一课正是抓住了教学内容的几个细节才更显其亮点。比如，欣赏主题A时围绕主教学目标：熟悉并能哼唱主题A。我设计了几个关键性教学细节，一是在不出示曲谱的情况下，充分调动学生的听觉感官，设问旋律带来的感受；二是在学生感性认识的基础上，对旋律为什么“好听”从音乐要素的角度进行探究；三是在出示曲谱后，从旋律的走向、圆滑线的使用等方面得出乐曲“优美如歌”的原因。这些细节的处理，前一个细节是后一个细节的铺垫，而后一个细节是前一个细节的升华，实现了层层递进的效果。学生在细节的品味中，体会到了音乐的魅力。

（三）口“炼”

美的课堂离不开教师流畅自如的语言。在最初的试教中，我总是无法准确把握这一点，同样的一句话，常被我啰啰唆唆好几遍，因此无法达到预期的教学效果。如何提炼教学中的语言艺术？在反复磨炼中，我有了深刻的感悟。比如，在欣赏残奥会上的舞蹈《永不停歇的脚步》时，画外音刚落，我便满怀激情地说了这样一段话：“是啊，我还要跳舞！我还要成为舞蹈家！节目的编导之所以用《波莱罗舞曲》作为舞蹈的配乐，也正是要传递给我们这种不屈不挠的精神。”此时学生的心，已在我动情的叙述中与音乐自然交融，通过我语言的渲染，使学生品味到音乐所蕴含的内在激情，心灵受到了震撼。可见，教师对于语言、语调的把握何其重要。在恰当的时候说，用恰当的语调说，才可以将教材中蕴含的内容潜移默化地作用于学生。

（四）法“炼”

一堂好课不是脱离学生的教师个人教学理念的展示，而应是师生思想交流的火花撞击。对于学生而言，《波莱罗舞曲》这个作品较为陌生，聆听近17分钟的音乐，主题16次的变奏反复，很容易产生疲倦感，而其中的“配器”知识又较难理解。如何消除乐曲与学生之间的距离感？让学生有所收获呢？我开始苦心寻求激发学生兴趣的教学方法，并发现乐曲曾为眼保健操的配乐，曾作为《蒙牛城市之间》的背景音乐，还曾用于动画片《数码宝贝》……用这些材料作为导入，教学的趣味性自然生发出来，也达到了理想的教学效果。同时，我非常关注教学中新知识的生长点，在提出“配器”这一全新的知识点后，我随即运用精心设计的“树形”表格，带领同学在全曲欣赏时关注配器，体验音响色彩的变化，这一教法也使学生在聆听时聚精会神、意犹未尽。

教学永远是一门遗憾的艺术，尽管获得了好成绩，但我很清楚，课中还存在着许多不足，还需要静心反思，还需要重建或修补，还需要提升自己的教学理念。著名教育家叶澜教授曾经说过:“一个教师写一辈子教案不可能成为名师，如果一个教师写三年教学反思就可能成为名师。”细数我的“炼”课过程,正是在坚持中,在无数次的反思中,才有了新的顿悟,才有了不断的进步。

感谢“炼”课的经历,愿以“炼”课中或痛苦、或感动的点滴经验,与我所有的同行共勉。感谢同行们在我“炼”课的过程中给予我无微不至的关怀和帮助。

在“磨课”中成长

编者按:“宝剑锋从磨砺出,梅花香自苦寒来。”好钢需要经得起无数次打磨,同理,好课也需要经得起无数次打磨。余姚市实验学校章红艺老师的《在“磨课”中成长》,将向我们讲述她的“马拉松”式磨课的经历。

“磨课”这个词我们早已不陌生。“磨课”总是针对某一个教学内容具体展开,“磨课”的过程往往是一个团队智慧的交流对话过程。“磨课”的首要目的是让执教者对课堂教学有更深层次的把握,使所“磨”的课更能符合我们的教学理念、要求、原则等。因为参加省优质课比赛,我“有幸”参与了生平跨时两年的磨课“马拉松”。从个人磨课到团队磨课再回到个人磨课,每一个过程都深深烙印在我的成长中。有人说“经历就是一种财富”。的确,在这一过程中,不但有教学技艺上的调整与定型,更有教学理念的转变,有教学智慧上的锤炼,从而丰富、充实着自己的专业发展道路。下面谈谈《魔法师的弟子》一课的磨课经历吧。

(一)“磨”目标

通俗地讲目标就是这节课究竟要干什么？看似简单这却需要教师对教学内容有一个全面深刻细致的了解。而欣赏教学,一切实践都依赖于听觉。这就决定了,在欣赏活动中,发展听觉是最重要的事情,“以听为中心”的原则应贯穿始终。

交响诗《魔法师的弟子》是一个用管弦乐队讲述的音乐故事,所以我的思路是:通过故事展开音乐的聆听,在音乐聆听中想象体验故事的发展。因此,故事的起因、经过、结果应该让学生在音乐聆听中获得。是音乐在讲故事,而并非教师讲故事。而作为 11 分钟的大型管弦乐作品,课堂分析聆听时间会非常有限,确定精准有效的教学目标就是最好的导向。如何制订？最好的也是唯一的办法就是教师自己先多听作品。打造这节课之始我就不停地听,在学校一有空闲就听,完整的、分段的、细节的,在家照样听,洗衣时、打扫时、甚至洗澡时……在一遍又一遍的聆听中,你会听见音乐告诉你小魔法师在对小扫把念咒语了,听见音乐告诉你小扫把开心地去打水了,水开始溢出来了,小魔法师急坏啦……有了这些音乐画面,截取最精彩的作为故事发展最有价值的线索就不难了。

教学目标是整个教学活动开展的灵魂,在确定之前应深思熟虑,因为有怎样的目标,随之才会出现怎样的重难点以及怎样的教学策略教学设计。只有当你心中有清晰充实的画面感时,才真正清楚我这节课究竟要干什么？想让学生掌握什么？

(二)"磨"结构

教学版块是教学设计中环节的大分块,一般指导入部分、主体展开部分、拓展部分。每一部分的设计都应精雕细琢,体现教学的艺术美感。

1.导入之变

导,乃指引、引导之意。导言,是指教师在新授课或某个教学内容之前或其中,有目的、有计划、有方法地设计、概括引导性的语言。第斯多惠说:"教学的艺术不在于传授的本领,而在于关于激励、唤醒、鼓舞。"可以说导入语言是开启新课的金色钥匙。

设计一:

播放序奏音乐提问:音乐把你带到一个怎样的地方?学生回答以后播放哈利·波特的片段,导言:今天老师带大家去一个像哈利·波特一样神奇的魔法城堡,在这个城堡里住着一位老魔法师……开始用音乐介绍故事人物。试教下来,在序奏音乐中学生能听出这段音乐比较舒缓,显得幽静但较难听出神秘的色彩,教师为之要花费的引导较多,导入的时间较多就会影响到主体部分的时间。而且从整个作品看也没有必要在序奏上做太多分析。

设计二:

考虑到借班上课,为了了解并铺设学生对管弦乐队的知识,在正式教学之前设计了以连线选择的方式复习管弦乐队的知识。然后再以谈话的方式揭示课题……试教下来学生对管弦乐队的知识是比较有条理了,可是导入方法比较陈旧缺乏新意,另外也占用了较多的时间,难免有繁琐婆妈之嫌。

设计三:

为了让学生有意无意地多听小扫把主题音乐,在进教室时采用合着小扫把音乐踏步律动进教室。五六年级的学生也能配合老师合着音乐的节奏踏步进教室,但也有不少学生丈二和尚摸不着头,心中不免揣测老师用这种幼稚的方式要干什么?律动中少了一份专注与投入反而多了一丝羞涩与不屑。

设计四:

抛弃一切花哨与繁琐,开门见山直入课题。"今天,老师给大家带来了一个故事,一个用管弦乐队讲述的音乐故事。你们想听吗?"随着教师清新柔和的语调,吐出一串串亲切友善的语言,瞬间拉近了彼此的距离。"不过老师边讲会边问你许多问题,因此你必须带上一双灵敏的音乐耳朵和一个富有想象的智慧头脑。你准备好了吗?故事是这样的……(起序奏音乐)很久很久以前在一座古老而神秘的城堡里住着一位老魔法师,这是一位怎样的魔法师呢?"听魔法师的主题音乐。每个孩子都爱听故事,这是他们的天性。在教师简洁语言营造的氛围中把学生的注意力都集中到了音乐故事中。

四种不同的导入设计,结合整堂课的设计或多或少都起到不同方面的作用。但从学生的接受水平,针对整个构课的合理性有效性出发,从试教以后学生的反应来看。设计四是比较合理的。导入教学是音乐教学的序曲,用最直接的方式设置悬疑是高段学生比较乐意接受的。精彩的序曲应能抛砖引玉吸引他们参与好下面的大戏。

2. 主题之变

在这堂课的磨课过程中，我遇到最大的难题是作品较大，要完整欣赏，时间非常紧张。如果大刀阔斧地分大段欣赏，对于我从细节处聆听音乐形象，想象音乐故事的发展的教学目标相违背。鱼和熊掌不能兼得，懂得取舍我才能有设计的方向。经过多次揣摩试验终于有了比较完整的第一稿的设计。

设计一：

在介绍感受了老魔法师和小扫把的主题音乐以后开始真正进入主曲的欣赏。在为时 8 分钟左右的主曲中提取了以下几个音乐片段：小扫把去干什么了？（听第一次打水片段）小扫把的主题音乐在下面的音乐中共出现了几次？每次打水在演奏乐器及力度上发生了怎样的变化？（听三次打水片段）小魔法师此刻的神情。（听小魔法师的心情片段）水一直打一直打会发生什么事呢？水溢出的音乐是用管弦乐队中的哪类乐器表现的呢？（听溢水片段）小扫把停止取水了吗？水是怎样变化的呢？小魔法师的心情？（听水开始泛滥片段）情急之下小魔法师拿起斧子将小扫把劈得粉碎。（听劈扫把之小扫把复活片段）小扫把复活了，而且是很多把小扫把，那么接下来城堡里会是一幅怎样的景象呢？音乐在节奏、力度、速度、演奏乐器上是如何来表现这种场景的呢？（听大水泛滥不可控制的音乐片段）也就是说根据故事的发展截取了最精彩的转折点，让学生在音乐中想象故事，在故事中聆听音乐。他们能较清晰的听辨每一个小小的细节每一个生动的音乐形象。但是无论怎样，他都有一个致命的缺憾——没有完整聆听。作为一堂选送省优质课的课例，这是无论如何不能有的漏洞。怎么办？要留出 11 分钟的时间用来完整欣赏，那么必须紧缩前面的内容，这又再次让我面对取舍的问题。

设计二：

在前一稿的基础上，将聆听分析小魔法师此刻的神情的片段改为在音乐背景下教师表演讲述小魔法师的心情。将聆听大水泛滥不可收拾的乐段不作单独欣赏而放入到完整欣赏中。在完整欣赏之前设问：小扫把复活了，而且是很多把小扫把，那么接下来城堡里会是一幅怎样的景象呢？音乐在节奏、力度、速度、演奏乐器上是如何来表现这种场景的呢？这场灾难只有谁能控制？老魔法师什么时候才出现？当你听到老魔法师高亢嘹亮的旋律时请你用起立告诉我。最后大水退下去了吗？将下面的乐曲结构介绍渗透在完整欣赏中，用按音乐的演奏顺序在课件中适合出现结构的划分，并出示一些介绍简单情节渲染气氛的语句。有增必有减，但无论增减都是为学生更有条理地更形象地欣赏乐曲服务的。关键要保留精华删去繁杂，使结构更加紧凑，在保持兴趣性的基础上更完整。

（三）“磨”细节

教育的艺术很大程度上就体现在教师敏锐地捕捉细节，科学地处理细节上。我试着在课堂教学预设中更多的关注细节，使课堂教学效果精彩纷呈。

1. 捕捉音乐细节

音乐是音乐课教学展开的灵魂，一般的小学音乐欣赏作品段落比较清晰，篇幅也较短小，但是交响诗相对比较长，如果把乐曲根据段落分成三段，就和我的教学构思预设相违背。于是根据教学预设罗列的故事线索剪辑音乐是我最好的选择。在开始剪辑时我就单纯地将音乐一段一段剪开来,除了教师语言上的引导,从某种程度上讲这段音乐是独立的,经过试教发现似乎所有的音乐是教师引出来的,所有的人物故事是教师安排的。于是我把音乐重新剪辑,每一段音乐里面都有起因有结尾有问题。它们是活生生的,是有剧情的,而不是教师呈现给学生的。所以,这样的音乐聆听中,学生会有丰富的联想,随之出现故事情节产生画面感,也会被音乐深深地吸引。为了音乐更有震撼力我还将重点欣赏的片段作加强效果的处理。比如小扫把三次打水,每一次使用的乐器不同,每一次出现的力度也不同。原来的音乐有所体现但力度变化不是那么明显。于是,我重新去制作,使力度变化更加明显。在最后一段无数把小扫把复活打水的力度变化中,我也进行这样的处理。这样给我们的听觉带来更强的震撼与享受,有更强的立体感冲击力。

因此,音乐作为教学资源作为上课教师应挖掘有效因素,使这些资源更充分的发挥。有益于教学的深入开展。

2.明确问题指向性

孔子曰:“学而不思则罔。”思由何来?思由疑引起,有疑才有思。爱因斯坦说:“提出一个问题往往比解决一个问题更重要。”巧妙的设疑求启发性,要准确,有严密性,不使学生产生歧义和误解,力求指向性明确。

在构课过程中起初为了增加故事的参与性,趣味性,发挥学生的想象力。我的设问比较宽泛。例如,问题一:你们猜小魔法师会让小扫把去干什么?学生说什么的都有,很多都是无效的,教师为之又要有新的引导,因此浪费了很多时间。后来改成:小魔法师让小扫把帮他去打水,水打来了吗?小扫把有没有把水倒进水缸呢?又如,第一稿设问:除了小扫把打水的声音,你还听到什么声音?第二稿设问:水溢出来了,水是什么时候溢出来的呢?当你听到水溢出来时请你用水流动的动作告诉我。虽然聆听相同的片段,但学生关注的点就不同了。聆听的目的性也更明确了,学生会更关注音乐的细节变化,更好地体现音乐性,提高课堂有效性。因此,教学问题的设计应力求具有明确的指向性。

3.体验有效互动

音乐想象的情感性表现在欣赏音乐的过程中,所产生的想象是与本人的情感体验密切相关的。古代乐论《乐记》中就提出“凡音之起,由人心生也”的观点。可见古时候人们就知道音乐是极其善于表达人的情感体验的。情感体验可以通过语言表达出来,我们的教学对象是小学生,用身体语言来表达也不失为一个好办法。关键是让学生有效地参与,积极地体验。

首先,体验是为欣赏服务的,体验不能喧宾夺主干扰了听觉的欣赏。于是,体验的动作最好是无声的或者有轻微声音的。

其次,体验应是有思考的欣赏而不是一味地模仿。比如一把小扫把打水和无数把小扫把打水,在动作的力度上要有明显的区别,以此来表现场面的不同。感受到音乐的内在变化。

再者,不要从头到尾都体验,要选取学生较易参与的片段,参与起来既有趣味性又有画面感的段落。这样收放自如,也避免了整体聆听 11 分钟枯燥单一的欣赏方式。使学生的感受有适当的宣泄。

但种种这些都不是一蹴而就的，都是在可爱的同事、亲爱的同行、尊敬的专家老师反复的否定与肯定中沉淀下来的。叶澜教授形象地把磨课称之为“琢玉”——琢课堂设计自然之美，琢课堂教学细节之美，琢师生活动灵巧之美。课堂教学是遗憾的艺术，而磨课正是试图将遗憾磨到最小。通过磨课除了外显于成功的一节课外，我觉得更珍贵的是一种隐性的影响，那是思维碰撞后的顿悟，理念偏离后的矫正，实践层面上的指引。磨课是教师实践与反思的过程，是教师成长的过程，也是教师化蝶的过程，它是痛苦的，但痛苦的历程促进了教师专业的发展和能力的提升，挑战自我更是超越自我。让我们有一种拨开云雾见青天的畅快感觉。让我们将磨课进行到底，它必将使我们轻盈地飞翔在教学的天空。

在比赛中成长

编者按：要在市比赛、省比赛、全国比赛中脱颖而出，需要多么扎实的基本功啊！而比赛的背后，又将会有哪些动人的故事呢？宁波外事学校高金老师的《在比赛中成长》，将向我们讲述参加全国中小学音乐教师基本功比赛的点点滴滴。

当我刚刚迈上三尺讲台的时候，我就听说了全国中小学音乐教师基本功比赛。四年一届的比赛，在我的心目中就如同奥运会一般的神圣。我当时就有一个梦想：希望在将来的某一天，能够登上全国中小学音乐教师基本功比赛的舞台。十二年之后，终于梦想成真，不但登上了这个舞台，还登上了全国一等奖的领奖台。回想三个多月的备赛过程和历时七天的参赛经历，疲惫、坚持、紧张、不安、淡定、从容等各种感触融合在一起，汇成了一曲动人的乐章。

(一)赛前·艰苦修炼

充实而紧张，那段难忘的经历，就从我那些在排练厅和琴房度过的日日夜夜，我对自己说，我的努力没有白费。

2012年七月份，我代表宁波地区参加了浙江省中小学音乐教师基本功比赛，最终获得了一等奖、第一名的好成绩，我非常激动，因为我将代表浙江省参加全国比赛，我曾经的梦想即将实现了。

但是，想到即将面对来自全国各地的120多名选手，和多达六项(声乐、舞蹈、钢琴、理论、即兴弹唱、合唱指挥)的比赛内容，我倍感压力。我知道，每一位选手都有不俗的功力，要想在比赛中取得好成绩，只有刻苦修炼。

于是，在随后的三个多月的时间里，我的生活节奏完全围绕着比赛来安排。每天早晨，我撇下熟睡中的儿子，匆匆赶到学校，开始一天的练习。直到夜幕落下，夜深人静之时，我才拖着疲惫的身躯回家，此时儿子早已睡着了。我整天泡在学校的排练厅和琴房，既紧张，又激动。因为，我有一个信念——渴望在比赛中脱颖而出！既为浙江音乐教师争光，也为圆我多年的梦想。

六项比赛内容中，多数是技巧性内容，需要日复一日的长久练习，才能达到熟能生巧、挥洒自如的程度。作为一个非专业的舞蹈者,我一次又一次地合着音乐节拍反复练习,任凭汗流浃背,腰酸腿胀,非到筋疲力尽决不罢休。即使对于钢琴和声乐这两门强项,我也是一丝不苟,精益求精,力求每一个音符精准,每一个乐句传情。

令我感动的是,在那段艰苦而紧张的日子里,领导、同事、朋友、家人给予了我细心的呵护。他们在我满身劳累的时候送来一片片关心和祝福,在我练习不够到位的时候又不留情面地予以指正。我知道,这不是我一个人在备赛,是一个团队——领导、同事、朋友、家人组成的强大后援团在支持我,关心我,鼓励我。有了这温暖而有力的后援团的支持,我痛并快乐地坚持着,提高着。

(二)赛中·跌宕起伏

2012 年 11 月 9 日,我踏上了前往湖北宜昌的飞机。当我赶到位于湖北宜昌的三峡大学的一刻,我开始感到了紧张。来自全国不同省市的选手们,怀揣着各自的技艺,都为着同一个目标——代表集体和个人,登上比赛的领奖台。一想到此,我感到了一种巨大的压力。在抽签环节,当我从那个红色的大箱子里摸出我的参赛号码的时候,我的心情一下子就跌入了谷底——121 号!我将是明天早上第一个出场的参赛者!我立刻懵了,头脑一片空白。虽然我一直努力地对自己说,一定要镇定!镇定!可是,颤抖的双手、急促的呼吸,早已告诉别人和自己——我此刻紧张到了极点。

那一个晚上,我在床上翻来覆去怎么都睡不着。面对第一个出场这样的劣势,我焦躁难安。我索性起身,在房间里开始踱步。突然间,我想到了临出门前儿子带着满怀童真的笑容用脆脆的声音对我说的话:“妈妈加油!”想到了同事和朋友的一条条鼓励的短信,我又浑身充满了力量。再回想起自己准备的那一首已经被自己弹得滚瓜烂熟的《幻想即兴曲》,我开始镇定下来。“我会稳定发挥的”,我这样对自己说。

在接下去的几天中,我凭借自己稳定的发挥,顺利过了一关又一关,到比赛的最后一天,我的心情已经没有开始之时的那份紧张和不安了,倒是多了一份淡定和从容。无论结局如何,这一个星期的比赛,足以在我的记忆中留下浓墨重彩的一笔!在我完成最后一场比赛项目——舞蹈《剪花女》后,我听到人群中有人在暗暗地打听那个跳《剪花女》的是哪个省的。我心中有一种如释重负又窃喜的感觉——我终于完成比赛了,还做了一个漂亮的收尾。

(三)赛后·梦想成真

比赛一结束,亲情便如潮水般涌上心头,我开始想念远方的家人了。在等待比赛结果的那 20 多个小时里,我一遍又一遍地回想着上幼儿园小班的儿子挥着小手送我上飞机时说的:“妈妈加油!妈妈再见!”我的心中充盈了无比的温暖。其实很多选手都跟我一样,都是孩子的妈或者孩子的爸。尽管比赛的气氛非常的紧张,但只要一说起孩子,所有的爸妈级的选手都会凑到一块儿,喋喋不休地谈论自己的孩子。这个时候大家不再是对手,更像是很久不见的朋友在拉家常。

11 月 14 号晚上 8 点,当大赛组委会的工作人员宣布获一等奖的选手到后台候场,准备上台领奖的时候,在场的人都鸦雀无声。十几年来的梦想终于成为了现实。当我站在舞台上接过一等奖的奖杯时，我的眼前出现了许多的场景：在琴房练琴、在排练厅跳舞、在教室复习理论……那是怎样的汗水和努力凝聚而成的奖杯啊！

记得我的老师曾经说过："学艺如学做人。"赛场是一个有着强大磁场的地方，经历过这样的磁场作用，使我提高了自己的修养和认识，不管是学艺还是做人都受益匪浅。比赛结束了，但赛前准备的过程和艰难的比赛经历使我难以忘怀。我很庆幸自己能有机会参与这样的比赛，三个多月的赛前准备，七天的参赛经历，让我在专业学习和为人处世等方面都有了新的认识和理解。

阳光有时，自是在风雨之后；花开有时，自是在阳光之后。感谢所有关心支持我的人，因为有你们，我才能顺利地实现梦想。我将把我的专业技能在教学实践中好好运用，实现更大的人生价值。

在比赛中收获

编者按：2012 年 6 月 11 日，宁波市举行了第六届中小学音乐教师基本功比赛，50 余位教师参加角逐，并在一天之内要完成钢琴、声乐、自选乐器或舞蹈、自弹自唱（即兴伴奏）、合唱指挥等的比赛项目。通过比赛的洗礼，教师们更感到基本功的重要性，并有如下收获。

收获一：放平心态，轻松上阵。这次声乐、小提琴、钢琴的比赛还算正常发挥，我反思了一下这都应该得益于我的心态调整得比较好，把比赛当做是自己的自我提高机会，以平常心看待。比如我在合唱指挥比赛中出了一点小失误，但我并不沮丧，而是以乐观的心态去迎接下一场的钢琴比赛，虽然发挥得不是最好，但却减少了失误。良好的心态与心理素质至关重要，是获得好成绩的重要条件之一。（黄婷）

收获二：坚持学习，学无止境。这次比赛不仅是对自己专业的一次全面检查，同时也看到自己和同行一些"高手"之间的差距。看来一方面要认真教学，另一方面对自己的各项基本功也不能松懈，真正感受到了"学无止境"这句话的含义。（钟俊霞）

收获三：细节出发，充分准备。比赛前准备好每一个细节是比赛的关键之一，如声乐、器乐的伴奏，萨克斯的哨片，比赛时的服装，对于常出错的地方再有针对性地强化训练。我在比赛之前就明确告诉自己，要以一个良好的心态去对待比赛。尽量发挥好自己长处，来弥补弱势。如声乐方面我在技巧上比不过优秀选手，因此，我只有尽可能地用情歌唱，用情感动评委，缩小与优秀选手之间的差距。（杨辉）

收获四：赛前检查，保障发挥。我自选项目弹奏的是吉他独奏《爱的罗曼史》，弹到一半才发觉原来自己还没有把吉他抱稳，弹着弹着有点往下滑，又觉得不好停下来，当时特别担忧，稍稍调整了下，总算吉他还算争气，没有掉下来。看来，演奏前先检查一下乐器是否拿稳是很重要的。（李莹）

收获五：换位思考，理解万岁。自选项中我较为担心舞蹈，自知条件不够好，每天的舞蹈练习很辛苦,直到膝盖练到淤青,肌肉酸痛不止,心里暗恨自己缺乏锻炼。"钟老师,你行的,别紧张!"学生的鼓励使我这个老师反倒更像个学生,极需心灵的抚慰。想到我们的学生面对种种学习压力、困难与挑战的时候不更是如此吗?其实他们更需要教师的帮助与理解,爱和宽容。(钟丽莉)

收获六:反复哼唱,把握情感。我拿到自弹自唱的作品《四川上来九个滩》时,觉得无从下手。通过反复哼唱慢慢找感觉,发现第一乐句结尾处带有点哭腔,惊喜之余,赶紧找钢琴练习,在伴奏音型上也作了相应的处理,很快整首歌曲的风格就形成了。从中我收获了两个经验:一是平日要积累大量歌曲。有大量的歌曲积累作铺垫,很快就能找到歌曲的所属类型,才能根据需要编配相应的伴奏音型诠释情感。二是反复作哼唱,体会情绪。把握情感,要把歌曲的每一句都唱顺了,唱到心里去。(薄渊炯)

收获七:尊重作品,坚持原调。我在准备自弹自唱项目时,由于歌曲的调比较难弹,音也较高,我自作聪明地将原来的 E 调降成了 D 调来练习。上场前十分钟我才得知必须按原调来弹奏并演唱。经受了这次教训,我深深地体会到,在演唱歌曲或演奏乐曲时一定要尊重作品,坚持原调。(陈露寅)

收获八:消除紧张,稳定发挥。自认为即兴伴奏还不错的我,在自弹自唱环节,来了个大大的失误。可能太紧张了,一下键就是个错音,慌了一下,深呼吸,重新来过……此时想想,太不应该。即使是强项,在赛前也要做好充分的准备,只有这样,比赛时才不会慌,才能稳得住阵脚。(滕灵静)

收获九:挑战自我,执著坚持。在练习舞蹈时不小心拉伤大腿,让我多次产生放弃舞蹈的想法,甚至在比赛的前几天,我已经准备好葫芦丝曲目,准备代替舞蹈。但是,我身边的朋友、领导及同事们却给予我莫大的鼓励,说我"一定能行!"我真的非常感谢他们,谢谢他们给我的力量和信心。比赛结果,正是舞蹈这项我发挥得最好。虽然舞蹈的难度技巧不高,但这是我表演得最投入、最流畅的一个项目……我真切地明白了:原来,坚持,真的很重要!(祝飞)

第三节　研修心得

编者按：宁波市音乐学科“疑难问题解决”、“教师专业发展”高级研修班，共有近百名教师参加了研修。该活动对解决宁波市音乐学科在音乐教学改革过程中遇到的各类疑难问题，指导宁波市音乐学科骨干教师的专业发展方向，提升专业能力，起到了有力的促进作用。同时，也促进了一批学科骨干教师的成长。以下是一组教师们的研修心得。

高瞻远瞩话音教　潜心研训育硕果

——“疑难问题解决”高级研修班第一次活动纪实

2011 年 9 月 27 日至 28 日，在海曙区青少年宫举行了为期两天的宁波市音乐学科“疑难问题解决”高级研修班的开班典礼和第一次培训活动。有 58 位中小学音乐教师及全体音乐教研员参加。本次研训的主题是“音乐教师的专业发展”。整个过程内容充实，安排紧凑，学术研究氛围浓厚。

活动过程记录：

1. 开班仪式——明确研训主题

9 月 27 日上午，首先进行了简短的开班仪式，胡金康老师主持会议，黄伟平老师致开幕词。回顾近年来宁波音乐教学取得的成绩，传达国内外音乐教学最前沿的理念，提出本期研训的主题：音乐教师专业发展的研究。

个人感想：近年来在最前沿教学理念的引领下，宁波的音乐教学晴空一片：省优质课一等奖频频；《歌唱教学新策略》一书的“畅销”……让我们欣喜地感到我们在“前进”。但成绩属于过去，继续我们的脚步，踏实，加快，才能迎来累累硕果。

2. 学术报告——专家专业引领

本次活动，共安排了四个学术报告，给予学员全方位的专业引领。

(1)徐旭茫:博闻时尚的《音乐教师的“十八般武艺”》

徐旭茫老师既博闻又与时俱进。她在讲座中对音乐教师的“十八般武艺”作了全面阐述,包括:什么是音乐素养,什么是音乐教师的素养;作为音乐教师应具有的“四大技能”和“十八般武艺”,以及如何修炼等。她从乐见的“功夫熊猫”导入和总结,还通过对国内一些名主持的主持风格的分析,让我们知晓作为音乐教师对“说”的能力的锤炼的重要性。徐老师还注重发挥听课者的资源优势,充分联系学员教师们的精彩课堂表现,让我们觉得既时尚,又亲切。

个人感想:无招从有招开始。作为音乐教师招招要练(不论年龄),如能全而有一精,才好。

(2)周琦:精致完美的《触摸音乐的脉搏》

周琦老师的讲座如同其人,完美精致。语言美,课件雅,课例精,讲解细致而生动,让我们在享受的同时也很受用。周老师分析了音乐教学现状中存在的问题,提出了“儿童是脚,教育是鞋”“鞋去适合脚”的观点,和“如何让音乐真正进入学生心灵”的命题。向我们阐述了片段教学设计、作品的细听感悟、切入点的选择把握、教学途径的设计、教学反思与跟进等研究性话题,并举了几个精彩的课例:接触魔咒的《沃尔塔瓦河》,意蕴悠长的《渔舟唱晚》,触动心弦的《致音乐》,互诉衷肠的《梁祝》,再次提出丰富的音乐体验才是关键。并鼓励大家只要努力实践,所有的老师都能上出好课,都能找到幸福的感觉。

个人感想:非一日之功。需好好学习并修炼。

(3)单森权:现场生成的《体验和声》

单森权老师结合“人声乐队”的课题研究,调动现场的每一位教师,阐述了和声思维对音乐教师专业发展的重要性。首先从巴赫的前奏曲与古诺的《圣母颂》之间的契合中寻找和声与旋律的联系。再从口风琴和手风琴现场演奏的四重奏《浪漫曲》入手,引出人声乐队的概念,揭示用人声模仿乐器进行重奏合奏的音乐学习方式在音乐教学中的作用。然后再以《雪绒花》为例,进入四部和声的创编。最后带领大家体验了《故乡的亲人》的即兴四部和声创编。他的讲座中有很多互动学习内容,融入了聆听、演唱、创编、拟声、即兴演唱等,让大家在从单声部到四声部,从器乐到人声乐队的互动学习中体验到四部和声和人声乐队的魅力。

个人感想:这是探向音乐内部来修炼教师的“内功”。我的和声基础不是很好,也许还不能很清晰地理解“之所以然”,因此得努力地修和补。

(4)黄伟平:高远风趣的《论中小学音乐教师的专业发展》

“别人是讲座,我是讲‘站’”——这个带头站着讲的人让人折服,折服于他的修养、睿智与风趣。

讲座开始,黄老师循循而言:“一定要静下心来教书,潜下心来育人。”“没有一流的大师,便没有一流的学生。”“音乐教师的地位与音乐教师的专业性密不可分。”“只有专业性强,才能不可替代。”之后阐述了中小学音乐教师专业发展的重要性;音乐教师专业包括的内容;提升专业的方法;音乐教师的教育之路,“没有压力就没有动力”,“曲折是必要与正常的”;参照国际职业专业化标准,结合我国的特点,提出了中小学音乐教师专业化的要求;中小学课堂教学的新理念;优秀教师最显著的 11 个特征与教师的修炼。其讲座的精髓,都随着学员们的一阵阵笑声流入了大家的心田。

个人感想:“哪壶开提哪壶,期待其他壶也会开”(黄老师语);专家的讲座拓展我们的视野,给我们许多启示。

3. 分组讨论——同伴思想碰撞

(1)学术小组研讨

28日上午8点半开始,学员们分成五个学术小组,到五个教室,由小组长主持研讨,确定研修的方向。

整整2个小时,各组都进行了认真、激烈的讨论。根据教师自身特长,根据整个音乐教学发展的大背景,试图寻找最佳的“点”,探寻指向明确的研究框架。

(2)小组代表发言

之后,各小组代表发言,交流讨论的结果。

个人感想:同伴的思想碰撞,擦出美丽的火花。寻定“种子”,需要回去后辛勤的培育,才能结出果实。回去后确定课题,设计可行的研究方案,将实践研究落到实处,落到深入。

4. 活动小结

本次活动是高起点,高效率的。学员们收获颇丰。

(1)浓郁的学术氛围

整个活动充满学术氛围,从以上的活动记录可见。

精彩的学术报告;认真的学术小组研讨;孜孜不倦的学术精神。

(2)有效的组织与安排

两天活动安排井然,源于组织者前期的有效准备,源于过程的有序组织。

精致的“串珠”。每半天,都由某位教研员担任主持:胡金康老师、皇甫美君老师、周琦老师。他们用各异的风格,连缀每个环节。

良好的后勤。吃得放心,住得舒心。感谢幕后的工作者!

(3)众人划桨开大船

一个优秀的船长。市教研员掌舵,航线方向鲜明,引领我们不走弯路;为每个要求进步者搭建舞台,唤醒“睡着的”教师,扶起“躺着的”教师,推动“站着的”教师,拉快“走着的”教师,把握“跑着的”教师。

一群精干的水手。来自各县市区的精英,打破区域限制,按照统筹结成的研究小团体,更是具有很强的“战斗力”。

引用黄老师的话:“我们在同一船上,只有共同努力向前,才能到达成功的彼岸。”

(吴瑞红)

因“钻”而“专”　以“研”促“业”

——“疑难问题解决”高级研修班第二次活动纪实

2011年12月26日至27日，宁波市音乐学科“疑难问题解决”高级研修班第二次活动在海曙区少年宫举行。在9月份的第一次活动中，已明确此届研修班的研训主题是“音乐教师的专业发展”，并要求每位学员根据徐旭茫老师的《音乐教师的“十八般武艺”》讲座中所界定的专业发展相关内容，选择自己的探究方向。事隔三月，我们带着探究过程中的些许迷茫、或是稍稍收获的欣喜，在市教研员黄伟平老师为我们准备的第二次活动的饕餮盛宴中汲取各自的养料，使自己的探究方向更加鲜明、发展信念更加执着、前进步履更加轻盈。

(一)因“钻”而“专”的专家讲座

此次活动，镇海区教研员杨晓波、象山县教研员单森权，两位我们身边的专家老师把自己的实践积累经验毫无保留地呈现，湖州市教研员陈千红老师结合湖州市近10年的音乐欣赏教学研究，在剖析音乐欣赏教学本质的同时，也向我们展示了湖州市教师在进行教法探究过程中的执著与拼劲，让我们一次次地感动于三位老师的“钻”、“专”之劲儿。

杨晓波老师:要善于捕捉身边的音响并且积累，真的，我就是这么做的。

26日上午，杨晓波老师为我们作《钢琴伴奏的学习与运用》。在讲座中，杨老师从钢琴伴奏在歌唱教学中的重要意义和弹好钢琴伴奏的重要因素着手，结合杨老师自身的学习经历，要求我们多看多听，并善用副三和弦、妙用附属七和弦，使钢琴伴奏散发独特的魅力。杨老师说:“如果你觉得我所说的有用，请拿去用，一定要捕捉身边的音响并且不断积累，我就是这么做的。”

单森权老师:一件事，起初没做成，但多做了，自然也会做成。

26日下午，单森权老师作《音乐论文写作杂谈》。单老师2011年在各大音乐刊物共发表了10余篇论文，他结合自己的写作经历，从论文写作的一般知识、如何写论文、用批判性思维看待论文、用正确的研究方法写论文以及各类研究方法论文举例等方面，逐一梳理我们的写作思维，明确写作方法。单老师说:“我以前的写作能力是很差的，但多写了，自然会进步。大家也是一样。”

陈千红老师:每个人都要交作业，只有这样，老师们才可以快速成长。

27日下午，陈千红老师带着湖州市三位名师风尘仆仆地赶来，为我们介绍湖州市音乐教学中对于欣赏教学的理解与教学手段探究，使我们明确音乐欣赏教学是“对音乐高度关注与享受的前提下的教与学的过程”。陈老师用科普兰对音乐学习的过程要求，详细介绍了他们在欣赏教学中的“律动”与“图形谱”运用的理论支撑与实践推广过程。在讲座中，我们看到了湖州市教师的“音乐作业”——图形谱设计，每个教师的设计都是不同的，但是都紧紧围绕陈老师所介绍的“图形谱不主张具象化”要求，各具特色，生动地体现了音乐的脉动。陈老师说:“我像一个工头一样折磨他们，让他们交作业。”从陈老师的笑容中我们真正感受到湖州市音乐教师的钻劲与韧劲。

三位老师倾力而为、知无不言，希望音乐教师提升专业素养的期盼溢于言表，每位学员深深感悟。

(二)以“研”促“业”的学员交流

27日上午,全体学员汇报了三个月来的课题研究阶段性成果与研究过程中的困惑与设想,该活动由周琦老师主持。20位学员从有效使用钢琴、规范性范唱、和声素养提升、多声创作能力形成、合理整合改编教材、套笛乐队演奏作品创编、创造性地课堂调控、实效性地教法研究、有效反思、语言艺术、扒谱能力、琵琶演奏风格比对等方面进行汇报。这是一次思维碰撞的汇报,见证了高研班学员对于“专业发展”要求的积极响应与不懈努力,也见证了我们全体学员以“研”促“业”的坚定决心。

周琦老师对每一位学员的发言都作明确的指导,使我们更明确接下来的研究方向与具体方法。周老师在总结中说:“不管研究什么,都必须有哲学性理论的依托,不要让常识性理论代替哲学性理论;不管写什么,必须有真材实料的钻研与实践,都必须经过时间与实践的积累和积淀。”

(三)展望期盼的活动总结

黄老师说自己是一个挑剔的人,他会给每一次研训精心设计课程,希望每位学员能够有所收获。在专业发展方面,黄老师提出:

1. “哪壶开先提哪壶”。在“课堂教学、课外活动、论文写作”等方面中发挥自己强项,让强项更强,从而带动弱项。

2. 音乐教师的专业能力决定整个学校的音乐教育氛围和学生的音乐素养。所以,每位音乐教师必须有紧迫感与责任心,发展自身专业,提升学校音乐素养。

3. 高研班的每一位学员都是一颗种子。这是一颗颗充满生命力的种子,希望在宁波市的各个角落发芽成长,一起来推动宁波市的音乐教育教学工作。

此次研训短暂而高效,下一次研训暂定2012年三月份,期待阳春三月的明媚阳光!

(骆琴琴)

音教群贤毕至 九曲剡溪流觞

——“疑难问题解决”高级研修班第三次活动纪实

五月的天空阳光明媚,五月的剡溪清澄碧透,五月的音乐更是充溢着诗情画意般的清香。怀揣着这份清香,5月16日至17日,宁波音乐学科第一期高级研修班第三次研修活动在奉化市剡溪中学隆重举行。来自各县市区的音乐教研员、研修班学员及奉化的中学音乐教师聚集在一起,共享音乐盛宴。

16日上午,来自温州二中的马赛葛老师为我们带来了一堂别开生面的《走进西藏》。马老师用呼吸练习和简单的发声练习拉开了序幕,而这些发声练习恰恰是《走进西藏》的主要旋律,一开始就让学生对歌曲有了一个很好的聆听与感知。马老师生动精练的语言,大气精准的指挥很快就拉近了与学生间的距离。在新课教学过程中，不断地加强A部分旋律的训练，让学生唱主旋律，教师加入伴唱，自然贴切地营造了立体的二声部感觉，灵活有效的教学方法不仅激发了学生的学习兴趣，还促使学生在不断的参与中体会到了不一样的歌唱课。

随后，温州市音乐教研员钱瑞华老师为我们带来了讲座《歌如“行板”》。讲座中钱老师用亲切自然的语言将自己的求学历程向我们娓娓道来，我们不得不感叹钱老师为了追求自己的理想和自己热爱的声乐艺术所倾注的汗水和努力，最后在自己的声乐道路上大放异彩。同时钱老师也和我们在座的所有教师分享了自己对歌唱教学的理解，认为歌唱教学是一个长期的、有规律的训练，需要我们音乐教师有演奏行板的心态与优雅从容的教学艺术。之后钱老师还结合《走进西藏》一课谈了三个观点：首先要“声有色”，有“音准”更要有“音色”。美的音色是柔和的、松弛的，可以让歌唱机能始终处于可调配、可指挥的灵活状态。好的音色是有控制的，高品质的音色是有穿透力的。其二是“曲有韵”，从音符走向音乐。音符是平面的，音乐是立体的，我们要从“音符”走向“音乐”。只有教师先入情地歌唱，把枯燥的音符转变为生动优美的音乐，学生才能入境。其三是“诉有情”，由唱歌导向歌唱等等，为音乐教师专业发展指明了方向。

之后，来自奉化、象山、江东的三位音乐教师为我们带来优秀的音乐课例。每堂课都有自己的特色，大家无不为台上教师的音乐素质之高，语言之诙谐幽默，以及驾驭课堂、掌控课堂能力的游刃有余叫好、叫绝。奉化莼湖中学的陶慧老师为我们呈现《蓝色狂想曲》赏析：教学过程各环节设计合理，过渡自然，环环紧扣，教学重点、难点突出，并运用了合理的教学方法，在教学组织、引导、调控方面得心应手。从体态律动，画旋律线，体验加弱音器小号的音色效果等激发学生在音乐中了解爵士音乐忧伤、忧郁的心绪。江东春晓中学的赵恩海老师执教了歌唱课《好玩的歌唱》：赵老师一开始上课就为学生们带来美妙的歌声，赢得学生的热烈掌声，随后阐述他的发声点，找声音的感觉，让学生开心地、好玩地歌唱。通过赵老师的精心设计呈现出四声部合唱效果。象山县泗洲头中学的杨永生老师背着一把吉他把我们带入了《瑶族舞曲》，他对作品细腻的分析与处理也带领着我们每位音乐教师细品了作品的多个声部的音乐与音响。

江北区音乐教研员皇甫美君老师为教师们带来的讲座：主要谈关注音乐教师具有专业的技能、素养、业务能力的发展；音乐教师要发现教材的可教点，要与学生的经验与智慧相融，能体现教学目标或对实现教学目标有重要作用的教学环节；能将整个教学过程和教学内容统摄于一体的结构点。找到可教点可以有效地构课。

奉化、江东、象山的三位音乐教研员作了音乐教育教学观点报告。奉化教研员在报告中讲到《蓝色狂想曲》赏析一课的构课原由：在设计上律动先行，初步感知，突破主题，紧紧抓住布鲁斯特点，品味经典，在聆听中体验情感。江东区教研员从学生的角度出发提出“以学定教”的观点，从教学设计者的角度、看课者的角度和学生长远发展的角度分别阐述了歌唱教学中内容的选择与定位、歌唱方法的引导、多声部的搭建等内容。象山教研员对《瑶族舞曲》音乐作品进行了深入分析，如同春雨般浇灌在我这块干涸的土地上，平时自己对小提琴运弓关注甚少，单老师无疑给我上了一课。给我们带来了如此专业、细腻的分析，这不正体现了他的“研究”之深吗？

本次活动中，研修班学员还进行了成果专题报告展示。其中海曙任丽莉、江东徐建霞、江北周玛菲、北仑沈滢媛、镇海陈萍、奉化张蕾、慈溪范秀亚、余姚翁潇潇、鄞州任涌梅、象山吴瑞红、宁海李巧玲、高新郭映球等音乐教师分别代表各县市区对自己所承担的专题作了成果报告。

第一期高研班历时十个月，虽已落下帷幕，但是我们期待着第二期高研班的再次起航，新的学员、新的开始，相信我们宁波的音乐教师们都信心满满，在新一轮课程改革中共创新的辉煌！

（林　琳）

专家引领　收获无限

——记“教师专业发展”第二期高级研修班第一次研修活动

11 月 28 日至 30 日，宁波市音乐学科高级研修班第一次研修活动在海曙区少年宫开班，41 位宁波市中小学音乐教师参加了此次培训。连日的阴雨，冬日的寒冷，并未消退每位学员学习的热忱，在聆听、思考、讨论中，学员们收获无限。

三天的培训如火如荼，六位专家精彩纷呈的讲座，深刻剖析了音乐教学现状，指引了宁波音乐教育的发展方向，开启了音乐教学的新思路。

市教育局教研室章才根主任题为《新课程背景下的有效教学》的讲座，如冬日的暖流，给音乐教学有效性注入了新的内涵，新的活力，也使学员们有了新的认识，新的目标。章主任幽默风趣的讲课风格时不时地引发教师们的会心笑声。市教研员黄伟平老师从教学技能、思想、观念、方法等方面入手，精辟地阐述了音乐教师的专业性问题。黄老师深入浅出、动之以情的讲座，引发了学员对自我专长、自我教学风格的反思。还有徐旭茫老师的“十八般武艺”，杨晓波老师的“钢琴伴奏的学习和应用”，单森权老师的“音乐作品的解构和重组”，周琦老师的“从感觉式的观察中进入教学”，他们从音乐课堂教学实际出发，向学员们娓娓讲述了音乐教育教学的前沿理论和新的教学理念。

在互动交流中，导师们告诫我们该具备怎样的音乐教学技能，该给学生怎样的音乐教育等思考一次次在学员脑海共鸣、碰撞，必将益于学员今后的教学实践与反思。精彩纷呈的讲座，赢得了学员阵阵掌声和喝彩。

三天的理论学习拉开了培训的帷幕，接下来，研修班学员们将继续分时段、分项目进行理论和实践方面的专业学习。并完成“打造一堂音乐优质课，写好一篇优质教学论文，促进一项音乐教学技能”的学习目标。学员们纷纷表示：这一培训给学员搭设了学习、实践的平台，切实有效，收获无限。

（朱　方）

分享·探讨·汲取

——记“教师专业发展”第二期高级研修班第二次研修活动

2012年12月27日，伴着冬雨绵绵，宁波市义务段音乐“教师专业发展”高级研修班第二次实践活动在我区江北实验小学举行，除了高级研修班的部分学员外还有我区的新教师也观摩了这次活动。

(一)分享课堂教学

活动第一项，由来自鄞州区华泰小学吴盛航、唐弢学校陈彩彩、泗洲路小学许可琢、海曙区范桂馥小学阮瑞霞、江北区实验小学孙挺五位老师通过不同课型进行展示。展示中，五位教师风格迥异，在平时教学的基础上渗透了自己对教学的新理念，也进行了一些尝试性的探究。如吴老师执教的《鲁冰花》借助竖笛、朗诵等辅助手段进行歌曲教学及欣赏，吴老师深情的朗诵以及歌曲的范唱，引导孩子感受和表达妈妈的爱，也感动了听课的教师；陈老师执教的《致音乐》中，以作曲家的优秀作品进行故事性的讲述作为导入，设计新颖，思路清晰流畅，通过旋律分析、带动唱的形式，引导学生感受了艺术歌曲的魅力；许老师执教的《铃儿响叮当》，渗透了教师许多的构课想法，通过变奏的方法将歌曲变化了三种不同音乐风格，学生们在一节课里既感受了轮唱带来的饱满的音响效果，又体验了爵士风格带来的摇摆、松弛之感；阮老师的《水上音乐》重视文本细读，教师亲切的教态，简洁的语言，运用不同教学手段的乐段分析，深层次地挖掘了巴洛克时期的音乐风格特点；最后孙老师的《拉库卡拉查》给我们带来了一堂别出心裁的唱歌课，教师自然的上课状态和巧妙丰富的教学手段，师生合作、生生合作的身势乐器节奏练习，无痕地解决了歌曲的难点，在课中孙老师运用多个视频让学生欣赏了不同方式演绎的《拉库卡拉查》，引导学生体验了多元文化的魅力。

(二)探讨教学新理念

活动第二项，由宁波市教研员黄伟平老师和江北区教研员皇甫美君老师对本次展示活动进行了点评。两位专家对五位学员的课堂教学进行了整体性的评价，提出了教师在备课时要注意的问题：教什么？学生将获得什么？支撑理念是什么？作品的理解深度又是怎样？市教研员黄老师对在座的每一位音乐教师提出了音乐教学中的方向性问题，指出：所有教学应围绕音乐知识技能为目的，通过过程与方法为知识技能服务，围绕“音乐性”，在常态性的教学中应渗透前沿理念。黄老师还提出了音乐学科教学的三种课型即唱歌课、欣赏课、器乐进课堂的教学模式，对不同时期的音乐作品应有不同的欣赏教学目标，如对于古典、巴洛克时期的音乐风格在教学时应整体把握，多元文化的作品学生应以了解、感受、体验为主等。

通过一天的观摩学习，和对典型问题的探讨，听课的高研班学员以及新教师从优秀教师身上汲取了宝贵的教学经验，从专家身上汲取了前沿的教学理念，并将把这些经验和理念运用到音乐教学中。

（许可琢）

风景这边独好

——记“教师专业发展”第二期高级研修班第三次研修活动

2012年1月15日，带着凉凉的冬意我们来到了广济中心小学实验校区。进入校园后看到热情的孩子们，霎时让人感到一股暖意。这次教研活动是由市中小学教师培训中心和教研室组织的宁波市音乐教师高级研修班的第三次小学课堂教学实践活动，活动主题是课堂教学研讨。

(一)观摩公开课

担任本次课堂教学实践课的是江东太古城小学的郑昕、江东区幸福苑小学的郭瑾、海曙中心小学的胡霞波、孙文英小学的张宛鑫、广济中心小学的於珍。五位教师分别展示了欣赏和合唱教学两种不同类型的课。张宛鑫老师在课堂教学中教态很亲切，课堂氛围很活跃，能让孩子在乐中学、在学中乐！课堂导入部分用到了非常符合低年级教学的卡通形象，直接让孩子在不经意中学习了柯尔文音高手势图，并在不断的反复指导下，让孩子们接受“5”和“3”的和声音程概念，建立起初步的两声部合唱效果；郑昕老师在教学《匈牙利舞曲第五号》时对于节奏部分的教学采用了体态律动，让孩子们有意识地去感知节奏的变化；於珍老师的课堂语言很有亲和力，她用柯尔文手势引导学生学唱《踏雪寻梅》两声部，学生初步认识了柯尔文手势，两声部的演唱也较好。

(二)课后教学研讨

课后研讨中，张越琼老师对这几位教师的课堂教学能力进行了肯定，对于存在的问题也进行了指正，例如唱歌教学的音准问题，欣赏教学被我们所忽略的声部教学等。另外还留下一个让我们深思的问题：我们的学生在走出课堂以后是否还对所教学过的音乐留有记忆？接下来由黄老师对这次活动进行了总体的点评，他指出音乐课堂教学应该是以音乐为主线，我们要根据不同学段孩子的年龄特点设计不同的活动和教学环节，推陈出新，解放思想，上出亮点，凸显个性。要善于在实践中创造，敢于在实践中去妙用。

总之，作为教师唯有树立终身学习观，不断学习，不断汲取，不断创新，才能做一棵教坛常青树。

（阮瑞霞）

音乐高研班奉化行

——记“教师专业发展”第二期高级研修班第四次研修活动

2013年1月16日，宁波市义务段音乐“教师专业发展”高级研修班第四次实践活动在奉化市实验中学举行。奉化、宁海及宁波市音乐教研员、高级研修班的部分学员及第九届部分带徒学员30余音乐教师参加了本次活动。

担任本次课堂教学实践展示课的是奉化市西坞中学的何培琴老师、奉化市实验中学的林娜老师、宁海县潘天寿中学的蒋洁琼老师、象山县滨海学校的游志坚老师和象山县西周中学的王灵琦老师，五位教师分别为大家呈现了五堂构思巧妙、风格迥异的展示课。来自奉化的何培琴、林娜两位老师以同课异构的方式，根据她们对作品的不同理解，运用不同的教学构思为大家带来了《船工号子》这一课。何老师通过挖掘作品中音乐的基本要素和表现形式等问题，引导学生感受与体验各类船工号子的不同风格与特点。林老师则以船工号子的发展历程为主线，引导学生走进劳动号子，感受劳动号子的特点。来自象山的游志坚和王灵琦两位老师则向大家展示了两堂合唱教学课。游老师在执教《踏雪寻梅》这一课的过程中，时刻关注学生歌唱时的声音位置，在不断反复的指导下，使学生掌握正确的发声技巧。王灵琦老师执教的《雪绒花》这一课用吉他自弹自唱歌曲《雪绒花》作为本堂课的导入，并将吉他的伴奏音型作为歌曲的第二声部进行教唱，设计十分新颖。来自宁海的蒋洁琼老师以亲切的教态，丰富的课堂语言给我们带来了一堂唱歌课《阿西里西》，教师通过师生的互动合作，为歌曲逐步加入了和声、伴唱和伴奏乐器，巧妙地解决了歌曲中的难点，整堂课在轻松愉悦的氛围中完成了教学。

随后，奉化市教师进修学校的陈红久老师对本次活动进行了细致的点评。陈老师提出了在唱歌课中教师应关注学生歌唱的声音位置，合理把握歌唱的技能，掌握歌唱的技巧。在此基础上还应该关注作品的音乐要素，在力度、情绪等方面对歌曲进行更进一步的处理，以情感的方式去呈现作品，学生的体验才会更加深刻。而后，黄老师围绕着"音乐知识与技能的教学和把握"和"教学预设"这两个问题对学员们进行了总体的点评，提出了音乐教师在教学中最重要的目标就是对学生的音乐知识和音乐技能的掌握和提高，教师在传达给学生知识点方面要力求准确。黄老师还提出教学预设应当多样化，教学设计要解放思想，可以围绕目标设计多种多样的方法。

本次音乐高研班活动，进一步促进了学员们对初中合唱教学和欣赏教学的研究、反思与实践，为更好地提高合唱教学效果指明了方向，也为教师们在教学上的快速成长上了非常有意义的一课。

(许珊珊)

沐浴冬日的暖阳

——记"教师专业发展"第二期高级研修班第五次研修活动

1月23日至24日，宁波市义务段音乐教师高级研修班第五次培训活动在海曙区少年宫顺利举行，来自宁波全大市的41位中小学音乐教师再一次接受了先进音乐教学理念的洗礼，宛如沐浴在冬日的暖阳中，感受着温暖与幸福。

在这次的学习培训中，看到最多的是学员们认真聆听专家讲解时的渴求眼神，是"沙沙沙"笔尖记录先进理念的忙碌身影，此情此景仿佛又让学员们回到了孜孜求索的学生时代。两天的培训安排紧凑，学员们的学习也收获满满。

奉化教师进修学校的陈红久老师结合自身研究实践给学员们作了《基于目标的体验式音乐欣赏教学实践》的报告。她着重对音乐教师在欣赏教学中遇到的主要困惑进行了剖析，给学员们开展欣赏教学指明了新的出路。

北仑教育局教研室鲁明华老师以近几年北仑成功开展的合唱教学为引入，给学员们详细普及了合唱常规知识。他从“独唱与合唱”、“合唱核心技术和表现手段”、“合唱指挥和伴奏”、“合唱的分类”、“合唱的队形排列”等几方面深入讲解，为学员们日后开展合唱教学起到了方向性作用。

来自温州二中的马赛葛老师，精致的打扮、动听的歌声、投入的讲解、夸张的示范，引来学员们一阵阵热情的掌声。她的讲座题为《强扭的瓜也可以很甜》——混声合唱团的另类声训和作品处理，马老师带的温州二中合唱队，数次获得温州市及浙江省合唱比赛一等奖第一名，她从自己训练合唱团的经历说起，和我们分享了“非常合唱”、“强迫合唱”、“强扭的瓜也可以很甜”三个阶段的酸甜苦辣，引起了很多教师的共鸣，纷纷为马老师的努力坚持“啧啧”称赞。随后，马老师又向我们推介了世界各国的合唱表演，分析了作品的音乐风格及个性化处理。她难中求易的独特处理方式，独树一帜，显现出她独特的风格。让在座的教师惊叹，原来可以这样！

马老师通过一个个实例与大家分享了她多年来带领合唱队一步步走向成功的经验点滴。时而“野兽狂舞”，时而“蛤蟆仰天”，时而与学员们合作互动，时而又“引吭高歌”，她用一个个生动的事例，一幕幕比赛的成败，一次次闲暇时的思索让我们看到了一位音乐教师的专注、投入、热爱、感动与幸福，也让学员们感受到了作为一名音乐教师的责任。

而后，温州市音乐教研员钱瑞华老师更是给学员们送上了一顿歌唱教学的大餐。钱老师结合诸多教学实例，给大家作了题为《先声方夺人——歌唱教学唱为核心》的精彩报告。她分别从“视唱突破难点”、“范唱引领发声”、“教唱表现内涵”等三方面给学员指出了歌唱教学的提高路径。又高屋建瓴地提出了“声有色——要音准更要音色”、“曲有腔——从音符走向音乐”、“诉有情——将唱歌导向歌唱”等歌唱教学的理论观点，给学员以很大的启示。钱瑞华老师就歌唱教学在合唱中的规范统一以及歌唱课的教法作了深刻细致的分析。通过小学、中学、高中的教学实例，具体形象地向我们阐释了她的歌唱教学理念，呈现出独特的教育智慧，让在座的教师受益匪浅。

高研班整五天的理论培训虽已结束，课堂教学实践活动也已经拉开帷幕，十五位学员的展示给冬日带来了一丝春意。同时专家们抛出的一个个观点却仍在学员们内心激荡着一圈圈的涟漪。沐浴着冬日的暖阳，学员们更加坚定了在音乐教学道路上不断向前的步伐！

（何润洋　刘　芳）

第四节 学习体会

熟能生巧 乐由心生

——记“教师专业发展”第二期高级研修班第六次研修活动

得知本次培训活动的讲课教师为上海音乐学院孙维权教授，我便对此次活动充满了许多期待。原因有两个，其一，上音的教授我接触过两位，我很了解，他们除了技艺精湛之外，更重要的是音乐对于他们，是一种深深烙印在内心的东西，是他们生命中不可分离的一部分；其二，孙维权教授几年前也来过宁波作过讲座，上一次已经带给我们许多收获，我知道他是这方面的专家。这次讲座的参加对象应该是中小学音乐教师，但我还看到了来自宁波大学的几位老师的身影，由此可见孙教授的知名度非同一般。

70岁的孙教授一坐到钢琴边上，便立刻精神矍铄，指尖流淌出的音乐时而清淡高雅如绅士，时而动感跳跃如青年，时而活泼快乐如孩童。用孙教授自己的话说，他弹琴给自己听，他享受音乐，我想正是到了乐由心生的境界才能够演绎出如此美妙的音乐吧。

本次即兴伴奏培训活动的内容与形式俱佳，对听课教师们来说针对性非常强。在内容上，采取结合中小学音乐教材中的歌曲来讲解如何进行即兴伴奏；在形式上，采用现场发题、准备片刻、当场演奏、教授点评这样的方式来进行。这使得本次活动实用、高效，因此对全体听课教师即兴演奏能力的提高无疑帮助极大。

经过孙教授一天半的讲座，再结合自己的理解，我就把如何对中小学音乐教材中的歌曲进行即兴伴奏进行一下纸上谈兵吧，希望能对那些想来听讲座但又未能得偿所愿的教师有一点点的帮助。

我把中小学音乐教材中的歌曲分成三个类别。

第一类是典型的儿歌作品，如《真善美的小世界》、《多来咪》等。这类歌曲往往情绪活泼欢快，体现少年儿童活泼开朗、积极向上的精神风貌，也最受学生的喜爱。为这类歌曲进行伴奏，织体可以采用八分音符分解和弦，并用跳音的奏法。这种方法十分常见，许多教师都在用。但孙

教授指出不少教师左手的低音总是采用原位和弦的根音，如 1x xx|2x xx|，这样容易给人造成机械、呆板的感觉，无法正确表达少年儿童的活泼形象。他指出这种伴奏应采用低音向下四度跳进，让音乐流动起来，如 1x 5x|2x 6x|。在和声连接时可以多采用上行四度循环进行的和声连接，即：一级——（四级——七级——）三级——六级——二级——五级——一级。当然这一公式不是一成不变的，要会灵活使用。

第二类是抒情性的歌曲，如《鼓浪屿之波》、《难忘今宵》等。这类歌曲往往速度不快，旋律平稳流畅，在比赛中会经常选用此类作品来考察选手即兴演奏水平的高低。这类作品在和声选用上要大胆使用副三和弦，许多地方可以采用三度替换的方法。如可以配一级和弦的地方同样可以选配向上三度的三级和弦，或向下三度的六级和弦。如此一来，就大大丰富了作品的和声语汇，出现不同凡响的声音效果。这类作品还要非常重视低声部的旋律，使之富有歌唱性。在《难忘今宵》一曲中，孙教授为歌曲前奏编写的低音声部 1- 7-|6- 5-|4- #4-|5-1-| 就非常连贯，且具有歌唱性，这样，歌曲的抒情性得到了充分的体现。

第三类是具有典型民族风格的歌曲作品，如《上去高山望平川》等。这类作品性格鲜明，风格独特。我认为编配此类作品首先对这一作品的风格应有所了解，否则容易让人觉得味儿不对。当然各民族音乐风格各异，就拿这首作品来说，这是一首山歌。歌曲中只有四个骨干音 2.1.6.5，歌曲节奏比较自由，经常出现延长音。在歌曲伴奏时，可利用这四个骨干音演奏双手交替的琶音音型，在延长音上可用演奏震音来获得支撑，加上一个节奏自由的前奏也是非常巧妙的方法，只要抓住歌曲主干音和歌曲中某些动机，就会获得浑然一体的效果。

即兴伴奏是一门实践性非常强的学科，要想把孙教授的经验转变成自己的知识，关键还是需要我们在平时的教学实践中练习与积累。要想达到真正即兴伴奏的水平，还有许多基本功需要储备，如一定的键盘演奏能力、熟悉的四度循环和声连接、各种常用调性的熟悉等等。让我们共同朝着熟能生巧、乐由心生的境界努力吧。

（任丽莉）

同心奏响学习的乐章

编者按：该培训学习体会，描述了一位学员教师享受培训学习的愉悦过程，通过对一堂示范课中教学目标、教学对象、教学程序、教学语言的细节描述，记录了自己的学习收获和感触。

此次 90 学时的培训学习时间集中、内容丰富、主题突出、有深度、有广度，让我感到心动和冲击的除了我们的“人声乐队”外，应该是美丽而睿智的杭州滨江区教研员叶丽慧老师。下面记录了叶老师在课堂中给我的几点启示：

（一）从目标出发的教学

“从目标出发的教学”——当叶老师说出这句话的时候，迟钝的我在脑子里过了好几遍。从目标出发的教学是一种怎样的教学呢？叶老师的示范课，足足让我们大开眼界，原来叶老师的“目标”就是要让学生很好地掌握学习音乐的能力，且这种能力的掌握与“从内容出发的教学”相比站的高度和掌握的能力度是不同的，它更实在，更有可测性。

（二）对全体学生的关注

在课堂中，叶老师不会因为某个学生举手特别快而在其他学生都还在思考的时候就叫该学生回答出答案并进行下一内容的教学，而是要让大多数学生都听懂后才接着教学下一内容，教师对全体学生的关注广度、关注深度、关注掌握度方面特别细致，让学生们真正深深喜欢上作品的欣赏，并能很好地理解和掌握。

例 1：听引子

师：“引子在什么地方结束？”

第一遍：只有一个学生不太确定地举手。

师：“可能有点短，好多同学没听清，让我们再听一遍。”

第二遍：三分之一的学生不太大胆地举手。

师：“有进步，有三分之一的同学举手了，但不够大胆，请你自信的把手举高，还有三分之二的同学希望也能举起手。”

第三遍：三分之一自信确定地举起了手，另外三分之二的学生也大胆地把手举高了。

例 2：师：“请听清主题旋律排列顺序，并边听音乐边大声说出来。”

中学生由于年龄原因一般不太像小学低段的学生那么活泼，叶老师的要求就是大家大声地回答，不但增强了学生的自信同时让一部分不太真正明白的学生也学得认真明白了。

（三）小步递进式的聆听

例 3：听大鼓和大镲声

第 1 次：整体感受。

第 2 次：引出“雷声”，明确鼓声表现了雷声。

第 3 次：体验雷声的变化，出示鼓，引导学生尝试如何表现雷声的从远到近。

第 4 次：看视频，了解滚奏，观察演奏者的身体演奏变化。

第 5 次：教师带学生用身体模仿演奏，同时合着音乐演奏。

第 6 次：听辨出“ca ca”声，认识大镲。

第 7 次：生模仿镲的演奏并听辨镲在音乐中的出现次数，听后交流如何演奏更符合音乐形象的表现要求。

第 8 次：合音乐拍手模仿大镲，并细致分别拍手时手的形状对拍出的声音的音质的差别比较。

第 9 次：分小组分别模拟大镲和大鼓合音乐。

以上每一步之间的进程设定得很小，使学生容易完成聆听要求，得到成功的快感。

（四）朋友谈话式的交流

在课堂上，叶老师对学生的那种朋友谈话式的课堂语言深深吸引了我，她经常会这样问：

“……是这样……吗？”“你来试试看，好吗？”她还举出身边很多形象的生活例子来形象模拟音乐中的不同形象，真的值得我很好地去消化吸收。

（谢春艳）

“特别”的培训

编者按：本文是一篇反映音乐教师们在火热的暑假自觉参加90学时培训学习的体会文章。文中反映了三个现象：主讲教师“讲”的能力；听课教师“听”的状态；日常教研“熏”的作用。

今天是90学时第二轮培训的第一天。天气炎热，但是参加培训的教师们还是早早地已经在教室里等待着了。早上的培训结束后，我有一些感触很想倾诉。总结起来就是两个字——“特别”。那么今天的培训与往常相比特别在哪里呢？

第一个特别是我们的专家是“自己的”专家；第二个特别在今天我们很“自由”；第三个特别是我们很“自律”。

为我们培训的是县骨干教师钱颖老师。她为大家做了2011年全国优质课案例分析的讲座。在讲座中，钱老师结合录像资料为大家细致地分析了分别获得第一名和第二名的两节不同类型的音乐优质课。一节是欣赏课《打虎上山》，一节是合唱课《田野在召唤》。

《打虎上山》一课中，钱老师为我们分析了这一课的音乐唱段特点，这一内容在教材中的地位，并引导我们进行观察分析：

1. 你觉得本节课是以什么为知识主线的？（知识主线的设计是建立在教师对作品分析理解之上的）

2. 教师在很多教学片段都运用了电子琴进行辅助教学，你印象较深的是哪些片段？分别起到了什么作用？

而在合唱课《田野在召唤》中，钱老师在分析教材的基础上，引导我们在观察中思考：

1. 教师在合唱教学中采用了哪些“抗干扰”方法来帮助学生建立声部音高？

2. 你觉得这节合唱课的教学思维和我们现在的“人声乐队”课题有什么共通点，又有何不同？

3.《田野在召唤》很美，我们很喜欢，你认为它的美感呈现在哪里？

钱老师的分析细致到位，结合她自己的观点娓娓道来，让我们获益匪浅。

然后说到第二个特别是我们很“自由”。

在县里的音乐培训或者教研活动中，我们经常是处于“不自由”状态的。在教研员的火眼金睛之下，我们常常处于“小声儿”喘气的状态。但是今天教研员并不在场，我们处于无人监管的状态中，我们可以不听讲座，也可以认真聆听；可以说话，也可以保持静默；可以自由走动，也可以不动……我们可以在行为上“自由翱翔”。

但是在这样自由的环境中,参加培训的教师们却似乎并没有意识到这是一次“放风”机会。这也是这次培训的第三个特别之处,我们很“自律”。

在没有教研员“看顾”的情况下,会场纪律依然很安静,绝大多数的教师都听得很入神,偶尔才有细细的讨论声。可以看出参加培训的教师们自身有着求知的需求。

平时因为都有教研员在场,所以并没有如此明显地感觉到我们的教研学习氛围产生了这么大的变化,而通过这次难得的“自由”机会,让我感到了我们的教研氛围在单老师几年如一日的努力下真正地发生了“质变”。从原来的“强制性”教研变成了“自发性”学习。

今天的培训如此特殊让人难忘。我为我是其中的一员而感到骄傲,但愿这样的“特别”日子能成为以后的“寻常”日子。让“特殊”成为“常规”,为我们的音乐教研营造更为良好的氛围。我相信只要人人参与其中,这样的未来不是梦。

(刘俊丹)

90学时培训日记

编者按:该培训日记,以时间为线索,记录了连续四天的培训学习过程,作者采用夹叙夹议的手法,融思辨于描述之中。通过一个个具体培训内容的描述,使读者“看”到了培训的全过程,侧面反映了培训的实施成效。

6月10日,90学时培训第一天

今天是90学时培训的第一天,来的人很多,除90学时的学员以外,很多人都自发来了,我想这就是象山音乐教研现状最好的说明。结婚生子养孩子,让我很长一段时间脱离了这个队伍,老实说,我很怕自己掉队,但是,人总是要睡觉,一天也只有24个小时,也许只有暂时离开过这支队伍,才会觉得在这支队伍里的那段时间是多么值得珍惜!幸好,我知道,这支队伍是时刻欢迎我回归的!就像一个家长永远在那里守候子女一样!单老师也一如既往地领着这支队伍一路向前……

今天上午,单老师的讲座还是像以前一样感动了我,感动了我们!他几天几夜的准备并未白费,重温那些过往,让我浑身充满了力量!象山教研起步的时候,正是我大学毕业参加工作的时候,我庆幸在网上发现了它,紧跟着它,后来,又幸运地加入了它!在这支队伍里,有那么多的人和你一起马拉松,前面有人领跑,跑不动也会有人帮助你,真好!我想我会好好品味单老师的“24条”!

6月11日,90学时培训第二天

今天一共是8场微型讲座,单老师称之为观点报告!场场精彩,也让我们从不同侧面走近了“人声乐队”。

第一场是延昌小学顾丹波带来的《“人声乐队”和我的研教故事》。因为象山教育系统正在进行全员研教，“南片”小学组就把子课题《“人声乐队”提高旋律感知力》有机结合进去了。顾老师从“人声乐队”的课堂初现、“人声乐队”的实践磨炼、“人声乐队”课堂展示三个方面，言简意赅地向我们展现了设计管弦乐《打字机》一课的蜕变过程！重点语句摘录：

1. 选取每个乐句的主干音，把复杂的乐句简单化；

2. 声模仿可以模仿多声部旋律，甚至是肢体拍打发出的声音；

3. 把复杂的谱子(作品结构及多种主题旋律)简化为图形谱，好处是易记并使学生能作出及时反应；

4. 指挥手势要模式化、固定化；

5. 多关注乐手演奏时的手势表达。

第二场是实验小学的马晓燕带来的《让人声像器乐一样歌唱》，她重点提到了音乐模拟，让歌唱具有像器乐之声一样的独特质感与丰满的表现力。

第三场是新港小学的王春带来的《借助“人声乐队”提高音乐主题旋律的感知力与记忆力》，她从她自己执教的《思乡曲》一课进行了细细剖析，这又是“南片”小学课题组另一硕果。

第四场是涂茨小学黄莹的《“人声乐队”——那么远，这么近》。她从自身执教《快乐的小乐队》一课，总结出五点：

1. 选择合适的作品；

2. 以“人声乐队”为载体，使各声部得到有效分离；

3. 化繁为简，降低学唱难度。这里，她特别指出一个顺序：聆听——哼唱——视唱——哼唱，我个人很赞同，这是符合一般人的学习规律的；

4. 化简为繁，对歌曲进行简易的合唱处理，丰富表现力；

5. 利用乐器，辅助演唱。

第五场是新桥学校的励玲素带来的《人声乐队之我见》，她从第一次听闻“人声乐队”、第一次接触“人声乐队”到开始尝试“人声乐队”，这是最真实接触这个新生事物的过程！励老师用她的教学实践(莫扎特《渴望春天》和海顿的《第九十四(惊愕)交响曲》)为我们带来一个观点“拟声词的选择很关键”，她甚至展示了《声母韵母表》与拟声词选择的关系！

下面还有三场，分别是滨海学校游志坚的《人声乐队的新认识》、象山三中叶国剑的《“嘀嗒”与人声乐队》和贤庠中学吕洁雪的《大海啊故乡》。我笔记记得最多的是滨海学校游志坚的《人声乐队的新认识》，他从“人声乐队目的的新认识”、“拟声词的新认识”、“多声部编配的新认识”、“指挥在人声乐队中的新认识”和“研教中的快乐新认识”这五个方面侃侃而谈。他用《猎人合唱》教学实例作导入，向我们分别阐述了他眼中在欣赏课和歌唱课中人声乐队运用的认识——借助人声的模拟让学生进行更深入心底的音乐体验，让心与音乐更近一些。他还对“拟声词的运用”作了具体介绍：

1. 声音要“像”，要靠近乐器音色、根据发音原理、意境等进行选择；

2. 要适合人声的模拟，简单好操作才行；

3. 拟声词不一定要有代表意义，也不是永远固定；

4. 注意拟声词的连接；

5. 注意变化的问题。同一首乐曲拟声词之间不能太相近或太多、或可进行节奏调整。

6月12日，90学时培训第三天

今天天气不错，一共有五节课，还有一个中型讲座。宁波市教研员黄伟平老师一行也来到了活动现场，很是“给力”啊！

上午开场的是实验小学马晓燕，她执教《祈祷和平》。第二场是延昌小学的顾丹波，执教《打字机》。在被昨天的微型讲座吊足胃口之后，终于看到了她们的课堂实况了！一堂歌唱课、一堂欣赏课，人声乐队的阶段性成果就那么自然地展现在了大家面前。

在《祈祷和平》一课伊始，马老师就用音色模拟的方式巧妙地使学生的声音音色发生了转变，更为和谐！在新课教学中，引导学生模拟三种不同乐器，利用音色特质自然区分了三个声部，降低了学生演绎三声部歌曲的难度。

管弦乐作品《打字机》一课中，顾老师充分发挥了指挥的作用，5遍磨课和自身无数次的聆听音乐、修改，让我们看到了教师对音乐本身的“胸有成竹”！教师多次和学生进行合作演绎降低了学生学习难度，多种手段引导学生多次聆听音乐片段，提升学生对作品的关注度、感知力，拉近了学生和作品的距离。

下午的课分别是滨海学校游志坚老师执教的《猎人合唱》和象山三中叶国剑老师执教的《嘀嗒》。两节都是唱歌课，但在选材和风格上各不相同。这两节课都有观点报告的铺垫，所以听起课来显得轻松很多！我自觉地把注意力转移到感受学生的演唱上，两位老师都是实力派教师，课堂上学生的美妙歌声让我陶醉！

下午还有丹城二中朱红曙老师的讲座《音色模拟——课题组阶段性汇报》。这是“人声乐队”又一子课题的阶段性成果展现。从明确音色和音色模拟的概念入手，从为什么进行和如何进行两个方面阐述，并着重介绍了如何寻找合适音色和如何提高“音色模拟”的有效性两方面的研究心得。

一天的活动，让专程从宁波赶来的专家黄老师也来了兴致，在课后交流时迸出了很多想法和大家进行分享，还为我们开出了诊断性的处方，为课题下一阶段的实施拓宽了思路。

6月13日，90学时培训第四天

今天上午是黄伟平老师的讲座《音乐与音乐教育教学——我对音乐教育教学工作的实践与认识》。虽然早就知道黄老师很“厉害”，但看到那么多头衔还是“震”了一下！黄老师的意图可能是激励我们努力吧！微微感到有些汗颜，这些成就不是到了年纪就有的，这背后要多少付出啊！

黄老师一上来就抛出个问题“音乐究竟是什么？”这个看似简单的问题，其实很复杂，因为那么多年都很少有人搞明白，因为糊里糊涂，所以音乐教育也就失去了它应有的重要性。瞬间觉得有些悲哀，现实啊！可是黄老师不会给你时间悲哀，他马上给了在场所有人一针强心剂。黄老师还顺势给我们上了一堂音乐鉴赏课，笑声掌声一片片。从作品的探究分析衍生出对美育的感悟，好一个《一千零一夜》！最后，黄老师针对“唱歌教学何去何从”给出了几条前瞻性的建议，留待我们去实践。

下午又是观点报告加现场课例的模式。几天的高强度下来，确实累人啊，“靠墙坐”的教师越来越多了，但是，收获也是满满的。

杨永生老师的《瑶族舞曲》由吉他的自弹自唱引出，发挥了教师的特长，又给人耳目一新的感觉。学生在学习过程中始终很“贴心”！在随后的讲座中，杨老师的观点很哲学：“动，是付出，静，是得到。”因为学生这样“动”过——音色模拟加上肢体感受，学生在表演中“亲近”了音乐，在聆听中自然很“静”了。

第二场是象中严海亚老师的《人声乐队与高中合唱教学》讲座搭配三中郑声老师的《糖果仙人舞曲》课例。几个观点：人声乐队体现了现代合唱理念。人声乐队的实践实现了器乐交响乐与声乐交响乐的通感。

最后总结时，教研员强调：以人声乐队为载体的音乐教学，是提高学生音乐感知力和表现力乃至综合音乐感的重要途径，我们要在教学中不断探索实践，不断改进优化，使我们的音乐课堂教学更富有音乐性。

（袁铭灿）

“和谐”之音

——温州市中小学生艺术节合唱比赛观摩记

编者按：2013 年 5 月 23 日，温州市中小学生合唱比赛在温州市青少年活动中心音乐厅举行，为了提高宁波市中小学生合唱水平，学习先进合唱教学经验，宁波市教育局教研室组织了150 余位中小学音乐教师前往观摩，老师们在观摩后深有感触，纷纷撰写了体会文章。

23 日一大早，我们便来到了温州市青少年活动中心，期待着温州市中小学生精彩绝伦同样也是竞争激烈的比赛。据了解这次的决赛总共有 56 支队伍参加现场比赛，其中中学组 25 支队伍，小学组 31 支队伍，都是来自于全温州大市各个县市区最优秀的合唱团队，可以想象竞争肯定异常的激烈。现场比赛从上午九点左右正式开始，上午为初中组和高中组，下午是小学组。

初中组第一个节目一上场，就给我们留下了深刻的印象：一首无伴奏歌曲演绎得非常到位，不论是各个声部之间的进出，队员们的相互交流配合都非常默契，每个队员都完全地享受其中，给比赛开了个好头。而在中间的有一支参赛队伍中，演唱的一首《铃儿响叮当变奏》同样非常有味道，从歌曲第一段非常抒情的演唱到歌曲二三段出现依次的变奏，将音乐一次又一次推向高潮。听完之后我们观摩的老师都忍不住一直在感叹，感叹学生声音的和谐，声部的清晰，层次的丰富，更重要的一点是学生在演唱时完全享受其中，真正地感受到合唱艺术带给他们的是一种无法用言语来表达的热爱与享受。在初中组比赛中最令人羡慕与感叹的要数最后一支代表队，是来自温州市实验中学的学生，一曲《彩云追月》简直是震撼了在场的所有观摩的老师。这同样是一首无伴奏的合唱作品，从歌曲开头的一个四声部和弦开始就深深吸引住了在座所有老师的注意，接下来是分声部的模拟琶音的和声进入，很好地营造了歌曲的氛围，各个声部在老师的指挥下清晰明确，声部间的音色层次变化也十分丰富，并且在声音的糅合度上可以说是达到了完美，真的很难想象这会是一个普通初中生的合唱团，每当有四个声部一起齐声演唱时都能听到那充满和谐的“弦震”之声，高声部的通透清澈，中声部的结实宽广，低声部的浑厚有力，都给我们留下了深刻的印象。每个团员那投入与认真的表情，那富于变化和张力的歌声，真心的让我们沉醉其中，他们是“用心用情”在歌唱。我们不由感叹这才是合唱，这也是我们在座的各位老师以后学习的方向。最终这支队伍也不负众望获得了初中组的第一名。后来从身边的温州家长口中得知，这是一支在温州已经家喻户晓的团队了，曾经多次代表温州参加全省全国的比赛甚至出国进行表演和交流。“真好，声音真棒，孩子们太厉害了，指导老师真厉害……”这些都是比赛后听众们的感叹。

从 14 支队伍的精彩演唱中我发现温州高中合唱团的几大特点：

1. 作品难度大。每支队伍中至少都有一首是无伴奏合唱作品。众所周知，无伴奏合唱是最难演绎的，要求学生们有很好的音准，音乐控制能力，团员间默契的配合能力，因为没有钢琴的和声性的伴奏很容易跑调，从而导致整个合唱作品的失败。但是这些团员们都很棒，几乎都是高标准、近乎完美地演绎出作品。相比较之前的初中组的队伍，高中的合唱中难度也有所增加，特别是在声部的安排上，大多数的合唱队伍都有 3 到 4 个声部甚至有 8 个声部的高难度作品，并且各个声部的进出清晰明确，呈现出的是多层次多线条的和谐之声，在这些队伍中最让人眼前一亮的就要数温州第二高级中学的合唱团了。这支队伍我之前就领略过他们的风采，所以这次就更加地期待，第一首歌曲《贝多芬的假发》就是一首高难度的无伴奏合唱作品，从刚开头的命运主题音乐多声部的演唱开始就深深地打动了在场的所有听众，之后在老师的指挥下各个声部依次进入，从单一的旋律主题到纵向的四到五个声部的依次进入，对学生的音乐听觉能力有很高的要求，需要学生非常默契的配合，由此产生的声音效果堪称完美。第二首歌曲《天德而出宁》是代表合唱艺术最高难度的八声部无伴奏复调合唱，我们很难想象这么高难度的作品竟然是来自一所普通高中的学生合唱团来完美演绎的。

2. 选曲范围广。从众多队伍的曲目中可以看出，他们选曲的范围非常广泛，从外国合唱作品到中国艺术歌曲改编的合唱作品再到各个少数民族民歌改编的合唱作品。带给我们在座的观摩老师很多的启发，使我们开阔了自己的眼界，我们发现原来合唱歌曲还可以这样来选择。特别是一些来自中国古代文学作品改编的合唱，例如，歌词选自《庄子·外篇·天道》中的《天德而出宁》、选自我国第一部清唱剧《长恨歌》中的《山在虚无缥缈间》、选自于陶渊明的《归园田居》等等，足以见得他们选择合唱歌曲的范围之广，内容也富有深度。营造出一种清新恬淡、淳朴自然的音乐氛围，难以忘怀。

3. 表现形式多。每支代表队都有其独特的风格与形式，在演唱形式上有全女生的合唱，全男生合唱，混声合唱等，在伴奏乐器上有无伴奏的，有钢琴、小提琴伴奏的，还有极具地域特色的康加鼓来伴奏的，色彩变化非常丰富，形式多样。在每支队伍的队列组合上也是形式多样变化丰富，并且随着音乐的情绪，自然地舞动起自己的身体，非常自然随意地和音乐完全融合在一起，带给我们的是视觉和听觉上的双重享受。

4. 表现力强。温州的中小学生合唱团给我们印象最为深刻的就是他们每个团员忘我投入的状态，丰富的音乐表现力。几乎每一支队伍，每一个学生在演唱时都有丰富的表现力。感觉他们是用真心与音乐在对话，用心与每个队员与指挥老师交流。在演唱作品时，学生们伴随着音乐内容时而面露沉思时而面带微笑，这充满魅力的表现力真的会传递到在座的每一个人的心里。除了丰富变化的表情，他们的音色表现力也非常强，相比较初中生还略显稚嫩的音色，高中生的合唱音色则明显成熟许多，声音的强弱对比，声部的层次对话，都显现出他们高水平的音乐表现力。在聆听音乐时，我们会被那富于表现力的声音所感染，会被孩子们脸上那丰富的表情所感动，我想这就是合唱的魅力所在吧，也来自每个合唱团员与老师的共同愿望，他们很棒，他们做到了。

观摩完比赛，“台上一分钟，台下十年功”这句话一次又一次地出现在我的脑海中，我们为每一支队伍在台上精彩完美的表演喝彩的同时，可以想象出在平时的排练中，所有的学生和指导老师们付出了多少的努力与心血，这些都是我们作为观众所看不到的。在一次一次的掌声与赞美之后，是团员们刻苦认真的训练，是指导老师年复一年日复一日的精心培养。完美的舞台表演绝非是一朝一夕可以练成，对于合唱表演艺术更加是如此。

此次的观摩学习带给我们很多思想上的引领与思考，作为一名一线的普通高中音乐老师，我们不能因为学校更加重视文化课的学习而成为我们没时间排练的借口，也不能埋怨学生的音乐素质不高很难完成对音乐作品的理解而成为自己懒惰的托词等，我想这都是外界的环境因素，可能我们无法很好地去改变，但能改变的只有我们自己，让我们从简单的合唱作品开始学习，更加系统扎实地训练，给学生更多的时间去理解和体会合唱艺术的美。作为老师的我们也更加应该去合理地进行引导，去发掘每一位学生的潜力，而且作为合唱艺术来说，非常重要的一点便是团员间师生间非常默契的配合，讲究整个团队的团结协作，才能更好地表现出合唱艺术最高的“美”，到那时我想整个团队互相之间不用过多语言上的表达，从大家的声音中、表情中就能理解想要的音乐色彩。我想这应该也是合唱艺术所传达出的“和谐之声”的最高境界所在吧。

（何　洵）

观特级风采　引头脑风暴

——第66届浙派名师暨全国小学音乐名师经典课堂教学艺术展综述

编者按：2013之春，第66届浙派名师暨全国小学音乐名师经典课堂教学艺术展4月16日至17日在杭州师范大学举行。来自全国各地八百多名中小学音乐教师汇聚一堂，本次课堂教学艺术展汇集了江苏、浙江等地12位音乐特级教师、专家、名师的8节课与4场点评，引发了听课者的“头脑风暴”。

风暴一:如何看课?

本次课堂教学艺术展是教学艺术的盛会，是各地名师展示其卓越的教学理念和教学才艺的舞台，是小学音乐学科教学的流行色和风向标，更是小学音乐教学改革与发展的年度发布会。因此，我们更应该透过现象看本质——解读特级名师们授课的意图以及课背后的设计理念。如特级教师周琦老师、姚丽雅老师不约而同地进行了音乐“新体系”理念下能力培养的歌唱综合课。她们都不以唱好一首歌为一节课的终极目标,而是以内容为素材,以感知音乐表现要素为核心，以多个学习材料进行组合构课。两节课都很好地向我们体现如何充分利用教学内容,教学素材,从学生音乐能力的建立与培养角度出发展开教学活动。如果老师们明白了两位特级老师的设计理念,那么带回去的不仅仅是在课中展示的那么几个音乐活动,也不可能认为这些活动无关紧要,这些能力的发展没有这么复杂。又如,在江苏省特级教师金燕南老师的课堂里,没有太多的语言,没有太大的解释,只有一遍一遍地反复聆听,层层递进,我想金老师是在告诉大家,音乐是用来聆听的,是需要过程的,在一遍遍的反复体验与聆听的过程中,才能感受音乐的美感。就如同现场提问环节,有老师建议 B 段应该用对话表示更加形象,而金老师的回答是我不想解释,我只是想体现音乐的本质。

就如同特级教师黄伟平老师在点评时告诉大家如何看课时谈到的:要包容所有的课,要接受新的教学理念,任何一堂课都一定会有精华的地方,要把精华的地方提炼出来,吸收理解容我所用才是每次活动的收获。

风暴二:特级教师“特”在哪里?

江苏省特级教师黄美华——在她的课堂中,不仅具有北方人的大气、豪爽,更具有南方人的细腻与温婉。

江苏省特级教师金燕南——妈妈式的老师，娓娓道来，教学过程给孩子足够的空间与时间,等待孩子的进步。

浙江省特级教师周琦——完美与精致是对她与课堂最恰当的诠释。美的声音、美的设计、灵动的课堂调控,看似无痕,却全在周琦的掌控之下,游刃有余。有人说她就是为课堂而生,为音教而生。她总是站在音乐教育研究前沿,敏锐地捕捉到了“文本细读、细听感悟、丰富体验、能力发展”等这些教学理念,并在美丽的课堂实施、开花、结果。

浙江省特级教师项雅丽——帅气、干练是她与课堂的缩影。一眼神、一投足就可以看到她指挥的功力了不得,她犹如一个魔法师,孩子们的一切状况全在她的魔力之下。

浙江省特级教师尹丹红——对音乐教育的满腔热情在她的课堂中随处可见，她的课堂上散发出生命的激情与智慧。

浙江省特级教师姚丽雅——朴实无华,课堂不张扬却不失内涵,让我们看到了兢兢业业的她与她的团队一直努力认真地进行着音乐新体系教育研究。

杭师大继教院名师班学员任一波、刘志华——这两位杭州老师的歌声、琴声让我们羡慕,较好的自身素质加较强的课堂调控能力以及各具特色的风格，让我们看到了下一个特级……

纵观这些特级、名师们都形成了自己的教学风格，都有对课堂的独特见解，也都有自己的“看家本领”，因此才能成名成特。在本次授课的8位特级、名师中，都是那么年轻、漂亮、同时又有着对音教事业的执著。她们的平均年龄应该在40岁上下，这些年轻有为的特级、名师让我们台下的老师们为之振奋，有了这些引路人的执著与钻研，中国的音乐教育定能走出一条属于自己的光辉大道。

风暴三：点评专家的引领把舵

此次活动能引发在场很多老师的头脑风暴的另一关键点就是专家的点评。通过名特演绎、诠释，专家点评和他评，以便让老师们更广、更深地思考小学音乐教学的问题，让与会的老师们听有所获、观有所思、议有所得、研有所长！

省音乐教研员杜宏斌老师——站在2011版“新课标”的高度下，从课堂关注什么、改革点在哪里这两个问题出发，结合姚丽雅与尹丹红的课堂，抓住了最主要的4个问题：坚持音乐为本、强调音乐体验、突出学生主体、追求教学实效进行阐述，为一线老师指明了前进的方向。

江苏特级教师黄美华老师——阐述了音乐文化的重要性以及该如何理性理解新修订课标中的音乐文化概念，在教学中需要老师对音乐文化总体地进行考虑。

浙江省特级教师、宁波市音乐教研员黄伟平老师——以其犀利、幽默的点评方式，结合周琦和项雅丽的课，把提高教师的自身素养比喻成努力让自己成为“杂货铺”，帮助老师们提炼了两节课的教育思想：体现音乐信息量大、重视音乐实践与体验、拓展教学材料、合唱意识的增强。最后他还提出了“一年级开始合唱，简单歌曲复杂化、弱化歌词，强调音乐等自己独特的见解”，赢得了台下老师们的阵阵喝彩，把活动推向了高潮。

浙江省特级教师、杭六中副校长吴瑶香老师——以其丰厚的教学经验，告诉老师们该如何选课、构课，为一线老师指点迷津。

短短的两天时间里，那经典的教学设计，那自然的教学活动，那轻松的研讨氛围，那特级教师与普通老师的亲切互动，那些对学生的真诚鼓励，那点评专家的指点迷津，那点点滴滴课堂细节中呈现的特级风采都引发着听课者的“头脑风暴”。“风暴来袭”，愿在这风暴中感悟着、反思着、成长着……

（郑　昕）

杭城冬日　如此美丽

——记浙江省首届音乐高级研修班有感

编者按：2013年1月3日，浙江省首届音乐高级研修班在杭州开班。国内众多音乐教育名家齐聚杭州，为浙江各地的音乐骨干教师进行了为期半个月的培训，给学员们带来了全新的教学理念。

看着高速上一块块飞驰而过的路牌，离宁波的距离从150km到75km到15km，那种久违了的感觉越来越浓烈。想着半个多月前刚到杭州时，一切都是陌生的，环境是陌生的，人是陌生的，生物钟也是陌生的，忽然觉得日子特别漫长。然而日子就在那笑声中、感动中、收获中慢慢渡过了。经历了杭州的晴天、雨天、雪天……

【引子】我的期待

报到时接到学员手册，好奇地翻开其中的每一页，并细细地阅读着。欣喜地发现这次培训的专家阵容强大。班主任是首都师范大学音乐学院的博导郑莉老师。期间，为我们授课的有来自北京、上海、杭州、台湾等地的专家。培训内容从学科知识与师德教育、专业技能和实践活动三个维度展开。从音乐课堂的需要出发，针对唱歌、欣赏、器乐、创作等方面，通过知识讲解、课例解读、实践教学等形式，展开实用、有效的培训。

专家们对于种种音乐的课题会以一个怎样的切入点引领我们进入全新的音乐世界？我充满了困惑，但同时又充满了期待……

【呈示部】我的收获

从“斌”临城下之课标解读到“蕴慧”西子之歌唱教学；从“灏”声隆隆之打击乐教学到闫宝林老师之合唱教学；从王懿颖老师展望世界音乐，到郑慧文老师听笛声悠悠；从惊叹刘沛老师对音乐教育是多元化的认识，到佩服班主任郑莉老师对课堂教学的细致入微。一场场精彩的讲座，一个个经典的课例，一次次愉悦的互动，一期期精彩的简报，一切的一切让我经历着奢华的精神盛宴。我徜徉，我沉醉，我欣喜，我感动，我收获，我赞叹。

【展开部】我的感动

尤其难忘的是陈蓉老师的奥尔夫教学。她新颖的教学理念和高超的音乐素养，她教学的激情洋溢和投入忘我，她几近全能的器乐声乐舞蹈语言才能和令我们愉悦精彩感动的互动片段让我啧啧赞叹，回味无穷。她引导我们跳圆圈舞、问候舞，带领我们玩音乐游戏“青蛙、石磨、房子”“鸡和蛋的故事”，教我们玩打击乐器和声势。她时而激情洋溢地述说，时而投入忘我地参与，时而深情洋溢地演唱，时而优雅动人地舞蹈。她会多国语言，会演奏各种乐器，她的身体打击乐和嗓音打击乐惟妙惟肖，几可乱真！

“听听很激动，想想还心动，一定要行动。”这是我听完陈蓉老师的课的最大感触。佩服她对专业的执著，对教学的热爱，赞叹她全能般的才华，无穷无尽的热情。她的歌声让我几度眼前湿润——并不是因为她天籁般的声音，而是这种天籁之声背后的那份投入。她，让我找回了童年的乐趣，让我发现音乐如此美丽并富有魅力，让我抛开工作和生活带给来的压抑，全身心地进入到她带给我们的另一个音乐世界。

让我认识到女人还可以这样美丽动人。

【再现部】我的珍藏

我反思：在我的课堂中，自己有这么热情投入吗？我的学生们有那么忘我地参与到其中吗？

我珍藏：郑老师总结的参与、体验、感受、创造、生成。音乐是本体，要关注到本体。要观察到学生的能力，提升学生的能力。

我实践：要学会勤搜集，学会思考，学会拓展，学会运用。

【尾声】我的期盼

去的时候，行囊是空空的；归的时候，行囊是满满的。我想将行囊中件件珍贵的礼物送给我的孩子们，让他们同样享受音乐的乐趣，音乐的魅力。

（陈丽丹）

后　记

在三年多的宁波市中小学音乐教研员和音乐教师“疑难问题研修”主题的学习、实践和研究过程中，我们先后编辑出版了《中小学音乐歌唱教学新策略》和《中小学音乐欣赏教学新策略》两本音乐教师课堂教学的参考用书，作为系列丛书的第三本书稿，《中小学音乐教师专业发展新策略》终于在历经几年后编辑完成。

回顾几年来，宁波市中小学音乐教师在名特教师和教研员的带领下，积极投入音乐课程改革，不断创新，大胆探索，在歌唱教学、欣赏教学和音乐教师专业发展等方面积累了丰富的经验，崭新的音乐课堂让我们看到了中小学音乐教育教学的新气象。一大批音乐教师茁壮成长，目前已经涌现了三位浙江省音乐特级教师、六位宁波市名教师及百余位学科骨干教师和教坛新秀。这本书，便是这群热爱音乐教育事业，具有实践和探索精神的宁波市音乐教师们的最新研究成果。

《中小学音乐教师专业发展新策略》为音乐教师提供了新的音乐教学思想和策略。当然，囿于我们的理论视野和教学实践涉及面，本书在理论体系的严密性、操作策略的科学性等方面会有疏漏，我们本着抛砖引玉的学习精神恳请广大专业人士予以指正。

本书在编写过程中，得到了宁波市音乐教研员们和音乐教师们的大力协助，几十位宁波市音乐骨干教师(已署名)为我们提供了素材，未署名部分编写人员有：黄伟平、单森权、周琦、印滢斐、鲁明华、陈红久、徐旭茫、杨晓波、何春芬等，负责编辑通稿的编委有：黄伟平、单森权、周琦、印滢斐、鲁明华、陈红久、徐旭茫、杨晓波、王艳萍、胡玲玲、周进进、俞莉莉、皇甫美君。同时，在编写过程中得到了宁波市教育局教研室领导的指导及奉化市武岭小学、镇海区骆驼中心学校等学校单位的支持和帮助，特向以上单位和个人一并致以诚挚的谢意。

《中小学音乐教师专业发展新策略》编委会

2013 年 5 月